레슬리 뉴비긴과 칼빈의 선교적 대화

A Missiological Dialogue between
Lesslie Newbigin and John Calvin

레슬리 뉴비긴과 칼빈의 선교적 대화

· 초판 1쇄 발행 2015년 6월 22일

· 지은이 황영익
· 펴낸이 민상기 · 편집장 이숙희 · 펴낸곳 도서출판 드림북
· 등록번호 제 65 호 · 등록일자 2002. 11. 25.
· 경기도 의정부시 가능1동 639-2(1층) · Tel (02)2272-9090, Fax(031)829-7723

· 책번호 75
· 잘못된 책은 교환해 드립니다.
· 이 출판물은 저작권법에 의해 보호를 받는 저작물이므로 무단 복제할 수 없습니다.
· 독자의 의견을 기다립니다.
· E-mail : saehan21@hanmail.net

레슬리 뉴비긴과 칼빈의
선교적 대화

황영익 **지음**

선교적 교회론과 칼빈의 뜻깊은 만남

드림북

추천사

　개신교 종교개혁자들의 삶과 신학에서 선교를 발견하려는 시도는 "선교"에 대한 정의와 이해의 차원에서 논란을 초래해 왔다. 그러나 오늘날 삼위일체 하나님의 선교(Missio Dei)에 근거하여 종교개혁자들이 하나님에 의해 부름 받고 그들이 처한 사회문화적인 상황 가운데 보냄 받았다고 확신한다면, 그들의 삶과 신학은 명백하게 선교적 차원을 띠고 있다고 볼 수 있다. 이러한 의미에서, 칼빈의 삶과 신학이 담아내는 교회론은 개혁적이고 고백적인 동시에 선교적 차원을 띠고 있다. 종교개혁이 그 자체로 고백적이며 선교적인 이유는, 보냄 받은 교회와 그리스도인들이 세상 속에서 복음의 본질과 교회의 본질을 발견하고 그 복음을 살아내려는 고투에 기인하기 때문이다. 이러한 면에서, 본서가 주장하는 칼빈과 뉴비긴의 선교적 대화는 삼위일체 하나님에 의해 세상 가운데 보냄 받은 교회와 모든 그리스도인의 정체성과 삶의 방식을 명확하게 갈파한다. 일상의 모든 공적 영역들로 보냄 받은 교회는 그 자체로 하나님의 선교의 대행자로서 복음과의 해석학적 순환을 통해 끊임없이 회심의 자리로 들어가므로 세속문화와의 담대한 대면 가운데 제자도를 구현하는 하나님 나라의 공동체이다.

　오늘날 한국교회가 하나님 나라를 위해 존재하는가를 질문하며 거룩하고 구별된 하나님 백성으로 존재하는 방식을 재발견해야 할 시점에서, 본서가 칼빈과 뉴비긴의 선교적 대화를 통해 우리에게 주는 도전은 매우 적절하고 타당하다고 확신한다. 본서가 한국교회의 목회자와 신학생, 그리고 그리스도인들을 보다 깊은 선교적 대화와 변화의 장으로 인도하리라 확신하며 일독을 권한다.

최형근 교수
(서울신학대학교 교수, 로잔운동 동아시아대표 및 신학위원, 하트스트림 한국센터 대표)

저는 개인적으로 선교적 교회론에 대해 큰 관심을 가지고 있습니다. 그 속에는 한국교회에 대안과 희망을 주는 메시지들이 담겨 있습니다. 우리는 뉴비긴과 칼빈을 통해 교회의 본질에 대해 고민할 수 있습니다. 그리스도의 교회를 사랑하는 사람이라면, 하나님 나라를 바라보는 하나님의 백성이라면, 복음의 증언을 위해 살고자 하는 제자라면 뉴비긴과 칼빈의 목소리에 귀를 기울일 것입니다. 이 책은 교회를 사랑하는 두 사람의 이야기를 담고 있습니다. 저자는 두 사람을 극적으로 만나게 하였습니다. 그리고 진정한 증언의 힘을 잃어버린 우리에게 보냄받은 공동체를 발견하게 하고, 칼빈의 정신을 잃어버린 우리에게 참된 교회를 찾도록 안내합니다. 그동안 저자의 치열한 삶과 메시지와 글들은 저에게 도전을 주어왔습니다. 이 책 역시 교회를 깨우는 종소리가 될 것입니다. 여러분의 일독을 적극적으로 권합니다.

이찬수 목사(분당우리교회 담임목사)

'뉴비긴과 칼빈의 선교적 대화'라니 제목만 들어도 설렌다. 저자는 선교적 교회와 개혁주의 신학을 위한 사유의 원천인 뉴비긴과 칼빈의 저작들을 방대하고 세밀하게 추적하고, 두 거장의 맥락을 지혜롭게 고려하면서 창의적으로 해석한다. 나는 이 책을 읽으면서 뉴비긴의 고민이 칼빈의 종교개혁 기획에 내포되었고, 칼빈의 사상이 뉴비긴의 선교 강령에서 상황화되고 있음을 발견하는 즐거움을 누렸다. 저자는 칼빈 사상의 선교적 잠재성, 미시오 데이에 대한 뉴비긴의 양가적 감정, 가시적 교회와 비가시적 교회의 관계, 교회 연합의 정신 등과 같이 첨예한 쟁점들을 두루뭉술하게 기술하지 않고, 원 저작들을 입체적으로 조명하기에 책의 진가는 더욱 치솟는다. 이 책은 최근 한국교회의 위기에서 새로운 대안으로 떠오른 선교적 교회운동과 개혁주의 전통의 만남을 위한 공정하고 객관적인 장을 제공했다. 복음과 진리에 기초한 하나님의 선교를 추구하며 그리스도의 몸 된 교회를 갱신하고 회복하는 공동의 과제를 진지하게 고민하는 목회자와 신학도들에게 오래도록 읽히고 기억되기에 손색이 없는 책이다.

김선일 교수(웨스트민스터신학대학원대학교 교수, '전도의 유산' 저자)

우리는 좁쌀신학(닫힌 신학)에 익숙해 있다. 한국교회의 보수신학 혹은 개혁주의 신학을 이끌고 있다고 자부하는 교단들의 신학적 태도 역시 닫혀있고 여전히 편협한 편이다. 이런 와중에서 보수교단 출신인 저자가 에큐메니칼 계열의 대표적인 선교학자인 뉴비긴과 장로교회의 원조 신학자인 존 칼빈의 신학사상을 비교하는 주목할만한 책을 내놓았다. 물론 양자의 차이를 분명히 밝혔지만 주장의 전반적인 흐름은 양자의 유사성과 연속성을 추적하여 선교신학적 연결고리를 찾고 거기서 꽉 막혀있는 한국교회의 선교적 동력을 찾아보려는 시도를 시작했다. 그의 순전한 용기에 찬사를 보낸다. 그의 용기는 한국교회의 회생을 간구하는 그의 열정의 산물이다.

저자가 당시 황폐된 교회를 살려낸 종교 개혁자 칼빈의 신학과 선교사이자 목사이자 이 시대 최고의 저술가인 뉴비긴의 사상을 접목시키려 하는 속뜻은 무엇일까? 칼빈을 통해 드러난 성경의 중심사상을 현대사회에 성공적으로 접목시키기 위해 찾아낸 보화가 뉴비긴이라고 생각했기 때문 아닐까? 칼빈을 피상적으로만 알고 있던 목회자나 신학도들, 뉴비긴의 복음적 열정과 지혜를 배우기를 원하는 현장 사역자와 평신도 지성인들이 이 책을 텍스트삼아 정독하기를 진심으로 권하고 싶다. 우리의 신학적 사유가 넓혀지는 것은 부차적인 소득일 뿐이다. 우리를 이 땅에 보내신 예수님의 선교를 뜨거운 가슴으로 이해하고 죽어가는 한국교회를 살리는 큰 샘을 발견하는 기쁨을 누릴 것이다

강경민 목사(일산은혜교회 담임목사, 성서한국 이사장, 한국복음주의교회연합 공동대표)

칼빈과 뉴비긴의 교회에 대한 고민은 각각 제네바와 버밍험, 스위스와 영국이라는 생생한 현장에서 다듬어진 교회론이다. 현장에서 들려오는 교회 이야기가 이 책의 내용이다. 더 이상 건물 안에 머물러 있는 교인이나 교회를 세우지 말자. 이제 세상 속에서 시작되는 선교적 교회를 만들어 보자. 이 책이 놀라운 인사이트를 제공할 것이다.

김종일 목사(동네작은교회 목사, 교회 개척학교 숲 대표코치)

이 책은 칼빈과 뉴비긴의 선교적 대화의 자리로 우리를 초대하여 두 영적 거인의 어깨 위에서 교회와 선교를 새롭게 바라보도록 개안(開眼)의 기쁨을 선사한다. 또한 스스로 개혁주의나 복음주의 전통에 서 있다고 자처하지만 우리들이 '선교'를 복음전도에만 국한시키는 협소한 견해에 갇혀 풍성한 신학적 전통에서 벗어나 있었다는 것을 자각하게 된다. 아울러 복음전파와 사회정의가 교회의 필수적 양면이며, 복음의 유일성에 기초한 개인의 회심전도와 하나님의 통치를 사회의 공적 영역에 이루고자 하는 사회적 차원은 결코 분리될 수 없다는 균형의 자리로 다시 우리를 인도한다. 선교적 교회로 다시 일어나야 하는 지금의 한국교회에 매우 적실한 책이다. 복음을 위해 아름답게 섬기고 있는 한국교회의 모든 목회자들에게 일독을 권한다.

정현구 목사(서울영동교회 담임목사, 한국복음주의교회연합 공동대표)

레슬리 뉴비긴을 통해 오늘의 한국교회를 진단하고 대안을 모색하는 것은 매우 의미있는 일입니다. 그의 선교적 여정과 신학적 작업을 고려컨대, 한국교회의 보수 진영과 진보 진영 모두에게 호소력을 가지고 있습니다. '선교적 교회'에 대한 열기는 높은데, 이를 신학적으로 성찰하고 토대를 놓을 만한 연구 작업의 질은 그에 못 미치고 있는 상황입니다. 그런 점에서 황영익 박사님의 이 책은 '선교적 교회'의 담론 형성과 실천을 위해 매우 귀중한 자료가 될 것이라고 확신합니다.

특별히 뉴비긴과 깔뱅의 대화를 중재하면서, 두 신학자의 선교와 교회에 대한 신학적 토론을 이끌고 있다는 점이 흥미롭습니다. 한국교회의 해묵은 진영 논쟁과 노선 갈등의 한계를 극복하고 새로운 한국교회의 대안으로 '선교적 교회'를 제시하고자 한다면, 저자가 주장하듯 하나님나라와 총체적 선교라는 두 주제를 명확히 붙잡고 가야 할 것입니다. 저자의 글쓰기 또한 정제되어 있고 명료해서 독자들에게 정확한 메시지를 전달할 것입니다. 모쪼록 이 책을 읽는 분들에게 성령께서 깊이 감동을 주셔서 모두 '선교적 교회'의 열망을 품게 되기를 소망합니다.

성석환 교수(장로회신학대학교 교수, 도시공동체연구소 소장)

지난 15년여의 선교적 교회 담론의 여정에 하나의 중요한 이정표가 될 책이다. 지금까지의 담론이 비교적 서구의 선교적 교회론을 소개하는 데 치중하였다면 저자는 한국교회의 다수를 이루는 소위 복음주의적 개혁주의라는 지형 가운데서 이 담론을 어떻게 긍정적으로 수용할 수 있을지를 모색하고 있다. 특히 칼빈의 목회적 정황과 종교개혁, 그리고 그의 교회론을 살피면서 그것을 선교적 교회론의 효시라 할 수 있는 레슬리 뉴비긴의 저작과 대화하게 함으로 선교신학적 동질성과 연속성이 있음을 제시하는 연구의 방향 속에 저자의 한국교회를 향한 애정과 지혜, 그리고 전략적 명민함이 돋보인다. 무엇보다도 한국 신학계의 고질적인 병폐인 배제와 단절이 아닌 포용과 대화의 방식을 택하고 있다는 점 역시 21세기 다원적 문화의 상황에서 마땅히 본받고 취해야 할 연구자의 자세임에 틀림없다.

지성근 목사(IVF 일상생활사역연구소장 소장, 미션얼 컨퍼런스 운영자)

개혁주의 선교학자로서 이 책을 접하게 된 것이 큰 기쁨이다. 저자는 뉴비긴의 선교적 교회론이 칼빈의 교회론과 그 의미와 본질에 있어서 차이가 없다는 것을 교회론과 직분론 그리고 실천적 관점의 비교를 통하여 잘 보여주고 있다. 앞으로 누군가가 칼빈의 교회론을 선교적 교회론이라고 주장해도 전혀 이상하게 들리지 않는다면 그것은 이 책 덕분이라고 할 것이다. 이 책을 읽는 독자들은 참된 교회의 본질을 추구한 칼빈과 뉴비긴의 열정을 만나게 될 것이며, 그것을 통해 자신들의 사역에 신선한 통찰력과 활기를 얻게 될 것이다.

김성운(고려신학대학원 선교학 교수)

칼빈은 참된 교회의 표지를 '바른 말씀의 선포', '성례의 바른 집례', '징계의 정당한 시행' 이 세 가지로 설명했다. 이는 종교개혁자들의 중심이 어디에 있었는가를 잘 보여준다. 개혁교회를 시작한 믿음의 선배들은 오직 거룩한 교회, 건강한 교회를 향한 열정으로 가득했던 것이다. 또 우리시대 가장 위대한 복음 전도자 중 한 명인 레슬리 뉴비긴은 그의 온 신학과 삶을 통해 교회는 예수 그리스도의 복음을 전하고 하나님 나라를 선포하는 '선교하는 곳' 이라는 것을 증언했다. 레슬리 뉴비긴이 주장한 선교는 단지 개인 구원의 복음이 아니라 하나님 나라를 향한 총체적 선교였다. 이 책은 칼빈이 가르쳐준 '거룩한 교회' 와 레슬리 뉴비긴이 전해준 '선교적 교회'를 통전적이고 총체적으로 설명하고 있다. 나는 우리시대 건강한 작은교회가 지향할 방향이 '거룩한 교회' 의 회복과 '총체적 선교' 의 실천이라고 믿는다. 더불어 함께하는 건강한 작은교회를 꿈꾸는 분들에게 기쁜 마음으로 이 책을 추천한다!

이진오 목사(더함공동체교회 담임목사, 교회2.0목회자운동 실행위원)

저자 서문

선교적 교회(Missional Church)라는 오늘날의 교회론적 관심은 우리에게 적잖은 도전과 희망을 주고 있습니다. 아울러 '선교적교회'라는 언표(言表)는 우리 시대의 교회의 총체적 위기를 반영하고 있습니다. 궁극적으로 교회는 그저 '교회'라는 표현으로 충분합니다. 예수 그리스도의교회는 그 앞에 다른 수식어를 필요로 하지 않는 실체이기 때문입니다. '교회'라는 개념 앞에 '선교적'(Missional)이라는 단어를 첨가하여야 하는 것은 교회의 복음 증언이 힘을 잃게 된 선교실종 혹은 복음실종의상황을 뼈저리게 반영하고 있습니다. 이러한 맥락에서 본다면 '참된 교회'라는 표현이나 '바른 교회'라는 비전 역시 교회의 본질을 잃어버린우리들의 연약함과 교회의 비극을 나타내고 있는 것입니다. 마찬가지로'건강한 교회'라는 비전은 교회 본래의 생명력과 건강미를 상실한 질병상태를, '단순한 교회'라는 묘사는 상업주의화되어 온갖 프로그램과 영성상품으로 복잡해진 교회의 실상을 반영하며, '공동체 교회'는 공동체성과 성도의 참된 교제(koinonia)가 붕괴된 상황에 대한 자성과 대안적이상을 담고 있다고 하겠습니다.

이 책은 20세기 선교신학자이자 선교적 교회론의 뿌리가 된 뉴비긴과 종교개혁가 칼빈의 신학적 만남을 위한 작업입니다. 선교적 교회론과 칼빈의 교회론을 비교하는 일은 참으로 의미가 깊을 뿐 아니라 한국교회의 상황에서 매우 시급한 과제입니다. 선교적 교회론이 던져주는 도전과 메시지가 풍성함에도 불구하고 한국교회는 이를 능동적으로 수용하지 못하고 있기 때문입니다. 뉴비긴의 '선교적 교회'는 교회의 선교적 본질을 회복하고자 하는 우리 시대의 신학적 교회론적 대안적 노력이며, 칼빈의 '참된 교회'는 교회의 '교회됨'을 회복하고자 하는 필사적 몸부림이었습니다. 양자의 만남은 한국교회가 진정한 교회의 본질을 회복하는데 유의미한 작은 초석이 될 수 있을 것입니다. 그동안 뉴비긴의 선교적 교회론을 소개하고 연구하는 작업은 꾸준히 전개되었고, 칼빈의 신학과 그의 선교사상에 대한 연구들이 풍성하게 이루어졌지만 이 두 사람의 만남을 위한 신학적 작업은 부족하였습니다. 이 두 사람의 신학적 대화를 통하여 던져주는 목소리는 오늘날의 교회 현장에서 복음을 위해 눈물 겨운 헌신을 하고 있는 목회자들에게 적잖은 희망을 줄 것입니다. 뉴비긴이 말하는 바 '선교적 교회'의 진정한 의미와 그 깊이에 도달하게 되면 칼빈이 말하는 참된 교회의 모습이 드러나고, 칼빈이 가르치고 실천한 교회의 본질에 대해 깊이 탐구하면 뉴비긴이 말하는 선교적 교회의 본질이 명료하게 나타난다고 믿기 때문입니다.

이 책은 저의 박사학위(Ph. D.) 논문인 "레슬리 뉴비긴의 선교적 교회론과 존 칼빈의 선교론에 대한 비교연구"(A Comparative Study between Lesslie Newbigin's Missional Ecclesiology and John Calvin's Missiology)를 출판한 것입니다. 서론의 일부 부제를 수정한 것 이외에는 논문에 있는 내용을 그대로 실었습니다. 각주는 각 장별의 끝부분에 담아 문맥의 흐름대로 읽기 편하도록 편집하였습니다. 이 책은 기본적으로 신학적인 연구이지만 그 내용은 실천적인 성격이 다분합니다. 그러므로 관심에 따라 뉴비긴의 선교적 교회론을 다룬 2장에서부터 곧바로 읽을 수도 있습니다. 칼빈의 선교사상과 교회론에 관심이 있는 분은 3장에서부터 곧바로 읽을 수도 있습니다. 이 연구는 뉴비긴과 칼빈의 신학적 대화와 만남을 위하여 두 사람 간의 유사성과 공통점을 밝히는 데에 집중하였습니다. 사실 두 사람 사이에 존재하는 엄청난 시대적 간극과 경험의 차이로 인하여 차이성과 불연속성이 존재하는 것도 사실이지만 현 시점에서 선교적 교회론을 둘러싼 신학적 목회적 담론을 위하여 대화적 만남이 보다 필요하다고 믿기 때문입니다. 이 책은 신학 이론서이지만 단지 탁상 위의 신학에 머물지 않는 실천적 목회적 성격을 지니고 있습니다. 그 주제가 예수 그리스도의 교회를 다루고 있기 때문입니다. 이 책을 통하여 독자 여러분께서 교회를 향한 칼빈과 뉴비긴의 깊은 사랑을 함께 느끼기를 바라고, 복음을 위한 두 사람의 뜨거운 열정으로 가슴이 뜨거워지기를 바랍니다.

지도교수로서 저의 연구를 직접 안내하고 섬세한 조언과 격려를 아끼지 않으신 웨스트민스터신학대학원의 김선일 교수님과 심사위원으로 논문을 직접 살피시고 여러 부족한 부분을 보충하도록 도우신 여러 교수님들에게 감사드립니다. 여러모로 학위과정을 마칠 수 있도록 격려하고 도운 사랑하는 아내에게도 고마움을 표합니다. 아울러 ACTS에서의 석사과정 공부와 3년간 유학을 하도록 전적으로 후원해주신 안양일심교회와 김상수 원로목사님께 감사드리며, 논문의 초고를 준비하도록 3개월간의 연구월을 배려한 서울남교회에 감사드립니다. 또한 부족한 자를

일정 기간 전액장학생으로 공부할 수 있도록 배려한 웨스트민스터신학
대학원대학교와 총장님께도 깊은 감사를 드립니다. 특히 이 책이 출판
되도록 깊은 관심을 가져주시고 편집과 교정, 디자인 등 세세한 부분까
지 세밀한 수고를 아끼지 않으신 드림북출판사 민상기 대표님과 직원들
에게 감사드립니다.

2015. 5. 18 반포동 목양실에서

황영익 드림

| 목차 |

제1장

뉴비긴과 칼빈의 대화,
가능한가

프롤로그

제1장

뉴비긴과 칼빈의 대화, 가능한가

    지난 세기말 이래 '선교적 교회'(Missional Church)라는 화두는 선교 신학을 비롯한 개신교 신학 전반에 강력한 영향을 미치고 교회론은 바야 흐로 신학의 중심적인 관심이 되기에 이르렀다. 선교를 교회의 본질로 이해하는 교회론의 개념 뒤집기로 인해 선교적 교회론(Missional Church 또는 Missional Ecclesiology)은 신학의 중요한 담론으로 받아 들여지고 동시에 교회의 제 실천에 있어서 중요한 명제와 대안적 방향으 로 인식되고 있다. 그 파장은 강력한 원심력과 구심력을 지니며 제반 신 학 담론을 끌어당기며 선교신학과 교회론의 중심의제가 되기에 이르렀 으며 그 논의의 영역에 신학자들과 현장 목회자들을 불문하고 예외 없이 포섭되었다. 이는 칼빈의 신학과 영성에 기반을 둔 개혁주의 전통의 교 회들과 신학영역에서도 예외가 아니었다.

    칼빈의 신학 전통을 이어받은 개혁주의 진영 역시 교회 내의 보편적 담론으로 자리잡게 된 선교적 교회론에 대하여 신학적으로 실천적으로 응답하여야 하였다. 더욱이 종교개혁가 칼빈의 신학과 사상을 기반으로 한 한국 장로교 교단에서의 반응은 비교적 예민하다고 할 수 있다. 이는 선교적 교회론이 몰고온 선교론적 관심은 칼빈의 신학체계가 근본적으 로 선교론이 빈약한 체계라는 비판을 새삼 상기시켰기 때문이다. 아울러 선교적 교회론의 기초를 놓은 레슬리 뉴비긴(Lesslie Newbigin, 1909-1998)은 에큐메니칼 운동의 지도자로 활동한 사람으로서 그의 선교적 교회론이 에큐메니칼 선교론을 대표하는 '하나님의 선교'(Missio Dei) 선교론과 동일한 것으로 인식한 것에 기인하고 있기도 하다. 한국 교회 특히 복음주의적 개혁주의를 표방하는 장로교 진영 내부에서의 선교적 교회론에 대한 태도는 크게 양분되었다. 한 편 입장은 선교적 교회론의 전체적인 체계와 성경적 신학적 역사적 논증에 기반한 그 당위적 주장에 동의하며 무비판적으로 수용하는 입장이다. 이 입장은 선교적 교회론이 던져주는 도전과 비판에 겸허히 반응하여 자신들의 선교론과 교회론을 근본적으로 성찰하고 자성적인 변화를 모색하여야 한다고 보는 수용적 태도이다. 또 다른 입장은 선교적 교회론에 대하여 비판적 태도를 취하고 선교적 교회론에 내포된 신학적 근거와 실천적 함의를 경계하며 상당한 거리를 두는 입장이다. 이러한 비판적 시각은 에큐메니칼 운동에 대해 부정적인 태도를 취하고 있는 몇몇 보수적 장로교단의 일반적인 시각이라고 할 수 있다.

그 동안 뉴비긴의 선교적 교회론을 연구하는 연구들이 부분적으로 이어졌고, 그의 수많은 저서를 번역하여 소개하는 노력이 끊이지 않았음에도 불구하고 선교적 교회론과 칼빈의 신학사상, 혹은 선교적 교회론과 칼빈의 선교론 이 양자 사이에 건강한 연결고리를 찾고자 노력하는 체계적인 연구는 부재하였다.

이 책은 선교적 교회론과 개혁주의 선교사상의 통합적 비교를 시도하는 신학적 연구이다. 즉 칼빈의 선교사상과 뉴비긴의 선교적 교회론을 비교분석하여 두 사람의 사상이 지니는 성경적, 신학적, 상황적 기초들을 살펴보고 뉴비긴의 선교적 교회론과 칼빈의 선교사상이 접목되고 공유될 수 있는 어떤 영토를 찾는 작업이다. 그런 점에서 이 연구는 칼빈과 뉴비긴의 신학적 대화라고 할 수 있다. 그렇지만 선교적 교회론과 개혁주의 선교사상을 무턱대고 기계적으로 결합하고자 하는 섣부른 시도가 아니다. 양자 사이에 엄연히 존재하는 신학이론의 틀과 주장의 상이점, 사용하는 언어와 개념의 편차를 고려하면서 양자 사이의 차이성을 인정하는 데서 출발하여, 두 신학자의 사상과 삶에 유사성과 연속성을 추적하여 양자 사이의 선교신학적 대화와 소통의 연결 고리를 만드는 일을 목적으로 한다. 따라서 이 연구는 뉴비긴의 선교적 교회론의 핵심 주장을 파악하고 객관적인 평가를 시도하는 가운데, 칼빈의 신학과 삶을 통하여 표현된 선교사상의 원리와 단서들을 찾아내고, 칼빈의 사역과 종교개혁이 지니는 선교적 의미를 규명하여 칼빈 사상이 내포하고 있는 선교적 특성을 입증함으로서 양자의 연결점을 찾아보고 이론적 대화의 가능성을 열어보자는 것이다.

이론적 대화와 논쟁에 있어서 오해와 결렬을 낳는 이유는 언제나 대화의 부족이며 나아가 대화의 초점을 곡해시키고 산만하게 만드는 방법론적 오류 때문이다. 즉 갑과 을이 서로 대화와 논쟁을 하면서 각자의 본래의 주장이 아닌 전혀 다르게 해석된 사상을 다루는 것이다. 즉 원형이 아닌 각색된 사본을 도마 위에 올려두고 칼질을 해대기 때문이다. 그 결과 서로가 서로의 비판에 동의하지 않고 전혀 다른 전제에 입각하며 무의미한 공박만 주고받는 미숙한 논쟁으로 귀결되고 결국은 결별의 폭만 넓게 만드는 이론적 감정적 공회전만 지속하게 된다. 선교적 교회론과 개혁주의 선교신학 양자의 대화와 논쟁에서도 마찬가지이다. 원 재료가 아닌 '해석된 선교적 교회론'을 공략하거나, 칼빈의 원래 텍스트가 아닌 소위 극단적 칼빈주의나 칼빈을 따르는 장로교 전체를 평가의 대상으로 삼는다면 이러한 간극은 좁혀질 수 없을 것이다. 따라서 이 연구에서는 선교적 교회론의 태동에 직접적인 영향을 미친 뉴비긴과 종교개혁가 칼빈을 직접 다루고자 한다. 즉 뉴비긴의 저작들(books)과 칼빈의 텍스트들(texts)을 직접 살피고 비교 분석함으로써 이 연구가 의도하는 바 목적을 이루고자 하는 것이다. 필자는 이 연구를 통하여 종교개혁가이자 목회자로서의 칼빈의 삶과 신학사상은 풍성한 선교사상을 담고 있는 선교적 실천 패러다임이었으며, 특히 칼빈의 선교론과 교회론은 '선교적 교회론'적 함의를 지닌 체계로서 뉴비긴의 선교적 교회론과 대화하며 이론적으로나 실천적으로 소통할 수 있으며 양자 사이에는 풍성한 선교신학적 동질성과 연속성이 존재함을 입증하고자 한다.

1. 뉴비긴과 칼빈에 대한 관심들

그동안 뉴비긴의 선교적 교회론을 다룬 연구는 북미 신학계를 중심으로 활발하게 전개되었다. 이들 연구에는 뉴비긴과 그의 선교사상에 대한 광범위한 평가를 행하는 신학이론적인 연구들과[1] 선교적 교회론을 북미의 교회들이 직면한 문화적 상황에 실천적 목회적으로 접목하는 방법론을 다룬 연구들이 주를 이룬다.[2] 이러한 연구 작업들의 과정에서 뉴비긴의 신학의 핵심을 요약하는 개념으로서 '선교적 교회론'이라는 체계가 등장하였다고 해도 과언이 아니다. 국내에서는 뉴비긴의 저서에 대한 번역작업을 통해 그의 신학사상 전반과 선교적 교회론이 도입되고 소개되었으며 그에 대한 초보적인 해석작업이 시도되었다. 그러나 전반적으로 뉴비긴의 사상에 대한 심층적인 연구와 분석 작업은 소홀하다고 할 수 있다. 그 동안의 연구들은 뉴비긴에 대한 개관적인 소개와 평가를 다룬 작업,3) 뉴비긴의 이론을 다문화 사역의 관점에서 적용한 연구와4) 복음전도의 원리로 다룬 연구,5) 한국적 선교적 교회론을 모색하고자 하는 시론적 연구,6) 뉴비긴의 공적 복음에 대한 사상을 다룬 연구7) 등이 있으며 뉴비긴의 선교적 교회론을 별도로 다룬 연구논문은 드물다고 할 수 있다.8) 이러한 연구의 흐름들은 아직 한국에서 레슬리 뉴비긴의 선교적 교회론에 대한 심층적인 연구와 적극적인 적용과 접목이 부족한 현실을 반영한다. 선교적 교회론에 대한 광범위한 관심과 뉴비긴의 저작에 대한 번역과 보급 작업에 비해 상대적으로 연구가 빈약한 현실은 한국교회에서 뉴비긴에 대한 포괄적 신학적 평가와 이론적 실천적 대화의 필요성을 더욱 요청한다고 할 수 있다.

칼빈의 선교사상을 다룬 연구들은 주로 복음주의권 선교신학자들과 칼빈 연구자들에 의해 이루어졌다. 그러한 일련의 연구들은 주로 칼빈의 사역과 신학이론을 분석하고 추적하여 칼빈에게도 나름의 선교사상이 분명히 존재하였음을 입증해내는데 초점을 두었다.9) 즉 그동안 칼빈과 그의 후예들인 개혁주의 신학 영역에서 선교론이 부재하거나 빈곤하였다는 비판에 대응하여 칼빈의 생애가 선교적이었음을 규명해내는 변호와 반증의 성격을 지니는 연구들이 주를 이룬다. 또한 칼빈의 생애와 목회 여정, 그리고 『기독교강요』와 설교와 주석 가운데 그의 선교적 사상을 드러내는 자료들을 추적하여 칼빈의 선교사상의 특징을 규명하는 연구들이 이어졌다.[10] 이러한 작업들은 칼빈의 선교적 차원에 대해 옹호하는 방어적 변명의 연구에 머무르지 않고 칼빈의 선교적 차원을 재발견하고 개혁주의적 선교신학을 발전시키고자 하는 능동적 시도라고도 볼 수 있을 것이다.

이처럼 뉴비긴의 선교적 교회론을 다룬 연구 가운데 칼빈의 선교사상과 통합적으로 비교하여 분석한 연구는 아직 없으며, 반대로 칼빈의 선교사상을 다루면서 이를 뉴비긴의 선교적 교회론과의 연관성 속에서 분석한 저술작업은 부재하다고 판단된다. 더욱이 뉴비긴의 교회론과 선교적 프레임을 칼빈의 선교사상과 실천에 비교하면서 양자의 공통적 요소를 규명한 연구는 부재하다는 면에서 이 연구가 지니는 고유한 의의가 있다고 할 수 있다. 요약하자면, 그동안 칼빈의 전통에 선 신학계에서는 주로 개혁주의 선교론의 특수성과 칼빈의 신학을 선교론적으로 변호하는 수준에 머물렀으며, 뉴비긴의 선교적 교회론을 칼빈의 선교사상과 종합적으로 비교하며 연구하여 양자의 선교신학적 접목점을 찾고자 모색한 연구는 미흡하다고 할 수 있다. 개혁주의 신학자들 가운데서 뉴비긴의 선교적 교회론을 에큐메니칼 선교신학의 Missio Dei 선교론과 구분하지 못하고 양자를 사실상 동일한 것으로 보고 거부하는 태도를 보이거나, 정반대로 일각에서는 뉴비긴의 이론과 사상을 그대로 받아들이는 수용의 자세를 가지기도 하였다. 칼빈과 뉴비긴 사이의 대화의 부재로 인한 단절과 거부, 혹은 무비판적 수용과 신학적 투항이라는 두 가지 상반된 접근태도를 버리고 칼빈과 뉴비긴의 선교신학적 대화의 기초를 마련하는 것이 이 연구의 초점이다. 진정한 대화란 각 주체가 진정한 자기 자신으로 존재할 때 가능한 것이며, 대화를 통한 진정한 공존과 연합의 가능성은 각 주체가 자신의 내부에서 자신의 정체성과 생명력을 견지하며 소통할 때 가능한 법이다. 이러한 견지에서 칼빈의 신학을 이어가는 신학적 토양 가운데 내재된 선교론적 교회론의 맹아를 발견하여 그것을 자라나게 하는 것, 아울러 뉴비긴의 선교적 교회론 가운데 내포된 칼빈적 요소를 규명하고 양자의 상생과 동역의 가능성을 열고자 하는 것이 이 책이 추구하고 목적하는 지향점이라고 할 수 있다.

2. 뉴비긴과 칼빈을 잇는 교량 작업

이 연구는 뉴비긴의 선교적 교회론과 칼빈의 선교론을 연구하여 신학적 대화의 가능성을 모색하는데 기본 관심이 있다. 따라서 뉴비긴의 신학사상 가운데 선교적 교회론과 직접 관련이 되는 주장과 이론에 우선적인 관심을 가진다. 즉 뉴비긴이라는 한 인물의 생애나 선교활동, 그의 저작들과 강연에서 드러난 그의 사상 전체를 다루는 것이 아니라 선교적 교회론의 틀을 형성하는데 기여한 그의 선교론과 교회론을 중심적으로 다룰 것이다. 칼빈에 대해서도 마찬가지이다. 그의 생애와 사역, 그의 저서와 주석 등에 나타난 그의 신학사상 전체를 다루지 않고 그의 선교사상을 나타내는 영역을 중점으로 다룰 것이다. 아울러 선교신학적 맥락에서 칼빈의 교회론의 핵심 주장을 재해석하고자 한다. 아울러 칼빈의 사역과 활동 가운데 선교적 전도적인 성격의 활동들을 추적하고, 역사적 종교개혁 자체가 지닌 선교적 전도적 의미를 해석하여 칼빈의 선교사상의 특징을 요약할 것이다. 그러므로 칼빈의 모든 저서와 이론을 연구하는 것은 이 연구의 범위를 넘어서는 작업이며, 주로 그의 교회론과 선교사상을 평가하고 종합하는데 집중할 것이다.

이 글은 선교신학적 연구이다. 그러므로 '선교적 주제'를 다룬다. 그리고 뉴비긴의 선교적 교회론의 전체 체계를 심도 있게 분석하기보다 그 개요만을 다룰 것이다. 선교적 교회를 주장한 모든 이론과 신학자들을 소개하고 논평하는 것은 이 책의 기본 관심이 아니다. 또한 칼빈의 계보를 잇는 개혁주의 신학사상의 전체를 살피는 일도 주요 과제가 아니다. 역사적 인물로서의 칼빈과 그의 선교론적 측면을 집중 탐구할 것이다. 아울러 이 연구는 교회론적 연구이기도 하다. 그러나 칼빈의 교회론 전체를 조직신학적으로 분석하거나, 칼빈의 교회론을 그의 다른 폭넓은 신학적 주장과의 연관성 속에서 탐구하기보다 주로 선교론적 차원에서 접근하고 해석할 것이다. 무엇보다도 이 연구는 실천적 연구이다. 이 연구는 칼빈의 선교론에 대한 객관적 이해를 가질 것을 기대하며 칼빈의 선교 사상의 특성을 드러내어 칼빈에 대해 가지는 온갖 오해를 초래한 편견들을 뉴비긴의 렌즈를 통해 재조명하게 될 것이다. 동시에 칼빈의 신학에 내재된 선교론적 기반과 실천적 역동성을 발견해내어 선교적 교회론의 담론에 능동적으로 참여할 공간을 형성해 내고자 한다.

이 연구의 기본 관점을 이해하기 위해서는 먼저 선교(Mission)의 개념에 대해 정의하고 선교와 복음전도(Evangelism)와의 관계에 대해 규명할 필요가 있다. 왜냐하면 선교(Mission)와 전도(Evangelism)라는 용어는 종종 모호하게 사용되고 있으며 신학적 입장에 따라 전혀 다른 의미로 해석되는 경우가 허다하기 때문이다. 사실 성경에서는 선교와 전도라는 두 단어를 명확하게 정립된 개념으로 사용하거나 특별한 의미로 분류하지 않는다. 성경은 '복음전도'라는 단어를 사용하기보다 '선포'(proclamation)라는 용어를 주로 사용하는데다가 'Mission'이라는 단어는 성경에 등장하지 않는다. 'Mission'이라는 말의 문자적 의미는 '사명' 혹은 '선교'이다. 즉 이 말이 기독교의 '선교'만을 의미하는 배타적인 용어로 사용되고 있는 것은 아니다. 'Mission'이 교회의 '선교'와 관련되어 사용된 것은 근현대의 선교역사의 흐름에서 형성된 것으로서 17세기 예수회 교도들이 기독교인이 아닌 사람들에게 복음을 전파하는 행위를 지칭하면서 'Mission'(선교)이란 말을 처음 사용하였다.[11] 이후 'Mission'이 세계 각지에 혹은 다른 사람들에게 기독교의 복음을 전하고 교회를 확장하는 선교적 사명(mission)과 관련된 일련의 선교적 행위들(missions)을 의미하게 된 것은 근현대 선교 운동의 과정에서 정립된 것이다. 20세기 중반을 거치면서 에큐메니칼 선교신학에서는 '선교'의 개념을 확장하여 새로운 선교 운동을 추구하고자 하였고, 이에 대해 복음주의에서는 복음전도의 중요성을 강조하면서 복음전도의 지평과 방법을 확장한다는 의미에서 복음전도 중심의 선교를 추구하고 있다고 할 수 있다. 따라서 해외에서의 복음전도활동을 '선교'라고 지칭하고 국내에서의 전도활동을 '전도'라고 지칭하는 전통적인 개념 구분은 서서히 와해되고 선교(Mission)는 '교회가 행하여야 하는 모든 것'을 의미하는 것으로서[12] 그 의미가 확장되고 있다. 최근에는 "예수 그리스도 안에서 하나님 나라의 도래를 증거하고 하나님 나라의 통치를 증언하는 삶이 선교의 중요한 실체"[13]라는 이해가 광범위하게 공유되고 있다. 맥가브란(Donald A. McGavran)의 정의는 이러한 포괄적 선교 개념을 잘 드러내고 있다.

> 선교란 예수 그리스도에게 전혀 충성을 바치지 않고 있는 자들에게 문
> 화적 장벽을 넘어 복음을 전하는 것이며, 그들을 일깨워 그리스도를
> 그들의 구주로 받아들여 그의 교회의 책임있는 구성원이 되게 하는 것
> 이다. 그리고 성령의 인도하심에 따라 복음전도와 정의 실현을 위해
> 일하며, 하나님의 뜻이 하늘에서 이루어진 것처럼 땅위에서도 이루어
> 지도록 일하는 것이다.[14]

복음전도(Evangelism)는 선교(Mission)의 한 부분이라고 할 수 있으
며, 선교는 복음전도를 포괄하는 개념이라고 할 수 있다. 구체적으로 복
음전도는 예수 그리스도의 복음을 사람들에게 전하여 회심케 하는 사역
을 의미한다.[15] 이에 반해 선교는 복음전도를 포함하여 복음의 증거와
확장을 위한 교회의 제반 활동을 포괄하는 개념이라고 할 수 있다. 즉 복
음화는 선교이지만 선교는 단지 복음전도 활동에 제한되지 않는다.[16]
그러므로 복음전도는 선교와 동일시되어서는 안되며[17] 오히려 선교의
가장 중요한 요소라고 보는 것이 바람직하다. 즉 복음전도는 교회의 선
교의 본질적 요소로 이해되어야 하며, 그 실제적인 활동에서 회개와 믿
음으로 초청하는 실제적 증언의 행위를 지칭하는 것이다. 이에 비해 선
교는 교회가 복음을 증언하기 위하여 행하는 모든 것, 즉 교회의 존재양
식과 활동과 가르침과 전파행위를 포괄하는 것이다. 선교가 세상을 향
한 하나님 나라의 증거라면, 전도는 인간의 회심을 추구하는 활동이라
고 보는 것이 바람직하다.[18] 따라서 복음전도는 선교적 활동 가운데 주

로 복음 전파와 가르침의 행위를 의미하는 것으로 볼 수 있다. 이 연구에서는 선교와 전도에 대한 이러한 이해를 기초로 뉴비긴과 칼빈을 조명하고 그들의 신학사상을 해석하고자 한다.

칼빈과 뉴비긴의 사상을 함께 다룰 때의 가장 큰 장애물은 두 사람 간에 존재하는 엄청난 시대적 간격과 두 사람이 사용하는 신학적 용어의 차이이다. 칼빈과 뉴비긴은 각각 지리적으로 유럽이라는 비교적 가까운 지역에서 살았지만 두 사람 사이에는 거의 400년이라는 긴 시간적 거리가 엄연히 존재하며 그에 따라 전혀 다른 문화적 사회적 경험적 배경을 가질 수밖에 없었다. 더구나 뉴비긴은 사역의 가장 중요한 시기를 인도라는 동양문화권에서 선교사로 활동하였다. 두 사람 모두 전환기를 살았던 것은 분명하지만 칼빈이라는 존재를 탄생시킨 중세에서 근세로 전화되는 르네상스 시대라는 거대한 조류와 뉴비긴이라는 선교학자를 배태한 20세기의 포스트모던적 시대 조류는 전혀 다른 것이다. 이러한 시대적 환경의 차이를 고려하지 않고 두 사람을 표면적으로 단순 비교하는 것은 적절하지 않다. 두 사람이 동일한 기독교 영역에서 활동하였지만 두 사람이 경험한 기독교는 사실상 전혀 다른 기독교였으며 더구나 두 사람이 각각 경험한 삶의 경험 역시 현저히 달랐기 때문이다.

두 사람이 사용하는 언어와 신학적 용어의 차이도 고려되어야 한다. 두 사람은 동일하게 목회자이자 신학자라는 공통점이 있지만 그들이 경험한 교회의 상황과 지배적인 신학적 담론은 전혀 이질적이었다. 그리고 칼빈은 프랑스어로, 뉴비긴은 영어로 자신의 사상을 진술하였다. 특히 칼빈은 중세 가톨릭의 스콜라 신학의 배경 하에서 지적인 논조로 새로운 신학사상을 전개하였으며, 뉴비긴은 칼빈 이후 수백년간 축척된 신학적 담론과 결과물의 토대 위에서 실천적인 관점에서 자신의 신학과 사상을 전개하였다. 더구나 칼빈은 뉴비긴이라는 존재를 전혀 알지 못하였다. 반면 뉴비긴은 칼빈의 신학과 이론 전체를 섭렵하고 칼빈 이후 형성된 개신교 교회의 신학과 실천에 대한 종합적이고 냉정한 평가의 기반 위에서 자신의 사상을 전개한다는 점이 고려되어야 한다. 그러므로 칼빈의 입장에서 칼빈의 용어로 뉴비긴의 사상을 직선적으로 단순 평가하거나 뉴비긴의 개념으로 칼빈의 저작 속에서 동일한 단어들을 찾고자 시도하면 언어의 의미의 차이에서 기인하는 해석학적 오류에 빠지게 된다. 반대로 뉴비긴의 관점에서 칼빈의 사상을 직선적으로 평가하고 비판하는 것은 칼빈에게 오로지 방어적 위치만을 강요하는 부당한 것일 뿐아니라 칼빈과 뉴비긴의 동일성과 차이성 즉 공통점과 차이점을 객관적으로 규명하는 것이 불가능하게 된다. 이러한 문제들을 해결하기 위해 필자는 다음과 같이 네 가지 방법론을 사용하여 두 사람을 비교하여 연구하고자 한다.

첫째로 유비(類比)의 방법이다. 유비의 방법은 두 사물 간에 유사성을 바탕으로 동일성을 찾아 설명하는 방법론이다. 이 연구에서 의미하는 유비의 방법이란 언어철학에서 말하는 철학적 방법론이 아니라 어떤 상이한 사물과 존재 간의 유사성을 찾는 목적으로 행하는 비교 방법론이라는 폭넓은 의미로 사용하고자 한다. 유비의 방법은 일종의 비교연구방법론이지만 비교와 분석에 초점이 있는 것이 아니라 비교와 종합에 주안점을 둔다. 이 글은 칼빈과 뉴비긴을 비교하면서 동시에 두 사람 사이의 접촉점과 연결고리를 발견하고자 하는 목적을 가지고 있기 때문이다.

두 사람은 엄연히 다른 존재이며 그들의 사상에서 연속성과 유사성을 드러내는 단서들이 존재한다고 할지라도 표면적으로는 전혀 상이해 보이기 때문이다. 그러므로 이 연구는 두 사람의 전체 사상을 수평 비교하여 모든 공통점과 차이성을 규명하는 데 목적이 있는 것이 아니라 선교사상 차원에서의 유사점에 주목한다. 기본적으로 뉴비긴의 선교적 교회론의 관점에서 칼빈의 신학사상을 살피는 구조를 지니지만, 궁극적으로 두 사람의 공통점과 연속성을 이루는 유비적 대화를 시도하는 것이 이 연구가 의도하는 바이다.

두 사람을 비교함에 있어서 먼저 칼빈과 뉴비긴의 신학과 선교사상을 비교한다. 이는 칼빈의 교회론와 뉴비긴의 선교적 교회론을 비교하는 방식으로 진행될 것이다. 그리고 두 사람의 선교적 실천을 비교하여 살핀다. 가령 칼빈이 강조하는 '말씀의 선포'와 뉴비긴이 말하는 '복음의 증언' 사이에서 유비가 가능하고, 칼빈이 가톨릭의 종교회의에 참석하여 대화하고 토론한 것과 뉴비긴이 주장하는 에큐메니칼 대화 간에 과연 유비가 가능한 지도 모색할 수 있을 것이다. 그리고 가장 중요한 것은 언어적 유비이다. 이는 두 사람이 사용하는 단어와 신학적 진술을 비교하는 작업이다.

둘째는 해석학적 방법론이다. 칼빈과 뉴비긴을 독해하고 해석함에 있어서 해석학적 방법론은 필수적이다. 두 사람이 사용하는 언어의 개념과 의미, 신학적 용어의 범주와 의미는 어느 사람의 입장에 서느냐에 따라 전혀 다르게 해석되기 때문이다. 특히 두 사람이 사용하는 신학 용어와 주장을 배태하고 천명하게 된 상황적 배경이 엄연히 존재하기 때문에 이를 고려할 때 그 개념으로 표현하고자 하는 당사자들의 의도를 파악할 수 있기 때문이다. 사실 각기 프랑스어와 영어로 자신의 사상을 전개한 두 사람이 사용한 용어에 대한 오역의 가능성은 항상 존재한다. 그리고 두 사람 사이에서 한 사람은 사용하고 다른 한 사람은 전혀 혹은 거의 사용하지 않는 단어도 존재한다. 가령 오늘날 문맥에서 의미하는 '선교'나 '선교적 교회'라는 단어는 칼빈의 저작에서 찾아볼 수 없다. 그리고 다른 용어이지만 동일범주의 단어로 이해할 수 있는 단어군도 있다. 가령 '하나님 나라, 하늘나라, 하나님의 통치, 하나님의 주권' 등은 문맥에 따라 비슷한 의미가 될 수 있다. 경우에 따라 양자가 동일한 단어를 사용하더라도 전혀 다른 의미를 내포하거나 각 저자가 다른 의미로 사용하는 경우도 있다. 예를 들면, 칼빈이 거의 동일한 의미로 사용하는 '선포' (proclamation)와 '증거'(witness)는 뉴비긴이 의미하는 삶의 '증언' (witness)에 비해 폭이 좁은 언어적 전달을 의미한다. 특히 당시 독자들에게 전달되는 의미와 오늘 우리가 해석하는 의미는 현격한 차이가 있을 수 있다. 그러므로 해석학적 접근법이 요청된다. 그래도 두 사람이 개신교라는 공통의 기반에 서 있고, 뉴비긴이 칼빈주의 전통의 스코틀랜드 장로교단에서 안수를 받고 파송받았으므로 양자가 사용하는 개념이나 신학 용어는 전혀 이질적인 경우가 아니면 의미가 상통할 수 있다.

셋째로 귀납법적 방법으로 연구를 전개한다. 칼빈과 뉴비긴의 신학 사상과 실천, 목회와 시대적 정황이라는 구체적인 사실들을 비교 분석함으로써 두 사람 간의 연결점을 찾는데 이 연구의 방향이 있다. 먼저 두 사람의 신학사상 특히 선교론의 핵심이 무엇인가를 추적하는 데에 귀납법적 접근을 한다. 뉴비긴의 선교적 교회론의 핵심사상을 정리하는 작업 역시 그의 삶과 저술 전체를 살펴 그의 선교사상과 교회론의 핵심 주장을 종합하는 방법을 통해 그가 진정 의미하는 바 선교적 교회론의 깊이와 핵심을 추적하려고 노력하였다. 칼빈 역시 마찬가지이다. 칼빈의 저작의 단편만이 아니라 그의 회심에서부터 그의 목회와 개혁자의 여정, 『기독교강요』와 주석을 비롯한 그의 저술과 사회적 실천 전체를 살펴 칼빈의 선교에 대한 전체 그림을 그리고 그 중심적 특징을 추출하고자 하였다.

또한 두 사람의 선교론과 교회론을 비교하는 일에서도 귀납적인 방법으로 종합을 시도한다. 두 사람의 신학적 명제나 진술에 있어서 표현이 똑같은 문장이 아니라고 할지라도 내용상 동일한 원리라고 판단되는 것들을 종합하고, 설사 단어가 전혀 다르더라도 동일성을 드러내는 단서들을 모아 공통의 원리와 사상의 가능성을 모색하는 것이다. 그렇지만 이 연구에서 칼빈과 뉴비긴 두 사람의 모든 신학사상을 비교하는 것은 아니다. 주로 두 사람의 선교론과 교회론과 관련된 영역을 중심으로 귀납법적 추론을 시도할 것이다. 그러므로 칼빈의 『기독교강요』에서도 제1-3권이 아니라 교회론을 중점적으로 언급한 제4권을 주로 다루고, 이와 관련된 그의 주석과 저서 일부만을 다루고, 칼빈의 삶과 목회에서도 주로 제네바 시에서의 목회를 자료로 삼는다. 뉴비긴의 경우도 마찬가지이다. 뉴비긴의 사상 중 선교적 교회론과 직접 관련되어 있는 저서와 주장만 주로 다루고 그가 다룬 주제 가운데 상황화 이론이나 공공신학적 아이디어, 기독교 변증 방법론, 종교다원주의 논쟁, 목회적 실천과 리더십 이론, 예배론 등은 제외한다.

네 번째 방법론은 추론적 상상의 방법이다. 칼빈과 뉴비긴 입장의 차이가 두드러지거나 용어의 차이가 현저할 경우 추론적 질문을 던지는 방법이다. 가령 칼빈이라는 사람이 취하였던 경건과 삶의 원칙과 교회에 대한 태도와 사역의 방식을 안고서 뉴비긴이 처한 목회 현장과 교회적 환경, 특수한 문제가 부각되는 특수한 상황에 내던져졌을 경우 어떻게 반응하고 행동하였을까? 라는 질문으로 추론하는 것이다. 반대로 뉴비긴이라는 사람이 자신의 정체성과 사역의 원리를 가지고 종교개혁이라는 16세기 유럽의 상황에 던져졌다면 그는 어떻게 하나님의 사역을 수행하고 신학적 논지를 전개하였을까? 하고 질문을 던질 수도 있다. 이런 방식의 추론적 질문의 방법은 논지를 전개하는 일반적인 연구방법론으로는 적절하지 않다. 그러나 신학은 과학적 실험과 수치적 결과(data)를 기반으로 결론을 내리는 영역이 아니며, 신학이 다루는 모든 주제는 사실 관념과 관련된 논리적 추론적 논박과 설득의 결과로 형성된 것이다. 그러므로 추론적 상상을 이끄는 질문을 통하여 칼빈과 뉴비긴과 관련된 얽힌 고리를 푸는 작업은 허용 가능하다고 본다. 이 책에서 언급하는 방식의 상상적 추론의 방법은 표면적으로 양자의 차이성이 농후하게 드러나거나 칼빈과 뉴비긴의 신학적 진술이 정면으로 부딪히는 경우에 제한적으로 사용할 것이다. 그리고 양자의 위치를 바꾸어 대치하여 추론하는 질문을 던지고 섣불리 단언적인 결론은 내리지 않는다. 이러한 질문에 반응하여 상상해보는 것만으로 두 사람간의 유사성과 공통점이 보다 드러날 수 있기 때문이다.

3. 각 장별 개요

이 연구는 목차에서 제시하는 바에 따라 다음과 같이 진행될 것이다.

제2장에서는 뉴비긴의 선교적 교회론을 개관하고 평가한다. 선교적 교회론의 기초를 놓은 뉴비긴의 삶의 족적과 교회론과 선교론의 주장을 개관하고 평가하는데 집중하게 될 것이다. 아울러 선교적 교회론의 상황적(contextual), 성경적(biblical), 신학적(theological) 토대를 분석함으로써 뉴비긴의 이론의 전체계를 종합적으로 해석하고 선교적 교회론이 현대 선교신학과 교회론적 관심에 던져준 공헌을 규명함으로써 뉴비긴의 선교적 교회론을 종합적으로 평가하고자 한다.

이어지는 3장에서는 칼빈의 선교사상을 추적하여 칼빈이 이해한 복음의 선포 즉 선교란 무엇이었는가를 정리하고자 한다. 오늘날과 같은 개념의 선교신학이 부재했던 16세기의 인물인 칼빈의 사상의 선교적 차원을 규명하기 위해서는 먼저 그의 삶의 행보를 선교적으로 해석하는 작업이 우선되어야 한다. 특히 종교개혁 자체가 교회의 개혁과 개신교회의 분립이라는 표면적인 결과 이전에 참된 복음과 진정한 교회가 무엇인가를 추구하며 중세의 제도종교 체제 아래 살아가던 사람들을 그리스도에게로 인도하여 참된 교회를 세워나간 선교적 운동이었다는 점에서 칼빈의 삶과 사역과 종교개혁을 선교적으로 재해석할 수 있는 단서들을 찾아보고자 한다. 특히 칼빈은 단순히 이론작업에만 몰두한 강단 신학자가 아니라 목회자이자 개혁가로서 선교적 삶을 살았음을 그의 삶과 제네바에서의 목회사역, 그리고 그의 저서에 담긴 주장들을 통해 입증한다. 아울러 칼빈의 선교론의 제 특징을 담고 있는 그의 복음이해와 교회 및 하나님 나라에 대한 관점, 그리고 청지기적 소명에 대한 주장들을 요약하고 이들 사상을 그의 선교적 삶의 행보와 종합하여 칼빈의 선교사상의 전체 그림을 그려보고자 한다.

4장은 이 연구에서 가장 중심되는 연구 영역으로서 칼빈의 교회론에 내재된 선교사상적 함의를 이론적으로 규명해내고 뉴비긴의 선교적 교회론과 상호 비교하여 양자간의 유비 관계를 탐구한다. 칼빈의 『기독교강요』 제4장 교회론은 단순히 교회나 장로교 정치조직에 대한 교리가 아니라 칼빈의 선교론이 그대로 녹아져 있는 이론임을 그의 교회 이해와 참된 교회의 표지, 직분론을 중심으로 연구한다. 특히 뉴비긴의 교회론에서 가장 강조점을 두고 있는 교회의 연합과 관련하여 칼빈의 교회론에 담긴 교회 연합에 대한 정신을 평가하고 그가 행한 교회연합적 노력을 살펴봄으로써 뉴비긴의 교회 연합에 대한 주장과의 차이점과 유사성을 추적하고자 한다. 특히 칼빈의 중심 사상인 하나님 주권 사상이 뉴비긴의 '삼위일체 하나님의 선교' 와 어떤 연결점이 있는지를 규명하면서, 칼빈이 삼위일체 교리에 기반하여 그의 『기독교강요』를 삼위일체론적 구조로 정립하였듯이 뉴비긴이 자신의 선교론과 교회론을 삼위일체 구도로 정의하고 있다는 점에서 두 사람이 공히 기독교의 근본 교리에 기반하고 있음을 입증할 것이다. 특히 뉴비긴의 선교적 교회론과 호켄다이크(J. C. Hoekendijk)를 중심으로 한 Missio Dei 선교신학 사이에 전개된 날카로운 대립과 이론적 차이점을 분석함으로써 뉴비긴이 오히려 복음주의적 신학 노선에 근접한 요소가 많다는 점을 규명하고자 한다. 아울러 뉴비긴이 강조하는 공적 영역에서의 복음의 증언에 대한 주장들은 칼빈의 청지기적 소명을 중심으로 한 세상의 문화 변혁을 추구하는 참여적 신학사상과 그 내용이나 실천적 노선에 있어서 거의 동일한 기반을 가진 아이디어로서, 사회의 제 영역에서 하나님의 주권적 통치를 실현하고 선포하는 칼빈의 전통에 기초한 것임을 입증하고자 한다.

5장은 칼빈과 뉴비긴을 연결하는 제3의 틀로서 '복음과 사회정의' 라는 두 가지 선교적 강조점을 함께 수용하는 로잔언약을 중심으로 한 현대 복음주의 선교신학의 관점에서 칼빈과 뉴비긴을 비교한다. 역사적으로 칼빈은 전통적 선교론의 신학적 기초를 놓은 사람이라면, 뉴비긴은 현대 에큐메니칼 선교신학의 정립과정에 참여한 사람으로서 양자의 패러다임의 차이성은 분명하다고 할 수 있다. 특히 물리적 시간의 순서로 보자면 뉴비긴은 칼빈을 평가할 수 있는 입장이지만 칼빈은 그렇지 못하다. 따라서 전통적 선교신학의 복음전도의 노선을 견지하면서도 에큐메니칼 선교신학의 사회정의의 노선을 수용하는 복음주의 선교 패러다임을 매개로 양자의 선교사상을 통합해보고자 한다. 칼빈은 근세 시대의 종교개혁 신학자로 시간적으로 이 흐름과 관련을 맺을 수 없고, 뉴비긴은 동시대에 살면서도 다른 진영에 소속되어 있지만 사랑과 정의라는 하나님의 근본적인 성품, 복음과 사회정의라는 선교신학적 두 강조점으로 칼빈과 뉴비긴을 평가하여 두 사람의 선교사상이 실천적 맥락에서 동일한 양상을 띠게 된다는 점을 규명하고자 한다.

6장에서는 칼빈과 뉴비긴이 오늘날의 우리에게 던져주는 주는 교훈을 요약하고자 한다. 칼빈과 뉴비긴의 대화 가능성은 두 사람이 진술한 이론과 개념의 문자적 내용의 유사성이나 동일성에 기반하기보다는 두 사람에게 부여한 하나님의 은총과 은사에 기인한다. 즉 하나님께서 각기 다른 환경에서 활동한 두 사람을 당시대의 교회를 둘러싼 핵심 의제에 가장 적극적이고 균형있는 관점에서 중요하고도 강력한 영향을 미친 도구로 사용하셨다는 것이다. 두 사람은 그 이론에서가 아니라 한 인격체로서 존재론적 유사성이 보다 두드러진다. 칼빈과 뉴비긴의 회심과 젊은 시절의 전위적 삶, 신앙의 진정성과 복음에 대한 철저성, 교회에 대한 애정과 현장을 중요시하는 실천적 삶의 특징, 방대한 저서를 남긴 저술가로서의 역량, 언제나 균형을 추구하는 합리성, 그리고 당시대의 교회들에 미친 강력한 영향력 등을 살펴볼 때 두 사람은 마치 다른 시대에서 활동한 동일한 인물로 보인다.

이 책은 두 사람의 사상에 대한 개관적인 연구로서 다른 연구를 위한 초석이 될 것이다. 그런 의미에서 이 연구는 미완의 과제를 안고 있다. 선교적 교회론은 하나의 완결된 신학체계가 아니기 때문이며 칼빈과 뉴비긴 사이의 신학적 대화는 선교론적 차원만이 아니라 다른 영역에서도 포괄적으로 이루어져야 하기 때문이다. 그러나 보다 중요한 것은 두 사람 간의 신학적 대화가 단지 이론적 비교에 머무는 것이 아니라 두 사람의 신학사상을 접촉하는 우리들을 보다 실천적인 선교적 대화로 이끄는 연결고리가 되는 일이다. 그런 면에서 이 연구는 이어지는 다른 연구들의 서론이자 초석의 의미가 있다고 할 것이다.

주해

1) 뉴비긴의 생애와 사상을 분석하고 평가한 개관적 연구로는 Geoffrey Wainwright, *Lesslie Newbigin; A Theological Life* (New York: Oxford University Press, 2000), Weston Paul, ed. *Lesslie Newbigin: Missionary Theologian* (Eerdmans Publishing Company, MI: Grand Rapids. 2006), George R. Hunsberger, *Bearing the Witness of the Spirit; Lesslie Newbigin's Theology of Cultural Plurality* (William B. Eerdmans Publishing Company, MI: Grand Rapids, 1998), Laing, Mark T. B. and Paul Weston, (ed.) *Theology in Missionary Perspective; Lesslie Newbigin's Legacy* (Pickwick Publication, Oregon: Eugene, 2012) 등을 들 수 있다. 그리고 뉴비긴의 사상과 공헌에 대해 연구한 대표적인 논문으로는 다음의 것들이 있다: Darrell L. Guder, "Missional Church; From Sending to Being Sent." *Missional Church; A Vision for the Sending of the Church in North America* (William B. Eerdmans Publishing Company, MI; Grand Rapids, 1998), Wilbert R. Shenk, "Lesslie Newbigin's Contribution to Mission Theology." *The International Bulletin of Missionary Research*, Vol. 24, No2. April, 2000., Alan J. Roxburgh, "The Missional Church." *Theology Matters*, Vol. 10, No. 4. 2004.

2) 이러한 실천적 연구들은 주로 뉴비긴의 선교적 교회론의 원리를 간단히 요약하고 북미의 교회 상황에서 지역 교회를 지역의 문화에 적합한 선교적 공동체로, 교인들을 선교적 소명을 가진 증인으로, 목회자를 선교적 리더로 구비하도록 돕는 전략과 방법론을 다루는 경우가 대부분이다. 선교적 교회의 신학적 프레임과 실천적 방법론을 다룬 도서는 다음과 같다; Alan J. Roxburgh, and M. Scott Boren, *Introducing the Missional Church*(Baker Books, MI: Grand Rapids, 2009), Darrell L. Guder, *Missional Church ; A Vision for the Sending of the Church in North America* (William B. Eerdmans Publishing Company, MI: Grand Rapids, 1998), Graig Van. Gelder, (ed.) *The Missional Church and Denomination: Helping Congregations Develope a Missional Identity* (William B. Eerderman Publishing Company, MI: Grand Rapids, 2008), Jr. Woodward, *Creating a Missional Culture; Equipping the Church for the Sake of the World* (IVP Books, IL: Downers Grove, 2012), Michael Frost, *The Road to Missional: Journey the Center of the Church* (BakerBooks, MI: Grand Rapids, 2011), Reggie McNeal, *Missional Renaissance; Changing the Scorecard for the Church* (Jossy-Bass, CA: San Francisco, 2009), Reggie McNeal, Missional Community; The Rise of the Post-Congregational Church (Jossy-Bass, CA: San Francisco, 2011), Tim Chester and Stive Timmis, *Everyday Church: Gospel Communities on Mission* (Crossway, Illinois:

Wheaton, 2012) 등. 이들과 다소 대조적인 선교적 교회에 대한 연구로서 Michael W. Goheen, *A Light to the Nation* (BakerAcademic, MI: Grand Rapids, 2011)과 Graig Van. Gelder and Dwight J. Zscheiile. *The Missional Church in Perspective* (*BakerAcademic*, MI: Grand Rapids, 2011)가 있다. 마이클 고힌의 책은 선교적 교회론을 신구약 성경의 이야기 속에서 추적하여 그 원형적 그림을 그려내고 오늘날 바람직한 선교적 교회상을 제시하였고, 후자는 선교적 교회(Missional Church)의 정의와 진정한 목적에 대해 규명하면서 이를 도구화하는 것을 경계하고, 선교적 실천에서의 선교적 교회의 정체성을 강조하였다. 마이클 고힌의 책은 우리말로 번역되었다. 「열방에 빛을: 온 세상을 향한 하나님의 선교 이야기」, 박성업 역 (서울: 복있는 사람, 2012).

3) 최형근, "레슬리 뉴비긴의 선교적 교회론." 아세아연합신학대학교, 「신학과선교」, 제31집, 2005년. 최형근, "선교적 교회론의 실천에 관한 연구." 한국선교신학회 편, 「선교신학」, 제26집. 2011년. 참조. "레슬리 뉴비긴의 선교적 교회론"은 레슬리 뉴비긴, 「교회란 무엇인가」, 홍병룡 역 (서울: IVP, 2010)의 부록으로 게재되어 뉴비긴의 교회론을 해설하였다.

4) 이를 다룬 연구에는 다음의 논문들이 있다; 이바울, "다문화 사역을 통한 선교적 교회 모델 연구." 박사학위논문, 한세대학교, 2014년. 임성윤, "다문화교회의 선교 공동체성 회복을 위한 연구; 통전적 성령운동을 중심으로." 신학석사학위논문, 장로회신학대학교, 2011년. 김성은, "상황화 신학의 현대적 논의로서 선교적 교회론 연구 : Stephen B. Bevans의 Counter-Cultural Model과 Lesslie Newbigin의 교회론의 상관성을 중심으로." 석사학위(M. Div) 논문, 서울신학대학교, 2012년.

5) 김선일, "종교다원주의 사회에서의 전도-레슬리 뉴비긴을 중심으로." 한국복음주의선교신학회, 「복음과선교 24권」, 2013. 9-35.

6) 조영태, "한국의 선교적 교회론 확립을 위한 레슬리 뉴비긴의 교회론 연구." 석사학위논문, 아세아연합신학대학교, 2006년.

7) 류태선, "레슬리 뉴비긴(Lesslie Newbigin)의 '공적 진리로서의 복음'(the Gospel as Public Truth)에 관한 연구." 박사학위논문, 장로회신학대학교, 2011년. 이 연구는 뉴비긴의 사상에 대해 가장 포괄적이고 심층적으로 분석한 국내 연구에 해당된다. 이 논문은 「공적 진리로서의 복음-레슬리 뉴비긴의 신학사상」 (서울: 한들출판사, 2011)이라는 제목으로 출판되었다.

8) 선교적 교회론을 직접 다룬 논문으로는 조해룡, "선교적 교회론 연구; 레슬리 뉴비긴, 위르겐 몰트만, 대럴 구더를 중심으로." 박사학위논문, 장로회신학대학교, 2011년. 을 들 수 있다. 이 논문은 뉴비긴만이 아니라 다른 신학자들의 이론들을 종합하여 선교적 교회론을 연구한 독창적인 연구이다.

9) 이에 대한 국내 연구로는 다음의 논문들이 있다. 김성현, "칼뱅의 생애에 대한 선교학적 조명." 「선교와 신학」. 24집, 2004. 박경수, "칼뱅의 종교개혁과 선교." 세계선교연구원 편,

「선교와 신학」제21집. 2008. 이정숙, "깔뱅의 목회와 선교." 한국선교신학회 편. 「선교와 신학」. 24집, 2004. 장훈태, "칼빈과 선교." 전광식 편, 「칼빈과 21세기」(서울: 부흥과 개혁사, 2009). 최윤배, "깔뱅의 선교신학과 선교활동." 한국복음주의신학회, 「성경과신학」제62권, 2012. 등. 해외 연구는 의외로 드문 편이다. 칼빈 연구가로 유명한 조엘 비키가 칼빈의 전도에 대해 연구한 연구로는 Joel R. Beeke, "Calvin's Evangelism." Mid-America Journal of Theology 15, 2004.와 조엘 비키, 「칼빈주의; 하나님의 영광을 위하는 삶」(서울: 지평서원, 2010) 제20장을 참고하라. 아울러 침례교 계통의 학자로서 칼빈의 선교사상과 브라질 선교에 대해 다룬 저서가 출판되었다. Michael A. G. Haykin and C. Jeffrey Robinson Sr., *To the Ends of the Earth; Calvin's Missional Vision and Legacy* (Crossway, IL: Wheaton, 2014).

10) 칼빈의 선교사상과 그 특징을 규명하고자 한 연구에는 다음의 저서와 논문이 있다; 최정만, 「칼빈의 선교사상」(서울: 기독교문서선교회, 2000). 이억희, "칼빈의 선교사상에 관한 연구." 박사학위논문, 칼빈대학교, 2014. 황대우, "깔뱅의 교회론과 선교." 한국선교신학회 편. 「선교와 신학」 24집. 2008. 황대우의 연구는 칼빈의 텍스트를 직접 분석하여 칼빈의 교회론을 중심으로 선교적 특징을 규명한 연구이다. 또한 최근 국내에서 칼빈의 선교사상을 다룬 석사학위 논문들이 지속적으로 발표되고 있다. 제목은 여기 소개하지 않는다.

11) 티모시 C. 텐넌트, 「세계선교학 개론」, 홍용표 외 역 (서울: 서로사랑, 2013), 42.

12) Ibid.

13) 김선일. 「전도의 유산」, (서울: SFC 출판부. 2014), 48.

14) Arthur F. Glasser and Donald A. McGavran, *Contemporary Theologies on Mission* (Baker Book House, MI: Grand Rapid, 1983), 16. 이광순, 이용원, 「선교학개론」(서울: 한국장로교출판사, 1993), 19. 재인용.

15) 칼 뮐러, 테오 순더마이어 편, 「선교학사전」, (서울: 다산글방, 2003), 157. 이 사전에서 데이비드 보쉬는 '복음선포, 복음화'의 사전적 의미를 다루면서 복음선포 혹은 전도의 개념에 대한 여러 견해를 소개하면서 복음선포를 "인간들을 회개시키는 것"을 의미하는 것으로 보는 일반적 견해를 소개한다.

16) 데이비드 J. 보쉬, 「변화하고 있는 선교」, 장훈태 역 (서울: 기독교문서선교회, 2000), 609.

17) Ibid.

18) 김선일, 「전도의 유산」, 49.

뉴비긴과
선교적 교회론

제2장
뉴비긴과 선교적 교회론

　뉴비긴의 선교적 교회론은 20세기 기독교의 신학적 실천적 격변의 역사 속에서 형성된 것이다. 즉 선교적 교회론은 뉴비긴 개인의 신학적 사색과 연구작업의 결과로 완결된 어떤 이론체계가 아니다. 오히려 선교적 교회론은 뉴비긴의 선교사상과 교회론에 기초를 두고서 그의 정신에 대한 해석 작업과 오늘날의 교회 현장에 적용하고 재해석하는 접목 작업을 통하여 지금도 탐구되고 정립되어가는 과정 중에 있다고 할 수 있다. 그러므로 뉴비긴의 선교적 교회론에 대한 이해는 우선 선교적 교회론이 형성되어온 역사를 파악하는 작업이 선행되어야 한다. 그리고 그가 주장하고 의도하고 바의 진정한 의미를 파악하고 그 사상의 진수를 추적하기 위해 그의 저작에 대한 심도 있는 연구와 평가 작업이 이루어져야 한다. 이를 위해 이 장에서는 뉴비긴의 삶의 족적과 그의 교회론과 선교론을 담은 글들을 분석함으로써 그의 선교적 교회론을 개관하고자 한다. 아울러 그의 사상의 역사적 성경적 신학적 기초와 특징을 살펴봄으로서 뉴비긴의 선교적 교회론의 핵심 골격과 전체 그림을 그려보고자 한다. 또한 뉴비긴의 사상이 오늘날의 교회와 목회, 선교와 회중의 삶에 던지는 교훈과 도전을 살펴보고자 한다.

제1절 선교적 교회론의 형성과정

1. 개념에 대하여

선교적 교회론(Missional Ecclesiology)이라는 용어는 뉴비긴이 창안한 개념이 아니다. 뉴비긴은 선교가 교회의 본질이라는 사실을 강조하며 자신의 저서를 통하여 자신이 이해하는 선교 사상과 교회의 본질에 대해 주창하였을 뿐이었다. 선교적 교회(Missional Church)라는 단어와 선교적 교회론(Missional Ecclesiology)이라는 용어는 표면적으로 그 의미와 범주가 사뭇 다르다. 전자는 선교를 교회의 본질과 중심적 과제로 삼고 선교적 정체성을 가진 교회라는 일반적 의미라면, 후자는 다분히 전문적 신학용어로서 어떤 신학이론적 체계를 표현하는 용어이다. 즉 전자는 어떤 특성을 지닌 교회를, 후자는 특정의 신학적 이론체계를 지칭한다고 할 수 있다. 그러나 양자는 사실상 거의 구분 없이 사용되고 있는 용어라고 할 수 있으며, 일반적으로 선교적 교회론(Missional Ecclesiology)은 다름 아닌 선교적 교회(Missional Church)에 대한 이론을 지칭하는 것으로 받아들여지고 있다.

선교적 교회론(Missional Ecclesiology)이란 용어는 뉴비긴이 사용한 신학 용어가 아니었다. 뉴비긴은 그의 책 오픈 시크릿에서 '선교적 교회'(Missional Church)라는 용어를 사용한 바가 있다.[1] 그러나 이는 그가 선교적 교회론의 어떤 체계를 만들거나 선교적 교회가 무엇인가를 설명하기 위한 의도로 사용한 것이 아니라 서구사회가 아닌 지역에서 적절한 선교적 교회의 형태와 본질을 발견하는 일의 중요성을 언급하고자 한 것이었다. 선교적 교회론(Missional Ecclesiology)이라는 개념은 미국의 목회자와 학자들에 의해 처음 사용되고 일반화된 것으로 알려지고 있다. 1998년 데럴 구더(Darrell L. Guder)와 그의 팀 프로젝트 동료들에 의해 *Missional Church ; A Vision for the Sending of the Church in North America*라는 제목의 책이 출간되었는데, 그 책의 제목에서 'Missional Church'(선교적 교회)라는 용어가 출판물로서 처음 공식적으로 표현되었다. 이 프로젝트에 참가한 학자들은 각 교단에서 안수받은 목회자로서 선교적 교회론의 어떤 이론적 체계를 정립하고자 하는 의도가 아니라 선교적 교회의 원리를 북아메리카의 문화 컨텍스트(context) 즉 미국의 목회 현장에 적용하고자 하는 매우 실제적인 글들을 연구하여 발표하였다. 또한 데럴 구더는 그 책의 첫 번째 논문인 'Missional Church: From Sending to Being Sent'에서 'Missional Ecclessiology'라는 용어를 사용한다. 그는 "오늘날 우리의 도전은 선교가 있는 교회(Church with Mission)에서 선교적 교회(Missional Church)로 바뀌는 것이다"고 주장하였다.[2] 또한 그는 'Missional'(선교적)을 하나님의 부르심과 보내심을 받은 백성으로서의 교회의 기본 본질이자 소명을 나타내는 용어라고 강조하면서 선교적 교회론(Missional Ecclessiology)의 몇몇 특징을 언급하면서 초보적인 체계화를 시도하였다.[3] 이들의 연구는 단지 교회성장학적 차원에서 교회의 사역구조의 혁신이나 혹은 사람들의 기호에 맞는 매력적인 프로그램을 개발하는 것이 아니라 하나님이 세상 속에 수행하시는 선교활동에 세상 속으로 보냄받은 교회가 어떻게 복음을 증언하는 공동체가 될 것인가 하는 과제에 대한 것이었다.[4] 그런 의미에서 선교적 교회론은 북미에서 출발한 자성

(自省)의 신학이라고 볼 수 있다.5)

그 최초의 연구 이후 선교적 교회론에 관한 연구와 책들이 봇물처럼 쏟아져 나왔으며 이러한 흐름은 현장 선교사의 활동이나 선교학 연구의 영역을 넘어서 교회와 기독교의 미래를 둘러싼 주목할 만한 교회론적 담론으로 형성되기에 이르렀다. 즉 북미를 중심으로 일어난 '선교적 교회론 대화'(Missional Church conversation)는 수많은 교단 및 교회 회중의 지도자들을 중심으로 교회의 본질과 정체성에 대해 탐구하고 교회의 변화를 촉구하는 전략적 중요성을 지니게 되었다.6) 이러한 흐름을 통하여 선교적 교회론은 에큐메니칼 진영과 복음주의 진영을 불문하고 교회의 본질과 사명, 목회와 교회의 제 활동에 대한 진지한 자기 성찰과 균형있는 모색을 촉구하는 의미있는 도전적 사상이 되었으며, 교회의 자기 이해와 선교 패러다임에 적잖은 영향을 미치고 있다.

2. 뉴비긴과 선교적 교회론의 태동

선교적 교회론의 출현에 영향을 미친 인물은 뉴비긴이다. 그는 대학 시절에 그리스도를 영접하고 27세에 스코틀랜드 국교회(Church of Scotland)에서 안수를 받고 결혼 후 곧바로 인도로 건너가서 39년간 선교활동을 한 선교사이다. 그는 20세기가 낳은 가장 중요한 선교학자요 신학자 중의 한 사람으로 평가받는다.7) 즉 그는 현장 선교사이자 저술가였으며 동시에 건실한 성경신학적 기초를 가진 신학자요 선교학자요 기독교 변증가였다. 그는 단순히 현장 활동에만 몰두한 선교사도 아니고 현장을 떠난 선교학자도 아니었다. 그는 선교사이자 동시에 선교신학자였다.

인도에서 선교사로 일하는 동안의 그의 경험은 그의 신학적 이론에 적잖은 영향을 미친 것으로 보인다. 선교사로서의 그의 행적은 다음과 같이 요약할 수 있다.[8] 초기 11년간 그는 회중교회, 성공회, 장로교회, 감리교회의 교인들로 구성된 남인도교회를 창설하였다. 그리고 12년간 마두라이에서 주교(bishop)로 사역을 하였다. 그 이후 그는 6년간 에큐메니칼 운동의 지도자로 활동을 하며 국제선교협의회(International Missionary Council, IMC)의 총무에 이어 세계교회협의회(WCC)의 부총무로 사역을 하였다. 이후 인도로 돌아와 10년간의 주교 활동을 하게 된다. 1974년 선교사 사역을 은퇴하고 1998년 생을 마감하기까지 버밍엄(Birmingham)에 정착하여 그 도시에 소재한 셀리 오크 칼리지(the Selly Oak Colleges)에서 강의를 하고 작은 개혁주의 교회에서 목회를 하며, 여러 책들과 짧은 글들을 집필하고 발표하는 일에 몰두하였다. 인도에서의 사역과 에큐메니칼 운동에 참여한 경험은 그의 저서 전반에 흐르고 있는 문화에 대해 강조하는 그의 관점과 교회의 연합과 일치를 우선적 가치로 내세우는 그의 주장을 해독하는 경험적 배경이 된다고 할 수 있다.

뉴비긴이 선교적 교회론의 토대가 된 일련의 책들을 저술하게 된 배경은 그가 인도에서 영국으로 귀국한 이후 경험하게 된 문화적 충격과 밀접하다. 뉴비긴이 인도에서 서구세계로 돌아왔을 때 그가 목격한 고향 영국은 마치 외국의 선교지와 같은 것으로 느껴졌다. 그리고 셀리 오크 칼리지(the Selly Oak Colleges)에서 강의를 하면서 그가 복음에 대해 말할 때 학생들이 생소하게 반응하고 당황해 하는 현상을 발견하고 충격을 받았다. 기독교 국가(Christendom)이자 기독교 사회였던 영국에서 기독교가 쇠락하고 마치 반기독교적(anti-Christian) 사회화된 기이한 현상에 직면하였던 것이다.9) 거기에는 복음에 대한 냉담한 반응과 멸시의 분위기가 있었으며, 교회는 복음의 진리를 이해하고 이를 증언하는 일에 소극적이었고 자신감과 당당함을 상실하고 있었다. 이러한 상황에서 뉴비긴은 영국을 비롯한 서구 사회의 현실을 선교사의 시선으로 바라보며 신학적인 분석과 여러 궁극적인 질문들을 던지며 연구를 하게 된다. 한 때 기독교 국가이면서 동시에 기독교의 토대 위에 세워져 있음에도 불구하고 복음의 진리를 외면할 뿐 아니라 냉랭한 멸시의 태도를 보이는 이런 현상과 문화를 어떻게 해석해야 할 것인가? 일종의 변형된 형태의 이교도 문화로 전락한 서구 세계를 어떻게 복음화시킬 수 있을 것인가? 하는 문제의식에서 그는 기독교 신앙을 변증하고 교회의 본질적 정체성으로서의 선교에 대한 균형잡힌 시각을 담은 일련의 책들을 저술하게 하였다. 즉 그는 선교적 교회론이라는 슬로건을 내세운 어떤 이론을 체계화하고자 한 것이 아니라 서구 교회의 상황 속에서 한 사람의 선교사로서 가장 진지하고 정직하게 응답한 것이었다. 그의 진정성과 선교적 민감성, 그리고 선교사 및 에큐메니칼 운동의 지도자로서의 경험이 '선교적 교회론'(Missional Ecclesiology)의 토대가 되었던 것이다.

뉴비긴의 주장들은 교회의 선교적 본질에 대한 것이었다. 교회가 해외나 타지로 선교사를 파송하는 주체가 아니라, 이미 교회 그 자체가 세상으로 '파송된'(being sent) 기관이라는 사실을 강조하는 그의 교회론적 이해는 목회자와 신학자들에게 큰 도전을 주었으며 특히 실용주의적 접근에 익숙한 미국의 목회자들을 중심으로 신학적 실천적 반응이 일어났다. 북미를 중심으로 전개된 선교적 교회론의 담론은 교회가 포스트모던 시대와 북미의 문화와 상황을 바로 이해하고, 세상을 향해 보냄을 받은 사도로서 하나님의 통치를 증거하는 공동체가 되어야 한다고 강조하였다. 더욱이 목회자와 교회의 지도자들은 '선교하는 교회의 비전'을 분명히 하고 하나님의 백성들을 선교를 위해 훈련하고 구비시켜야 하며, 교회의 구조를 관리 중심에서 선교적 사역 구조로 갱신해야 한다고 주장하였다. 뉴비긴의 여러 저서들에 대한 신학적 연구와 함께 이와 같은 교회의 존재와 사역에 대한 목회 현장의 실천적 관심이 맞물려 선교적 교회론의 신학적 목회적 담론은 확장되었던 것이다. 즉 선교적 교회 혹은 선교적 교회론은 뉴비긴 한 사람에 의해 주창되고 정립된 어떤 이론이라기보다 지금도 논의되고 적용되고 있는 실천적 교회론적 이야기이자 이러한 맥락에서 함께 연구되고 있는 일련의 신학적 작업이라고 보아야 할 것이다.

제2절 뉴비긴의 선교론

뉴비긴의 선교적 교회론을 이해하기 위해서는 먼저 그의 선교에 대한 이해를 파악하여야 한다. 뉴비긴의 사상을 제대로 이해하기 위해서는 통상적인 의미에서의 선교 개념과 교회와 선교에 대한 관념을 잠시 내려놓아야 한다. 뉴비긴이 진정 의미하는 바 '선교적 교회'의 실체를 파악하고 그 깊이에 도달하기 위해서는 먼저 그가 말하는 선교의 개념과 내용에 대해 파악하여야 하는 것이다. 뉴비긴의 선교론은 1950년대에서

1970년에 이르는 국제선교협의회(IMC) 안에서 배태된 선교신학의 흐름 가운데 형성되었다. 이는 Missio Dei 즉 '하나님의 선교'라고 통상 일컬어지는 선교에 대한 삼위일체론적 이해를 바탕으로 한 선교신학의 새로운 기조였다. 뉴비긴은 IMC의 총무로서 그 선교신학적 담론의 형성에 직접 참여했으며 자신의 선교론과 교회론적 기초를 그 시기에 정립하였다. 뉴비긴은 1978년 자신의 책 『오픈 시크릿』(The Open Secret)을 통하여 자신의 선교신학을 체계적으로 표현하였다. 『오픈 시크릿』은 예비 선교사들을 위해 강연한 내용을 모은 선교학 개요와 같은 성격의 책이다. 하지만 이 책은 널리 선교학 고전으로 평가받고 있는 책으로서 그의 선교론이 집약적으로 드러나는 저서라고 할 수 있다. 또한 뉴비긴의 선교론은 1989년 출간한 『다원주의 사회에서의 복음』(The Gospel in a Pluralist Society)에서도 선명하게 제시되고 있다. 『다원주의 사회에서의 복음』은 근대 서구 문화를 향한 선교의 중요성을 일깨우며 문화에 대한 선교학적 분석에 입각한 선교의 원리와 방향을 제안한 저서이다.

1. 교회의 본질로서의 선교

뉴비긴은 교회의 선교적 본질에 대해 강조한다. 즉 교회는 근본적으로 선교적 성격(nature)과 정체성을 지닌 실체로서 선교는 단지 교회의 중요한 사명 가운데 하나가 아니라 교회의 본질이라는 것이다. 뉴비긴은 『오픈 시크릿』의 서두에서 선교사역은 그동안 교회의 외적인 활동에 속하는 활동으로서 수행되었지만 기독교 교리의 핵심부에 들어설 수도 없었으며, 교회가 선교사역을 인정하기는 하였지만 교회 자체가 '선교'

는 아니었다고 진단한다.[10] 뉴비긴이 의미하는 바 교회와 선교의 관계는 교회가 선교적이 되어야 한다거나 선교를 중추로 삼아야 한다는 것이 아니라 교회의 존재 자체, 교회의 본질 자체가 선교이어야 한다는 것이다.

그는 "교회의 선교적 성격을 인정하고 세상에 대한 그리스도의 선교에 동참"하여야 함을 강조한다.[11] 교회의 선교적 성격은 갑자기 출현하게 된 어떤 특수한 과제가 아니라 교회의 본질과 기원 자체로부터 시작한다. 이는 곧 예수 그리스도의 부활이다. 교회는 그리스도의 부활을 증언하는 과정을 통하여 태동되었고 교회는 선교의 열매이었으며, 선교는 교회의 근원적 유전자이다. 이러한 관점에서 뉴비긴은 선교를 일종의 전도명령에 대한 순종으로 받아들이는 관점의 한계를 지적한다. 교회사속에서 선교를 일차적으로 명령에 대한 순종으로 보는 전통이 오랫동안 이어져 내려왔는데, 이는 비록 타당한 접근 태도라고 할지라도 선교를 기쁨이 아니라 하나의 의무와 부담으로 복음의 일부가 아니라 율법의 일부로 만드는 경향이 있다는 것이다.[12] 그는 선교를 명령에 대한 순종 행위나 어떤 목적을 위한 행동으로 이해하는 것을 반대한다. 뉴비긴은 언제나 교회의 선교적 본질을 설파한다. 이는 교회가 좀 더 선교적이 되어야 한다는 것을 의미하는 방식으로 선교의 태도와 행동의 전환을 요구하는 수준이 아니다. 뉴비긴은 교회 자체가 '선교'이어야 함을 역설하며 존재론적 전환과 인식의 전환을 촉구한다.

2. 삼위일체 하나님의 선교

뉴비긴의 선교론의 핵심은 선교란 삼위일체 하나님의 활동이라는 것이다. 이 입장은 표면적으로 선교의 진정한 주체는 하나님이시라는 것을 언급하는 것이다. 그러나 그 이면에는 교회 중심의 선교에 대한 비판이 담겨있고 선교의 주체는 교회가 되어서는 안된다는 비판이 담겨 있는 것이다. 즉 선교는 교회의 자기 증식을 위한 활동이나 교회가 전일적 주체가 되어 이루어지는 교회의 소유물이 아니라는 것이다. 뉴비긴은 "선교는 단지 교회가 자신의 능력을 발휘하여 자기 확장을 꾀하는 일이 아니다."[13]고 단언한다. 뉴비긴의 이 주장은 전통적 선교론의 교회중심적인 사고와 선교활동에 대한 자성의 분위기가 고조되는 20세기 중반 선교신학의 변천과정과 맥을 함께 한다. 뉴비긴의 주장은 교회중심의 선교관과 전통적 선교모델에서 벗어나 새로운 선교모델 즉 하나님 중심의 선교모델로의 전환을 촉구하는 것이다.

주목할 점은 뉴비긴은 하나님을 '삼위일체 하나님'으로 표현하고, 선교를 '삼위일체 하나님의 선교'로 언표(言表)한다는 것이다. 뉴비긴이 선교를 '삼위일체 하나님의 선교'로 일관되게 설명하는 것은 이 표현이 어떤 신학적 의도와 메시지를 담고 있는 개념선택임을 보여준다. 뉴비긴은 선교를 올바르게 이해하려면 반드시 삼위일체의 모델로 접근하여야 한다고 주장한다.[14]

무엇보다도 선교가 우리의 활동이 아니라는 점을 강조하는 것이 대단히 중요하다. 그것은 삼위 하나님의 활동이다. 성부 하나님은, 사람들이 자신을 인정하든 하지 않든, 그들의 마음과 생각 가운데 그리고 모든 피조물 가운데 쉬지 않고 일하고 계시며, 은혜로운 손길로 역사를 그 목표점까지 이끌고 계시고, 성자 하나님은 성육신을 통하여 이 피조물의 역사의 일부가 되셨고, 성령 하나님은 종말의 맛보기로서 교회에 능력을 주고 교회를 가르치기 위해, 그리고 세상에 대해 죄와 의와 심판에 관한 잘못된 생각을 일깨우기 위해 친히 오셨다. 그래서 우리의 말과 행위로 하는 선교 사역을 논하기 전에, 무엇보다 먼저 하나님의 사역을 중심으로 생각하는 것이 중요하다.[15]

이와 같이 뉴비긴은 선교를 단순한 개념으로 정의하지 않고, 삼위 하나님을 주어로 하는 장황하고 긴 문장으로 설명한다. 간결하고 함축적인 선교의 정의를 내리지 않고, 장문의 서술형으로 선교를 표현한다. 뉴비긴은 『오픈 시크릿』에서도 네 개의 장을 할애하여 삼위일체 하나님의 선교에 대해 상세한 설명을 시도한다. 그는 그리스도인의 근본 신앙은 하나님께서 스스로를 아버지와 아들과 성령으로 계시하셨다는 신앙고백 속에 구현되어 있듯이, 기독교 선교를 성부와 성자와 성령의 활동으로 묘사한다.[16] 그는 삼위일체 하나님의 선교를 다음과 같이 압축적으로 요약한다; 아버지의 나라를 선포하는 것으로서의 선교, 아들의 삶에 동참하는 것으로서의 선교, 성령의 증언을 전달하는 것으로서의 선교.[17] 삼위일체 하나님의 선교, 이는 뉴비긴의 선교 개념의 기본 모델이라고 할 수 있다.

성부 하나님의 나라를 선포하는 일로서의 선교는 예수 그리스도의 메시지의 핵심인 하나님 나라를 선포하는 것이다. 임박한 하나님의 나라의 도래를 확신하고, 하나님이 역사 속에서 활동하고 계심과 하나님의 통치가 악의 세력을 정복했다는 사실을 인식하고 성령 안에서 그 나라의 도래를 선포하는 것이다. 이는 미래의 하나님 나라 혹은 피안적 천국을 의미하는 것이 아니라 우리의 역사와 삶 속에 내재하고 역사하는 하나님의 나라이다. 그의 부르심을 받은 그리스도인들은 예수 그리스도의 가르치신 기도에서 '뜻이 하늘에서 이루어진 것 같이 땅에서도 이루어지이다'고 구하는 바를 행동으로 옮기는 일로 초대된다. 뉴비긴은 이런 측면에서 선교는 행동하는 믿음이라고 강조한다.[18] 또한 선교는 성자 예수 그리스도의 삶에 동참하는 일로서, 이는 그리스도의 성육신과 섬김의 삶을 실천하는 행동하는 사랑으로 이끈다. 이는 죄의 용서와 용납, 예수 그리스도를 통해 형성된 하나님의 새로운 공동체의 삶으로의 인도, 하나님의 통치의 현존으로서의 교회의 친교와 성만찬에 참여하는 일,[19] 그리고 사랑의 삶을 실천하는 일이다. 선교는 예수 그리스도와의 연합으로 시작되는 교회의 거룩한 친교와 사랑의 삶으로 나타나는 제자도라고 할 수 있다. 아울러 선교는 성령 하나님의 증언을 전하는 일로서 그리스도인들을 성령의 임재와 능력에 따라 행동하게 한다. 뉴비긴이 성령을 강조하는 것은 단순히 삼위일체 신학의 도식에 근거한 이론적 완결성을 위한 시도가 아니다. 언제나 성령의 현존과 능력을 강조하는 그의 입장은 선교사와 목회자로서 그가 경험한 선교 현장에서의 신앙적 체험에 기초한 것이다. 그는 선교의 능동적 행위자는 교회를 통치하고 인도하고 교회보다 앞서 행하시는 하나님의 능력이며, 자유롭고 주권적이며 살아있는 성령의 능력이라고 강조한다.[20] 선교는 교회가 자신의 힘으로 행하는 어떤 활동이 아니라 성령 하나님에 의해 수행되는 일이다.[21] 선교의 주도성은 성령 하나님께 있으며 선교에 수반되는 진정한 능력도 성령의 능력이다. 교회는 하나님 나라의 맛보기인 성령의 임재에 의해 주어진 희망을 행동으로 옮김으로써 하나님 나라를 증거한다.[22] "성령은 증인이요 세상과 교회를 변화시키는 분이요 선교 여정에서 언제나 교회보다 앞서가시는 분이다."[23]는 그의 언급은 성령 하나님을 균형있게 강조하는 그의 선교론의 특징을 보여준다.

교회의 선교에 대한 이러한 삼중적 이해와 설명은 하나님의 삼위일체적 본성에 기초하고 있다.[24] 이 세 개의 축 가운데 어느 하나만 따로 떼어내어 설명하거나 다른 것을 배제하는 것은 선교에 대한 편협한 이해와 실천으로 귀결된다는 것이 뉴비긴의 입장이다. 뉴비긴에 의하면 선교는 하나님 나라를 선포하는 믿음의 행위이자 예수 그리스도의 사랑으로 섬기는 사랑의 삶이며 성령의 임재와 능력으로 주어지는 소망을 행동으로 옮기는 희망의 과정이다.

3. 복음선포와 회심의 중요성

뉴비긴의 선교에 대한 이해에서 가장 두드러지는 특징은 복음과 회심에 대한 그의 강조에 있다고 할 수 있다. 복음과 회심의 중요성을 강조하는 그의 입장은 먼저 그의 개인적 회심체험과의 관련성 속에서 이해되어야 한다. 뉴비긴의 자서전 『아직 끝나지 않은 길』에 보면 그는 자신의 회심경험에 대해 상세한 묘사를 한다. 뉴비긴의 회심은 그가 대학시절 SCM 활동을 하면서 사우스 웨일스 지방의 실업 광부들을 위한 휴일 캠프를 운영하는 일을 돕는 기간에 일어났다. 어느 날 밤 그들은 캠프장에서 술에 잔뜩 취해서 서로 싸움질을 하였다. 사태가 진정된 후 순수한 뉴비긴은 큰 절망감과 패배감을 가지고 텐트로 돌아가 자리에 누웠는데, 깨어있는 상태에서 선명한 십자가 환상을 보게 되었다.

그것은 십자가 환상이었다. 하늘과 땅 사이의 공간에, 이상과 현실 사이에 걸쳐 있는 십자가와 온 세계를 끌어안고 있는 팔이 보이는 환상이었다. 그것은 가장 절망적인 상태에 빠진 인간에게 내려와서 생명과 승리를 약속하는 그 무엇으로 보였다. 예전에 한 번도 본 적이 없는 그날 밤의 그 환상이 계기가 되어 나는 이 세상을 제대로 이해하려면 십자가를 좇아야 한다는 것을 깨달았다. 그 순간부터 나는 길을 잃을 때 어떻게 내 위치를 찾아야 할지를 알게 되었다.[25]

이 회심체험 후 그는 프레스탄에서 열린 케임브리지 복음전도대회에 참가하여 그 확신을 강화시켰으며, 몇 년 후 아버지를 뒤이어 사업을 하려고 했던 진로를 바꾸어 자신의 삶을 복음 사역에 온전히 헌신하게 된다. 뉴비긴은 예수 그리스도의 십자가 죽음을 통해서 우리의 구원이 이루어졌으며, 예수께서 자신의 죽으심을 통하여 이루신 구원을 우리의 것이 되게 하기 위해서는 믿음이 필요하다는 개신교적 신앙 이해를 갖게 된다. 이울러 믿음으로 그리스도와 연합한 사람들은 교회 공동체를 통하여 말씀과 성례를 통하여 그리스도와 연합하고 아울러 성도 간에 교제하고 기도로 교통하는 과정을 통하여 믿음이 성장하게 된다는 견해를 가짐으로써 교회에 대한 신실한 이해를 형성하게 된다.

믿음과 회심에 대한 뉴비긴의 강조는 그의 선교론에 있어서도 중심축을 이룬다. 뉴비긴의 선교 관점을 전체적으로 살펴보면 그는 교회가 하나님 나라를 선포하는 일에 머무르지 않고 세상 속에서의 하나님의 정의를 이루기 위한 행동에 나서야 한다고 줄곧 강조하고 있다. 그러나 그의 주장에서 우선적으로 전제되는 것은 복음 선포와 회심의 중요성이다. 세상에서 정의와 평화를 위해 일하는 활동이 복음전도에 비해 결코 부차적인 일이 아님을 언급하는 문맥에서도 그는 복음전도가 '핵심 과업'26) 임을 언급하며 그 당위성과 우선성을 강조하고 있다는 점을 유념하여야 한다.

『오픈 시크릿』에서 그는 이러한 선교를 수행하는 교회 공동체가 어떻게 성장하고 동시에 선교를 통해 유지되는지에 대해 언급하며 회심과 복음전도에 대해 강조한다. 그는 복음서에서 하나님 나라의 임박한 도래에 대한 복음의 선포에 이어 베드로와 안드레, 야고보와 요한이 예수님을 따라 하나님 나라의 일에 동참하라는 개인적인 부르심을 받았다는 점을 강조하며 부르심과 회심의 중요성을 강조한다. "사람들에게 회심하고, 예수님을 따르며, 그 분 공동체의 일원이 되라고 초대하는 일이 언제나 선교의 핵심이어야 한다."27)는 주장은 그의 선교론적 진술에 반복적으로 등장한다.

> 교회의 존재 기반인 그 중심 진리를 명시적으로 가리키는 일이 항상 필요할 것이다. 그것은 곧 복음의 진수인 그 분, 즉 성육하고 죽으시고 부활하셔서 하나님의 오른쪽에 앉아 계시다가 장차 산 자와 죽은 자를 심판하러 오실 그리스도를 가리켜 보여 주는 일이다. 이 복음을 전파하는 일은 결코 적실성을 잃을 수 없다.28)

뉴비긴이 말하는 회심은 삶의 변화를 초래하는 마음의 회심(Conversion)을 뜻하는 것이다. 회심은 단순한 돌아섬이나 참회행위가 아니라 근원적 회심을 말한다. 다음의 진술은 그가 이해한 회심의 내용, 즉 근본적인 회심의 요체를 잘 보여준다.

> 나로서는 회심에의 초대가 복음 이해의 필수 요건이라는 것을 도저히 의심할 수 없다. 예수의 사역이 그런 초대의 말씀으로 시작되었다. "회개하라, 천국이 가까웠다." 중요한 문제는 회심의 내용이다. 이 말씀이 얼마나 오해되고 있는가는 굿뉴스바이블(Good News Bible)의 오역을 보면 잘 알 수 있다. 거기서는 '메타노에이트'(metanoeite, 회개)가 "당신의 죄악으로부터 돌아서라"고 번역되어 있다. 이것이 바른 번역이라면, 예수는 부흥강사 정도에 불과할 것이다. 그런데 사실 그분은 그보다 훨씬 더 근본적인 것, 곧 완전히 새로운 인생관으로 이어지는 마음의 회심을 요구하고 있었다.[29]

뉴비긴은 선교사의 삶에 자신을 드려 인도의 선교 현장에서 복음을 선포하는 삶을 살았으며 복음의 능력을 경험하고 목회자로 회심의 생생한 현장을 목격하며 사역하였다. 그의 선교론에서 빼놓을 수 없는 두드러진 특징은 바로 그가 매우 복음적이며, 복음의 능력과 가치 및 그 위대함에 대해 큰 확신과 자신감을 가지고 있다는 점이다. 그의 글들은 복음에 대한 견실한 믿음의 바탕 위에 세워져 있고 그는 시종일관 신앙고백적 태도로 그의 연구와 주장을 펼친다. 즉 그의 선교론은 복음 증거의 우선적 중요성에 대한 확신에 기반하고 있다. 이는 에큐메니칼 진영에서 주로 활동한 뉴비긴에 대한 선입견과 오해를 불식하게 하는 상당히 의외의 차원이라고 할 수 있다. 즉 에큐메니칼 운동의 지도자인 뉴비긴은 당연히 개인의 구원이나 회심의 중요성을 등한시하는 입장에 서 있을 것이라고 단순히 가정하는 경향이 흔하기 때문이다. 회심과 이를 위한 복음의 전파를 강조하는 뉴비긴의 관점은 복음주의적이다. 이는 그의 개인적인 회심 체험과 복음증거의 능력에 대한 확신, 인도에서의 현장 선교 경험에서 체득한 그의 복음적 확신에 기반한 것으로 파악된다.

4. 하나님의 정의의 실천으로서의 선교

뉴비긴은 복음 선포는 하나님의 정의를 실현하는 행동으로부터 결코 분리될 수 없으며 양자는 동시에 수행하여야 할 일로 보았다. 선교사역이란 하나님의 통치 즉 하나님 나라의 선포와 현존을 드러내는 일이므로 당연히 하나님의 뜻을 이 땅에 이루고 하나님의 정의를 이루는 활동이어야 한다는 것이다. 뉴비긴이 말하는 하나님의 정의의 실천은 포괄적인 개념이며 단순한 정치 사회적 의미를 지칭하는 용어가 아니다. 뉴비긴은 무엇이 선교이며, 선교사역은 무슨 일을 수행하는 것인가? 하는 질문에 대한 에큐메니칼 진영과 복음주의 진영의 태도를 비교하면서 선교에 대한 전형적인 대조적인 입장을 설명한다. 그 두 가지 입장은 선교를 주로 하나님의 정의를 위한 실천이라는 관점에서 보는 사람들과 주로 개인적인 회심의 견지에서 보는 사람들의 입장이다.[30] 전자는 사회적 약자들을 위한 구호와 활동, 민주주의와 시민의 정치적 권리를 위한 투쟁, 지구촌의 빈국 및 제3세계의 해방을 위한 투쟁 등에 참여하면서 정의를 이루기 위한 활동을 선교로 이해한다. 후자는 영혼 구령을 지상과제로 삼고 선교란 다름 아닌 복음전도를 통한 회심으로 국한 시키거나 사회적 봉사 활동 역시 복음전도를 위한 도구로 병행해야 하는 것으로 보는 입장이다. 뉴비긴은 양 진영 가운데 어느 한편의 입장에 서지 않는다. 그는 양자가 상호 불신과 대결로 나아가는 것이 아니라 상호 존중과 이해의 태도를 지녀야 할 것을 촉구하면서,[31] 신학적으로 선교가 궁극적으로 하나님의 정의를 실현하는 일이라는 명제를 통하여 하나님의 정의를 위한 선교의 중요성을 강조한다.

> 이제는 가난한 세계의 그리스도인의 의식으로 형성된 선교학, 하나님의 정의의 이름으로 해방을 요구하는 목소리를 중심으로 삼는 선교학에 귀를 기울여야 한다. 오늘날에는 이런 견지에서 복음전파와 교회선교의 일환으로서 하나님의 정의를 실현하는 행동과의 관계를 다루지 않으면 안된다.[32]

뉴비긴은 선교가 하나님의 정의를 실현하는 일임을 강조하면서도 하나님의 정의를 수행하는 선교적 활동의 내용성에 대해서는 에큐메니칼 진영이 한 때 빠졌던 실천적 오류와 역사적으로 진보한 이상사회에 대한 환상과는 분명한 경계선을 긋는다. 즉 하나님의 정의를 어떤 정치적 운동과 동일시하는 오류에 대해 경계하며 교회가 그러한 함정에 자주 매몰되었음을 지적한다.

> 교회는 역사의 한복판에서 하나님의 통치를 가리키는 표지요 도구요 맛보기로 살아간다. 그러나 이는 교회의 삶에서 하나님의 정의와 특정한 정치운동의 정의를 동일시할 수 있는 역사적인 시점이 있을 수 있다

는 뜻은 아니다. 교회는 이제까지 이런 함정에 너무도 자주 빠졌다. 이런 동일성을 인정하지 않는다고 해서 모종의 관념론적인 환상이나 영적인 환상에 빠지게 되는 것은 아니다. 그것은 개인 영혼의 내면 생활을 사회에서 정의와 자비를 행하는 일로부터 떼어 놓는 것은 아니다.[33]

뉴비긴은 교회가 지향하여야 하는 길은 역사 속에서 예수님이 하나님의 정의를 대변한 방식으로만 그것을 대변할 수 있다고 본다.[34] 이러한 사역은 예수님의 구원사역을 설명하고 그 도(道)를 실제 상황에 적용하는 말씀의 선포와 청취를 통하여 예수님의 구원사역 속으로 계속해서 다시 합병될 때에만 가능한 것으로 교회는 마땅히 성경적 진리에 근거하여 "죄를 용서하되 간과하지 않는 은혜에 의거하여 사는 법, 죄를 노출시키되 회개의 길을 열어 놓는 심판 아래서 사는 법을 배워야 한다"고 주장한다.[35]

5. 복음과 문화의 선교적 대화

뉴비긴의 선교사상의 중요한 공헌은 그가 문화 이해의 중요성을 적실하게 제기하고 그 대안을 모색한 점이다. 그는 복음과 문화의 상호관계를 적실하게 인식하고 상황화의 필요성을 강조한 대표적인 선교학자이다. 그는 인도의 선교 경험을 통해 문화의 차이와 선교활동에 있어서 문화 이해의 중요성을 깊이 인식하고 있었다. 그는 복음의 선포는 문화에 의해 조건지워진다는 역사적 현실을 인식하였다. 복음이 특정한 문화를 지닌 공동체에 전달되는 과정은 문화의 주된 매체인 특정한 언어를 통하여 그리고 그 문화를 담지하고 있는 어떤 교회 공동체를 통하여 이루어진다.36) 그러므로 성경의 진리를 특정한 문화 속에 전할 때에는 교회 공동체의 열린 태도와 선교적 접근이 중요하다. 복음과 문화는 불가분리의 관계에 있으며 그 어떤 시대에도 문화로부터 자유로운 복음이란 존재하지 않는다.37) 누구든 자신이 믿고 전하는 복음이 문화의 영향을 전혀 받지 않은 순수한 복음이라고 오해해서는 안된다는 것이다. 자연히 자신이 속한 문화에 의해 덧씌워지고 해석된 복음이라는 사실을 인식해야 한다는 것이다.

뉴비긴이 복음을 위하여 진단하고 분석하고자 한 문화는 현대 서구 문화이다. 그는 서구 문화가 위기에 빠진 이유는 과학과 기술에 절대적으로 의지하는 이성 중심의 계몽주의적 세계관에 함몰되어 있기 때문이라고 보았다. 그리고 서구 사회에 대한 영향력을 상실해가는 교회의 무기력함을 안타까워하면서 교회가 서구 문화를 파악하고 적절한 선교적 접근방법을 취해야 함을 역설하였다. 그는 현대 서구 문화가 다름 아닌 복음을 상대화하는 다원주의 문화라고 진단하며, 그 극복은 서구 교회가 이미 이방화된 문화 가운데 존재하고 있음을 인식하는 데서부터 가능함을 강조하였다. '복음과 서구 문화'에 대해 다룬 그의 책 『헬라인에게는 미련한 것이요』(Foolishness to the Greeks, 1986)에서 뉴비긴은 서구 문화의 실상을 분석하면서 근대 과학기술과 정치 및 문화가 성경 – 복음 – 제도적 교회와 어떻게 긴장 구조를 지니게 되었는지를 예리하게 해부하였다. 그리고 그간 공생관계를 이루어온 복음과 서구 문화 사이에서 진정한 선교적 만남(missionary engagement)38)이 이루어지려면 어떻게 해야 하는지를, 그리고 후기 기독교 시대의 서구 문화 속에서 교회는 무엇을 알아야 하며(knowing), 무엇을 행해야 하며(doing), 어떻게 존재하여야 하는지를(being) 심층적으로 다루었다. 그 책의 결론부에서 뉴비긴은 교회가 세속문화와 "적절한 차별성을 유지하면서 동시에 문화에 대한 합당한 복음적 책임을"[39] 수행하는 선교적 만남을 위해 일곱 가지 요소가 실천되고 이루어져야 한다고 주장한다. 그가 제안한 일곱 가지 사항을 요약하여 표현하면 다음과 같다.[40] 먼저, 하나님 나라의 복음을 종말론적으로 이해하고 이에 대해 증언하여야 한다. 즉 하나님 나라의 총체적 복음을 선포하여 믿음의 공적 영역과 사적 영역을 나누지 않고 복음을 증거하는 일이다. 둘째, 자유에 대한 기독교 교의에 대한 확신을 가지고 그리스도의 복음에 대한 확고한 믿음을 바탕으로 참된 자유를 선포하고 계몽주의적 자유관을 가진 서구인들에게 그분을 섬기는 것이 완전한 자유임을 드러내어야 한다. 셋째, 탈성직자화된 신학이다. 즉 평신도 신학이 크게 진작되어 사회의 각 영역과 분야에서 활동하는 평신도들이 일상의 직업 현장에서의 그들의 경험을 나누고 세속적인 일을 복음의 빛에 비추어 복음의 공적 영역과 사적 영역을 다시 하나로 묶는 일이다. 넷째, 교파주의 이론과 경향에 대한 철저한 신학적 반성을 통하여 에큐메니칼한 연대를 이루어 각기 다른 교파의 지역 교회들이 지역 전체를 대상으로 믿음직한 기독교적 증거사역을 행하는 일이다. 다섯째, 비서구적인 타문화에 의해 형성된 기독교적 사고방식으로 서구 문화를 조망하는 일이다. 서구인의 시각에서 해석된 예수가 비서구인 문화에 속한 그리스도인들을 통해 재해석되고 증거될 때 그리스도가 얼마나 크고 풍성한 분인가가 드러나기 때문이다. 여섯째, 복음에 대한 확신과 자신감을 가지고 서구인들의 이성 중심의 합리적 정신을 파쇄하는 증언의 용기가 필요하다. 마지막으로, 겸손한 담대함과 소망이 가득한 인내는 성령의 임재 가운데 하나님나라의 맛보기로서의 교회공동체에서 흘러나온다는 사실이다. 이는 하나님의 사랑을 앎을 통하여 기쁨과 찬양과 경이로움과 웃음이 넘쳐나는 생명의 공동체이다.

뉴비긴은 상황화(contextualization), 토착화(indigenization), 적응(adaptation)이라는 세 가지 용어를 비교하면서 복음과 문화의 만남을 위한 상황화의 중요성을 언급한다.[41] 그는 토착화와 적응의 노선에 대해 이의를 제기한다. 이러한 선교전략은 결국은 기존의 문화와 전통이 가지고 있는 강력한 힘을 과소평가하고 결국은 복음의 정체성을 훼손할 것이라고 보았다. 복음을 전할 때 문화적 적합성을 가지려고 지나치게 노력하면 혼합주의에 빠지게 되고, 반대로 이를 피하려 할 경우 복음증거의 적실성을 상실하게 되는 것이다. 그러므로 양자 간의 균형이 필요하다. 뉴비긴은 상황화의 필요성을 강조한다. 상황화는 상대방의 필요에 주목하여 그를 둘러싼 상황과 문화의 총체적 맥락 가운데서 복음을 전하는 것이다. 뉴비긴은 『다원주의 사회에서의 복음』에서 다원주의 문화 속에서 복음을 어떻게 상황화 할 것인지, 주어진 문화 속에서 어떻게 복음을 꽃 피울 것인지에 대해 다루면서 교회의 시대적 사명은 그가 처한 문화적 상황을 알고, 그 상황에 필요한 선교를 모색해야 한다고 강조한다.

뉴비긴은 『오픈 시크릿』에서 복음과 문화의 상호작용에 대해 상세하게 다룬다. 그가 말하는 문화 컨텍스트는 지구촌에 산재한 비서구 사회의 문화 뿐 아니라 모든 사회와 공동체 속에 내재되어 있는 문화적 환경을 말한다. 뉴비긴은 복음과 문화의 관계를 '지역 문화' ─ 그리스도인의 증언을 대변하는 '연합적 교제' ─ 예수 그리스도 중심의 계시를 담고 있는 '성경'을 세 꼭지점으로 삼는 삼각지대의 구도로 설명한다. 그는 모든 문화가 폐쇄성을 가지고 있어서 다른 문화에 대해 닫혀있다는 주장은 사실과 다르며 특히 성경은 각 문화의 언어로 번역되어 전달되어 복음에 의해 각 문화가 변화될 수 있음을 강조한다.[42] 특히 기독교 공동체들은 타국의 문화에 대해 열려 있어야 할 뿐 아니라 다른 문화에 속한 그리스도인들과 교제를 나눔으로써 복음과 문화의 상호 대화가 성숙하도록 힘써야 한다.[43] 지역교회 차원에서는 지역문화와 성경 그리고 하나로 연합한 교회공동체들의 상호작용 속에서 그 지역 문화의 언어를 가지고 그 문화를 지탱해주시는 하나님의 선하심과 그 문화를 심판하시며 본래의 목적을 성취하도록 촉구하시는 하나님의 뜻을 온전히 전달하여야 하며,[44] 세계적인 차원에서는 인류의 모든 문화에 대해 개방성을 가지고 있으면서 동시에 각기 다른 문화 속에 뿌리 내리고 있는 범세계적인 교회 공동체를 이루어야 한다. 교회는 성경에 제시된 대로 날마다 그리스도께 순종함으로써 만물과 열방을 다스리시는 하나님의 통치를 가리키는 표지이자 도구이며 맛보기가 되는 공동체가 되어야 한다.[45]

6. 삶을 통한 증언으로서의 선교

뉴비긴의 선교론에서 특징적인 것은 그가 삶을 통한 증언을 강조한다는 점이다. 그는 선교의 방법 즉 복음의 증언을 위한 통로는 '말'과 '행위' 그리고 '새로운 존재로서의 공동체' 이 세 가지가 있다고 보았다. 즉 입으로 전하는 선포나 교회가 수행하는 어떤 선교적 행위만이 아니라 교회의 존재 자체와 삶, 즉 그리스도인들의 삶 자체가 선교적 통로가 된다는 주장이다. 이는 뉴비긴의 선교론과 교회론을 꿰뚫는 핵심이라고 할 수 있다.

전통적으로 선교는 복음을 전하는 방법으로 말을 통한 구두 선포의 양식을 택하여 왔다. 다른 선교의 방법이나 도구들은 이와 같은 말을 통한 복음의 보조적 수단으로 이해되어 왔다. 뉴비긴은 성경 속에서 말을 통한 증거보다 중요한 요소가 있음을 제시한다. 그는 사도행전의 문맥 속에서 주목할만한 위대한 복음 전파의 사례들은 사도들이 일방적으로 행한 것이 아니라 무언가 설명이 필요한 사건이 일어나서 사람들이 이에 대해 반응하고 질문하는 것에 대한 응답의 일환으로 이루어졌다는 점을 주목한다.46) 가령 병자를 고치는 표적이 일어나거나 성령을 받은 제자들의 충만한 삶의 모습을 목격하거나, 다른 곳에서는 존재하지 않는 교회 공동체의 생명이 가득한 모습을 목격하는 상황이다. 사도들은 하나님의 능력이 나타나고 교회 공동체와 그리스도인들의 삶 속에 충만한 하나님의 현존에 대해 사람들이 질문을 던지는 상황에서 이에 대한 응답으로서 복음을 증언한 것이다. 이는 복음의 전파라는 전통적인 도식과 이해, 즉 사도들이 복음을 전하기 위해 모색하고 준비를 한 후에 적절한 시점에 말씀을 전한 것이라고 보는 견해와는 상당히 다른 것이다. 뉴비긴은 삶의 증언이라는 관점에서 "교회가 그 주인에게 신실한 삶을 살게 되면 하나님 나라의 권능이 임하게 되고, 그러면 사람들이 질문을 던질 것이며 우리는 복음으로 그 질문에 응답하게 될 것이다."47)고 말한다. 사람들이 제기하는 의문을 다루어 그 의문을 해소해주고 설득함으로써 복음이 전달되고 이해하게 된다. 이는 "너희 마음에 그리스도를 주로 삼아 거룩하게 하고 너희 속에 있는 소망에 관한 이유를 묻는 자에게는 대답할 것을 항상 예비하되 온유와 두려움으로 하고"(베드로전서 3:15)라는 말씀이 가르쳐 주는 방식의 복음 증언의 방향이다. 이는 그리스도인이 입술의 증언에 앞서 신실한 삶을 살아야 할 이유가 된다.

뉴비긴은 선교와 관련하여 다른 어떤 행동들보다 복음 전파의 우선성을 주장할 만한 충분한 근거가 성경에 있음을 역설하면서 행위 자체가 새로운 사실과 진리를 전달하는 것은 아니므로 분명한 말로 진술될 필요가 있다는 점을 분명히 한다.[48] 그는 복음서와 사도행전을 살펴보면 복음전파는 기적의 맥락에서 의미를 지니고 있음을 강조한다. 즉 사람들은 예수 그리스도가 병자들을 치유하고 귀신을 쫓아내는 치유의 능력을 목격하면서 그 말씀을 수용하였다. 마태복음 10장에서 예수께서 제자들을 파송하시면서 먼저 병자들을 고치고 귀신을 쫓아내라고 분부하신 후에 하나님 나라가 가까이 왔다고 선포하라고 하였다. 사도행전의 문맥에서도 대부분의 복음전도가 사도들이 행한 기적들에 대한 사람들의 질문에 대해 대답함으로써 이루어졌다.[49] 즉 행함만이 아니라 행함과 말로써, 말만이 아니라 말과 행함으로써 복음이 증언된 것이다.

뉴비긴은 선교란 선포 행위와 촉진 행위의 양 측면으로 이루어져 있다고 보았다. 선교는 예수 그리스도를 선포함으로써 사람들로 하여금 하나님께서 역사 가운데 무슨 일을 하고 계시는지 알 수 있도록 하는 일인데, 이러한 증언은 단지 말로써만이 아니라 말과 행위와 교회 공동체의 삶으로 전달된다.[50] 말로 전파하는 선언적 차원만을 복음 증거의 유일하고 일상적인 방법으로 이해하는 오랜 기독교 전통에서는 다른 모든 것들은 단지 이러한 구두 선포적 증언을 위한 보조수단이거나 부차적인 의미만 지니는 것이었다.[51] 그는 현대 기독교의 선교 운동을 복음전도를 우선시하는 복음주의적 입장과 정의와 평화를 위해 행동하는 일에 우선순위를 두는 두 입장으로 양분되어 있다고 보았다. 뉴비긴은 이러한 선포행위와 촉진행위의 통합이라는 견지에서 이 두 가지 노선은 복음의 증언을 위해 함께 수행하여야 할 필수적인 것으로 보았다.

뉴비긴이 삶을 통한 증언을 강조하면서 가장 중요시 하는 것은 교회공동체의 생명력이다. 그는 교회의 증언은 본질상 하나님의 은혜의 선물이 흘러넘친 결과임을 강조한다.[52] 이는 다름 아니라 하나님의 현존을 통하여 삼위일체 하나님의 존재가 지니는 풍성한 영광과 그 안에서 늘 새롭게 주어지는 사랑으로 인해 누리는 그리스도인의 풍성함과 행복한 삶으로 드러나는 찬양하는 공동체의 아름다움이다.[53]

> 이처럼 지극히 풍성한 영광이 신자들에게 주어진 것은 그들이 하나님의 사랑을 시험하고 알게 된 공동체로 인정받게 하려는 것이라고 한다 (요 17:20-23). 이것이야말로 교회를 기쁨과 찬양, 놀라움과 웃음이 넘치는 장소로 만드는데, 이는 놀라움이 끝없이 이어지는 천국의 맛보기가 있는 그런 곳이다.[54]

뉴비긴이 위의 말을 언급한 것은 서구 세속문화 속에서 복음에 대해 거부하는 서구인들과 그들의 문화와의 선교적 만남을 이루는 핵심적인 방법을 제안하는 문맥이다. 즉 충만하고 영광스런 교회공동체의 삶 자체가 증언적 차원을 지니고 있는 것이다. 그러므로 하나님의 능력이 치유적 차원에서 드러나는 능력현상으로서의 기적과 함께, 그분의 능력이 충만한 공동체적 삶을 통해 드러나는 공동체적 기적이 말을 통한 복음전도와 함께 선교적 증언을 구성하는 것이다.

7. 회중, 평신도의 중요성

뉴비긴이 말하는 선교는 개인적 회심의 차원이 아니라 세상을 변화시키며 공적 영역에까지 영향을 미치는 의미에서의 활동이다. 이를 위해 가장 중요한 것은 지역교회의 회중들로서 그들의 삶과 경험을 통한 증언이 선교의 진정한 해법이 된다고 보았다.

> 나는 그리스도인이 공적 영역에 영향을 미치기 위해 일차적으로 고려해야 할 대상은 바로 지역 교회 회중이라는 결론에 도달했다. 어떻게 해야 복음이 믿을 만한 메시지로 들릴 수 있을까? 어떻게 해야 사람들이 인간사의 최종 결론이 바로 십자가에 달린 그 사람의 권세에 달려 있다는 것을 믿게 될까? 나의 주장은, 복음을 믿고 복음에 따라 사는 남자와 여자들로 이루어진 회중이 복음의 유일한 해석자이자 단 하나뿐인 해답이라는 것이다.[55]

회중의 중요성을 강조하는 뉴비긴의 견해는 교회가 실행하는 여러 선교적 활동이 중요하지 않다거나 목회자의 역할이 필요 없다는 주장도 아니다. 오늘날의 사회에서 복음이 영향력을 미치고 공적 진리로서의 복음이 오늘날의 문화 속에서 증거되기 위해서 평신도, 즉 회중이 보다 중요한 역할을 하여야 한다는 것이다. 즉 선교는 회중들이 일상의 삶 가운데서 행하는 선교적 증언으로 이루어진다는 것이다. 이는 곧 회중 중심의 교회 공동체가 회복되는 일이다. 즉 선교적 부르심에 응답하여 자기 소명에 충실한 교회, 회중들이 소명적 삶을 살아가는 교회 공동체의 회복이 그것이다.

> 예수께서는 책을 쓰지 않고 공동체를 형성하셨다. 이 공동체의 중심에
> 는 그분의 말씀과 행위를 기억하고 재연하는 일과 그분이 제정한 성례
> 가 자리잡고 있는데, 이를 매개로 새로운 신자가 교회에 편입되고, 그
> 분의 부서진 몸과 흘린 피를 통해 부활의 생명에 동참함으로써 생명이
> 계속 새롭게 되는 일이 일어난다. 이 공동체는 그분 안에서 그리고 그
> 분을 위하여 존재한다. 그분이 그 삶의 중심이다. 교회가 그 본질에 충
> 실할 경우 그분의 성품을 반영하게끔 되어 있다. 교회의 특성은 그 구
> 성원에 의해 만들어지는 것이 아니다. 교회가 자기 소명에 충실할 때
> 에는 남녀노소 모두가 세상을 이해하고 또 세상에 대처할 수 있는 '렌
> 즈', 곧 이해의 틀을 복음 안에서 발견하게 된다.[56]

뉴비긴은 소명에 충실한 공동체의 여러 특징들을 언급하는데, 그 핵심
적인 특징은 구체성을 지닌 지역교회로서 자기 교회 자신을 목적으로 하
지 않고 이웃을 돌보는 공동체이다.[57] 지역교회는 특정한 지역적 공간
에 위치해 있으면서 그 지역 속의 사람들로 구성된 회중들의 공동체이
다. 뉴비긴이 의미하는 선교는 '삶의 증언으로서의 선교'이며 이는 그리
스도를 닮은 섬김의 삶을 생활의 현장에서 수행하는 회중이 선교의 실제
적 주체로서 행하는 선교를 말한다.

제3절 뉴비긴의 교회론

뉴비긴의 선교론은 그의 교회론과 떼놓을 수 없는 내적 논리를 가지고 있다. 즉 그의 선교론은 선교적 증언에 있어서 교회의 중요성을 새롭게 해석하고 규명하고 있기 때문이다. 아울러 그의 교회론에 있어서도 선교라는 요소는 그의 교회론 전체를 관통하는 고리가 된다. 그의 선교론과 교회론은 매우 밀접하여 그의 교회론이 곧 그의 선교론이라고 할 수 있고 반대로 그의 선교론이 곧 교회론이라고 할 수 있을 정도로 내용적으로 긴밀하고 공통적인 신학적 기반 위에 세워져 있다.

앞서 뉴비긴의 선교론을 개관하였다. 여기에서는 그의 교회론에 대해 다룬다. 이 절에서 다루는 그의 교회론은 다름 아닌 그의 선교적 교회론이라고도 할 수 있을 것이다. 뉴비긴의 교회에 대한 관점은 그의 책『교회란 무엇인가』(The Household of God)에 잘 나타나 있다. 이 책은 그의 신학사상이 종합적으로 드러나는 후기의 저술이 아니라 비교적 초기의 것이다. 그가 인도의 선교사로 활동 하는 가운데 자신이 인도 교회의 연합 운동을 하면서 느낀 바를 토대로 하여 1953년 교회의 본질과 연합에 관한 자신의 사상을 집약한『교회란 무엇인가』를 출판하였다. 당시 그는 진정한 선교와 교회연합운동은 적절한 교회론이 뒷받침되어야 한다는 필요성을 느껴 교회론에 관한 연구에 몰두하였다. 『교회란 무엇인가』는 교회론의 현대적 이슈를 종합적으로 다루면서도 교회의 본질을 잘 해부하여 교회가 나아가야 할 방향을 균형 있게 제시하여 큰 반향을 일으켰을 뿐 아니라 이후 그의 선교적 담론과 연결되어 그의 선교적 교회론의 기초가 된 책이라고도 할 수 있다.

1. 교회론 : 신학의 중심적 주제

뉴비긴은 『교회란 무엇인가』의 서두에서 교회론이 최근 신학적 논의에서 중심적 위치를 차지하기에 이르렀다고 진단한다.[58] 이는 뉴비긴이 활동을 하는 시기에 교회론이 신학의 핵심 이슈가 되었음을 반증한다. 역사적으로 각 시대마다 신학의 중심적 주제가 있었는데 그동안 교회론은 신학적 논의의 외곽에 위치하였고 일종의 부차적 주제로 다루어졌다. 콜린 윌리암스는 초기 기독교 시대에는 기독론이 신학의 핵심주제가 되었으며, 중세 초기에는 구원론이 주관심이었으며, 중세 후기와 종교개혁 시대에는 성례전이 신학의 중심 주제가 되었다고 요약한다.[59] 20세기에는 바야흐로 교회론이 신학의 핵심 의제가 되었으며, 20세기를 교회론의 시대라고 부르기에 이르렀다.[60] 현대신학에서 교회론이 신학 논의의 중심부에 위치하게된 것은 에큐메니칼 운동이 교회 연합이라는 과제를 폭넓게 제기하는 과정에서 이루어진 것이었으며, 아울러 1962년에서 1965년까지 가톨릭에서 진행되었던 제2차 바티칸공의회(Vatican Council Ⅱ)에서 표방된 가톨릭교회의 교회론적 관심과도 관련이 있다. 뉴비긴은 이러한 흐름의 중심부에서 교회론적 담론에 참여하고 때로는 주도하면서 자신의 교회론을 제시하였다.

뉴비긴은 교회론이 중요한 관심이 되어야 할 이유를 교회가 가시적인 공동체라는 사실에서 찾는다.[61] 교회는 추상적인 명사나 철학적 이데아(Idea)나 상상의 세계에 속하는 것이 아니라 인간이 모여 만든 현존하는 사회라는 것이다. 물론 교회(the Church)에는 믿음 안에서 죽음을 맞이하고 지금은 우리 눈에는 보이지 않지만 하나님께 속한 사람들을 포함한다.[62] 그러나 중요한 것은 지금 육체 가운데 살아가는 사람들에 대해서 우리는 책임이 있으며 "이 땅에 존재하는 하나님의 가시적 회중을 인식하고 거기에 합류하라는 요구를 받는다."[63]는 사실이다. 뉴비긴은 이 공동체의 정체성에 대한 이해보다 그 실재성, 즉 교회가 가시적인 실재라는 차원에 주목한다. "실재하는 공동체가 먼저이고 그 정체성에 대한 이해는 부차적이다."[64] 뉴비긴은 교회는 근본적으로 사람들의 교회관이나 교회에 대한 믿음에 의해 그 존재가 좌우되지 아니하고 주님이 친히 조성하신 가시적 실체로 존재하기 때문에, 이 교회의 실체와 정체성에 대한 우리의 이해와 판단은 부차적인 것으로 본다.[65] 사람들은 가시적인 교회를 통하여 그리스도를 만나고 그리스도에게 영입이 되므로 가시적 교회를 배제한 신앙과 신학적 논의는 무의미하다는 것이다. 뉴비긴은 교회에는 비가시적 영역에 존재한다는 점을 인정하면서도 우리가 우선적으로 주목하여야 할 것은 교회의 가시적 측면이어야 하며, 그 결과 이 땅에 현존하는 가시적 교회들에게 주목하여야 한다는 것이다. 뉴비긴은 이러한 맥락에서 현존하는 가시적 교회로서 개신교 교회와 가톨릭 교회, 그리고 오순절 교회를 주목하고 이들의 신앙적 강조점과 유형에 대해 분석하며 자신의 이론을 전개한다.

2. 회중으로서의 교회 : 하나님의 백성의 공동체

뉴비긴은 먼저 교회를 믿는 자들의 회중(congregation of the faithful)으로 이해한다.[66] 이는 개신교 교회가 확신하고 강조하는 교회론의 핵심으로서 교회를 제도나 조직, 혹은 성직자 중심의 체제로 이해하는 것을 거부하는 신념의 이론적 바탕이 되는 정신이다. 이러한 교회론에서 우선적인 중요성을 갖는 것은 '믿음'이다. 교회는 다름 아닌 예수 그리스도를 믿은 신자들의 모임이요, 믿음을 통하여 구원에 이르기 때문이다. 사람들은 믿음을 통하여 그리스도에게 영입되고 가시적인 교회의 회중으로 신앙의 여정을 살아간다. 뉴비긴에 의하면 교회는 믿는 이들의 모임, 즉 회중이다. 또한 그는 선교적 실천의 차원에서도 회중의 중요성을 강조한다. 지역 회중은 복음이 가장 기본적인 방식으로 검증받고 경험되는 곳이라는 의미가 있다. 그러므로 지역 회중은 복음이 전파되고 믿게 되는 장소가 되어야 한다.67) 그는 말한다. "나는 지역 회중(local congregation)의 근본적인 중요성을 확인하기를 바란다."68) 뉴비긴이 '믿는 이의 회중'으로 교회를 이해하는 것은 개신교 교회의 교회관의 기본적인 이해와 동일한 것이다. 이는 그 자신이 개신교에 뿌리를 두고 있을 뿐 아니라 그의 교회론의 기초가 개신교적 교회론에 바탕을 두고 있음을 반영한다고 볼 수 있다.

한편 뉴비긴은 회중과 회중의 '믿음'에 대해 강조점을 두는 교회 이해 가운데 내재된 위험을 지적한다. 그는 개신교가 믿음을 강조하면서도 이 믿음을 지나치게 지적인 차원에서 이해하는 신학적 결함이 있다고 비판한다. 즉 믿음의 차원에 몰두하여 말씀의 선포와 올바른 교리의 집행에 우선권을 두면서 성례전을 소홀히 하는 경향성에 대해 우려한다. 그는 이러한 경향은 말씀이 전적으로 중심을 차지하고 성례는 그 말씀이 가시화된 것으로 간주하는 신학적 입장 때문이라고 보았다.69) 그는 루터와 칼빈이 주장한 말씀의 바른 선포와 성례의 온전한 집행을 강조하는 개신교의 교회론을 다시 붙잡아야 함을 역설하면서, 그리스도와 연합하는 성례전의 친교가 온전한 믿음에 있어서 핵심적인 요소임을 언급한다.

> 위대한 종교개혁자들은 물론 신자가 바르게 정립된 교리를 훨씬 뛰어넘는 그 무엇으로 그리스도와 연합되었다는 사실을 가장 생생하게 깨달은 자들이었다. 이런 점을 충분히 인정하더라도, '우리는 어떻게 그리스도께 영입되는가?' 라는 질문에 오로지 '복음을 듣고 믿음으로써'라고만 응답하고 복음이 우리에게 오는 그 친교의 맥락을 도외시한다면, 믿음을 지나치게 지적으로만 생각한다고 볼 수밖에 없다.[70]

아울러 뉴비긴은 믿는 자들의 회중으로서의 교회는 단지 말씀과 성례의 집행이라는 두 가지 요소에 만족할 것이 아니라 하나님의 백성으로서의 교회의 통일성과 연속성을 지녀야 함을 역설한다.[71] 이는 개신교 교회의 역사 속에서 이루어졌던 교파 분열의 역사를 통해 보여지는 교회 분열의 특성에 대한 뉴비긴의 통렬한 비판과 자성이라고 볼 수 있다. 뉴비긴은 말씀과 성례를 강조하는 교회론을 가지고 있으면서도 말씀만을 강조하는 신학적 경향 때문에 역사적 실재로서의 가시적 교회와의 연속성과 유기적 연합을 소홀히 하였다고 비판한다. "교회의 참된 본질은 그것이 연속성을 지닌 역사적 사회, 곧 예수 그리스도에 의해 단 한 번 구성되고 파송된 사회라는 데 있다."[72]

뉴비긴이 말하는 믿음이란 단순히 교리에 대한 동의나 지적인 이해가 아니라 예수 그리스도에 대한 온전한 의탁과 신뢰를 말하는 것이다. 이 믿음으로 하나님의 백성으로서의 교회의 구성원이 되게 한다. 신자가

이 교회와의 통일성과 연속성을 가지게 되면, 편협하고 보잘것없는 사적인 영적 체험에서 그들을 이끌어내어 자신을 잉태하여 새로운 탄생을 이루게 한 이 위대한 친교 모임인 교회 가운데 자신을 둠으로써 끝날까지 양육을 받고 견디게 할 수 있으며73), 온전한 믿음 가운데 거하게 할 수 있다.

회중으로서의 교회는 뉴비긴이 강조한 첫 번째 유형의 교회론으로 복음에 대한 믿음으로서 구원을 얻는 회중이 곧 교회라는 개신교적 신학에 기반하고 있는 교회의 가장 본질적인 요소이다.

3. 성례전적 연합의 중요성 : 그리스도의 몸으로서의 교회

뉴비긴은 믿는 이들이 성례전적 결합을 통해 그리스도와 연합한다는 점을 강조한다. 즉 교회는 머리 되신 그리스도의 몸이며, 그리스도와의 온전한 연합은 성례전적 결합을 통하여 이루어진다는 것이다. 뉴비긴은 이러한 연합의 성경적 기초를 신약성경을 중심으로 상세하게 언급한다.74) 예수께서 제자들을 선택하시고 세우신 것은 자신과 '함께 있게 하시고' 또 그들을 파송하시기 위함이었다(막 3:13-14). 요한복음 17장에 보면 예수께서 제자들을 보내신 것은 자신이 아버지를 대표하는 것처럼 그들도 세상에 대하여 그리스도를 대표하여 보내는 것이다. 그리고 '너희를 영접하는 것은 곧 나를 영접함이라' (마 10:40)고 말씀하셨다. 먼저 그리스도와의 하나됨이 먼저이고, 이러한 연합에 기초하여 보냄을 받아 복음을 증언함으로 다른 사람들을 이러한 연합으로 초대하게 되는 것이다. 이런 연합의 정신은 주님이 십자가를 지시기 전에 올리신 대제사장적 기도에 전형적으로 나타난다.

> 내게 주신 영광을 내가 그들에게 주었사오니 이는 우리가 하나가 된
> 것 같이 그들도 하나가 되게 하려 함이니이다 곧 내가 그들 안에 있고
> 아버지가 내 안에 계시어 그들로 온전함을 이루어 하나가 되게 하려
> 함은 아버지께서 나를 보내신 것과 또 나를 사랑하심같이 그들도 사랑
> 하신 것을 세상으로 알게 하려 함이로소이다(요17:22-23)

이와 같이 하나님의 사랑 안에서 이루어지는 그리스도와의 온전한 연
합은 제자됨의 증거이자 보냄을 받는 제자들에게 필수불가결한 전제조
건이다.

뉴비긴은 이러한 연합의 정신은 성경 전체의 계시, 즉 하나님께서 땅
의 모든 민족 가운데 특정한 한 민족을 택하여 자신의 구원 계획을 성취
하는 하나님의 백성의 이야기와 일맥상통한다고 본다.[75] 하나님은 노예
살이를 하는 이스라엘 백성을 불러내어 구원하시고 하나님의 소유요 하
나님의 거룩한 백성으로 삼으셨다. 신약성경에서도 그리스도인들은 하
나님의 백성으로 부름받아 왕같은 제사장이요 거룩한 나라로 구별되었
다. 즉 교회는 한 분 하나님의 백성으로서 공통적인 기반과 연대의 중심
을 가지고 있는 것이다. 이는 사도 바울에 의해 그리스도의 몸으로서의
하나로 연합한 교회의 이상과 일맥상통한다. 뉴비긴은 교회는 보이지
않는 영적인 실재가 아니라 성경 전체의 관점과 일맥상통하는 '가시적
표지들을 특징으로 한 가시적 친교 모임의 형태를 띤 구원의 영역이어야
한다'고 주장한다.[76] 이러한 교회에 하나님은 구원의 능력을 베푸시고

피조물과 하나님의 관계의 회복과 사람과 창조세계의 참된 관계의 회복을 맛보는 영역으로 삼으시는 것이다.77) 신자는 그리스도의 몸된 교회와 온전히 연합함으로써 그리스도의 지체가 되어 하나님의 백성으로서 존재하게 된다.

뉴비긴은 성례전적 연합이 성경적 교회론의 근본 전제가 되어야 한다고 본다. 이는 세례와 성찬을 통한 그리스도와의 연합을 말한다. 예수 그리스도를 믿는 믿음으로 세례의 성례에 참여한 그리스도인은 그리스도와 연합할 뿐 아니라 세례를 받은 다른 모든 그리스도인과 한 가족 즉 하나님의 한 권속이 된다. "그리스도의 몸으로 영입된다는 것은 그 몸은 어디까지나 가시적인 몸으로서 그 속에 들어가는 세례의 성례를 통해 가시적으로 표현된다."78) 나아가 교회의 삶의 가운데서 다함께 떡을 떼는 가시적인 표현으로서 성만찬을 통하여 그리스도의 몸의 삶 속에 동참하게 된다.79) 이러한 성례전적 공동체는 교회의 본질적인 차원, 즉 나누어질 수 없는 하나됨을 담보한다. 뉴비긴은 그리스도의 몸에 대한 사도 바울의 가르침을 통하여 이러한 성례전적 연합을 더욱 선명하게 그리고 있다.

바울의 가르침을 이렇게 요약할 수 있다. 그리스도인의 삶은 곧 그리스도의 몸 안에 사는 삶이고, 그것은 믿음과 세례와 성만찬을 통해 자신을 그분의 죽음과 부활과 동일시하는 삶이다. 우리가 지체를 이루는 그리스도의 몸은 자연적 몸이 아니다. 하지만 동시에, 세상에서 영위되는 교회의 가시적인 삶과 동떨어진 이상적인 몸도 아니다. (중략) 우리 몸은 이미 그리스도의 지체가 되었고, 그분의 몸은 교회의 일상 생활 가운데 지체들이 복음 전파, 예언, 가르침, 기적, 치유 등을 통해 서로 섬기며 상호의존적인 관계를 맺는 가운데 이미 작동한다. 이 공동생활의 가시적 중심은 그 지체들이 그분의 몸과 피에, 곧 성만찬에 참여하는 것이다.[80]

뉴비긴에 있어서 하나된 교회는 상징적이거나 영적인 기호가 아니라 가시적이고 사회적이며 유기적인 실체이다.[81] 이러한 연합과 통일성은 하나의 그리스도, 하나의 몸, 하나의 성전뿐이라는 고백 위에서 행하는 '한 식탁에서의 교제'[82]를 통해 구현된다. 하지만 현실의 교회는 이와는 달리 여러 교파와 교단, 가르침과 조직으로 분열되어 있다. 뉴비긴은 이러한 분열의 현실을 개탄하면서 그리스도의 몸으로서의 친교적 연합을 깨뜨리는 분열은 교회의 본질을 훼손하는 일로 규정하며, '연합'을 여하한 지켜야 할 교회의 절대적 가치로 이해한다.

교회가 분열되어 있는 한, 그 삶은 공공연하게 복음에 정면으로 배치될 수밖에 없다. 그런 분열은 온 인류를 위해 그리스도 안에서 이루어진, 단 하나의 궁극적이고 충분한 대속 행위에 관한 좋은 소식을 단편적이고 부분적인 메시지로 대치하는 죄를 범하는 것이다. 주님도 하나요, 믿음도 하나요, 대속 행위도 하나요, 우리를 그 대속에 참여하게 하는 세례도 하나뿐이다.[83]

'그리스도의 몸으로서의 교회'는 뉴비긴이 강조하는 두 번째 유형의 교회론으로서 가톨릭 교회가 주로 강조하는 교회론의 특징과 맥이 닿는 교회론이라고 할 수 있다. 그리스도의 몸으로서의 교회는 참된 그리스도인됨과 교회의 연합과 증언을 위하여 절실하게 회복되어야 할 교회의 본질적 특성이다.

4. 성령의 공동체

뉴비긴에 의하면 개신교는 말씀의 메시지에 일차적인 강조점을 두고, 가톨릭은 주어진 기존의 교회 구조를 강조하고 있는데, 이와 다른 또 하나의 흐름을 인식하여야 한다고 주장한다. 이는 오순절 운동을 중심으로 한 성령의 역사이다. 이는 20세기 이후 태동하여 그리스도교 세계의 한 부분을 차지하게 된 오순절 운동의 흐름에 대한 그의 인식에 기반한 것이다. 이 흐름은 개신교와 가톨릭과는 다른 제3의 흐름이자 제3지대와 같은 것이다. 뉴비긴은 성령운동에 대해 주목해야 할 몇 가지 이유를 간단히 요약한다. 먼저 이 흐름은 오늘날 그리스도인의 생명력은 '성령의 능력과 임재를 체험하는데 있다는 확신'을 가지고 있으며,[84] 또한 성령의 임재라는 강력한 현상은 개신교가 강조하는 교리의 정통성이나 가톨릭이 강조하는 사도직의 계승보다 선명한 성경적 전통이며, 기존의 교회들이 생명력이 없는 교회이기 때문에 성령이 임재하고 역사하는 이 흐름을 주목하여야 한다는 것이다.[85]

뉴비긴은 교회는 성령의 공동체로서 성령의 능력과 은사가 가시적으로 나타나는 현장일 뿐 아니라 신앙과 복음의 증언에서도 성령이 임재하는 체험이 중요하다고 보았다. 그는 성령과 교회의 관계를 나타내는 수많은 성경의 진술을 소개하면서 양자의 불가분리의 관계성을 강조한

다.86) 그는 신약성경의 기자들과 그리스도인들에게 성령의 현존과 능력
은 일상적인 경험이었음을 강조한다. 그 중에서 가장 핵심적인 것은 믿
음과 구원은 성령의 선물로 주신 것이며, 성령은 우리의 구원을 보증하
시는 분이요, 교회를 세우신 분이요, 예수의 주되심을 증언하게 하시며,
복음 증거 사역과 설교에 능력을 주시는 분이며, 교회를 하나되게 하시
고, 교회의 일상적인 활동을 인도하시고, 선교사역을 지도하며, 여러 가
지 은사를 주시고, 교회를 진리 가운데로 인도하시는 분이다. 이와 같이
뉴비긴은 성령은 교회의 탄생과 진행, 사역과 증언에 항상 함께 활동하
시는 분으로서 교회의 본래적 구성과 존재에 결정적인 역할을 하시는 분
으로 이해하였다. 또한 뉴비긴은 인도에서 경험한 성령의 역사를 소개
한 후에 다음과 같이 성령과 선교의 관계에 대해 고백한 바 있다.

> 나는 기독교 선교의 영광은 하나님께서 모든 곳에서 그분만의 방식으
> 로 성령을 사용하셔서 그리스도를 증거하는 증인을 만드신다는 것과
> 우리에게 달려있지 않는 데 있다고 믿는다. 우리에게 달려있는 것은
> 우리가 누구이든, 어디에 있든, 각각의 상황에서 우리가 세상의 구원
> 자이신 그분의 신실한 증인이 되어야 한다는 것이다.87)

이처럼 뉴비긴은 성령운동의 흐름에 대한 현상학적 인식과 성경의 진
술에 기반하여 오순절운동의 흐름을 수용하여 자신의 교회론의 중요한
한 축으로 삼았다.

뉴비긴이 성령을 선택의 교리와 접목하여 설명하는 것은 주목할 만한
다. 일반적으로 선택의 교리는 구원론의 영역에서 다루어지는 주제였

다. 뉴비긴은 선택 교리에 선교적 특성이 있다고 보았다. 사도들이 선택된 것은 그들을 파송하여 열매 맺기 위함이었고 복음을 듣는 사람들과 함께 사도적 친교를 나누기 위함이었다.[88] 뉴비긴은 '선택'을 소수에 대한 구원만을 의도하는 하나님의 비밀을 해독하는 배타적 구원론적 개념이 아니라 그리스도인들을 불러 모아 교회를 이루게 하시고 세상으로 파송하여 '하나님의 대사요 증인'이 되도록 하는 교회론적 선교론적 개념으로 이해하였다.[89]

> 선택의 동기는 땅끝까지 가서 사도적 사명을 다하게 하기 위함이고, 그 목적은 모든 것을 그리스도 안에서 통일되게 하기 위함이다. 선택의 수단, 확증, 표지는 하나님의 성령의 임재다. 성령은 사람들의 마음을 열어 복음을 믿게 하시고, 그들을 사랑으로 엮어 그리스도의 몸을 이루게 하시고, 그들로 다가올 시대의 권능을 맛보게 하시며, 그리스도께서 다시 오실 때까지 그들을 보증하신다.[90]

뉴비긴은 교회론을 연구하면서 교회는 개신교와 가톨릭이라는 기독교의 두 진영의 교회론에 의해서 양분화되고 분열되어 있어서는 안된다고 보았다. 그는 이러한 분열성을 극복하고 보다 통합적이고 균형있는 교회론을 갖추게 하는 세 번째 요소가 필요하다고 보았는데 그것이 바로 오순절운동이었다.[91] 성령론적 교회론 연구는 뉴비긴이 오순절 신자들과의 접촉이 전혀 없는 상태에서 나온 것이었지만, 이런 교회론적 이해로 인하여 이후 오순절교회 사람들과 허물없이 대화할 수 있게 되었다고 회고한다.[92]

성령의 공동체로서의 교회는 뉴비긴이 말하는 세 번째 유형의 교회론으로 교회와 성령의 불가분의 관계를 보여주고 있으며, 그리스도인의 활력에 찬 삶과 교회의 권세있는 증언을 가능하게 하는 교회의 중추적 본질을 표현하고 있다.

5. 희망의 공동체 : 종말론적 공동체

뉴비긴이 말하는 교회는 종말론적 공동체이다. 그는 하나님 나라의 전망 가운데서 교회와 교회의 사명을 이해한다. 그의 교회론은 '우리는 어떻게 그리스도께 영입되는가?' 즉 '어떻게 그리스도의 지체로서 존재하게 되는가?' 하는 질문과 밀접한 관련이 있다. 뉴비긴은 '그리스도의 몸으로 영입되는 것은 종말론적 차원이 있음'[93]을 논증하면서 교회는 종말론적 공동체로서 하나님의 나라의 희망을 품고 살아가는 공동체임을 강조한다.

> 교회를 정의할 때 교회의 현 모습에 입각하지 말고 오직 죽은 자를 살리시며 없는 것을 있는 것으로 부르시는(롬4:17) 하나님의 자비에 입각해야 함을 일러준다.[94]

뉴비긴은 교회에는 미래적 차원 즉 현재의 모습을 초월하는 종말론적 차원이 존재하며 이는 전적으로 하나님의 크신 자비에 달려있다고 보았다. 그리스도인은 그리스도와 연합함으로써 희망을 품고 종말론적 삶을 살아간다. 교회의 교회됨은 하나님이 이루어가시는 미래에 대한 희망을 품고 살아갈 때 이루어진다. 이는 믿음으로 현실의 한계를 극복하는 역설적 희망의 삶이다. 뉴비긴은 주님과의 하나됨이라는 신비는 세 가지 차원에서 역설을 지니고 있다고 보았다. 즉 개개인의 그리스도인들이 그리스도의 몸의 지체가 됨으로서 얻게 된 생명은 '가졌으나 아직 가지지 않았고, 내가 살아있으나 그리스도께서 사신 것이고, 그리스도께서 내 안에 살아계시지만 나는 그리스도를 믿은 믿음으로 사는 것'이라는 특징을 지니고 있다는 것이다. 마찬가지로 교회의 집합적인 삶 역시 '죽었으나 살아있는 삶, 우리가 아니라 그리스도께서 사시는 삶, 그리스도를 믿는 믿음으로 사는 우리의 삶'의 역설로서만 설명될 수 있다.[95] 그리스도 안에 있는 삶의 이러한 삼중적 역설은 곧 믿음과 소망과 사랑의 삶이다.

> 그리스도 안에 있는 우리의 삶은 하나님의 사랑에 참여하는 삶이며, 그 사랑은 곧 하나님의 생명으로서, 모든 피조물의 근원이요 목표인 그 신비로운 삼위일체 안에서 성령으로 아버지와 아들을 하나로 묶어주는 것이라는 진리이다. 그런데 신적인 사랑에 참여하는 일은 아직 '육체 가운데, 믿음 안에서' 이루어진다. 이는 언제나 자아에 대해 죽고 성령을 말미암아 믿음으로 맛본 그 삶의 완성을 향해 달려가야 지속될 수 있다.[96]

뉴비긴은 이러한 새로운 공동체는 사랑의 공동체로서 그리스도의 사랑으로 이루어진다고 보았다. "공동체의 삶 안에 작동하는 그리스도의 사랑의 실제적인 현존은 그 공동체를 그분의 공동체로 만들 것이다."[97] 그는 이러한 사랑의 공동체가 유일하고 본질적인 새로운 공동체(nota ecclessia)가 된다고 보았다. 뉴비긴이 의미하는 바 믿음, 소망, 사랑은 어떤 실천적 인격적인 덕목이 아니라 하나님의 사랑에 대한 온전한 믿음으로 성령의 도우심 가운데 소망을 잃지 않고 완성을 향해 달려가는 신앙적 태도를 뜻한다. 이 희망은 개인적으로는 영적 완성의 소망이며 궁극적으로는 그리스도를 통하여 우리 가운데 이미 도래하였으나 아직 완성되지 아니한 하나님 나라에 대한 희망이다. 그는 추수를 기다리며 소망 가운데 인내하는 농부에 비유하면서 하나님 나라를 바라보며 살아가는 교회의 희망을 설명한다.

> 교회의 삶의 진수는 하나님의 목적 성취와 그분의 영광의 계시를 향하여 진력하되, 하나님의 영광을 바라보며 소망 가운데 기뻐하면서 땅 끝까지 세상 끝날까지 전진하는 것이다. 교회에 맡겨진 보물은 자신을 위한 것이 아니라 하나님의 뜻을 행하기 위함이고, 땅에 묻어두라고 주신 것이 아니라 장사를 하라고 주신 것이다. 교회의 삶은 부활이라는 추수를 믿고 그것을 소망하는 가운데 한 알의 밀알처럼 떨어지는 삶이어야 한다.[98]

뉴비긴은 교회의 종말론적 희망은 자신이 스스로 완성된 모습을 지니고 있다는 정적이고 초역사적인 개념을 버리고 겸손한 태도로 완성을 향해 달려나가는 태도를 지녀야 함을 강조한다.[99] 믿음과 소망과 사랑 가운데서 아직 도래하지 않은 그 마지막 때를 기다리며 현세에서 이 죄 많은 세상에 몸담은 채로 오로지 하나님의 자비로 살아가고 있음을 유념할 때 교회는 그분의 뜻을 온전히 수행할 수 있다.[100] 즉 교회는 하나님의 자비 안에서 희망을 품고 복음의 증인 되는 선교적 삶으로 나아가야 하는 것이다.

> 교회가 오직 하나님의 자비로 인해 존재한다면, 그것은 또 그분의 뜻을 행하기 위해 존재한다고 할 수 있다. 그분은 우리에게 자신의 뜻을 충분히 알려주셨다. 그것은 우리가 땅끝까지 이르러 복음을 전하고 하나님 나라의 권능의 사역을 행하고 모든 민족에게 세례를 주고 모든 사람을 불러 모아 한 공동체 – 그 가시적 중심은 우리가 그분의 부활의 삶에 동참하고 그분이 오실 때까지 그분의 죽음을 보여주는 성례이다 – 로 만들며 그분의 증인이 되는 것이다.[101]

그는 진정한 종말론적 희망을 가진 교회는 '선교사명에 대한 순종'[102]을 특징으로 한다고 보았다. 즉 그리스도의 초림과 재림 사이의 기간은 그리스도 안에 계시된 심판과 구원의 복음이 온 세상에 증거되도록 주어진 시간이며 이는 땅끝까지 이르러 증인이 되라고 주어진 선교적 사명을 수행함으로 완성되는 기간이다.[103] 그러므로 선교는 그리스도의 초림과 재림 사이에 교회가 행하여야 할 존재의 이유이자 목적이 된다. 따라서 선교는 교회의 여러 활동과 기능 가운데 하나에 불과한 것이 아니라 교회의 존재의 본질이자 모든 행위의 근본 방향인 것이다.

6. 보냄을 받은 증인 공동체 : 선교적 교회

뉴비긴이 그리는 교회는 세상 속으로 보냄을 받아 증인된 공동체로서의 교회이다. 교회는 세상으로부터 부름 받아 하나님 나라를 위한 증인으로 세상 속으로 보냄을 받은 증언 공동체이다. 뉴비긴이 사용하는 증인(witness)이란 용어는 보냄받은 공동체로서의 교회의 성격을 그대로 보여준다. 증인 혹은 증언(witness)과 대립되는 개념은 '심판'(judgement)으로 후자는 시혜적 태도와 정복자적 태도를 담고 있다. 증인은 자기 자신을 목적으로 하지 않고 다른 존재를 위하여 무엇인가를 드러내는 것을 사명으로 한다. 복음의 증인으로서의 교회는 예수 그리스도를 증거하고 말과 행동과 삶을 통하여 복음을 증언한다. 그러므로 교회는 자기 자신을 목적으로 하지 않고 하나님의 나라를 증언하고 드러내는 것을 목적으로 한다. 즉 도구로써의 교회, 그 자체를 목적으로 하지 않은 교회가 뉴비긴이 말하는 선교적 교회의 존재론적 특징이다.

> 사실 교회는 그 자체가 목적이 아니다. 교회의 성장과 번영은 역사의 목표가 아니다. 교회는 하나님의 나라도 아니다. 그분이 하신 일은 하나님 나라의 비밀을 전달할 한 공동체를 준비시키는 것이었다. 이 공동체가 그분이 남긴 유산이다.[104]

뉴비긴은 예수께서 제자들을 파송하시는 요한복음 17장의 본문을 근거로 보냄받은 공동체로서의 교회의 본질을 강조한다.[105] 먼저 예수께서 십자가의 죽으심을 앞두고 드린 중보기도에서 "아버지께서 나를 세상에 보내신 것과 같이, 나도 그들을 세상에 보냈고, 또 저희를 위하여 내가 나를 거룩하게 하오니 이는 저희도 진리로 거룩함을 얻게 하려 함이니이다"(요 17:18-19)라고 구하였다. 이 기도에 대해 뉴비긴은 그의 요한복음 해설에서 다음과 같이 설명한다.

> 예수님이 맡기신 사명의 성취 여부는 그들의 증거, 곧 그들이 듣고 보
> 고 만지고 체험한 것(요일 1:1)을 신실하게 증거하는 데 달려있다. 그
> 래서 예수님은 그들을 보내기 전에 그들을 위해 기도하신다. 예수님의
> 목적은 세상이 구원받게 하는 것이지만(요 3:17), 직접 세상을 위해 기
> 도하시지 않는 것은 오직 아버지의 선물인 공동체를 통해서만 이 목적
> 을 수행하실 것이기 때문이다.[106]

이 기도에서 예수님은 제자들의 성별을 위해서 기도한다. "저희를 진
리로 거룩하게 하옵소서 아버지의 말씀은 진리이니이다"(요 17:17), "이
는 저희도 진리로 거룩함을 얻게 하려 함이니이다"(요 17:19). 예수님을
성별하여 세상에 보내신 분은 아버지였는데 이와 마찬가지로 제자들을
성별하여 그들을 세상 속으로 보냄 받게 해달라고 기도한다.[107] 또한 예
수님은 제자들의 하나됨을 위해 기도한다. "거룩하신 아버지여 내게 주
신 아버지의 이름으로 저희를 보전하사 우리와 같이 저희도 하나되게 하
옵소서"(요 17:11), "아버지께서 내 안에, 내가 아버지 안에 있는 것같이
저희도 다 하나가 되어 우리 안에 있게 하사 세상으로 아버지께서 나를
보내신 것을 믿게 하옵소서"(요 17:21), "곧 내가 그들 안에 있고 아버지
께서 내 안에 계시어 저희로 온전함을 이루어 하나가 되게 하려 함은 아
버지께서 나를 보내신 것과 또 나를 사랑하심같이 저희도 사랑하신 것을
세상으로 알게 하려 함이로소이다"(요 17:23). 예수님이 구한 제자들의
하나됨은 아버지와 아들의 하나됨에 근거한다. 이는 성령의 선물로서

단지 하나님의 하나됨을 반영하는데 불과한 것이 아니라 실제로 그 하나됨에 참여하는 것이다.[108] 그리고 이 하나됨은 예수님을 믿는 자들 간의 가시적인 하나됨으로서, 예수님을 하나님과 하나되게 하는 사랑과 순종에 신자들이 참여하는 것을 의미한다.[109] 이 연합은 예수 그리스도가 누구신지, 그리고 제자들이 증언하는 복음이 진리임을 드러내는 증거가 된다. 즉 세상은 제자들의 하나됨, 교회의 하나됨을 통하여 하나님의 사랑을 알고 믿게 되는 것이다.

> 더구나 이 연합을 통하여 세상은, 하나님의 사랑이 하나의 관념이나 교리가 아니라 경험할 수 있는 실재임을 알게 된다. 이 실재는 인간의 모든 다양성에도 불구하고 신자들을 하나로 묶는 초자연적인 사랑 안에서 체험되는 것이다. '너희가 서로 사랑하면 이로써 모든 사람이 너희가 내 제자인 줄 알리라.' (요 13:35)[110]

또한 부활하신 예수님은 모여있는 제자들을 만나는 자리에서 그들에게 평강의 인사를 나누신 후에 "아버지께서 나를 보내신 것 같이, 나도 너희를 보낸다"고 하시면서 그들을 파송하셨다. 그리고 그들에게 성령을 불어넣어 주셨다(요 20:19-23). 예수님은 먼저 자신이 아버지의 보냄을 받았음을 언급한다. 뉴비긴은 요한복음서에서 예수님을 아버지의 보냄을 받은 자로 묘사하는 대목이 40회 등장함을 언급하면서 이제 예수님께서 제자들을 보내어 그 사명을 완수하도록 하신다고 강조한다.[111] "이 사명이야말로 교회의 본질을 규정한다."[112] 예수님은 그들에게 성령을 주셨다. 이는 그들이 '진리로 거룩함을 입은 자들'로서 보냄을 받기 때문이다.113) 제자들은 부재 중인 스승의 대리자로서가 아니라 진리로 거룩함을 얻은 자들로서 사명을 받고 보내졌는데 이는 그들이 동일한 성령의 능력으로 예수 그리스도의 사명을 계속 수행하게 될 것이기 때문이다.114) 또한 보냄을 받은 제자들의 사명의 핵심은 죄사함이었다. 죄사함은 예수님의 사명의 핵심이자 사역의 중심적 내용이었다. 예수님은 보냄 받은 제자들에게 죄사함의 권세를 부여하셨다.

> 이제 예수님은 진리의 영이신 성령의 능력으로 제자들을 성별하사 그들을 보내실 때, 세상 죄를 지고 가는 자로서의 자기 사명을 계속 수행하도록 엄숙하게 권한을 부여하신다. 그들에게 주어진 책임은 선포하는데 그치는 것이 아니라 실효성 있는 사역을 하는 것이다. 죄에 대한 용서는 피해자 편에서 권한을 가진 자가 실효성 있게 취하는 행동이어야 하기 때문이다. 하나님은 그리스도 안에서 세상의 죄를 깨끗이 씻으셨다. 교회는 성령의 약속에 의해 진리 안에서 거룩하게 되어, 그 실효성 있는 행동을 반영하도록 온 세상 속으로 보내어졌다.115)

요한복음 17장과 20장에서 제자들을 파송하는 일과 관련된 본문의 해설을 통하여 뉴비긴은 자신이 강조하는 교회론의 핵심 사상을 함축적으로 그려내고 있다. 이는 곧 보냄을 받은 공동체, 하나된 공동체, 진리로 성별함을 입은 거룩한 공동체, 성령의 공동체, 죄사함의 권세를 지닌 공동체로서의 교회이다. 예수님은 그의 사역을 통하여 보냄 받은 거룩한 공동체를 남겨두셨다. 이는 보냄을 받아 예수님의 사역을 계승하는 선교적 교회이다.

예수의 의도는 실체가 없는 가르침을 남겨 두는 것이 아니었다. 그분의 의도는 수난을 통하여 스스로를 아버지께 완전히 드림으로써, 한 공동체, 즉 하나님의 통치를 구현하고 그것을 선포하는 공동체를 창조하여 성품과 행위 양면에서 자신을 계속 이어가게 하려는 것이었다.[116]

뉴비긴은 교회의 선교적 정체성을 강조하는 것과 마찬가지로 선교는 교회됨의 정체성을 함께 지녀야 한다고 단언한다. "교회가 선교적 정체성을 잃어버리면 그 본질을 상실하는 셈이라고 주장한 것과 마찬가지로, 참으로 교회의 정체성을 지니지 않은 선교는 하나님의 사도직을 대변할 수 없다고 말해야 한다."[117] 그에 의하면, 교회적이지 않은 선교는 선교적이지 않은 교회만큼 기형적인 것이다.[118] 뉴비긴에게 있어 교회와 선교는 불가분리적이다. 선교는 교회가 수행하는 여러 활동들 가운데 하나가 아니라 교회 자체가 선교공동체이자 선교적 존재이어야 한다는 것이다. 이런 의미에서 선교는 교회의 존재론적 본질이고 교회는 선교를 담는 실천적 형식이다.

7. 교회의 선교적 연합

뉴비긴은 선교를 위한 연합의 중요성을 언급하면서 그의 교회론의 결론을 맺는다. 교회가 연합해야 하는 이유는 세상이 믿을 수 있도록 하기 위한 것이다.[119] 선교가 교회의 연합에 의존하는 것과 마찬가지로 교회의 연합은 선교에 의존하고 있다. "선교 명령에 대한 순종은 교회의 진정한 본질을 이해할 수 있게 하고 교회의 분열상을 드러내는 역할"을 하기 때문에 선교는 교회의 자기 성찰과 연합의 당위성을 깨닫게 한다.[120] 즉 선교를 위해서 교회의 연합이 필수적인 것과 마찬가지로 교회의 연합을 위하여 선교는 필수적인 것이다. 이 연합은 교회의 근원인 그리스도에게로 돌아가는 것을 통해 이루어지므로 자신들이 둘러싸고 있는 전통의 껍질을 뚫고 그리스도에게로 들어가야 한다. 이를 위해서는 분석과 판단이 아니라 성육신적 태도가 요청된다. 뉴비긴은 교회의 연합은 신학적 토론을 통하여 이루어질 성격의 것이 아니라 성육신의 신앙으로 신학적 접근의 환상을 벗어나야 한다고 주장한다.[121] 뉴비긴은 선교를 위한 연합이라는 본질적이고도 긴급한 과업을 위하여 세 가지 실천과제를 제시하면서 그의 교회론을 마무리한다.

> 첫째로, 모든 교회가 온 세상을 그리스도께 순종시키기 위해 선교의 책임을 새롭게 받아들이도록 요구해야 한다. 둘째로, 힘이 닿는 한 모든 수단을 동원하여 그 과업을 수행할 때, 모든 그리스도인이 서로 협력하도록 그 영역을 확대해야 한다. 따라서 에큐메니칼 운동의 좌편이든 우편이든 바깥에 있는 이들을 그 운동에 참여시켜야 할 것이다. 셋째로, 모든 곳에서 교회의 재연합운동을 지치지 않고 열심히 추진해야 한다. 이는 곳곳에서 예수의 이름을 모르는 모든 사람이 가시적인 연합을 이루는 일, 곧 아버지와 성령과 더불어 모든 영광을 돌릴 그리스도 안에서 만물이 하나로 통일되는 하나님의 목적을 이루는 수단이요 표지인 한 교회로 연합하는 일이 이루어질 때까지 계속되어야 한

다.[122]

이상에서 살펴본 바와 같이 뉴비긴의 교회론은 철저하게 교회의 하나
됨을 지향한다. 뉴비긴은 가시적인 교회의 연합을 강조하면서 이 땅에
존재하는 가시적인 교회의 대표들로서 개신교와 가톨릭과 오순절 전통
이 각각 중요시하는 신학적 강조점을 통합하여 교회의 본질적인 세 요소
로 강조한다. 그리고 교회는 이 땅에 현존하는 가시적 사회로서 거룩함
과 하나됨과 성령의 능력의 나타남을 통하여 교회의 본질적 생명력을 소
유할 때 사람들을 그리스도에게로 인도하는 증인이 될 수 있다고 보았
다. 즉 교회의 교회됨이 진정한 선교를 가능하게 하고, 선교란 본질적으
로 거룩한 공동체이자 한 몸으로서의 교회의 정체성을 가질 때 이루어지
는 것으로 보았다. 그런 차원에서 증인으로 보냄을 받은 교회는 대안사
회적 공동체라고 할 수 있다. 최형근은 뉴비긴의 교회론을 해설하면서
다음과 같이 그의 교회론의 요체를 정리하였다.

> 뉴비긴이 생각하는 교회는, 하나님의 순례하는 백성으로서 이 세상의
> 문화를 거슬러 올라가며 열방에 그리스도를 전하기 위해 한 분 하나님
> 아래 가시적인 연합체를 이루려고 부름받은 존재다. 이러한 의미에서
> 뉴비긴의 교회론은 선교적이고 에큐메니컬하며 대항문화적이다.[123]

제4절 뉴비긴의 선교적 교회론에 대한 평가

　뉴비긴의 신학사상은 매우 광범위하고 다양한 주제를 다루고 있기 때문에 그의 교회론과 선교론만을 따로 떼내어 다루는 것은 일정한 한계를 내포하고 있다고 할 수 있다. 그러나 그의 선교론과 교회론은 그의 사상의 핵심을 담고 있는 영역일 뿐 아니라 그의 모든 사상을 집약하는 이론의 총화이기도 하다. 필자는 이 책의 주제와의 관련성 속에서 주로 그의 선교적 교회론의 뼈대와 핵심 요소를 요약하여 뉴비긴의 주장의 요체가 무엇인지 파악하고자 하였으며, 뉴비긴의 철학적 인식론, 신학방법론 등에 대해서는 별도로 분석하지 않았으며, 공적 복음에 대한 그의 공공신학적 통찰, 그의 문화 신학, 종교다원주의를 둘러싼 그의 입장에 대해서도 고찰하지 않았다. 뉴비긴의 사상과 그의 선교적 교회론을 객관적으로 평가하기 위해서는 보다 엄밀한 연구가 필요하다. 단지 그의 주장들을 요약하고 진술하는 그 이상의 정보에 대한 분석과 평가가 필요하다. 이를 위해서는 그의 삶과 실천을 이끌어낸 역사적 상황에 대한 평가와 그가 이론을 전개함에 있어서 근거로 삼는 성경적 신학적 기초에 대해 파악하여야 한다. 여기서는 뉴비긴의 신학의 세 가지 기초 즉 상황적 기초, 성서적 기초, 신학적 기초를 분석함으로써 그의 선교적 교회론을 평가하고 그의 사상이 오늘날 교회에 던져준 의미있는 도전들을 요약하고자 한다.

1. 상황적 배경

　뉴비긴의 신학은 진공 상태 가운데서 탄생한 신학이 아니다. 그의 신학은 그가 선교사로서 그리고 학자로서 살아간 20세기 세계 기독교의 특수한 역사적 정황에서 형성된 이론이다. 그의 신학은 개인의 이론적 관심에 따른 탐구의 결과로 도출된 것이 아니라 복음에 대한 그의 선교적 열정과 교회에 대한 그의 애정에 기반하여 서구 교회가 직면한 상황을 진단하고 극복하려는 실천적 모색의 과정에서 이루어진 것이다. 그러므로 뉴비긴이 그의 교회론을 논하게 된 그 상황적 배경을 이해할 때 그의 선교적 교회론을 보다 종합적으로 이해될 수 있을 것이다.

뉴비긴은 『교회란 무엇인가』에서 당시 교회가 처하는 상황적 배경을 세 가지로 요약하였다. 먼저, 서구 중심의 기독교 세계가 붕괴되면서 지난 천 년간 당연하게 받아들여졌던 복음과 문화의 통합이 와해되면서 서구 사람들이 더 이상 자신을 그리스도의 몸의 일부로 당연시 하는 개념이 사라지게 된 형편이다.[124] 즉 오랫동안 동일시되었던 복음과 서구 문화를 구분하게 되었으며 서구 사회는 또 하나의 변형된 비기독교 사회로서 일종의 선교지처럼 변해버린 상황이다. 아울러 비서구사회에서는 전통적인 부락 공동체의 유대관계가 와해되고 범세계적인 도시화 현상을 통해 사람들은 공동체와 단절된 개체로 파편화되어 갔다. 둘째는, 비기독교 사회의 선교를 둘러싼 상황이다. 두 차례의 세계대전을 지나고 광범위한 식민지들이 독립을 하게 되면서 과거 제국주의적 선교방식은 위기에 봉착하게 되었다. 서구 사회에 속하지 않은 비기독교 사회의 문화와 종교를 접하게 되면서 예수 그리스도의 복음을 그들의 문화 속에 어떻게 전달하여야 하는가 하는 선교 방법과 복음의 번역 문제가 대두되었다. 아울러 여러 교파와 파벌로 분열된 교회의 모습으로 선교 현장에서 절실한 한계를 경험하게 되면서 효과적인 기독교적 증언과 교회의 본질

회복을 위한 연합의 필요성에 대한 자각이 높아진 상황이다.[125] 셋째로, 에큐메니칼 운동이라는 교회 내적 상황이다. 20세기 중반 에큐메니칼 운동이 제기한 교회 연합활동으로 교회론에 대한 관심이 높아지고 이들이 가시적인 교회의 연합을 위한 구체적인 노력으로 가톨릭 교회와의 대화를 시도하면서 겪게 되는 기독교 내부의 상황들이다. 뉴비긴이 언급하는 이 세 가지 상황들은 상호 밀접하게 맞물려 있는 것들이지만 이들 상황을 포괄하는 결정적인 요인은 다름 아닌 그간 견고하게 유지되어온 것으로 보였던 서구 중심의 기독교 세계(Christendom)의 붕괴 상황이라고 할 수 있다. 이는 2차 세계대전이 끝나고 세계질서가 재편되는 20세기 중반의 세계사적 흐름과도 밀접한 현상이다. 윌버트 쉥크(Willbert R. Shenk)는 뉴비긴의 사상을 기독교 세계의 폐허와 새롭게 등장하는 포스트모던 세계 속에서 정체성을 찾고 대안을 찾아야 하는 교회에 적합한 도전이라고 평가하였다.[126]

이러한 외적 상황에서 뉴비긴 20세기 서구 기독교가 직면하게 된 내적 변화의 흐름에서 자신의 신학 사상 특히 선교론과 교회론적 이상을 정리하였던 것이다. 그러므로 뉴비긴의 선교적 교회론은 서구 교회의 위기를 반영하고 있으며, 그의 이론은 그러한 위기를 극복하려는 대안적 노력이었다고 볼 수 있다. 특히 뉴비긴이 인도에서의 오랜 사역을 마치고 서구세계로 돌아왔을 때 그가 발견한 그의 고향 영국땅은 외국의 선교지와 같은 사회로 변해있었고, 영국에서의 사역은 마치 이교도 지역과 같은 힘든 지역으로 느껴졌다. 이는 뉴비긴 개인의 문화적인 부적응의 문제가 아니라 서구 교회가 직면하였던 서구 사회의 문화적 격변을 반영한다. 뉴비긴은 이러한 위기의식에서 출발하여 문제의 본질을 추적하고 해법을 모색하여 서구 그리스도인들을 위하여 기독교 신앙을 변증하는 글들을 쓰며 인생의 후반기를 불태웠던 것이다.127)

이처럼 뉴비긴의 주관심은 기독교 세계 특히 서구 교회에 있었다. 그는 서구 교회가 직면하게 된 역사적 문화적 컨텍스트 속에서 그리스도의 복음을 효과적으로 증언하기 위하여 여러 책들을 펴내었고 그의 신학적 작업을 발전시키기에 이른다. 마이클 고힌은 이러한 상황에서 복음을 해방하기 위해 뉴비긴은 네 가지 작업을 수행하였다고 보았다.128) 그 첫째는 문화적 작업으로서 서구 문화에 대한 선교학적 분석을 통하여 서구 문화의 핵심에 있는 종교적 신념을 해부하는 작업이었다. 둘째는 복음의 본질을 규명하는 신학적 작업으로서 뉴비긴이 내린 결론은 복음은 공적인 진리라는 것이다. 공적 진리로서의 복음은 모든 사람에게 그리고 삶의 전 영역에 걸쳐 적용되는 진리로서 교회는 이 복음을 "만인에게 진리로 선포해야 하고, 사회적 문화적 삶의 전 영역에 그것을 적용해야" 129) 하는 것이다. 셋째는 교회론적 작업이다. 교회는 예수 그리스도의 보내심을 받은 증인된 공동체로서 선교는 교회의 여러 사명 중의 하나가 아니라 교회의 정체성을 규정짓는 본질이라는 것이다. 마지막 넷째로 뉴비긴은 인식론적 작업을 통하여 서구 문화의 궁극적 신념이 되고 있는 이성은 진리를 규정하는 절대적 잣대가 아니라 일종의 하나님이 허락하신 피조물로서 복음의 빛에 비추어 세상을 이해하는 제한적 도구적 기능을 가지고 있다는 것이다.

뉴비긴의 인도선교사로서의 경험, 에큐메니칼운동의 지도자로서의 활동의 경험, 선교사 은퇴 후 직면한 위기감은 그의 인식의 지평에 영향을 미쳤다. 그는 자신이 살아갔던 20세기 시대 상황 속에서 시대적 현안과 시대정신, 그리고 교회와 선교를 둘러싼 핵심 의제를 정확하게 파악하고 능동적으로 반응하며 선교적 실천적 해법을 추진한 학자였던 것이다. 특히 그의 생애 후반기에 강조하는 바 선교적 교회론의 기본 관심은 제3세계 선교지가 아니라 서구 사회였다는 점은 매우 중요하다. 그의 선교적 교회론은 그가 장기간 몸담았던 선교지를 위한 특수한 선교 전략이 아니라, 붕괴되어가는 서구 기독교 세계에서 복음의 증언을 위한 선교 사상이라고 할 수 있다.

2. 성서적 기초

뉴비긴의 저술들을 전체적으로 살펴보면 그가 자신의 이론을 줄곧 성경의 진술에 의존하여 전개하고 있다는 사실을 발견할 수 있다. 특히 그의 교회론과 선교론을 다룬 글들을 면밀하게 살펴보면 그는 이론신학자나 신학사상가라기보다는 성서신학자요 설교자에 가깝다는 인상을 받게 된다. 물론 강단에서 가르친 후기의 저술들은 매우 예리한 학문적 식견과 분석력을 드러내기도 하지만 그의 저술들을 살펴보면 자신의 대부분의 주장을 성경의 진리에 근거하여 진술하고 있다는 사실을 알 수 있다. 케네스 D. 고든(Kenneth D. Gordon)은 뉴비긴의 저술들을 살펴보면 그는 성경의 중요성에 대해 분명한 확신을 가진 자이며, 그는 교회의 삶과 선교와 관련하여 적절한 성경적 근거에 바탕을 두고 호소하려고 노력하였다고 평가하였다.[130]

그는 근본주의자가 아니었으며 사실 그는 전형적인 자유주의자로 시작하였다. 그러나 그는 점차 바른 길을 걷게 되었으며 의도적으로 자신의 사고와 설교와 실천에서 성경적이 되고자 노력하였다.[131]

뉴비긴은 언제나 성경에 근거하여 자신의 신학을 전개하였고 성경 본문을 인용하고 해설하면서 자신의 주장을 뒷받침하였다. 그가 한결같이 성경의 언어로 자신의 주장을 피력하였다는 점에서 그의 선교적 교회론은 성경적 기초에 기반하고 있다. 뉴비긴은 하나님의 계시로서의 성경의 권위에 대한 전통적 입장을 표방하였다. 그는 하나님의 계시에 근거하지 않는 일련의 신학방법론과 비평적 연구에 대해 비판한다. 즉 그는 지난 200년간 성경에 대한 비평적 연구가 하나님의 계시로부터 출발하는 것이 아니라 계몽의주의적 사상의 틀을 바탕으로 어떤 사실들에 대한 관찰과 분석으로 법칙을 규명함으로써 설명하려고 하였다고 보았다.[132] 성경의 진리에 대한 뉴비긴의 이러한 태도는 성경에 대한 강조와 성경신학적 접근법으로 자신의 신학 사상을 전개하는 기초가 되었다.

선교사이자 목회자로서의 뉴비긴

뉴비긴의 사상과 주장이 한결같이 성경에 기초하고 있는 것은 그의 회심체험을 비롯하여 복음을 위한 현장 사역자로서의 정체성과 밀접하다. 회심 체험을 한 이래 뉴비긴은 성경에 충실한 그리스도인으로 살았다. 특히 그는 선교사역을 위해 인도로 떠나기 전에 캠브리지로 돌아와서 웨스트민스터 대학(Westminster College)에서 3년간 신학을 공부하였다. 그 기간 동안 그는 SCM에서 간사로 일하면서 가졌던 수많은 의문과 질문들을 해결하려고 노력하였다. 특히 그는 자신이 무엇을 믿을 수 있는

지 그 내용을 알고자 하였다.[133] 그는 로마서가 복음을 가장 완전하고 간명하게 기술한 책이라 판단하고 수개월에 걸쳐 여섯 종류의 주석을 참고하고 헬라어 텍스트를 붙잡고 로마서와 씨름하였다. 그는 이렇게 고백한다.

> 그것이 내 신학 여정의 전환점이 되었다. 처음에는 전형적인 자유주의자로 공부를 시작했다가 끝날 때에는 '종결된 그리스도의 사역과 함께 갈보리에서 성취된 속죄의 중심성과 객관성에 대해 강한 확신을 가지게 되었다.[134]

로마서 공부가 끝났을 때에는 그는 자신이 자유주의자보다 복음주의자에 훨씬 더 가까웠다고 회상한다. 그 이후 그는 복음에 대한 정통적인 이해로부터 벗어나지 않았고 복음의 증언과 성경공부에 힘쓰며 선교적 삶을 살았다. 뉴비긴은 신학교를 졸업한 후 인도의 선교지로 파송되어 선교사로 활동하였다. 뉴비긴의 첫 번째 정체성은 인도라는 타문화권에 파송된 선교사였다. 다양한 종교가 뒤섞여 있는 인도에서 그는 현지어로 설교하고 가르치며 복음을 전하는 선교사로 활동하였다. 그는 인생의 가장 중요한 시기를 인도 선교사로 보냈다. 그는 인도에서 인도인들로 구성된 교회에서 사역을 하였으며, 인도교회의 연합에 주도적인 역할을 하였다. 뉴비긴은 영국에 돌아와서도 인도에서와 마찬가지로 선교사로 살았다. 세속사회이자 다원주의 사회로 변모된 영국과 서구사회에서 그는 한결같이 기독교 신앙의 타당성을 변증하며 복음을 증거하였다. 뉴비긴은 영국과 서구사회를 선교의 현장으로 삼고 다시 이곳에 필요한 선교론과 전략을 세우며 이를 실천하였다. 그의 선교적 안목과 복음과 문화의 관계에 대해 폭넓게 해부하는 식견은 그의 이러한 선교사적 경험과 무관하지 않다. 그리고 뉴비긴의 두 번째 정체성은 교회 현장에서 영혼을 돌보는 목회자였다. 그는 선교 현장에서 다양한 종교적 교파적 배경을 지닌 인도인들을 대상으로 복음을 전하고 목회 사역을 하였으며, 남인도교회를 창설하고 상당한 기간 교회의 지도자로서 또한 주교(bishop)로 사역을 하였다. 그리고 영국에 돌아와서도 목회적 삶을 살았다. 그의 또 하나의 정체성은 에큐메니칼 운동의 지도자로 활동한 것이다. 비록 5년이라는 짧은 기간이지만 세계 교회의 흐름과 신학적 이슈를 가장 근접하여 접하고 그 담론에 참여할 수 있는 위치에 있었다. 이와 같이 그는 학자가 아니라 활동가로서의 삶을 살았다. 그리고 뉴비긴의 중요한 정체성 중 하나는 그가 탁월한 선교신학자라는 것이다. 그의 수많은 연구와 저술들은 현대 선교신학과 교회론의 발전에 큰 영향을 미쳤다. 그는 선교이론가이자 전략가이기도 하였다. 하지만 그가 책상머리에서 연구하고 강단에서 강의하는 강단의 학자가 아니었다. 윌버트 쉥크는 뉴비긴의 신학적 특징을 "그는 달리면서 말하고 글을 썼다"는 말로 표현하였다.135) 그는 질주하는 활동 가운데 연구한 실천적 이론가요 이론적 연구와 전략의 중요성을 인식한 이론적 활동가였다. 그러므로 뉴비긴을 선교학자(Missiological Theologian)라기보다 '선교사 신학자'(Missionary Theologian)로 보는 것이 보다 적절할 것이다.136)

제프리 웨인라이트(Geoffrey Wainwright)는 뉴비긴의 신학적 생애를 연구한 그의 책 서문에서 뉴비긴을 지칭하기를 "확신있는 신자(the Confident Believer), 전도자(the Direct Evangelist), 에큐메니칼 대변자(the Ecumenical Advocate), 목회적 주교(the Pastoral Bishop), 선교전략가(Missionary Strategist), 종교적 대화자(the Religious Interocutor), 사회적 비저너리(the Social Visionary), 예전적 설교자(the Liturgical Preacher), 성경 교사(the Scriptural Teacher), 기독교 변증가(the Christian Apologist)로 표현한 바 있다.[137] 뉴비긴에 대한 이러한 다양한 찬사는 그의 정체성과 사상 및 폭넓은 영향력을 잘 보여주고 있다. 그러나 엄밀하게 평가하자면 그에 대한 이러한 설명 가운데 '신자, 전도자, 예전적 설교자, 성경교사'라는 요소들이 뉴비긴의 진정한 뿌리를 잘 드러내고 있다고 할 수 있다. 뉴비긴의 신학사상 전체와 그의 선교적 교회론의 바탕이 되는 진정한 배경은 그가 진정한 그리스도인이자 선교사이자 목회자였다는 데 있다. 이것이 그가 확신에 찬 신앙고백적 태도로 하나님의 계시로서의 성경, 하나님의 계시로서의 복음을 언급하면서 그의 신학적 진술을 전개한 기반이 된 것이다.

성서신학적 접근

뉴비긴은 하나님의 계시 즉 성경을 통한 계시를 강조하고 이에 대한 분명한 확신을 가졌다. 그는 자연신학에 근거하여 하나님을 아는 지식에 확신을 더할 수 있다는 주장에 대한 분명한 반대 입장을 표명한 바 있다.

설사 우리가 계시를 하나님에 관한 지식 전달로 생각한다 하더라도 우리는 자연신학의 도움을 받아 이 지식에 확신을 더할 수 있다는 주장을 거부해야 한다. 한 가지 분명한 점은 자연신학이 그 존재를 증명한다고 주장하는 그 '신'은 성경이 제시하는 성품을 지닌 하나님이 아니

고 우리 주 예수 그리스도의 아버지 하나님도 아니며, 삼위일체 하나
님(the Blessed Trinity)도 아니기 때문이다.138)

이와 같이 그는 성경적 근거를 모든 신앙적 신학적 판단의 최종적인 근거로 삼는다. 뉴비긴은 그의 선교적 교회론을 전개함에 있어서도 자신의 핵심적인 주장을 뒷받침하는 논거로서 언제나 성경 본문을 인용하면서 성경적 근거를 제시한다. 그는 교회사 속에서 탁월한 신학이론을 전개한 초기 기독교의 교부들의 이론이나 종교개혁가들의 신학, 그리고 현대의 여러 신학자들의 주장에 기반하여 자신의 주장을 제시하기보다 자신이 제기하는 바 주제와 관련된 신구약 성경의 본문을 인용하고 해설하는 일에 우선적인 관심을 보인다. 즉 그는 신학적 토론이나 논쟁의 방식으로 자신의 주장을 전개하기보다 주로 명백하게 표현된 성경의 진술을 자신의 논거로 삼는다. 물론 날카로운 신학적 논박과 토론방식으로 전개되는 부분들로 있지만, 대체로 자신이 제기하는 주제를 입증하는 성경 본문을 소개하고 풀이하고 설명하는 방식으로 자신의 선교론과 교회론을 전개한다.

뉴비긴의 저술을 면밀히 살펴보면 그는 시종일관 성경을 인용하여 자신의 주장을 전개한다. 먼저 『교회란 무엇인가』에서 그는 서론을 제외한 모든 장(chapter)의 시작을 '성경적 기초'를 다룸으로써 시작한다. 먼저 성경적 기초를 충분히 다루어 그의 논거를 뒷받침하고 이어서 그 주제들에 대한 비판적 논평이나 경험적 논증을 제시하는 방법으로 자신의 교회론을 전개하고 있다.139) 『오픈 시크릿』도 마찬가지이다. 그는 자신의 선교론의 핵심부를 이루는 3-6장의 삼위일체 하나님의 선교를 다루는 부

분에서 방대한 성경적 사례를 요약함으로써 삼위 하나님의 존재와 활동을 정리한다. 그 이외의 주제들에 대해서도 성경적 논거를 제시함으로써 자신의 선교론을 언급하고 있음을 알 수 있다. 그리고 그의 핵심사상과 관련하여 대부분의 자기 주장을 성경 귀절을 직접 인용하여 논증하고 있음을 알 수 있다. 뉴비긴이 성서신학자가 아닌 것은 분명하지만 그는 성서신학적 소양이 견고한 성경교사이자 신학자인 것은 분명하다. 물론 뉴비긴이 인용하는 성경 본문의 선택하고 해석하는 방식에 있어서 어떤 신학적인 전제나 경향성이 없을 수는 없다. 그러나 그는 일관되게 성서신학적 방법으로 자신의 논거를 제시하고 있다는 사실을 유념할 필요가 있다.

선교적 관점에서 전개하는 성경 강해

뉴비긴이 성경을 읽는 방식은 선교적이다. 그는 선교사의 시각으로 성경을 독해하였으며 성경의 진리가 선교의 궁극적 원리들을 제시할 할 뿐 아니라 온갖 선교적 과제를 해결하는 열쇠라고 확신하였다. 뉴비긴의 『요한복음 강해』는 요한복음 전체 본문에 대한 성경강해서로서 선교적 관점의 성경 읽기방식이 그대로 반영되어 있다. 이 강해에는 그의 선교론과 교회론의 핵심적인 주장이 녹아져 있을 뿐 아니라 요한복음서를 신선한 시각에서 통전적으로 바라볼 수 있도록 눈을 열어준다. 즉 그의 『요한복음 강해』는 선교사의 시각에서 본 제4복음서에서 대한 해설서이자 주석서이다. 그 책에서 그의 선교적 교회론의 성경적 기초가 명확하게 드러나고 성경에 입각한 그의 신학 방법론이 선명하게 드러난다.

3. 신학적 기초

삼위일체 신학

뉴비긴의 선교적 교회론은 삼위일체 모델의 구조로 이루어져 있다. 그의 교회론도 삼위일체 모델로 되어 있고, 그의 선교론 역시 삼위일체론적 바탕 위에 세워져있다. 그의 교회론 속에는 선교사상이 내포되어 있고, 그의 선교론 안에는 그의 교회론이 담겨 있으므로 그의 이론은 삼위일체론적 관점에서 관통되고 있다고 할 수 있다. 뉴비긴의 선교적 교회론의 맹아는 1950년대 초반부터 선교에 대한 삼위일체적 이해를 중심으로 전개되었다.[140] 삼위일체 하나님과 교회를 연결하여 이해하는 것은 새삼 새로운 것은 아니다. 역사적으로 삼위일체와 교회의 관계에 대한 신약성경의 기록과 증언은 교회사 속에서 교회론적 전통을 형성해왔기 때문이다.[141] 뉴비긴은 이러한 맥락에서 삼위일체론적으로 자신의 교회론을 전개하였다고 볼 수 있다. 하워드 A. 스나이더 역시 삼위일체론적 관점에서 교회의 본질을 이해하고 규명하였다. 그는 교회의 존재와 모든 사역은 삼위일체 하나님에 근거한다고 주장하면서 다음과 같이 언급한다. "교회는 본질적으로 선교와 운동의 공동체이다. 이것은 삼위일체로서 하나님의 본성과 그분이 자신을 세상에 보이시는 방식으로 인해 나타난다."[142]

뉴비긴은 성부 하나님, 성자 하나님, 성령 하나님을 주어로, 그리고 그분들의 술어로 자신의 선교론을 요약한다. 뉴비긴은 선교를 정의할 때 교회나 어떤 조직체를 주어로 하여 묘사하지 않고 한결같이 성부와 성자와 성령의 활동으로 묘사한다. 그의 선교론은 한마디로 '삼위일체 하나님의 선교'이다. 이는 1) 아버지의 나라를 선포하는 것으로서의 선교, 2) 아들의 삶에 동참하는 것으로서의 선교, 3) 성령의 증언을 전달하는 것으로서의 선교이다. 삼위일체 하나님의 선교, 이는 뉴비긴의 선교 개념의 기본 모델이라고 할 수 있다. 그는 교회의 선교를 이해하려면, 아니 바르게 이해하기 위해서는 반드시 삼위일체의 모델로 조망해야 한다고 말한다.143) 그는 삼위 하나님의 활동으로 선교를 설명하면서 다음과 같이 말한다.

> 성부 하나님은 만물을 자기 손에 붙들고 계시고, 섭리로 모든 것을 지탱하시며, 자기를 인정하는 곳이든 부인하는 곳이든 그 자비로운 손길을 어디에나 드리우시고, 각 사람의 마음과 양심과 이성에 증거를 남겨 놓지 않은 적이 없으신 그런 분이다. 성자의 성육신을 통하여 자신의 본성과 목적을 완전히 알리신 분, 곧 예수 안에 "하나님의 모든 충만함을 머무르게 하시기를 기뻐하신 분이다(골1:19)……교회에서도 예수의 선교는 베일에 가려진 상태에서 계속된다. 그 일을 계속하시는 분은 하나님의 통치를 미리 맛보게 하시는 성령이다.144)

뉴비긴은 선교론과 교회론을 언급하는 문맥에서 줄곧 삼위일체 모델로 자신의 논거를 제시하고 있음을 알 수 있다. 뉴비긴은 교회의 선교적 본질과 사명을 언급할 때에도 예외없이 삼위일체 하나님의 사역으로 설명한다.

교회는 선교의 일꾼이기보다 오히려 선교의 장소다. 성령의 능력으로 행하고, 권능의 사역을 수행하고, 새 시대의 징조를 창조하고, 사람들의 마음속에 은밀히 역사하여서 그들을 그리스도께로 인도하는 분은 바로 하나님이시다.[145]

삼위일체론은 1-4세기 고대 기독교 신학의 중심적 과제였으며, 전통적 신앙고백은 그리스도의 신성과 인성에 대한 고백을 중심으로 한 삼위일체 신학의 기반 위에 서있다. 뉴비긴은 그의 책 『변화하는 세상 가운데 살아숨쉬는 소망』에서 아타나시우스에 의해 정립된 삼위일체론에 대해 언급하면서 삼위일체에 대한 자신의 이해를 설명한다. 그는 삼위일체를 "눈에 보이지 않는 영적인 세계와 모든 것을 하나로 묶는 영적이고 보편적인 원칙인 로고스가 역사의 한 부분이며 우리가 보고 만지고 느낄 수 있는 존재로서 인간 예수 그리스도의 모습으로 나타난 것"으로 이해한다.[146] 뉴비긴은 삼위일체론이 만물을 물질세계와 정신세계를 구분하여 이해하는 고대의 이분법을 극복하고 새로운 '타당성 구조'를 창조하였다고 보았다.[147] 이는 성육신을 통하여 하나님이 인간의 육체를 취하셨기 때문이다. 즉 뉴비긴에게 있어 삼위일체론은 기독교 교의에 머무르는 것이 아니라 진리를 인식하는 세계관과 인식론의 틀을 바꾸는 대전환을 의미한다. 특히 그는 삼위일체 하나님의 하나된 관계, 즉 삼위의 상호 연합에서 사랑의 공동체의 원리를 발견한다. 뉴비긴은 삼위 하나님은 성령의 하나 되게 하심으로 아버지와 아들이 함께 한 사랑의 공동체이심을 깨닫고 "삼위일체의 생명 안에 있는 기쁨과 사랑의 공동체야말로 만물이 창조되기 전부터 존재했던 것이다"고 말한다.[148] 즉 그는 공동체의 연합과 사랑의 정신을 삼위일체 하나님의 하나되심과 사랑 안에서 발견하였다.

뉴비긴에게 있어 진리는 하나님의 삼위일체적 본성에 대한 이해에 기초하고 있으며 이러한 기초 위에서 비로소 복음을 증언할 수 있다고 보았다. 뉴비긴은 자신의 선교론을 삼위일체론의 원리와 구도에 따라 정립한다. 그는 뉴델리 선교대회 이후 삼위일체적 교리에 따라 선교론을 정립하였다. 그는 오직 삼위일체적인 교리만이 적절한 선교학을 정립하도록 할 수 있으리라는 확신 가운데 교회 안에서의 그리스도의 사역을 성령 하나님의 활동 안에서 하나님 아버지의 섭리의 맥락에서 설명하고자 하였다.149) 그에게 있어 삼위일체는 단순한 신앙고백적 교리의 차원에 머무르는 것이 아니라 자신의 교회론과 선교론을 꿰뚫는 신학과 실천의 근본 기반이자 통합 원리였던 것이다. 뉴비긴은 삼위일체 교리를 교리적 차원에서 '하나와 다수' 사이, 즉 '한 분과 삼위' 사이의 관계를 규명하는 조직신학적 접근에는 전혀 관심이 없었다. 오로지 삼위일체 하나님의 술어로 선교를 정의하고 설명하며, 삼위일체론적으로 자신의 신학적 주장들을 전개하였다. 즉 그의 삼위일체론은 사변적이라기 보다 실천적인 성격이 강하였다고 할 수 있다. 뉴비긴은 삼위일체 하나님에 대한 믿음은 우리의 신앙의 근본적인 기초일 뿐 아니라 예배와 실천에도 중요한 기초가 된다고 주장한다. "삼위일체 교리는 우리의 예배에 있어서도 중요한 의미를 지닌다. 성령의 능력 안에서 아들을 통해 아버지께 드리는 예배만이 진정한 예배이다."150) 이와같이 그는 언제나 삼위일체 교리에 기초하여 자신의 신학을 전개하였는데 이는 단지 선교론이나 교회론에만 머무르지 않음을 보여준다.

뉴비긴은 종교다원주의 논쟁과 관련된 주제를 다루면서도 삼위일체 교리에 따른 대화모델을 제시한다. 그는 그리스도인들이 그리스도를 증언하기 위해 비그리스도인들과 대화를 하여야 한다고 주장하였다.[151] 뉴비긴이 말하는 대화의 대상은 타종교가 아니라 타종교에 속한 비그리스도인이다. 그는 이러한 선교적 대화를 통해 교회와 세상이 변하며 그리스도께서 영광을 받으신다고 확신하였다. 뉴비긴이 말하는 대화의 기본 원리는 삼위일체 모델이다. 그는 먼저 성부 하나님의 창조와 보편적 사랑에 입각하여 대화하여야 한다고 보았다. 즉 타종교인들도 창조주 하나님에 의해 창조된 존재이자 하나님의 자비로 살고 있으며, 하나님은 그들에게도 동일한 축복을 주시기 원하신다는 것을 믿고서 대화하여야 한다는 것이다.[152] 둘째는, 우리가 성자 예수 그리스도에게 속한 자로서 대화하여야 한다고 주장한다. 즉 우리는 교회 즉 그리스도의 몸에 붙은 지체로서 대화에 참여하여야 하며, 교회는 예수 그리스도의 사명을 이어가도록 세상에 보냄을 받은 공동체라는 것이다.[153] 셋째는, 성령 하나님의 능력으로 상대방을 회심시키실 것을 믿고 기대하며 대화하여야 한다는 것이다.[154] 뉴비긴이 취하는 포용주의적 대화의 노선에 대한 평가와 무관하게 그가 삼위일체 교리의 원리로 대화의 원리를 설명하고 있다는 점은 앞서 언급한 그의 삼위일체론적 관점과 일맥상통하는 것이다. 한마디로 뉴비긴의 신학과 실천은 삼위일체론적 모델에 따른 것이라고 할 수 있다.

그리스도 중심의 신학

뉴비긴의 선교적 교회론은 기독론 중심의 신학의 특성을 지니고 있다. 뉴비긴은 예수 그리스도에 대한 확고한 신앙에 기반한 복음이해를 가지고 있다. 그는 하나님의 계시에 대한 철저한 확신에 기초하여 자신의 신학을 전개하였다. 그는 궁극적인 진리는 예수 그리스도 안에 있는 하나님의 계시로부터 출발한다고 보았다.155) 이는 인간의 삶을 위한 새로운 비전이자 구원의 희망이다. 뉴비긴은 예수 그리스도 안에 있는 하나님의 계시를 진리 인식의 척도요 방법론으로 받아들이고 자신의 신학을 전개하였다. 그런 측면에서 그의 이론은 그리스도 중심적이다. 뉴비긴은 역사적 예수와 신앙의 그리스도를 구분하지 않는다. 뉴비긴은 자유주의 신학이 풍미하던 시대에 신학을 공부하고 에큐메니칼 진영에서 활동하였으며, 20세기 초반을 강타하였던 역사적 예수 논쟁의 흐름을 직접 접하였던 사람이다. 그럼에도 불구하고 그는 예수 그리스도의 복음에 대한 확고한 신학적 입장을 견지한다. 뉴비긴은 신학자의 세계에서 벌어졌던 역사적 예수 논쟁은 그릇된 가설에서 출발하였으며 이는 합리주의 시대의 산물로 보았다. 그리고 역사적 예수와 그리스도를 구분하지 않고 그리스도의 유일성에 대해 천명한다.

> 예수는 한 분 밖에 없다. 우리가 신약성경에서 읽는 그 인물이다. 역사상의 예수라고 불리는 인물은 기독교 신앙이 아닌 다른 신앙의 관점에서 바라본 예수일 뿐이다. 말하자면, 계몽주의적 합리주의의 관점에서 조망한 예수라는 뜻이다. 역사상의 유일한 예수는 신앙의 그리스도이기도 하다. 그분만이 유일한 주님이지 다른 주님은 없다.156)

뉴비긴은 말하는 바 복음은 예수 그리스도의 복음이다. 이는 예수 그리스도가 선포한 하나님 나라의 복음이자 그리스도께서 처형당하신 십자가와 부활을 통해 이루어지는 구원의 복음이다. 뉴비긴은 하나님의 구원을 사회구원론으로 설명하지 않는다. 그는 믿음으로 그리스도의 몸으로 영입되는 신자들을 통하여 구성되는 교회 공동체가 곧 하나님의 나라의 맛보기이자 표징이라고 보았다. 즉 그는 개인구원론이나 사회구원론의 도식을 전혀 따르지 않으면서, 그리스도의 몸으로 영입되는 가시적 연합의 차원에서 믿음과 구원을 설명하고 있다. 즉 그는 사람들이 복음을 듣고 믿음으로써, 그리고 성례에 참여함으로써, 그리고 성령을 받고 그 안에 거함으로써 그리스도께 영입된다는 통전적 견해를 제시하였다.[157] 삼위일체 하나님의 사역으로 회심한 사람은 그리스도의 몸인 교회로 영입됨으로써 교회의 지체로서 하나님의 백성이 된다. 그리스도의 몸을 강조한다는 점은 그의 삼위일체론적 신학의 항상적인 귀결이다. 그런 점에서 뉴비긴의 신학의 삼위일체론 모델은 그리스도 중심적이라 할 수 있다. 또한 그가 말하는 구원은 그리스도 중심의 구원론이요 그가 말하는 선교 역시 그리스도 중심의 선교라고 할 수 있다.

뉴비긴의 교회론 역시 그리스도 중심적 특징을 지니고 있다. 뉴비긴이 말하는 교회는 그리스도 안에서 이 세상에서 부름받아 만민과 만물을 그리스도 안에서 구원하고 회복시키기 위해 세상으로 보냄을 받아 성령의 능력으로 복음을 증언하는 하나님의 백성의 공동체를 말한다. 뉴비긴이 말하는 선교란 예수 그리스도께서 '모든 이의 주' 요 '만유의 주' 라고 선포하는 삶의 증언이다. 특히 그의 교회론과 교회연합에 대한 이론은 철저하게 그리스도의 몸으로서의 교회라는 관점에 기초하고 있다. 뉴비긴이 그의 교회론의 결론적 과제로 교회의 연합의 당위성을 설명할 때 그는 삼위일체 하나님의 연합과 하나됨이라는 비유적 상징을 근거로 사용하기보다 그리스도의 몸으로서의 교회의 특성을 강조한다. 즉 연합의 논거를 머리되신 그리스도의 몸으로서의 하나됨에 기반하며 논지를 전개하고 있다. 이는 그리스도인들이 머리이신 그리스도와 연합함으로 교회를 이루며, 교회의 일치와 연합 역시 그리스도 안에서 머리이신 그리스도를 중심으로 이루어지기 때문이다. 즉 삼위일체가 내포하는 연합의 원리에는 수평성의 차원이 주로 부각되지만, 그리스도의 몸으로서의 연합은 그리스도 중심성이 분명히 드러나면서도 연합의 수직적 차원과 수평적 차원에 통합되는 유기성이 보다 선명하다고 할 수 있다. 뉴비긴은 교회를 그리스도의 몸으로 비유함으로써 그리스도 중심성을 고백하며 교회가 연합하여야 할 당위적 명령을 강조한다.

에큐메니칼 선교신학

뉴비긴의 선교적 교회론은 20세기 중반 태동된 에큐메니칼 운동과의 관련성 속에서 형성된 것이다. 그는 국제선교협의회(IMC)를 중심으로 한 에큐메니칼 운동의 지도자로서 당시 새로운 교회운동이자 선교 모델로 급속히 확산된 '하나님의 선교' 선교신학과 밀접한 관련을 가졌다. 이 선교론은 선교를 위한 교회의 연합의 필요성을 강조하는 특징이 있다. 뉴비긴은 1958년 가나의 아키모타에서 열린 국제선교협의회(IMC) 총회 이후 그 회의에서 합의된 내용을 다음과 같이 요약한 바 있다.[158] 첫째, '교회는 선교이다'는 것이다. 즉 교회는 선교적 본질을 지니고 있으며 교회와 선교는 불가분리적 관계라는 것이다. 둘째, '선교본부는 모든 곳에 있다'는 관점이다. 모든 기독교 공동체가 선교적 상황 속에 있다는 것이다. 셋째, '선교적 협력'이다. 모든 교회는 선교를 위해 연합하여야 하며, 한 교회가 다른 교회를 향해 부가하는 모든 형태의 간섭과 지배는 종식되야 한다는 것이다. 이렇게 교회와 선교의 관계에 대한 담론이 전개되는 과정에서 뉴비긴은 자신의 교회론을 담은 『교회란 무엇인가』를 저술하여 교회 연합의 중요성을 강조하였다고 할 수 있다. 그는 이러한 에큐메니칼 정신에 기반하여 교회의 선교적 연합을 주장한다. 최형근은 뉴비긴의 신학에서 연합의 요소가 차지하는 비중을 다음과 같이 강조한다.

> 뉴비긴의 신학은 교회와 선교 그리고 연합에 뿌리를 두고 있다. 그의 선교 신학은 교회의 신학이자 공적 신학(a public theology)으로, 개신교 구원론의 지나치게 개인화된 접근을 비판적으로 고찰할 근거를 제시한다. 뉴비긴은 교회를 교회 되게 하는 것은 선교이며, 교회를 하나 되게 하는 것도 선교라고 주장한다. 또한 세계 복음화와 교회 연합 운동의 연계성은 복음으로 회귀하는 가장 심오한 특질이며 표지라고 주장한다.[159]

뉴비긴의 신학은 에큐메니칼운동의 형성과정에서 정립이 되고 표현되었다. 그럼에도 불구하고 유념해야할 한 가지 사실은 뉴비긴은 '삼위일체 하나님의 선교'라는 개념을 사용하면서 '하나님의 선교'(Missio Dei) 개념과 일정한 차별성을 나타낸다는 점이다. 즉 뉴비긴은 '미시오 데이'(Missio Dei) 선교론이 내포하고 있는 바 급진적 선교 개념에 대해 분명한 반대와 비판의 입장을 견지한다. 그는 다음과 같이 '미시오 데이'(Missio Dei) 개념의 오용에 대해 비판하기를 주저하지 않는다.

우리의 말과 행위로 하는 선교 사역을 논하기 전에, 무엇보다 먼저 하나님의 사역을 중심으로 생각하는 것이 중요하다. '하나님의 선교'(Missio Dei)라 불리는 이 교리가 때로는 교회와 심지어 예수의 이름까지 회피하는 선교 개념을 지지하는 데 이용되어 왔다는 사실을 나는 알고 있다.160)

큰 틀에서 본다면 '삼위일체 하나님의 선교' 라는 표현은 '하나님의 선교'(Missio Dei)라는 표현과 맥을 같이 한다. 그러나 뉴비긴은 'Missio Dei' 라는 용어를 즐겨 사용하지 않는다. 역사적으로 하나님의 선교(Missio Dei)는 곧 '삼위일체 하나님의 선교' 와 동일한 의미였으며, 뉴비긴의 철학이 '하나님의 선교' 이론이 형성되는 과정에서 정립되었다는 점에서 양자는 분명한 연속성이 있다는 점은 자명하다. 해석하기에 따라 뉴비긴의 '삼위일체 하나님의 선교' 는 일종의 '하나님의 선교' 론의 변형이자 아류라고 규정할 수도 있다. 그러나 뉴비긴은 '삼위일체 하나님의 선교' 라는 표현으로 자신이 이해하는 선교의 본질을 드러내려고 노력했다는 점을 유념할 필요가 있다. 뉴비긴의 신학은 교회의 연합과 일치를 강조한다는 면에서 에큐메니칼적이며, 에큐메니칼 신학과의 연관성 속에서 자신의 신학을 형성하였다. 하지만 뉴비긴이 취하는 선교의 개념과 실천적 행보 등을 종합할 때 에큐메니칼 신학, 특히 '미시오 데이' 선교신학과의 일치성보다는 차이성이, 연속성보다는 단절성을 드러내는 요소 역시 많다는 점을 유념하여야 한다.161)

복음주의적 전도론

뉴비긴의 선교론에서 가장 특징적인 것은 그가 지닌 복음주의적 전도 관점이다. 신학 공부를 마친 뉴비긴은 1936년 5월 스코틀랜드 장로교 총회의 선교사로 파송되어 마드라스 선교부에 배속되었으며, 6월에는 뉴캐슬 노회로부터 설교 자격 즉 강도권을 부여받았으며, 7월 12일 에딘버러 노회에 의해 해외 선교사로 파송받는 안수를 받았다. 인도 선교사로 보냄을 받기 전까지의 뉴비긴의 삶은 다음 몇 가지로 요약할 수 있다.[162] 먼저, 회심 체험을 통하여 복음주의적 믿음의 확신을 품게 되었다는 것이고, 둘째는 선교사로 헌신하기 위한 준비와 훈련 과정으로 신학적 훈련과 로마서를 비롯한 성경에 대한 깊이 있는 학습, 셋째는 당시 시대적 이슈와 현안에 대한 고민과 참여이다. 이 세 가지 레슨은 이후 뉴비긴의 삶 속에서 일관되게 나타나는 세 가지 기본적인 태도들의 근원적 토대가 되었다. 그가 인도의 선교현장과 이후 유럽으로 돌아온 이후에 견지하였던 선교적 삶의 기본적 태도는 이것들과 관련된다. 그는 언제나 복음을 전파하고자 하였으며, 성경을 공부하고 진지한 신학적 성찰을 쉬지 않았으며, 교회가 속한 사회 정치적 현실 속에서 하나님의 정의를 이루는 실천을 모색하였다.

뉴비긴은 언제나 복음을 전파하고 믿지 않는 사람을 회심시켜 구원하게 하는 목회를 중시하였다. 선교사와 목회자로서의 그의 사역은 다름 아닌 복음전도 사역이었으며 그는 회심전도에 대한 일관된 확신을 가지고 자신의 총체적 선교론을 전개한다. 이러한 복음적 태도는 뉴비긴이 인도의 선교지에서나 에큐메니칼 운동의 현장에서나 어디로 가든지 언제나 성경공부를 중심으로 모임을 이끌고 회의를 주관하였다는 사실에서도 명백히 드러난다. 뉴비긴은 자신이 선교행정가가 아니라 복음을 전하는 자로 부르심을 받았음을 언제나 인식하였다. 이렇듯 복음을 전하는 자로서의 확고한 소명의식 위에서 그의 선교 사역과 사회변혁을 위한 실천이 이루어졌던 것이다.

뉴비긴은 칭의(Justification), 즉 '믿음으로 말미암는 의'에 대한 개신교 신앙의 근본을 견지하고 있다. 뉴비긴이 인도의 선교사로 사역하는 기간 동안 타밀 교구의 교회 사역자들을 위해 출판한 평신도 성경공부 교재「죄와 구원」에서 그는 구원에 대한 전통적인 구원론에 입각한 예수 그리스도를 통한 속죄와 칭의의 교의에 기반하여 가르침을 폈다. 그가 이해하는 구원의 복음은 그가 진술한 다음의 표현에서 명확하게 드러난다.

> 그리스도인들이 하나님은 불의한 자를 의롭다고 하는 분이라고 선포하는 것을 유대인들이 듣게 되는 것은 끔찍한 걸림돌이었다. 그러나 이것이 바로 복음의 핵심이다. 예수께서 '나는 의인을 부르러 온 것이 아니라 죄인을 부르러 왔다'고 말씀함으로써 그분 자신이 그것을 표명했다.163)

뉴비긴은 또한 사람이 하나님을 아는 지식에 이르기 위해서는 믿음의 요소가 중요하다고 보았다. 그는 일반은총과 인간의 이성을 강조하는 자연신학의 한계를 지적하면서 다음과 같이 믿음을 강조한다. "자연신학의 유혹은 매우 강력한 것으로 이는 그것이 마치 믿음 하나만을 의지하지 않는 일종의 안전성을 제공하는 것처럼 보이기 때문이다."164) 뉴비긴은 현대성(modernity)의 상황에서 신적 권위와 진리를 증언하는 방법은 합리적 논증이나 설득의 방법이 아니라고 보았다. 즉 그는 하나님을 아는 지식은 믿음을 통하여 가능하기 때문에 합리주의적 설명으로 진리를 논증하고 설득하려는 시도는 성경의 방법이 아니며 효과가 없다고 확신하였다. "하나님을 아는 지식은 오직 믿음으로 말미암는 은혜에 의한 것이다. 하나님을 아는 지식에서 이런 깊은 인격적 요소를 제거하려는 시도, 곧 주관주의의 공포로부터 벗어나려는 시도는 복음과 거리가 먼 완고한 합리주의로 이끈다."165) 그는 예수 그리스도를 통해 하나님을 알 수 있다고 말한다. "우리는 예수님이 아니고는 아버지이신 하나님을 알 수 없다."166) 그는 복음 전파에 있어서 합리적 논증이나 설득의 방법이 아닌 기독교 진리의 객관성에 근거한 접근 태도를 지녀야 한다고 주장한다. "확실히 우리는 복음을 전파할 때 우리가 주장하는 것의 객관성을 붙들어야 한다. 하나님은 데카르트식의 과학적 방법으로 조사할 수 있는 어떤 대상이 아니다."167)

아울러 뉴비긴은 종교다원주의의 문제를 다루면서 포용주의적 입장에서서 자신과 종교다원주의 사이에 분명한 경계선을 긋는다. 뉴비긴은 존 힉과 같은 종교다원주의자들이 '신앙고백형 대화'에서 '진리추구형 대화'로 이동해야 한다고 주장하는 노선을 반대한다. 신앙고백형 대화는 자기 신앙에 대한 확실한 고백적 태도에 입각하여 타종교와 다른 신념들을 상대화하는 입장이고 진리추구형 대화는 각기 다른 방법으로 초월적 존재와 진리를 추구한다는 입장이다. 뉴비긴은 후자의 입장을 가진 자들은 신앙고백적 태도를 가진 자는 진리를 추구하는 자가 아니라는 치우친 전제가 깔려있다고 지적한다.168) 그는 예수 그리스도의 유일성에 대한 자신의 확신을 신앙고백적으로 천명한다. 그는 큰 틀에서 포용주의적 견해를 수용하지만, 그는 스스로 배타주의적이라고 공언한다. 물론 뉴비긴 역시 다른 종교인들과 대화가 필요함을 인정한다. 이러한 선교적 대화의 목적은 예수 그리스도를 증거하기 위한 것이다. "그리스도인들이 대화를 하는 목적은 순종함으로 예수 그리스도의 증인이 되는 것이다."169) 그의 이러한 태도의 근저에는 복음에 대한 확신과 기독교의 전통적 진리에 대한 확고한 신앙고백적 태도가 담겨 있다고 할 수 있다.

아울러 뉴비긴의 선교관점에 있어서도 그는 복음전도의 본질적이고 우선적인 중요성에 대해 강조한다. 그는 하나님의 정의를 위한 활동이 복음전도를 위한 수단이거나 그에 종속되는 것은 아니고 그 자체로서 가치를 지닌다고 말한다. 그러나 복음전도를 통한 회심이 없이는 그러한 사역조차 불가능하게 될 것이라고 보았다.

그가 사회적 정의에 대해 적극적이었다는 점에서 그는 전통적인 복음전파의 선교론에 머물지 않았지만 복음의 전파에 관한한 그는 복음주의적 견해와 동일하게 회심전도의 중요성을 인식하고 실천하는 선교신학자이었다. 그는 전형적인 복음주의자는 아니었지만 그의 전도론은 복음주의적 색채로 가득하다. 적어도 개인의 구원과 복음의 증언을 통한 회심전도에 관한한 그의 사상은 복음주의적 전도신학과 맥을 함께 한다고 할 수 있다.

하나님나라 신학

뉴비긴의 선교적 교회론은 종말론적이다. 뉴비긴에 의하면 교회는 종말론적 공동체로서 하나님의 나라의 희망을 품고 살아가는 공동체이다.

뉴비긴에 의하면 이 땅에서의 교회의 삶은 초자연적인 것으로 이 세상 가운데서 믿음과 소망과 사랑으로 살아가는 삶이다.170) 그리스도인 즉 교회가 지닌 희망은 궁극적으로 예수 그리스도의 오심으로 우리 가운데 '이미'(already) 도래하였으나 '아직'(not yet) 완성되지 아니한 하나님 나라에 대한 소망이다. 뉴비긴은 이러한 종말론적 희망 가운데 살아가는 교회는 하나님의 목적 성취와 하나님의 영광의 계시를 향하여 달려갈 때 소망 가운데 기뻐하면서 땅 끝까지 세상 끝날까지 전진할 수 있다고 보았다.171)

뉴비긴에 의하면, 이 땅에서 육체를 가지고서 '믿음 안에서' 살아가는 이러한 종말론적 희망의 삶은 그리스도 안에서 날마다 자신에 대해 죽음으로써, 그리고 말씀과 성례를 통하여 주님이 다스리시는 일상적인 삶을 통하여 성령에 의해 주어지는 부활의 생명을 받음으로써 가능하다.172) 또한 이러한 종말론적 희망은 하나님의 자비에 전적으로 달려 있다. 그는 그리스도인들이 믿음과 소망과 사랑 가운데서 아직 도래하지 않았지만 마지막 때를 기다리며 이 세상에서 오직 하나님의 자비와 은혜로 살아가고 있음을 인식할 때 교회는 그분의 뜻을 온전히 수행할 수 있다고 보았다.173) 뉴비긴이 말하는 '그 마지막 때'는 아직 도래하지 않았지만 언젠가 완성될 하나님의 온전한 통치 즉 하나님의 나라를 말한다. 이 희망 가운데서 교회는 복음의 증인 되는 선교적 삶으로 나아가야 하는 것이다.

뉴비긴은 하나님 나라에 대한 종말론적 전망을 가지지 못할 때 교회의 선교적 사명 특히 공적 영역에 대한 책임성을 망각하게 된다고 보았다. 초대교회의 복음은 하나님 나라의 종말론적 차원을 내포하고 있었지만 점차 하나님 나라의 종말론적 역동성이 약화되었다. 특히 콘스탄틴 황제의 기독교 공인으로 국교화된 이후 교회는 제도화되고, 도래하는 하나님 나라에 대한 미래적 희망이 약화되고 하나님 나라는 죽음 이후에 들어가게 되는 피안의 나라로 이해되는 경향이 짙어졌다. 뉴비긴은 이러한 종말론적 경향을 '사유화된 종말론'(privatized eschatology)라고 평가하면서 이러한 류의 종말론은 모든 미래적 희망을 죽음 이후에 누리게 될 개인의 영적인 복에 고착화 시키므로 하나님 나라의 선교적 전망을 약화시킨다고 보았다.174) 교회가 하나님 나라를 우선시하고 하나님 나라의 관점을 가질 때 교회 자체가 변화된다. 전통적 '영혼 구원의 복음' 패러다임에서 '하나님 나라의 복음' 패러다임을 가질 때 교회론의 전환이 일어나는 것이다.175)

뉴비긴은 20세기에 풍성한 신학적 논의와 논쟁을 통하여 전개되었던 하나님 나라 신학의 바탕 위에서 자신의 신학을 전개한다. 그 전제는 교회와 하나님의 나라를 동일시 할 수 없다는 것과, 동시에 교회는 현 질서에서 땅 위에서 하나님 나라의 대리자(agent)라는 것이다.176) 즉 교회는 하나님 나라의 일꾼이자 그 나라를 이 땅에 나타내는 그림자이다. "교회는 하나님 나라의 새 질서가 현재의 역사 속으로 들어오는 일치의 장이다."177) 뉴비긴은 교회의 삶이 지니는 역설을 설명함에 있어서 이러한 하나님 나라 신학의 기본 틀에 입각하여 설명하고 있다. 교회는 하나님의 통치와 동일시되어서는 안된다. 뉴비긴에 의하면 교회는 하나님의 통치에 들어가고 그것을 받은 사람들에 의해 세워졌다. 교회는 통치함을 받는 자녀들이 연합하여 하나님의 통치의 임재와 그 특성들을 나타내는 곳이다.178) 뉴비긴은 그리스도 안에서 사는 새로운 삶을 '이미 가졌으나 아직 가지지 않은' 역설적인 삶으로 이해한다.[179] 특히 그는 하나님의 나라의 표적들 즉 하나님의 통치의 계시가 현 시대 속으로 뚫고 들어왔다는 사실에 주목한다. 다가올 시대의 권능이 현 시대 안에 뚫고 들어와 현존하면서 이 두 시대가 이 세상과 각각의 그리스도인의 영혼 안에서 서로 겹치며 싸우고 있는 것이다.[180] 뉴비긴은 교회는 이러한 두 시대의 긴장 속에서 존재하고 있으며, 따라서 교회는 시간성 속에서 영원을 바라보는 관점을 가져야 한다고 보았다. 뉴비긴은 이미(already)와 아직(not yet)의 구도로 역사를 이해하고 아울러 교회의 삶을 설명한다. 그리고 이러한 역사철학적 이해 위에서 교회의 선교적 사명의 중요성과 종말론적 희망의 삶을 강조하고 있다. 뉴비긴은 예수 그리스도의 오심으로 '이미' 도래한 하나님의 나라와 '아직' 완성되지 아니한 하나님의 나라 사이에서 이 땅의 가시적 교회가 존재하며 교회는 자신에게 부여된 종말론적 사명을 완수해야 하는 것으로 보고 있다. 그에 의하면 교회는 도래할 하나님 나라의 담지자로서 그 나라의 예시이며 맛보기이다. 교회는 그 존재로서 이미 도래한 하나님 나라를 증언하는 공동체이자 앞으로 완성된 그 나라를 바라보며 이 세상 속에서 하나님 나라를 미리 맛보며 살아가는 하나님 나라의 공동체이다.

뉴비긴이 말하는 선교적 교회는 하나님 나라의 공동체이다. 선교적 교회론의 키워드들은 하나님 나라와 관련된 용어들이다. 그것은 표징(sign), 맛보기(foretaste), 도구(instrument)라는 단어이다.[181] 교회는 도래하는 하나님 나라의 표징(sign)이자 그 나라의 풍성함을 현재에서 미리 맛보는(foretaste) 공동체이자 교회됨을 이룸으로써 하나님 나라를 이루는 그 나라의 통로이자 도구(instrument)라는 것이다. 이와 같이 뉴비긴의 신학과 선교적 교회론은 하나님 나라 신학에 기초하고 있다. 따라서 선교적 교회론은 종말론적 선교론, 종말론적 교회론의 특성을 지니고 있다고 할 수 있다.

4. 뉴비긴의 선교적 교회론의 도전

뉴비긴의 선교적 교회론이 주목을 받는 것은 그의 이론이 선교를 둘러싼 지엽적인 주제나 현상이나 방법론을 다루지 않고 신학적 본질의 문제를 다루었기 때문이다. 즉 그는 선교의 전략이나 방법론 이전에 선교의 본질과 교회의 본질을 깊이 있게 탐구하고, 이론적으로 선교론과 교회론을 심층적으로 다루면서 양자를 긴밀하게 결합시키고 있다. 뉴비긴의 신학적 성찰은 언제나 교회의 선교와 사역에 집중되어 있었다.[182] 따라서 그의 글들은 교회의 현실에 대한 신학적 응답이자 대안적 모색의 성격이 강하였다. 윌버트 쉥크(Wilbert R. Shenk)는 뉴비긴은 그 순간에 해결되어야만 하는 교회 및 선교와 관련된 새로운 이슈에 대한 비범한 감각을 지닌 전위적 사상가요, 예리한 상황 판단 능력과 독자와 자신을 동일시하는 능력을 지녔다고 평가하였다.[183] 그의 사상과 선교적 교회론이 호소력이 지니는 힘은 그 이론적 깊이보다 '교회와 선교'의 관계에 대해 신학적으로 규명하고 실제적인 해법을 제안하는 대안적 가치에서 나오는 것이라고 보아야 한다. 그는 교회론을 연구하면서 선교적 맥락을 도외시하는 교회 이론들의 한계를 뛰어넘고 있으며, 복음과 전도를 강조하면서도 교회론과 연결시키지 못하는 전통적 복음주의자들의 약점을 극복하고 있다. '교회'와 '선교'를 유기적으로 결속시키고 있는 그의 선교적 교회론은 신학계와 목회영역에 걸쳐 신선하고 폭넓은 영향을 미쳤다.

뉴비긴과 그의 사상에 대한 다양한 평가작업들이 이어졌다. 그레이그 오트(Graig Ott)와 스티븐 스타라우스(Stephen J. Strauss)는 뉴비긴의 선교적 교회론의 영향으로 이루어진 북미의 '선교적 교회 대화'(Missional Church conversation)를 소개한다. 그는 이 담론을 통해 교회가 선교를 행하는 어떤 조직체가 아니라 오히려 선교가 교회의 근본 정체성임을 인식하게 되었다고 보았다.184) 즉 교회는 파송하는 자가 아니라 오히려 세상 속으로 파송 받는 존재로 자신을 이해하게 되었다는 것이다. "이 대화에서 선교는 더 이상 교회가 행하는 어떤 행위와 같은 기능적인 용어가 아니라 오히려 교회의 본질과 관련된 것으로 이해하게 되었다."185) 이는 뉴비긴의 핵심 사상일 뿐 아니라 그의 선교적 교회론이 미친 영향의 가장 중요한 측면이라고 할 수 있다. 또한 뉴비긴을 기독교 사상가로 호평하며 그를 칭송하는 평가도 있다. 제프리 웨인라이트(Geoffrey Wainwright)는 뉴비긴의 생애에 대해서 포괄적인 연구를 행한 바 있다. 그의 연구는 뉴비긴의 허락과 협력 하에 뉴비긴의 저술을 직접 분석하고 종합하며 그의 신학적 생애와 그의 다양한 면모를 정리한 것이었다. 그는 뉴비긴이 사도신경과 니케아 신조와 같은 오래된 신앙고백을 고수하였다는 점을 높이 평가하고, 그가 초대교회의 교부들처럼 매우 광범위한 사역을 하고 영향을 미쳤다는 점에서 뉴비긴을 20세기의 교부, 고전적 기독교 신앙의 수호자로서 묘사하였다.186) 또한 그의 이러한 신학적인 기여와 함께 복음전도자와 선교전략가, 교회연합운동 지도자, 기독교변증가로서 역할을 잘 감당했다고 평가하였다.187) 이러한 표현들은 다분히 찬사로 일관되는 평가이지만 그동안 '하나님의 선교' 신학노선에 대해서 귀를 기울이지 않던 복음주의자나 북미의 목회자들과 교단들까지 뉴비긴의 주장에 귀를 기울인 것은 그가 지닌 신앙적 정통성과 변증적 신실성에 기반하고 있다고 보아야 할 것이다. 또한 뉴비긴의 문화 이해와 상황화 노선은 현대 선교신학에 광범위하게 영향을 미쳤다. 조지 헌스버거(George R. Hunsberger)는 뉴비긴의 선교신학과 문화신학의 근본적인 단서를 추적하는 가운데 뉴비긴이 성경의 '선택의 교리'에 선교적 중요성을 두는 데에 착안하여 분석한 결과 그의 선교신학의 특징을 문화적 다원성이라고 결론을 내리고 그의 사상을 '문화적 다원성의 신학'이라 칭하였다.[188]

알란 록스버러(Alan J. Roxburgh)는 선교적 교회란 '자신의 주변 세상 가운데서 하나님이 무슨 일을 하려고 뜻하는지 끊임없이 질문을 던지면서 하나님 나라의 선교에 하나님과 동참하는 온갖 방법을 실험하고 있는 교회'라고 보았다.[189] 그에 의하면 선교적 교회론은 이 시대의 문화를 적절하게 이해하고 하나님 나라의 선교를 위해 다양한 실험과 노력을 시도하는 다양한 이론과 실천적 담론을 의미하며, 선교적 교회란 바로 그러한 실천을 아끼지 않는 교회들을 말한다. 과연 알란 록스버러가 지적한 바대로 선교적 교회론의 가장 중요한 특징은 그 실천성에 있다. 이는 저절로 이루어지는 적용가능성이 아니라 의도적으로 실천되어야할 과제로서의 실천성을 말한다.[190] 그러나 그 실천의 목적이 뉴비긴이 의도한 바대로 바르게 정립되지 않을 경우 선교적 교회론에 대한 근원적인 왜곡이 일어날 수 있다. 선교적 교회론이란 어떻게 보다 많은 사람들을 교회로 끌어들이거나, 교회를 더 낫게 만들까 하는 방법론이 아니기 때문이다.[191] 뉴비긴이 선교적 본질을 추구하는 교회를 역설한 것은 벼랑 끝에 선 교회를 구하기 위한 신선하고 효율적인 방법론을 제시하고자 한 것이 아니었다. '선교적'(Missional)이라는 말은 하나님 안에서 교회의 정체성에 대한 새로운 이해를 바탕으로 교회와 지역의 상황(context) 간의 성경적인 관계를 추구하는 것이다.[192] 즉 '선교적'(Missional)이 된다는 것은 교회를 어떻게 더 낫게 하느냐 하는 행동(doing)의 문제가 아니라 교회 그 자체 즉 교회의 존재(being) 자체에 관한 것이다.[193] 사실 존재(being)와 행동(doing)은 사실상 불가분리의 관계에 있으며 양자는 밀접한 관련을 지닌다. 교회의 존재(being)와 본질에 주목한다는 것은 행동(doing)의 차원을 완전히 배제하여 선교의 전략적 태도나 방법론을 포기한다는 것은 아니다. 그러나 온전한 존재론에 기반한 방법론은 단순한 기교나 프로그램으로 전락하지 않고 본질적 방향성에 기초한 실천적 증언의 지혜를 구하게 된다. 이것이 뉴비긴이 의도하는 바의 선교적 교회론의 실천적 방향일 것이다. 그러므로 선교적 교회론에 대해서 가능한 한 객관적인 평가를 하고 뉴비긴이 뜻하는 바 의도의 깊이에까지 이르러 그의 선교적 교회론이 던져주는 도전들에 귀를 기울여야 할 필요가 있다. 여기에서는 뉴비긴의 선교론과 교회론에 담긴 사상이 미친 영향과 도전을 선교의 신학과 실천이라는 차원에서 정리하고자 한다.

선교적 교회론의 토대 제공

선교가 교회의 본질이며 아울러 '교회가 곧 선교'라는 뉴비긴의 관점으로 요약되는 그의 선교사상과 그의 선교적 교회론은 기독교 사회에 큰 영향을 미쳤다. 이는 단지 선교신학계만이 아니라 교회론, 문화이론, 종교다원주의 논쟁, 공공신학 등에도 영향을 미쳤다. 그리고 에큐메니칼 진영은 물론 복음주의 진영에도 큰 반향을 일으켰다. 한 때 에큐메니칼 진영에 의해서는 근본주의로, 복음주의 진영에 의해서는 자유주의자로 비판을 받기도 하였지만 그의 사상 전반에 대한 포괄적 해부와 그의 진정성에 대한 이해 등을 통하여 그의 이론은 균형잡힌 이론으로 평가받고 수용되기에 이르렀다.

뉴비긴의 선교적 교회론은 선교신학의 영역만이 아니라 목회와 실천신학의 영역에도 큰 영향을 미쳤다. 뉴비긴은 지역교회의 중요성을 강조할 뿐 아니라 교회가 처한 지역적 문화적 상황 속에서 선교적 교회로 존재하며 살아가기 위한 구체적인 방향을 제시하고자 하였다. 뉴비긴은 교역론(목회사역론), 평신도 즉 회중의 역할, 목회자 리더십 이론, 평신도 사역, 일상 사역 등에 대한 원리들도 제시하였다. 그러나 그는 선교적 교회의 어떤 특정한 조직이나 형태에 대해서 언급하지 않았다. 이는 각 교회가 처한 구체적인 정황과 문화적인 환경이 상이하기 때문이다. 그리고 교회의 형태나 조직의 구조는 그의 선교적 교회론의 핵심이 아니기 때문이다. "선교적 교회론은 언제나 조직의 형태를 포함하지만, 이것을 교회의 핵심으로 이해하지 않는다."194) 이러한 실천적 측면들까지 종합하여 평가한다면 뉴비긴의 선교적 교회론은 단지 선교신학과 교회론의 영역에 대한 이론이 아니라 실천신학과 목회이론의 영역에까지 접목되는 이론과 실천의 체계라고 보는 것이 합당할 것이다. 그의 '선교적 교회'는 교회의 본질을 탐구하고 하나님 나라의 복음을 적실하게 증언하고 건강한 교회를 세워나가고자 하는 모든 그리스도인과 교회가 실천에 접목할만한 이상이자 실천적 키워드의 기능을 한다고 할 수 있다.

선교의 진정한 주체에 대한 각성

뉴비긴의 '삼위일체 하나님의 선교' 사상은 선교의 진정한 주체에 대한 신선한 통찰을 제공해주고 있다. "선교에 대한 성경적 이해의 본질은 선교의 진정한 저자와 유지자가 바로 하나님이시라는 확신이다."195) 뉴비긴의 공헌은 선교란 삼위일체 하나님의 활동이란 점을 강조하면서 선교의 진정한 주체를 보다 신앙고백적으로 표현해내었다는 점에 있다. 뉴비긴은 삼위 하나님이 선교의 주체임을 강조하면서도 교회의 중요성을 더욱 강조한다. 즉 그는 선교가 교회의 소유가 아니라고 주장하면서도 교회를 선교에서 배제하지 않는다. 뉴비긴은 '미시오 데이' 선교론이 한 때 극단적 지점까지 흘러가 '하나님의 선교' 라는 개념으로 교회를 선교에서 배제해버리고 심지어 하나님의 선교와 교회를 대립되는 개념으로 이해하는 경향을 비판하면서 그러한 오류를 극복하고자 하였다. 특히 뉴비긴은 교회는 하나님 나라의 도구이지만 동시에 하나님의 통치를 맛보고 담지하고 선포하는 증언공동체임을 강조한다. 즉 뉴비긴은 교회는 수단인 동시에 목적이라고 본다.196)

선교의 주체는 하나님이라는 진술은 그리스도인이라면 그 누구도 부정할 수 없는 성격의 명제와 같다. 사실 교회와 신앙과 삶의 전 영역에서 하나님의 주권을 진정으로 인정한다면 하나님이 주체가 아닌 영역은 하나도 없다. 구원과 중생, 교회의 설립과 제 활동, 용서와 섬김, 개인과 국가의 존립과 운명 그 어느 것도 삼위 하나님의 활동을 배제하고 설명할 수 없는 것이다. 엄밀하게 말한다면 교회의 중추적 활동인 예배와 양육, 복음증거와 디아코니아, 코이노니아 등 역시 삼위 하나님의 활동이라고 할 수 있는 것이다. 선교의 주체를 규명하는 요체는 현존하는 교회의 가시적 사역으로서의 선교를 설명할 수 있어야 한다는 것이다. 하나님이 교회를 도구로 삼아 교회를 세상에 파송하여 하나님의 선교를 수행하지만 실제 현존하는 세계에서의 선교는 교회가 직접적 주체가 되어 선교를 수행한다는 사실을 인식하여야 한다. 그러므로 교회는 선교의 주체이자 객체이며, 선교의 도구이자 목적이기도 한 것이다. 뉴비긴은 바로 이 점을 인정하는 선교적 맥락을 지니고 있다. 그런 면에서 삼위일체 하나님의 선교라는 명제 안에서 교회의 주체적 참여적 역할을 담아내는 뉴비긴의 선교적 교회론은 보다 균형있고 역동적인 선교패러다임이라고 할 수 있다. 그의 선교적 교회론은 실천적일 뿐 아니라 선교의 진정한 주체가 삼위일체 하나님이심을 고백하면서도 선교에 있어서 교회의 주체적 책임을 고양시키는 역설적 힘이 내포되어 있다.

복음의 상황화 : 복음과 문화

뉴비긴의 선교적 교회론은 복음과 문화의 선교적 만남을 추구하는 상황화 전략의 지혜를 제공하는 소중한 공헌을 하였다. 뉴비긴은 자신의 선교론을 전개함에 있어서 상황화(Contextualization)의 문제를 중요하게 다룬다. 토착화 혹은 상황화의 주제는 그의 선교사로서의 현장 경험에 기반할 뿐 아니라 서구 사회로 귀환한 이후 그가 경험한 문화적 충격과도 밀접하다. 그는 하나님 나라의 복음을 전파하기 위하여 매우 실제적이고 균형 있는 상황화에 대한 원리와 이론을 전개한다. 뉴비긴의 저술은 크게 1960년대 중반을 기점으로 그 이전과 이후는 신학적 관심에 차이를 보인다. 1960년대 중반 이전은 주로 인도교회의 연합에 관한 실제적인 문제들에 대해 다루거나 IMC와 WCC의 연합을 위한 교회일치에 대한 이슈를 주로 다루었다. 즉 그의 신학적 핵심 주제는 '교회'와 '연합'이었다. 그 이후 그의 연구들은 서구사회와 다양한 문화 속에서 기독교의 복음을 증거하는 상황화의 문제와 종교다원주의적 상황 속에서 기독교 복음을 변증하는데 집중하였다. 이는 1960년대 서구의 '세속화 신학'(secular theology)으로 대표되는 세속화의 물결에 대항하여 그리스도의 유일성을 변증하고 기독교 신앙의 타당성을 논증하고 증거하고자 한 것이다.

　복음과 문화의 선교적 만남을 주장하는 뉴비긴의 상황화 노선은 기존 문화에 매몰되는 무비판적 문화 수용과 문화에 대해 거부하는 문화 단절이 아닌 제3의 대안적 길로 제시한 개념이다. 뉴비긴은 선교적 실천적 차원에서 복음 증거가 문화 속에서 지니는 적합성을 탐구하고자 하였다. 즉 그는 문화를 배제하는 부적합성과 기존 문화에 매몰되는 혼합주의라는 양자 사이에서 복음과 문화의 선교적 조우를 가능하게 하는 상황화 노선을 추구하였다. 뉴비긴은 복음과 문화의 만남은 선교적 만남이어야 함을 전제로 하면서 그 동안의 토착화 신학이나 상황화 시도의 오류들을 비판하며, 올바른 상황화는 인간의 상황에 중심을 두지 않고 하나님께 중심을 두어야 한다고 거침없이 강조한다.197) 토마스 크람은 선교적 대화의 두 모델을 제시한다. 그 첫째는 '구원사적-교회론적 모델의 대화'이다. 이 모델은 선교는 모든 인간에게 구원의 메시지를 선포하는 교회의 권위있는 파송을 뜻한다.198) 이 모델에서의 대화는 기독교적 증언은 언제나 복음의 선포와 연결되어야 한다는 의미이다. 그렇다고 단순한 전략이나 선교방법으로서의 대화가 아니다.199) 진정한 대화적 태도로 '사심 없는 봉사'를 통하여 선교를 위해 좋은 분위기를 만들고 마음을 개방시키는데 관심을 갖는다. 또 하나의 모델은 '역사적-종말론적 모델의 대화'이다. 이 선교모델에서는 대화와 선교는 병존할 수 없다. 이 입장에서는 하나님이 모든 종교 안에서 활동하고 있다는 사실을 전제하고 있으며 다른 문화와 종교에 대해서도 배우려는 자세를 취한다. 이 입장은 교회 바깥에 있는 진리를 인정하는 개방성을 지니는 전향적인 대화의 태도로 보이기도 한다. 그러나 뉴비긴이 취하는 상황화 노선에 입각한 선교적 대화의 입장은 그러한 다원주의적 대화의 접근법에 대해 거리를 취하고 있다고 할 수 있다.

뉴비긴은 하나님의 계시 즉 기독교의 복음은 역사 안에서 즉 특정한 시간과 장소와 문화의 제약을 받는 시간 안에서 존재한다고 보았다. 뉴비긴은 교회의 가르침이 구체적인 상황 안에서 비추어져야 한다고 강조한다. "살아있는 공동체의 가르침의 전통과 성령의 계속적인 사역이 매 세대와 새로운 상황 안에서 전통을 조명할 때, 계시는 그 시간, 그 장소, 그 문화를 위한 살아계신 하나님의 말씀이 될 수 있을 것이다."200) 뉴비긴은 '복음은 문화라는 옷을 입고 전해진다'는 점을 강조한다.201) 뉴비긴은 포스트모던 시대의 문화 속에서의 복음의 증언에 관심을 가지고 적절한 상황화를 모색하고자 하였다. 특히 뉴비긴은 상대주의를 특징으로 하는 문화 속에서 그리스도 안에 있는 하나님의 계시를 고수하는 복음의 유일성에 대한 입장을 견지한다. 이는 마치 상대주의 문화 속에서 기독교 절대주의를 따르는 것처럼 보인다. 그러나 이러한 기독교적 절대주의는 신성하고 절대적인 것들이 특수한 문화와 똑같아야 한다는 것을 뜻하지 않는다.202) 즉 하나님 나라의 백성으로 살아간다고 해서 국적이나 문화가 바뀌는 것이 아니다. 뉴비긴의 입장은 복음의 본질과 정체성을 지키면서 문화와 대화하는 유연하고 지혜로운 상황화 태도를 보여주고 있다. 폴 웨스톤은 뉴비긴의 신학을 탈근대성과의 관련 속에서 평가하면서 뉴비긴의 사상의 탈근대적 특징을 규명하였다. 그는 뉴비긴이 탈근대적인 상황이 초래하는 도전에 직면하여 탈근대적인 사고에서 지속가능하고 효율적인 증언의 수단과 응용가능한 전략을 제공하였다고 평가하였다.203) 뉴비긴의 상황화 원리는 진리의 증언을 위한 문화해석과 상황적 민감성을 지닌 선교 전략을 제공해주는 아이디어이다. 뉴비긴이 말하는 '선교적 교회'는 교회가 속한 시대와 국가 및 지역의 문화를 이해하고 복음을 그 문화의 상황에 적합하게 번역하여 증언하는 전략적 지혜를 가진 문화적합성(Cultural Relevance)의 특성을 지니는 교회이다.

공적 진리로서의 복음의 공공성

뉴비긴의 선교적 교회론은 공적 진리로서의 복음의 공공성에 대한 통전적 시각을 열어준다. 뉴비긴의 이론과 선교적 교회론을 꿰뚫는 그의 사상은 '공적 복음' 혹은 '공적 진리로서의 복음'에 대한 확신이다. 뉴비긴에게 있어 복음은 진리이며, 이 진리는 단순한 개인의 주관적 진리나 사적인 영역에만 영향을 미치는 진리가 아니라 공공의 진리(public truth)이다. 뉴비긴은 전도 즉 복음의 증언은 "복음이 개인적이고 인격적인 결단으로의 초대인 동시에 총체적인 사회생활을 위해서도 사실로 인정되어야 하는 공공의 진리임을 확언하는 것"이라고 본다.204) 뉴비긴은 다음과 같이 복음의 선포에 대해 언급한다. "우리에게는 선포할 복음이 있다. 그저 개인들에게 개인적이고 가족적인(domestic) 삶에만 선포하지 않는다. 그것도 분명히 필요하지만, 공적 교의를 형성하는 지속적인 대화의 일부분으로 복음을 선포해야 한다."205)

뉴비긴이 말하는 교회는 세상으로부터 괴리되어 신앙을 개인주의화하고 공적 영역이 배제된 영역이 아니라 이 사회에 함께 존재하면서 공적 영역에 영향을 미치는 공동체이다. 뉴비긴은 하나로 연결된 글로벌 도시로 변모하는 세계에서 교회는 하나님의 사랑 안에서 모든 도시를 포용하는 가시적인 공동체로 인식되어야 한다고 주장한다.206) 베반스(Stephen B. Bevans)는 뉴비긴의 교회론을 대항문화적 모델이라고 칭하면서 복음이 문화적 상황 가운데 뿌리를 내릴 뿐 아니라 그 상황에 도전하고 문화를 정화하여야 한다고 하였다. 이러한 일은 회심을 통해 삶의 변화를 추구하는 선교적 교회가 자신을 대안적 공동체(Alternative community)로 인식하고 이 세상에 만연한 물질주의와 개인주의, 소비주의와 세속주의, 상대주의에 도전하고 세상의 문화와 습속을 변화시킴을 통해 이루어진다.207) 뉴비긴이 그리는 대안적 공동체의 그림에는 바로 하나님 나라의 가치를 지닌 교회공동체가 세상의 공적 영역에 참여하는 복음적 공공성을 지닌 공동체이다. 이러한 공공생활의 영역은 사회의 공적인 전영역 즉 정치, 경제, 의료, 법률, 학문, 치안, 문화 등의 각 분야를 망라하는 것이다. 이렇듯 하나님 나라의 복음은 공적 영역에 참여하도록 도전을 주는 공적 복음인 것이다.

뉴비긴에게 있어 공적 진리로서의 복음을 증거한다는 것은 그리스도인의 사회적 책임과 그리스도인의 청지기직에 대한 실천적 함의가 담겨 있다. 즉 복음은 개인이나 가정의 사적인 영역만이 아니라 사회의 각 영역에 대한 진리로서 선포되어야 한다는 것이며, 아울러 복음의 표준으로 그 모든 영역이 평가됨을 말한다.208) 이러한 증언은 증인으로 공적 영역으로 보냄을 받은 회중의 섬김과 사회적 인격적 책임을 다하는 헌신을 통하여 이루어진다. 복음이 문화에 영향을 미치기 위해서는 두 가지 차원이 필요하다. 그 하나는 복음의 문화화요 다른 하나는 문화의 복음화이다. 뉴비긴이 말하는 상황화는 복음의 문화화와 관련된 방향과 방법론이라면, 그가 말하는 증인된 회중을 통한 공적 진리로서의 복음을 증언하는 일은 문화의 복음화 전략이라고 할 수 있다. 문화의 복음화는 그 문화 속에서 살아가는 회중들의 삶의 증언을 통하여 이루어지기 때문이다.

피터 배럿(Peter J. Barrett)은 뉴비긴의 공헌은 교회로 하여금 복음을 공적 진리(public truth)로 볼 것을 강력하게 촉구하면서 교회 구성원 즉 회중이 복음의 공적 성격을 인식하고 공공 생활의 모든 영역에서 영향력을 미치도록 도전한 점이라고 평가하였다.[209] 또한 류태선은 그의 논문을 통하여 뉴비긴의 신학사상 전체를 꿰뚫는 중요한 핵심이 있는데 이는 '공적 진리로서의 복음'에 대한 뉴비긴의 주장이라고 보고 이를 입증하였다.[210] 공적 진리로서의 복음에 대한 뉴비긴의 주장은 '공공신학'의 태동과 맞물려 복음의 공공성에 대한 보다 명료하고 풍성한 담론이 이어졌다. 그가 제기한 복음 이해와 교회 즉 교회의 구성원으로서의 회중이 지닌 사회적 책임에 대한 신학적 진술은 복음에 대한 통전적 이해와 균형 잡힌 선교의 방향성에 대해 강력한 도전을 준다.

교회의 연합과 일치

뉴비긴의 선교적 교회론은 교회의 연합과 일치라는 당위적 명제를 상기시키며 연합의 방향에 대한 통합적 전략을 제시한다. 교회의 연합과 일치, 이는 뉴비긴의 교회론의 핵심 사상이다. 뉴비긴의 삶과 사역의 여정은 교회의 하나됨을 위한 실천적 노력으로 가득할 뿐 아니라 그의 연구와 저술의 전반에서도 연합에 대한 주제가 반복적으로 나타난다. 뉴비긴은 교파 분열의 현실에 직면한 개신교의 현실을 개탄하며 연합을 호소한다. 그가 추구한 연합은 개신교 내부에만 머물지 않고 예수 그리스도의 이름을 부르는 모든 그리스도교 공동체를 염두에 둔 것이다. 그는 가톨릭, 개신교, 오순절의 전통을 모두 소중히 여기며 교회의 온전성과 선교의 효율성을 극대화하기 위해서 이 삼자의 전통을 모두 존중하고 연합된 힘을 발휘하여야 한다고 주장하였다. 이는 뉴비긴의 교회론이 개신교, 가톨릭, 오순절 교회를 삼대 축으로 하여 전개된 것에서 선명하게 드러난다. 이렇듯 기독교의 삼대 전통에 대한 통합적 이해를 바탕으로 하는 그의 이론은 그의 교회의 역사에 대한 분석과 평가, 현대 기독교계의 가장 큰 진영에 대한 현실 파악, 그리고 이들의 내적 가시적 연합에 대한 관심 때문이다. 그가 의미하는 바 연합은 상징적 선언적 차원이 아니라 지상에 존재하는 가시적 교회의 가시적 연합이었다.

또한 뉴비긴은 선교를 위한 목적을 위해서 교회가 하나되어야 함을 역설한다. 그는 선교의 과업을 온전히 수행하려면 교회 자체가 그리스도 안에 살고 있어야 할 뿐 아니라 그 안에서 서로 화목한 교제를 나누고 아버지의 사랑 안에서 서로 결속된 공동체가 되어야 한다고 주장하였다.[211] 뉴비긴은 교회의 연합은 선교에 의존하며, 선교에 의해 촉진된다고 보았다. 즉 선교와 연합은 불가분리적이다.

선교와 연합의 관계는 이런 식으로도 표현할 수 있다. 선교 명령에 대한 순종은 교회의 진정한 본질을 이해할 수 있게 하고 그 분열상을 확연히 드러내는 역할을 한다. 복음 전도 사역을 통해 교회는 그리스도께서 계신 곳과 안 계신 곳의 확연한 대조 현상을 늘 접하게 된다. (중략) 이는 교회의 본질과 존재 전체와 관련된 문제다 그리스도인이 선교 사역에 참여할 때는 진정 교회다운 교회가 되는 것이다.[212])

  뉴비긴의 이러한 연합에의 노력은 자신의 희망대로 이루어지지 못하였다. 뉴비긴은 그의 자서전에서 자신이 헌신한 교회 연합운동이 실패하였음을 자인하였다. 그는 제자훈련을 받기 시작한 초기부터 연합과 선교는 동전의 양면처럼 분리할 수 없다고 배웠다. 그러나 실제 그가 경험한 선교운동과 연합운동의 현장에서 '선교'와 '연합'은 따로따로 놀고 대립하는 관계에 있었다고 회고하였다.[213] 복음주의와 에큐메니칼은 서로 대립하는 호칭이 되고, 복음주의자들의 눈에는 에큐메니칼 운동이 교회의 하나됨이 아니라 오히려 위협하는 것으로 비춰졌으며, 교회의 가시적인 연합이 시급하다는 의식과 전교회적 공감을 일으키지 못하였다.[214] 가톨릭의 제2바티칸공의회가 새로운 분위기를 만들었지만 '서로 화해하는 구조를 만드는 방향으로 나아가기 보다는 비공식적인 모임과 상호 협조적인 프로젝트'를 시도하는 수준에 머물렀다.[215] 뉴비긴이 자신이 주장하고 추구하였던 가시적인 연합이란 것은 우선순위에서 밀려났고, 교회의 가시적인 연합을 주장하여 세운 남인도교회와 그 자매교회들은 일종의 별종으로 취급받는 신세가 되었다고 한탄하였다.[216] 그는 1991년 출판한 다른 책에서 "일치 자체를 최종 목적으로 여기고 주장하는 거짓되고 기만적인 교회일치운동(ecumenism)"과 "단 하나의 중심이자 복음의 핵심 주장, 곧 십자가에서 죽으시고 부활하신 예수를 부인하는 종류의 다원주의"를 수용할 수 없다고 선언한다.[217] 뉴비긴의 이러한 회고는 그가 희망하고 추진하였던 교회 연합의 이상이 그의 생전에 현실이 되지 못하였고 사실상 실패하였다는 진단으로 보아도 무방하다. 그가 주장한 가시적 교회의 가시적인 연합 즉 실제적인 조직적인 연합은 한낱 이상과 구호로 끝난듯 하고, 더 이상 개신교 내에서 교단을 없애자는 목소리는 사라지고 '조화를 이루는 다양성' 과 '평화로운 공존' 을 말하는 소극적인 캠페인만이 남아있게 되었다.[218]

이러한 현실에서 보면 마치 '교회의 가시적 연합' 을 절대적 과제로 언급한 뉴비긴의 『교회란 무엇인가』를 중심으로 한 그의 교회론은 성경적 기초와 교회사적 현실과 교회연합운동의 당면 의제가 맞물리면서 형성된 이상적인 교회론이라고 평가할 수 있다. 그렇다고 해서 그의 교회연합의 이상이 허황된 꿈이라거나 그의 가시적 연합의 전략이 비현실적이라고 평가할 수는 없다. 이를 실패한 이상(理想)으로 치부하기에는 그의 주도하에 이루어진 인도 교회의 연합의 경험이 성취의 사례로 남아 있기 때문이다. 사실 교회의 하나됨은 뉴비긴의 개인적인 특별한 사상이 아니라 그리스도의 몸된 교회의 본질에서 기원하는 지상 교회의 영원한 과제이자 성경적 교회관의 근본이다. 그러므로 뉴비긴의 교회론적 이상과 그의 실천적인 노력을 객관적으로 평가하여야 할 것이다. 뉴비긴은 연합에의 이상을 향한 자신의 열망을 다음과 같이 표현한다.

그러나 복음의 절대 명령인 연합에의 부름은 그 어느 것으로도 묵살될 수 없는 법이다. 내가 숨을 쉬고 있는 한, 나는 하나님의 교회가 '외향

적이고 가시적이고 하나가 된 사회'가 되는 것이 하나님의 뜻임을 계속 고백하지 않을 수 없다.[219]

지역교회와 회중의 중요성

뉴비긴의 선교적 교회론은 지역교회의 중요성을 상기시키고 교회공동체의 삶과 회중의 삶의 현장에서 행하는 증언을 통하여 이루어지는 선교의 존재론적 메카니즘을 규명하였다. 뉴비긴은 진정한 복음의 증언을 위해서는 지역 공동체에 뿌리를 둔 지역교회가 중요하다고 강조한다. 그가 말하는 지역교회는 행정적 지역의 테두리 안에 머문다는 의미에서의 지역성이 아니라 지역 공동체의 삶에 함께 참여하며 지역과 함께 살아가는 관계와 개방성을 말한다. 그러한 지역교회는 불신자를 회심시켜 교회를 성장시키고자 하는 교회 중심의 목적성이 아니라 이웃을 섬기고자 하는 선교적 진정성을 지닌다. "그것은 자기를 위해 살지 않고 이웃을 보살피는 데 깊이 관여하는 공동체일 것이다. 그것은 구체적인 지역성을 가진 교회이지, 교인이 되고 싶다고 아무나 받아들이는 그런 교회가 아닐 것이다."[220] 뉴비긴의 관점에 의하면 구체적인 지역성을 가지지 않은 교회는 사유화된 복음을 강조하면서 게토(ghetto)화된 삶을 살아가는 이기적인 교회와도 같다. 뉴비긴이 말하는 지역교회를 통한 증언은 어떤 특별한 선교행위나 프로그램이 아니라 하나님 나라의 표징으로 가득한 교회 공동체의 존재 자체를 말한다. 뉴비긴이 가장 중요시 하는 것은 교회공동체의 생명력이다. 이는 하나님의 임재 안에서 삼위일체 하나님의 존재가 지니는 풍성한 영광과 은총과 사랑으로 풍성함과 행복한 삶으로 드러나는 찬양하는 교회 공동체의 아름다움을 말한다.[221]

또한 뉴비긴은 지역교회의 회중이 자신들의 삶과 경험을 통해 복음을 증언할 때 진정한 선교가 이루어진다고 보았다. 뉴비긴은 포스트모던 문화 속에서 '복음의 해석자는 복음을 믿는 회중의 삶'이어야 함을 강조하면서 교인들이 삶의 자리에서 복음을 증언하기 위해서 목회자는 교인들을 이끌고 사회 속에 들어가서 시민으로서의 사적 생활만이 아니라 공적인 삶 전체가 하나님께 속해있다고 선포하고 거기서 하나님의 통치가 이루어지도록 가르치고 리더십을 발휘해야 한다고 주장하였다.222) 뉴비긴에 의하면 회중들이야말로 그들의 삶의 현장과 직업의 자리에서 공적 영역에까지 복음의 영향을 미치는 하나님의 청지기이다. 복음이 지역공동체와 사회에 영향력을 미치고 공적 진리로서의 복음이 오늘날의 문화 속에서 증거되기 위해서 평신도의 삶이 가장 중요한 역할을 하는 것이다.

이와 같이 지역교회와 회중의 삶의 자리를 중요시하는 선교의 방향은 일종의 현존으로서의 선교의 특성을 지닌다고 할 수 있다. 데이비드 보쉬는 중세 수도원 운동이 지닌 선교적 성격을 다음과 같이 묘사한다. "수도원 공동체가 의도적으로 선교적(다시 말해 선교 목적을 위해 설립된 것)이지는 않았다 할지라도 그들은 선교적 차원에 지배되어 있었다. 심지어 그것을 알고 의도함이 없이도 그들의 행동은 철저하게 선교적이었다. 그러므로 그들의 암시적인 선교적 차원이 점점 명시적 선교 노력으로 발전하게 된 것도 놀랄 일이 아니다."223) 수도원운동은 세상 속으로 보냄을 받아 봉사하려는 동기보다 오히려 세속을 떠나서 기도와 영적 수련에 집중하는 성격의 영성운동이자 공동체 운동이었다. 그러나 이 운동이 내포하고 있는 교회 개혁적 성격과 봉사적 성격으로 결국은 가장 선교적인 기관으로 역할을 하게 되었다. 즉 선교를 표방하는 의도적이고 명시적인 활동이 없다고 할지라도 공동체 자체가 생명력을 지닐 때 선교적 성격을 지니게 된다는 점이다. 교회가 교회다운 생명력을 지닐 때 그 존재 자체가 선교가 되는 것이다.

교회는 부름 받은(calling) 공동체, 세움 받은(building) 공동체, 보냄 받은(being sent) 공동체라는 삼중 구조를 지니고 있다. 이 세 가지 요소는 증인으로 살아가는 선교적 교회의 궁극적인 선교 패러다임이라고 할 수 있다. 먼저 선교적 교회는 부름 받은 공동체로서 세상으로부터 부름 받아 그리스도와 온전히 연합하게 된다. 또한 교회는 세움 받은 공동체로서 회중들이 그리스도 안에서 함께 성장하며 서로 온전히 연합하여 하나된 사랑의 공동체를 이룬다. 그리고 교회는 세상 안에 보냄을 받아 존재한다. 선교적 교회는 구체적인 지역교회로 존재하며 공동체 안에 충만한 희열에 찬 생명력과 그리스도인들이 다양한 삶의 영역에서 공적 진리로서의 복음을 실천하고 증언함으로써 그 본질적 사명인 선교를 수행한다. 그러므로 뉴비긴의 선교적 교회론은 방법과 행위로서의 선교가 아니라 존재로서의 선교를 말한다. 그가 말하는 복음의 증언은 구두 선포나 행동의 감화의 방법론이 아니라 지역교회가 하나님 나라의 공동체로서의 아름다움을 지니고 살아가는 존재의 차원을 의미한다. 말을 통한 복음의 증언과 회중들의 소명적 삶, 그리고 하나님 나라의 아름다움과 생명력을 지닌 교회 공동체의 회복, 이것이 뉴비긴이 말하는 선교적 교회의 이상이자 선교의 전략이다.

평신도 사역

뉴비긴의 선교적 교회론은 평신도 사역과 목회자의 선교적 리더십에 대한 목회신학적 갱신을 촉구한다. 뉴비긴은 복음이 각 사회의 문화 속에서 적실하게 증거되기 위해서 평신도가 보다 중요한 역할을 하여야 한다고 주장한다. 즉 선교의 중심축이 교회의 외적 활동이나 성직자 중심의 사역에서 회중들의 일상의 삶으로 행하는 선교적 증언으로 이동하여야 한다는 것이 그 핵심이다. 뉴비긴은 회중 중심의 공동체가 회복되어야 하며 회중이 선교의 참여적 주체가 되어야 함을 강조한다. 뉴비긴에 의하면 이 세상에서 하나님 나라를 실현하는 교회의 선교 주체는 평신도이다. 회중은 세상 속에 들어가 있는 교회이며 그 직업과 일상의 삶을 통하여 복음을 증언하는 선교의 최전선에 보냄을 받은 존재이다. 회중은 세상 속에서 교회를 대표하는 자들로서 하나님 나라의 실존과 가치를 입증하는 증인이 된다. 평신도는 예배와 생활, 기도와 노동, 교회와 세상을 잇는 살아움직이는 교량이다. 교회의 선교는 이러한 회중들의 삶의 자리에서 이루어지므로 전통적인 교회의 선교구조는 새롭게 변모되어야 한다는 것이 뉴비긴의 선교의 실천론의 핵심이다. 뉴비긴이 말하는 평신도중심의 선교론은 반성직자주의를 의미하지 않으며, 또한 평신도를 절대화하고 목회자를 배제하고 교회와 사역을 해석하는 평신도주의를 지향하지도 않는다. 평신도에 대한 강조는 회중교회식의 교회정치를 따르자는 것이나, 감독제나 성직자 주도의 예배와 교회 구도를 반대하는 것도 아니다. 뉴비긴이 회중의 역할을 강조하는 것은 선교지향적 공동체로서의 본질의 회복과 복음의 증언을 위해서이다.

선교적 교회는 필연적으로 교회 내부에서 외부로 사역의 초점을 이동하는 선교적 전환(Missional Shift)를 초래한다.224) 이를 위해 교회 공동체가 교회의 담을 넘어 지역공동체 속으로 들어가 성육신하는 일이 필수적이며, 아울러 회중의 삶의 자리에서의 복음의 증언이 보다 중요한 위치를 차지하고 특히 교회 리더십의 역할이 중요하다. 특히 교회 내부에 회원 문화(member culture)가 아니라 선교적 문화(missionary culture)를 형성하는 일이 중요하다. 선교적 교회는 교인들의 회원 문화가 폐쇄적인 공동체의 고립된 문화가 아니라 세상을 향한 증언으로 작동하도록 선교적 문화로 전환하는데 힘쓴다.225) 이를 위해서 세상 속에서의 실천적 제자도를 실천하는 그리스도인으로 구비하는(equipping) 사역이 중요하다. 이를 위한 제자훈련은 형성적(formative)이고 선교적(missional)이어야 한다.226) 또한 뉴비긴은 비성직자화되는 평신도 신학의 생동적인 발전이 시급한 선교적 과제로 요청된다고 말한다. "우리의 문화와 조우함에 있어서 선교적인 과제는 비성직자화되는 평신도 신학의 원기왕성한 육성이 시급한 문제로 요구되는 것이다."227) 또한 그는 선교적 교회를 위하여 목회자와 평신도의 균형있는 동역 관계를 강조한다. 선교지향적인 회중을 위한 목회 리더십을 요구하며, 목회자는 회중을 선교적 그리스도인으로 일상의 삶과 직업의 현장에서 말과 삶, 행동으로 복음을 증언하는 자가 되도록 가르치고 섬겨야 한다. 목회자는 평신도들을 가르치고 파송하는 훈련자요 구비자로서의 역할을 하게 되고 교회는 교인들이 세상에서 제사장직을 수행할 수 있도록 훈련하고 지원하고 양육하는 장소가 된다.228) 이를 위해서는 목회자의 설교와 가르침의 변화가 요구되며, 설교자는 일터에서 부딪히는 문제를 기독교 신앙으로 해석하고 반응하는 능력을 길러주어야 하며 그들의 실제 삶에 적용되는 성경의 지혜를 전하고, 그리스도인으로서의 삶과 직업적 소명에 대한 가르침을 펼쳐야 한다.

성육신적 사역 모델

뉴비긴의 선교적 교회론은 성육신적 선교(Incarnational Mission)의 모델을 제공한다. 뉴비긴의 선교적 교회론은 삼위일체론적 모델이지만 그 근본적인 핵심은 성육신론적이다. 그의 선교론은 성육신적 선교이며 그의 교회론 역시 성육신적 구도의 교회론이라고 할 수 있다. 성육신적 모델의 선교사역은 교회로 사람을 이끌어들이는 유인형(誘引形) 모델과 정반대의 구조를 지닌다. 전자는 교회가 세상 속으로 사람들의 삶의 현장으로 다가가는데 비해, 후자는 온갖 매력적인 방법론으로 그들을 견인하여 교회 안으로 이끌어들이는 데 목적을 둔다. 뉴비긴의 이론의 핵심 용어는 '보내심'(sending)이다. '보내심'은 뉴비긴의 선교적 교회론의 유전자와 같다. 예수 그리스도는 하나님의 보내심을 받아 인간의 모습으로 이 땅에 와서 성육신(Incarnation)하셨다(요1:14; 빌2:5-8). 마찬가지로 세상으로 보내심을 받은 교회는 그리스도의 몸으로서 세상 속에 들어가게 된다. 세상으로 보냄을 받은 교회의 성육신은 예수 그리스도의 제2의 성육신이라고 할 수 있다. 그러므로 교회는 세상으로 보냄 받아 세상 안으로 들어가고 세상처럼 낮아진 존재로 살아가야 한다. 이는 누룩처럼 소금처럼 자신을 녹여 더불어 존재하는 것이요, 밀알처럼 자신을 죽여 많은 생명을 낳는 작은 생명 입자의 존재방식이다. 성육신적 선교는 어떤 새로운 사역모델이 아니라 하나님의 성육신적 선교에 참여하는 것으로서 하나님이 행하신 것처럼 지속적으로 이웃에게 가까이 다가가 현존함으로 함께 살아가는 교회공동체와 회중이 되는 것이다.[229]

윌버트 쉥크(Wilbert R. Shenk)는 복음과 문화의 관계에 접근하는 세 가지 선교모델에 대해 언급한다.[230] 그 첫째는 복제모델로서 선교사가 다른 문화에서 자기 문화에서 이미 경험한 교회를 복제하거나 재생산하려는 자세이다. 둘째는 토착화모델로서 그 선교지의 문화와 민족과 도구를 끌어내어 새로운 기독교계를 생산하려는 접근방법으로서 현지 문화를 우선시 하는 모델이다. 셋째는 상황화 모델로서 복음 메시지가 특정 문화와 만나는 상황에서 복음을 증언하고 공동체를 형성함에 있어서 그 문화의 역동적이고 변화하는 상황 안에서 복음과 문화의 만남과 대화를 추구하는 모델이다. 이는 선교사 자신의 문화를 이식하는 것도 아니요, 현지의 문화에 매몰되어 복음의 정체성을 훼손시키지 않고 성육신적 만남의 과정을 소중히 여기는 접근방법이다. 뉴비긴이 말하는 선교적 태도는 성육신적 만남이며 성육신적 대화이다. 그는 교회는 언제나 세상 속에서 세상과 대화를 나누며 살아야 함을 강조한다.231) 그리스도인은 세상과 소통하는 성육신적 대화를 통해 그리스도를 증언하는 자가 되어야 한다. 세상은 끊임없이 변화하고 그 문화는 언제나 변천과 변동의 과정 가운데 있다. 교회가 이렇게 대화를 나누며 세상과 계속하여 교류하는 삶을 살기 위해서는 교회 자체가 변하여야 함을 뜻한다. 복음은 변하지 않더라도 변화하는 세상에서 복음을 증언하기 위해서 성육신적 대화의 태도를 가지고 선교적 조우를 하여야 하는 것이다.

　뉴비긴은 타종교인과의 대화도 성육신적 태도를 지니고 계단의 꼭대기가 아니라 밑바닥에서 이루어져야 한다고 말한다.232) 하나님이 계단의 꼭대기가 아니라 밑바닥으로 내려와 우리를 만나셨듯이 우리도 다른 종교를 믿는 신자를 진정으로 만나고 복음을 증언하기 위해서는 계단의 밑바닥으로 내려가야 한다. 우리가 위로 올라갈수록 성육신하셔서 일하시는 하나님과 더욱 멀어지는 역설이 여기에 존재한다. 이는 그들의 목소리에도 귀를 기울이고 경청하는 자세를 갖추는 낮아짐과 비움의 자세를 포함한다. 에드문드(Edmund Kee-Fook Chia)는 "대화로서의 선교"(Mission as Dialogue)라는 논문에서 아시아 문화에서 복음을 증언하기 위해서는 입술의 선포 이상의 실천적 제자도의 중요성을 언급하며 다음과 같이 말한다. "문화 안에서 수행되는 선교는 그 문화와 대화하여야 한다. 이는 단지 생존의 문제가 아니라 얼마나 제자도로서의 복음에 충실하는가 하는 문제이다."233) 선교란 다름 아닌 대화이기 때문이다. 뉴비긴의 선교적 교회론의 기본구조는 성육신적 대화의 선교모델이며, 이는 우리의 복음증언과 선교적 대화에서도 적용되어야할 근본원리이다.

커뮤니케이션으로서의 선교

뉴비긴의 선교적 교회론은 선교 커뮤니케이션의 통합적 원리와 전략을 제시해준다. 뉴비긴의 선교적 교회론은 방법론적 테크닉을 추구하지 않는 체계이면서도 매우 전략적이고 지혜로운 방법론적인 특성을 지니고 있다. 윌버트 쉥크는 뉴비긴이 교회와 세상에 깊이 참여하면서 교회가 직면한 우선적인 이슈에 대해 민감한 전략적 사상가였다고 평가한 바 있다.234) 그의 선교적 교회론은 실천적이고 상황적이고 전략적인 특성을 지니고 있다. 뉴비긴의 선교방법론은 커뮤니케이션을 강조한다. 그는 문화적 상황에 따른 적합한 선교적 접근과 대화적 방법을 제시하고자 하였다.

뉴비긴의 선교 개념은 '복음을 통한 세상의 정복'이란 개념이 아니다. 그리고 일방적인 전달의 방식으로 복음을 전하는 것은 적절하지도 않을 뿐 아니라 이는 성경의 원리와도 다르다고 보았다. 그가 말하는 복음의 증언의 모델은 '질문에 대한 응답으로서의 증언' 즉 커뮤니케이션으로서의 복음전도 방식이라고 할 수 있다. 뉴비긴은 '질문에 대한 응답으로서의 복음전도'를 강조한다. 그는 사도행전의 문맥에서 사도들의 일방적인 주도성이나 공격적 전도의 흔적을 발견하기보다는, 무언가 설명이 필요한 상황에서 사람들이 질문을 던질 때 그 질문에 대답하는 방식으로 복음이 전해졌음을 강조한다.235) 즉 하나님 나라의 권능이 임하는 현장에서 사람들이 질문으로서 반응한 상황을 말하는 것이다. 그는 "바울의 편지들에는 신실한 삶을 살라는 권면은 아주 많지만 적극적으로 선교하라는 권면은 없는 게 아닌가 추정된다."236)고 말하면서 '질문에 대한 대답으로서의 전도'를 강조한다. 복음전도는 진공 상태에서 추상적으로 복음을 전달하는 것이 아니라 복음이 일으킨 사건과 상황에 대한 설명과 대답으로 행하여졌다는 것이다.237) 이는 그리스도인들의 신실하고 충만한 삶에 대해 사람들이 질문을 던지면서 반응할 때 그러한 '질문을 던지는 상황'에 대답하며 말로 복음을 증언하는 방식이 가장 성경적이며 효율적이라는 뉴비긴의 확신을 나타낸다. 이는 전형적인 복음전도 커뮤니케이션이다. 그리고 이는 상대방의 마음이 열린 상황에서 대화를 먼저 걸어오는 상대방에게 가장 적절한 타이밍에 응답하는 방식으로 대화한다는 면에서 소통의 전략으로서도 탁월하다. "효과적인 복음전도는 구두 선포 이상의 것을 수반하여야 한다. 복음의 커뮤니케이션은 말과 행동의 통합, 즉 섬김의 행위와 유기적으로 관련된 언어적 개념의 통합이 필요하다."238)

전도는 커뮤니케이션의 문제이다. 이 커뮤니케이션은 전도자와 피전도자의 의사소통이라기보다 교회와 세상의 의사소통이며 존재방식으로서의 커뮤니케이션이다. 즉 논리적으로 요약된 복음을 제시하는 의사소통 기술에 국한되는 것이 아니라는 것이다. 삐에르 바벵은 커뮤니케이션에 대한 그리스도교의 접근방법과 원리를 설명하는 그의 책에서 기독교 커뮤니케이션의 출처와 주체는 하나님이시며, 이 계시는 하나님의 선물이라고 단언한다.239) 그리고 예수 그리스도의 커뮤니케이션의 계시는 지적인 정보가 아니라 존재로서의 길을 드러내 준다는 점을 강조한다.240) 무엇보다도 복음화를 위해서는 교회 공동체의 아름다움과 생명력에 찬 모습을 보여주는 것이 중요함을 거듭 역설한다.241) 즉 살아있는 공동체를 살아가고 보여주는 것이 곧 증언이며 복음화의 가장 강력한 방법이라는 것이다.

뉴비긴의 교회 개념과 선교론적 맥락을 살펴보면 그는 소위 교회성장적 선교개념과 전략을 거부하는 입장이 분명하다. 그는 선교의 성공이 신자의 수적 성장에 달려있다는 식으로 이해하는 방식을 바울의 서신들에서 발견할 수 없다고 주장하면서 성장주의 노선에 대한 반대입장을 분명히 한다.242) 오히려 그는 성경이 보여주는 참된 교회공동체를 추구한다. 뉴비긴은 기쁨과 환희로 가득한 찬양의 공동체, 즉 교회 공동체의 활기찬 생명력이 하나님의 영광을 드러내는 것이며, 그 자체가 선교라고 확신한다.

> 선교의 중심에는 그분과 함께 하고 싶은 열망과 그분께 우리의 삶을 드리고 싶은 마음이 있을 뿐이다. 선교의 중심에는 감사와 찬양이 있다. 만일 우리가 선교를 우리의 사역으로 여겨서 [선교]행위로 의롭게 될 수 있는 것처럼 생각한다면, 이는 참으로 왜곡된 견해가 아닐 수 없다. 이 장의 첫 부분에서 나는, 교회의 선교는 기쁨의 폭발로 인한 방

사능 낙진과 같이 시작되었다고 말했다. 선교가 이런 본질에 충실할 때 그 목적에도 충실해질 것이다. 선교는 곧 행위로 드리는 찬미다. 선교의 속 깊은 비밀이 바로 여기에 있다. 그 목적은 하나님의 영광을 찬미하는 것이다.[243)]

교인들의 희열에 찬 삶, 공동체적 친교, 이웃 사랑의 삶 등은 그 자체로서 복음 커뮤니케이션의 기능을 한다고 보는 여기에 뉴비긴의 선교적 교회론의 정수가 담겨있다고 보아야 할 것이다.

주해

1) 레슬리 뉴비긴, 「오픈 시크릿」, 홍병룡 역 (서울: 복있는 사람, 2012), 23.

2) 데럴 구더, 「선교적 교회」, 정승현 역 (인천: 주안대학원대학교 출판부, 2013), 32.

3) Darrell L. Guder ed., *Missional Church ; A Vision for the Sending of the Church in North America* (MI: Grand Rapids, William B. Eerdmans Publishing Company, 1998), 11-12.

4) 김선일, "선교적 교회의 패러다임에서 조명하는 교회학교 사역." 한국복음주의선교신학회 편, 「복음과 선교」 제17권, 서울: 올리브나무, 2012, 13.

5) 데럴 구더, 「선교적 교회」, 21. 정승현은 한국어 번역판의 역자 서문에서 선교적 교회론을 일종의 '자성의 신학' 이라고 평가하였다.

6) Graig Van Gelder ed. *The Missional Church and Denomination: Helping Congregations Develope a Missional Identity* (William B. Eerderman Publishing Company, MI: Grand Rapids, 2008), 5-6.

7) 마이클 고힌, "참으로 해방된 복음 : 레슬리 뉴비긴이 20세가 교회에 준 선물." 레슬리 뉴비긴, 「다원주의 사회에서의 복음」, 홍병룡 역 (서울: IVP, 2013), 461. 마이클 고힌의 이 언급은 뉴비긴의 이 책의 번역본 후미에 담긴 '해설'에서 인용함.

8) Ibid., 462.

9) Darrell L. Guder ed., *Missional Church : A Vision for the Sending of the Church in North America*, 3.

10) 레슬리 뉴비긴, 「오픈 시크릿」, 17.

11) Ibid., 16.

12) 레슬리 뉴비긴, 「다원주의 사회에서의 복음」, 223.

13) 레슬리 뉴비긴, 「오픈 시크릿」, 113.

14) 레슬리 뉴비긴, 「다원주의 사회에서의 복음」, 227.

15) Ibid., 255-256.

16) 레슬리 뉴비긴, 「오픈 시크릿」, 62.

17) Ibid.

18) Ibid., 82.

19) Ibid., 106.

20) Ibid., 111.

21) Ibid., 111.

22) Ibid., 124.

23) Ibid., 111.

24) Ibid., 124.

25) 레슬리 뉴비긴, 「아직 끝나지 않은 길」, 홍병룡 역 (서울: 복있는 사람, 2011), 57-58.

26) 레슬리 뉴비긴, 「다원주의 사회에서의 복음」, 261.

27) 레슬리 뉴비긴, 「오픈 시크릿」, 215.

28) 레슬리 뉴비긴, 「다원주의 사회에서의 복음」, 263.

29) Ibid., 438.

30) 레슬리 뉴비긴, 「오픈 시크릿」, 30.

31) Ibid., 33. 뉴비긴은 「다원주의 사회에서의 복음」에서 하나님의 선교(Missio Dei)에 대해 다루는 255-258쪽에서 이 양자의 입장에 대해 보다 상세하게 다루고 있다. 「오픈 시크릿」에 비해 10여년 이후에 쓰여진 이 책에서 그는 이 양자 간의 입장 차이를 보다 선명하게 비교하면서 Missio Dei 선교론에 대해 비판적 견해를 표현한다.

32) Ibid., 172.

33) Ibid.

34) 레슬리 뉴비긴, 「오픈 시크릿」, 198.

35) Ibid.

36) 레슬리 뉴비긴, 「다원주의 사회에서의 복음」, 349.

37) 레슬리 뉴비긴, 「헬라인에게는 미련한 것이요」, 홍병룡 역 (서울: IVP, 2005), 13.

38) Ibid., 171-190.

39) Ibid., 171.

40) Ibid., 171-190. 이하 내용은 171-191쪽의 내용을 요약한 것임.

41) 레슬리 뉴비긴, 「다원주의사회에서의 복음」, 268-287.

42) 레슬리 뉴비긴, 「오픈 시크릿」, 252.

43) Ibid.

44) Ibid., 256.

45) Ibid.

46) 레슬리 뉴비긴, 「다원주의 사회에서의 복음」, 228.

47) Ibid., 223.

48) Ibid., 251.

49) Ibid.

50) Ibid., 245.

51) Ibid., 250.

52) 레슬리 뉴비긴, 「헬라인에게는 미련한 것이요」, 191.

53) Ibid., 190.

54) Ibid.

55) 레슬리 뉴비긴, 「다원주의 사회에서의 복음」, 419.

56) Ibid.

57) Ibid., 420-423.

58) 레슬리 뉴비긴, 「교회란 무엇인가」, 13.

59) 콜린 윌리암스, 「교회」, 이계준 역 (서울: 대한기독교서회, 1984), 11.

60) Ibid., 12-13.

61) 레슬리 뉴비긴, 「교회란 무엇인가」, 30.

62) Ibid.

63) Ibid.

64) Ibid., 31.

65) Ibid., 31-32.

66) 레슬리 뉴비긴, 「교회란 무엇인가」, 37.

67) Lesslie Newbigin. *Truth to Tell; The Gospel as Public Truth* (William B. Eerdman Publishing Company, MI: Grand Rapids, 1991), 87

68) Ibid.

69) 레슬리 뉴비긴, 「교회란 무엇인가」, 62.

70) Ibid., 63.

71) Ibid., 70.

72) Ibid.

73) Ibid.

74) Ibid., 74-75.

75) Ibid., 76.

76) Ibid., 79.

77) Ibid.

78) Ibid., 82.

79) Ibid.

80) Ibid., 87.

81) Ibid., 94.

82) Ibid.

83) Ibid., 183.

84) Ibid, 105.

85) Ibid, 106.

86) 이에 대해서는 그의 책 「교회란 무엇인가」, 106-110쪽을 참고하라.

87) Lesslie Newbigin. *A Word in Season; Perspective on Christian World Mission* (William B. Eerdman Publishing Company, MI: Grand Rapids, 1994), 32.

88) 레슬리 뉴비긴, 「교회란 무엇인가」, 120.

89) Ibid.

90) Ibid., 123.

91) 레슬리 뉴비긴, 「아직 끝나지 않은 길」, 276.

92) Ibid.

93) 레슬리 뉴비긴, 「교회란 무엇인가」, 133.

94) Ibid.

95) Ibid., 140-141.

96) Ibid., 154.

97) Lesslie Newbigin, *The Light has Come; An Exposition of the Fourth Gospel* (William B. Eerdman Publishing Company, MI: Grand Rapids, 1982), 176.

98) 레슬리 뉴비긴, 「교회란 무엇인가」, 160.

99) Ibid., 162.

100) Ibid., 162-163.

101) Ibid., 163.

102) Ibid., 165.

103) Ibid.

104) 레슬리 뉴비긴, 「다원주의 사회에서의 복음」, 427.

105) 이에 대해서는 레슬리 뉴비긴의 「요한복음 강해」, 292-299쪽을 참고하라.

106) 레슬리 뉴비긴, 「요한복음 강해」, 홍병룡 역 (서울: IVP, 2011), 294.

107) Ibid., 298.

108) Ibid., 301.

109) Ibid.

110) Ibid.

111) Ibid., 341.

112) Ibid.

113) Ibid., 342.

114) Ibid.

115) Ibid., 343.

116) 레슬리 뉴비긴, 「다원주의 사회에서의 복음」, 253.

117) 레슬리 뉴비긴, 「교회란 무엇인가」, 181.

118) Ibid., 181.

119) Ibid., 184.

120) Ibid., 184.

121) Ibid., 185.

122) Ibid., 185-186.

123) 최형근, "레슬리 뉴비긴의 선교적 교회론". 「교회란 무엇인가」, 188.

124) Ibid.

125) 레슬리 뉴비긴, 「교회란 무엇인가」, 20.

126) Wilbert R. Shenk, "Lesslie Newbigin's contribution to mission theology." *The International Bulletin of Missionary Research*, Vol. 24, No. 2 (April, 2000), 64.

127) 이러한 노력의 결과로 탄생한 그의 책과 연구로는 *The Other Side of 1984: Questions to the Churches*, 1984. 「서구 기독교의 위기」, 서정운 역, 대한기독교서회, 1987), *Foolishness to the Greeks*, 1986. 「헬라인에게는 미련한 것이요」, 홍병룡 역, IVP, 2005), *The Gospel in a Pluralist Society*, 1989. 「종교다원주의 사회에서의 복음」, 홍병룡 역, IVP. 2007), *A Word in Season; Perspectives on Christian World Missions*, 1994., *Proper Confidence*, 1995., *Truth and Authority in Modernity*,1996 등이 있다.

128) 레슬리 뉴비긴, 「다원주의 사회에서의 복음」, 463-464. 이하 언급하는 네 가지 작업에 대한 설명은 마이클 고힌의 분석을 인용하였다.

129) Ibid., 464.

130) Kenneth D. Gordon, "Newbigin as Preacher and Exegete." Mark T. B. Laing and Paul Weston ed., *Theology in Missionary Perspective; Lesslie Newbigin's Legacy* (Pickwick Publication, Oregon: Eugene, 2012), 88.

131) Ibid.

132) 레슬리 뉴비긴, 「기독교의 새로운 출발을 위하여」, 이문장 역 (경기도 안양: 대장간, 1994), 82.

133) 레슬리 뉴비긴, 「아직 끝나지 않은 길」, 90.

134) Ibid.

135) Wilbert R. Shenk, "Lesslie Newbigin's contribution to mission theology." *The International Bulletin of Missionary Research*, Vol. 24, No2. April, 2000, 59,

136) 'Missionary Theologian' 이란 용어는 Paul Weston이 편집한 책, *Lesslie Newbigin; Missionary Theologian* (Eerdmans Publishing Company, MI: Grand Rapids, 1982)의 제목을 참고하여 사용한 것이다.

137) Geoffrey Wainwright, *Lesslie Newbigin: A Theological Life* (New York: Oxford Unive Press, 2000), viii-xii.

138) 레슬리 뉴비긴, 「누가 그 진리를 죽였는가」, 홍병룡 역 (서울: IVP, 2005), 29.

139) 이에 대해서는 뉴비긴의 「교회란 무엇인가」의 목차를 참고하고, 본문에서 각 장의 첫 페이지가 어떻게 시작되고 있는지를 면밀히 살펴보라. 그는 수많은 성경구절을 인용하고 해석하면서 논리를 전개하고 있다. 그의 이론은 사변적 개념의 조합이 아니라 성서해설에 기반한 논증의 성격을 지니고 있다.

140) 최형근, "선교적 교회론의 실천에 관한 연구." 「선교신학」, 제26집, 한국선교신학회 편, 245.

141) 미로슬라브 보프, 「삼위일체와 교회」(*After Our Likeness: The Church as the Image of the Trinity*), 황은영 역 (서울: 새물결 플러스, 2012), 320.

142) 하워드 A. 스나이더, 「교회 DNA」, 최형근 역 (서울: IVP, 2006), 78.

143) 레슬리 뉴비긴, 「다원주의 사회에서의 복음」, 227.

144) Ibid.

145) Ibid.

146) 레슬리 뉴비긴, 「변화하는 세상 가운데 살아 숨쉬는 소망」, 이혜림 역 (서울: 서로사랑, 2006), 26-27.

147) 레슬리 뉴비긴, 「복음, 공공의 진리를 말하다」, 김기현 역 (서울: SFC 출판부, 2008), 24.

148) 레슬리 뉴비긴, 「변화하는 세상 가운데 살아 숨쉬는 소망」, 23-24.

149) 레슬리 뉴비긴, 「아직 끝나지 않은 길」, 392.

150) 레슬리 뉴비긴, 「변화하는 세상 가운데 살아 숨쉬는 소망」, 32.

151) 레슬리 뉴비긴, 「오픈 시크릿」, 306.

152) Ibid., 306-307.

153) Ibid., 308.

154) Ibid., 311.

155) 레슬리 뉴비긴, 「공공의 진리를 말하다」, 45.

156) 레슬리 뉴비긴, 「변화하는 세상 변함없는 복음」, 홍병룡 역 (서울: 아바서원, 2014), 72.

157) 최형근, "레슬리 뉴비긴의 선교적 교회론." 「교회란 무엇인가」, 193.

158) 데이비드 보쉬, 「변화하고 있는 선교」, 550.

159) 최형근, "레슬리 뉴비긴의 선교적 교회론." 「교회란 무엇인가」, 191.

160) 레슬리 뉴비긴, 「다원주의 사회에서의 복음」, 255

161) 이에 대한 규명은 이 연구의 제4장에서 보다 상세하게 다룰 것이다.

162) 이하는 허성식, "레슬리 뉴비긴의 생애와 선교적 에큐메니칼 운동" 3.2를 참고하였음.

163) 레슬리 뉴비긴, 「죄와 구원; 평신도를 위한 구원론」, 정원범 역 (서울: 나눔사, 1990), 111-112.

164) Lesslie Newbigin, *Truth and Authority in Modernity; Christian Mission and Modern Culture* (Trinity Press International, Pennsylvania: Valley Forge, 1996), 19-20.

165) 레슬리 뉴비긴, 「포스트 모던 시대의 진리」, 76.

166) 레슬리 뉴비긴, 「변화하는 세상 가운데 살아 숨쉬는 소망」, 31.

167) 레슬리 뉴비긴, 「포스트 모던 시대의 진리」, 76-77.

168) 레슬리 뉴비긴, 「오픈 시크릿」, 283.

169) Lesslie Newbigin. *The Open Secret; An Introduction to the Theology of Mission* (Wm B. Eerdman Publishing Company, MI: Grand Rapids, 1978), 182-183.

170) 레슬리 뉴비긴, 「교회란 무엇인가」, 154-155.

171) Ibid., 60.

172) Ibid., 152.

173) Ibid., 162-163.

174) 레슬리 뉴비긴, 「다원주의 사회에서의 복음」, 215.

175) 에디 깁스, 라이언 볼저, 「이머징 교회」(Emerging Church), 김도훈 역 (서울: 쿰란출판사, 2009), 149.

176) 하워드 A. 스나이더, 「하나님의 나라, 교회 그리고 세상」, 박민희 역 (서울: 드림북, 2007), 118.

177) Ibid.

178) 데릴 구더, 「선교적 교회」, 153.

179) 레슬리 뉴비긴, 「교회란 무엇인가」, 144.

180) Ibid.

181) Jr Woodward, *Creating a Missional Culture; Equipping the Church for the Sake of the World* (IVP Books, IL: Downers Grove, 2012), 28.

182) David J. Kettle, "Unfinshed Dialogue?; The Reception of Lesslie Newbigin's Theology." Mark T. B. Laing and Paul Weston ed., *Theology in Missionary Perspective; Lesslie Newbigin's Legacy* (Pickwick Publication, Oregon: Eugene, 2012), 21.

183) Wilbert R. Shenk, "Lesslie Newbigin's contribution the the Theology of Mission." *TransMission*, 1998. 306.

184) Graig Ott and Stephen J. Strauss, *Encountering Theology of Mission; Biblical Foundations, Historical Developments, and Contemporary Issues* (BakerAcademic,

MI: Grand Rapids, 2000), 197.

185) Graig Van Gelder, "From Cooperate Church to Missional Church: The Challenge Facing Congregations Today." *Review and Expositor* 101 (Summer 2004), 437.

186) 이에 대해서는 Geoffrey Wainwright, *Lesslie Newbigin; A Theological Life* (New York: Oxford Unive Press, 2000), 390-392쪽을 참고하라.

187) Ibid.

188) George R. Hunsberger, *Brearing the Witness of the Spirit: Lesslie Newbigin's Theology of Cultural Plurality* (William B. Eerdmans Publishing Company, MI: Grand Rapids, 1998), 3.

189) Alan J. Roxburgh, "The Missional Church." *Theology Matters*, Vol. 10, No. 4. 2004, 24.

190) 데럴 구더(Darrell L. Guder)는 뉴비긴의 이러한 선교적 교회론의 특징을 다음과 같이 다섯 가지로 요약한다; 1) 선교적 교회론은 성경적(biblical)이다, 2. 선교적 교회론은 역사적 (historical)이다, 3) 선교적 교회론은 상황적(contextual)이다, 4. 선교적 교회론은 종말론적 (eschatological)이다, 5. 선교적 교회론은 실천되어야 한다(can be practiced). 그의 평가와 분석은 레슬리 뉴비긴의 선교적 교회론의 특징을 잘 함축하고 있다고 할 수 있다. 이 가운데 앞의 네 가지는 뉴비긴에 대한 평가를 담고 있다면, 마지막 다섯 번째는 수행하고 이루어내어야 할 것이다. Darrell L. Guder ed., *Missional Church; A Vision for the Sending of the Church in North America.* (William B. Eerdmans Publishing Company, MI: Grand Rapids, 1998), 11-12.

191) Alan J. Roxburgh and M. Scott Boren. *Introducing the Missional Church* (Baker Books, MI: Grand Rapids, 2009), 24.

192) Graig Van Gelder and Dwight J. Zscheiile. *The Missional Church in Perspective* (BakerAcademic, MI: Grand Rapids, 2011), 1.

193) Alan J. Roxburgh and M. Scott Boren. *Introducing the Missional Church*, 72.

194) 데럴 구더, 정승현 역, 「선교적 교회」, 115.

195) 데이비드 보쉬, 방동섭 역, "선교의 성경적 모델에 대한 고찰." 제임스 M. 필립스 & 로버트 구트 편, 「선교신학의 21세기 동향」, 한국복음주의신학회 선교분과 편역 (서울: 이레서원, 2000), 286.

196) 뉴비긴은 호켄다이크가 교회가 자기 자신을 목적으로 삼는 관념을 반박하면서 교회를 순전히 도구로서 생각하여야 한다는 주장에 대해서 반론을 제기한다. 즉 교회는 그 자체를 목적으로 삼아서는 안되지만 '그리스도 안에서 사는 삶은 사도적 삶을 살기 위한 수단일 뿐 아니

라, 그 자체가 교회의 목적'임을 분명히 한다. 이는 하나님과 교회를 대립시키는 Missio Dei 선교론의 이분법적 논리를 극복하는 균형잡힌 입장이라고 판단된다. 이에 대해서는 「교회란 무엇인가」, 180-181쪽을 참고하라.

197) 레슬리 뉴비긴, 「다원주의 사회에서의 복음」, 283-287.

198) 토마스 크람, 「선교와 신학: 선교의 근거설정을 위한 신학적 모델들의 분석과 검증」, 박정진 역 (서울: 다산글방, 2009), 175.

199) Ibid., 182.

200) 레슬리 뉴비긴, 「포스트모던 시대의 진리」, 35.

201) 레슬리 뉴비긴, 「다원주의 사회에서의 복음」, 272.

202) 리처드 마우, 「왜곡된 진리」, 오수미 역 (서울: CUP, 1999), 208.

203) Paul Weston, "Lesslie Newbigin: A Postmodern Missiologist?" *Mission Studies*, vol. 21 No 2, 2004, 229-247.

204) 레슬리 뉴비긴, 「복음, 공공의 진리를 말하다」, 8.

205) Ibid., 73.

206) Ibid., 101.

207) Stephen B. Bevans, *Models of Contextual Theology*. Revised and Expanded Edition (Orbis Books, NY: Maryknoll, 2002), 117-122 참조

208) 류태선, 「공적 진리로서의 복음 – 레슬리 뉴비긴의 신학사상」, (서울: 한들출판사, 2011) 23.

209) Peter J. Barrett, "The Gospel and Western Cuture; On the Ideas of Newbigin." *Missionalia*, vol 27 no 1. April 1999, 66.

210) 류태선, 「공적 진리로서의 복음-레슬리 뉴비긴의 신학사상」, 21.

211) 「교회란 무엇인가」, 181.

212) Ibid., 184.

213) 레슬리 뉴비긴, 「아직 끝나지 않은 길」, 490.

214) Ibid., 490-491.

215) Ibid. 491.

216) Ibid. 491.

217) 레슬리 뉴비긴, 「복음, 공공의 진리를 말하다」, 73.

218) 레슬리 뉴비긴, 「아직 끝나지 않은 길」, 492.

219) Ibid. 493.

220) 레슬리 뉴비긴, 「다원주의 사회에서의 복음」, 422.

221) Ibid., 90.

222) Lessilie Newbigin, *The Gospel in a Pluralist Society* (William B. Eerdmans Publishing Company, MI: Grand Rapids, 1989), 238.

223) 데이비드 보쉬, 「변화하고 있는 선교」, 362.

224) Reggie McNeal, *Missional Renaissance; Changing the Scorecard for the Church* (Jossy-Bass, CA: San Francisco, 2009), 6.

225) Ibid., 54.

226) Kristopger Norris, *Pilgrim Practice; Discipleship for a Missional Church* (Cascade Books, Oregon: Eugene), x vii.

227) 레슬리 뉴비긴, 「현대 서구문화와 기독교」, 나동광 역 (서울: 대한기독교서회, 1989), 157.

228) 레슬리 뉴비긴, 「다원주의 사회에서의 복음」, 424.

229) Michael Frost, *The Road to Missional; Journey to the Center of the Church* (BakerBooks, MI: Grand Rapids, 2011), 131-135.

230) 윌버트 R. 쉥크, 「선교의 새로운 영역」, 장훈태 역 (서울: 기독교문서선교회, 2001), 86-97.

231) 레슬리 뉴비긴, 「오픈 시크릿」, 303.

232) Ibid., 304.

233) Ogbue U. Kalu, Peter Vethanayagamony, Edmund Kee-Fook Chia. ed., *Mission after Christendom* (Westminster John Knox Press, KN: Louisville, 2010), 154.

234) Wilbert R. Shenk, "Lesslie Newbigin's contribution to mission theology." *The International Bulletin of Missionary Research*, Vol. 24, No2. (April, 2000), 59.

235) 레슬리 뉴비긴, 「다원주의 사회에서의 복음」, 228.

236) Ibid.

237) 김선일, "종교다원주의 사회에서의 전도." 한국복음주의선교신학회 편, 「복음과 선교」, 제 24권 (서울: 올리브나무, 2012), 32.

238) Mark Rusell, "Christian Mission is Holistic." *The Journal of the International Society for Frontier Missiology*. vol 25. William Carry International University Press (April-June, 2008). 96.

239) 삐에르 바뱅, 「종교 커뮤니케이션의 새시대」, 유영난 역 (왜관: 분도출판사, 1993), 108.

240) Ibid., 109.

241) Ibid., 274.

242) 레슬리 뉴비긴, 「오픈 시크릿」, 220.

243) 레슬리 뉴비긴, 「다원주의 사회에서의 복음」, 242.

제3장

칼빈의 선교론

제3장
칼빈의 선교론

칼빈의 시대는 선교가 아니라 교회의 개혁이 중요한 화두로 제기된 시대였다. 그리고 당시는 선교신학이라는 신학의 영역이 별도로 존재하거나 칼빈의 저술 가운데 선교의 주제를 체계적으로 다룬 별도의 저서나 항목이 있었던 것도 아니다. 그러나 칼빈의 전 생애와 저서를 살펴보면 그는 하나님의 부르심에 응답하여 철저하게 선교적 삶을 살아낸 목회자이자 선교사이며 신학자이자 종교개혁가임을 알 수 있다.

칼빈의 선교 사상과 선교적 삶에 대해 다룰 때에 정당한 방법론으로 접근하여야 한다. 즉 오늘날의 의미에서 선교신학이나 선교 개념으로 종교개혁가들이나 칼빈을 다루는 접근법은 적절하지 못하다. 칼빈이 어떠한 선교론을 설파하고 그의 『기독교강요』에 '선교'라는 주제를 별도로 다룬 항목이 있는지, 혹은 몇 명의 선교사를 체계적으로 훈련하여 해외 혹은 타문화권으로 파송하였는가? 하는 방식으로 접근해서는 곤란하다는 것이다. 종교개혁과 선교의 관계를 연구할 때 현대 선교의 관점에서 종교개혁을 논할 것이 아니라, 종교개혁의 입장에서 현대선교를 논하는 것이 타당하다.[1] 아울러 오늘날의 의미에서 불신자를 회심케 하거나 타종교인을 개종케 하는 방식의 복음전도나 선교적 개념이 칼빈에게 있느냐? 하는 질문에는 칼빈의 여러 저작이나 설교에서 그에 대한 대답을 충분히 발견할 수 있을 것이다. 그러나 칼빈의 선교론을 다루고자 한다면 칼빈에게서 어떤 선교론적 이론이나 완결된 체계를 발견하고자 하는 일방적이고 협애한 관점을 넘어서는 전체적이고 거시적인 관점이 필요하다.

종교개혁 시대에는 교회의 일반적 선교적 과제만이 아니라 당시의 특수한 선교적 과제가 있었다. 이는 교회 개혁이라는 긴급한 과제였다. 게다가 종교개혁운동은 교회의 조직이나 체계의 개혁이 선교적 증언의 핵심이 되는 복음에 대한 이해와 교회의 본질에 대한 이해를 담고 있기 때문에 종교개혁 자체는 단지 교회개혁운동 이상의 의미를 담고 있다고 할 수 있다.

제1절 종교개혁의 선교적 의미

칼빈을 비롯한 종교개혁가들에게는 선교론이 부재하고 선교에 대한 기본적인 개념이나 실천이 없었다는 비판들이 많다.[2] 가톨릭 신학자들을 비롯한 역사가들은 종종 종교개혁가들은 특별한 선교활동에 참여하지 않았으며 심지어 선교적 책임에 대한 의식(conscious)조차 없었다고 주장하기까지 하였다.[3] 특히 칼빈의 예정론은 운명론적인 구원론에 빠져 선교의 열정을 봉쇄하고 복음전도의 열의를 근원적으로 제거하였다는 비판논리도 등장하였다. 물론 종교개혁 당시와 그 이후 200년 동안 개신교 영역에서 주목할만한 선교운동이나 대외적 선교 활동이 없었던 것은 사실이다.[4] 종교개혁자들이 통상적인 의미에서의 외부 선교에 소홀했던 가장 큰 이유는 종교개혁이라는 과제에 모든 열정을 쏟았기 때문이며, 신학적으로는 로마 가톨릭과의 교리적 논쟁과 내부적으로 계속 이어진 신학 논쟁으로 모든 관심사가 '진정한 교회란 무엇인가'에 집중되었기 때문이었다. 종교개혁이라는 긴급하고 첨예한 상황의 전개 가운데서 그들의 힘과 에너지의 대부분은 바른 교회를 세우고 성경적 진리를 정립하는데 집중되었다. 그래서 그들은 세상 혹은 타문화권으로 나아가는 선교활동에 대해서는 자연히 소극적 태도를 취할 수밖에 없었다.[5] 즉 그들에게는 기독교 세계 바깥의 해외 선교나 타문화권 선교에 관심을 돌릴 만한 여력이 없었던 것이다. 아울러 당시 해상권을 장악하고 있던 나라들은 대부분이 가톨릭의 영향권 속에 있었고 특히 칼빈의 경우 지리적으로 고립된 지역에 있었으므로 외부 선교를 할 만한 환경적 지리적 여건이 적절하지 못하였기 때문이기도 하였다. 당시에는 소위 해외선교는 프랑스의 식민지 지역에서 행하여졌으며 이는 모두 로마 가톨릭에 속한 것이었다. 그러나 칼빈의 제네바는 내륙지방에 있어서 해외로 진출할 지리적 위치가 아니었다. 제네바가 속하였던 스위스는 해외 식민지가 없었으며 더구나 제네바는 프랑스로부터 포위당하여 핍박을 받고 있는 상황이었다.[6] 또한 개신교가 중세 시대에 선교 기지의 역할을 감당한 수도원 전통과 단절됨으로서 선교의 인적 물적 기반이 취약했던 점 또한 고려할 수 있을 것이다. 이러한 제반 상황을 고려한다면 칼빈에게 해외 선교가 없었다는 비판은 적절하지 못하다.

더구나 개신교 신학사상의 역사적 흐름에서 선교신학이 등장한 시점을 고려한다면 종교개혁가들이나 칼빈에게 선교 마인드가 없었다거나 선교 신학이 부재했다는 비판은 부당하다. 왜냐하면 당시에는 현대적 의미에서의 선교 개념이 없었던 시대였기 때문이다. 보쉬는 종교개혁가들이 선교에 무관심했다는 주장이나 특히 그들에게 선교 비전이나 활동을 발견할 수 없다는 가톨릭 학자들의 기혹한 비판은 종교개혁가들의 "신학과 사역의 기본적인 강조점을 오해하는 것"이라고 반박하였다.[7] 종교개혁은 근본적으로 중세 가톨릭 교회의 부패가 극에 다다랐을 때에 복음의 진리와 교회의 본질을 회복하고자 하는 갱신운동이었다. 김선일은 중세 말의 가톨릭의 부패와 잘못된 신앙체계로부터 사람들에게 올바른 구원의 길과 성경적 삶의 길을 제시하는 사역이야말로 종교개혁이 지니는 선교적 전도적 의의라고 보아야 한다고 주장한다.[8]

> 종교개혁운동은 복음의 정수를 재발견하고 이를 새롭게 전파한 운동이었다. 그런 의미에서 전도에 관한 측면에서 종교개혁의 중요성은 지대하다. 또한 단순히 교회 밖의 사람들을 신앙공동체로 데리고 오는 것뿐 아니라 명목상의 신자들을 주체적으로 신앙을 고백하고 신앙적 경험에 이르게 하는 것까지를 전도의 범위에 포함시킨다면, 정교한 의미에서 전도와 관련하여 종교개혁 시대의 의미를 논할 수 있다.[9]

장훈태는 칼빈이 목회와 신학적 활동을 하던 시대의 선교는 외부자 중심의 선교라기보다는 내부자적 관점의 선교가 더 강하게 움직였다고 보고 칼빈은 자신의 목회 현장을 중심으로 주로 내부자 선교에 집중하였다고 평가한다.[10] 즉 칼빈은 교회의 내부적인 문제를 갱신하여 고치는 것이 개혁이자 동시에 선교라고 보았다는 것이다.[11] 이러한 개혁을 통하여 성경적인 의미에서의 목회적 기능이 회복되고, 참된 예배의 실제적 지침을 마련하여 바른 예배를 드리며, 말씀이 올바르게 선포되고, 설교자 자신의 정체성과 사명을 인식하고 말씀의 증언을 통하여 바른 진리를 전하는 것 전체를 선교적 의미를 지니고 있는 것으로 보아야 한다는 것이다. 즉 종교개혁가들은 형식주의와 공로주의로 가득한 가톨릭교회의 부패와 탈선에 대항하여 성경적인 구원관과 교회관 및 신앙의 전체계를 회복하고자 한 것이었다.

종교개혁이 발생하게 된 역사적 배경이나 정치 사회 경제적 요인들에 대한 종합적인 분석이 가능하고 이에 따라 다양한 평가가 가능하겠지만 교회사적 관점과 선교신학의 관점에서 본다면 종교개혁은 복음의 본질을 회복하여 사람들을 로마 가톨릭의 교회 권력과 그릇된 신앙의 속박에서 벗어나게 하는 교회갱신운동이자 새로운 복음전도사역이었다고 할 수 있다.[12] 즉 종교개혁가들이 강조한 '오직 은혜', '오직 믿음' 사상을 비롯한 제 가르침은 한편 신학적 교리적 주장임은 분명하지만 이러한 성경적 신앙의 회복을 통하여 무지와 미신에 빠져 하나님의 진리로부터 벗어나 있는 사람들이 "이 운동의 결과로 잘못된 유형의 기독교에서 정통 복음적 신앙의 기독교로 전례 없는 대량 회심이 일어나게 되었다."[13] 호르스트 뷔르클레는 종교개혁가들은 '그리스도의 몸'의 변화를 위한 개혁적 신학적 관심에 몰두하느라 선교를 제대로 수행하지 못했거나 지엽적이고 하위적인 역할만 할 수 밖에 없었지만, 종교개혁적 사유 안에는 선교신학을 위한 중요하고도 결정적인 관점들과 출발점이 담겨있다고 평가하였다.[14] 종교개혁적 사유 안에 담긴 선교신학적 단서는 다름 아닌 복음에 대한 새로운 이해와 참된 교회 공동체의 추구라고 보아야 한다. 그러므로 종교개혁을 선교적 관점에서 재해석하고 종교개혁으로 탄생한 개신교회가 선교의 결과물이라는 관점에서 평가하는 근원적인 인식의 전환을 전제할 때 칼빈의 선교사상에 대한 총체적인 이해가 가능한 것이다.

클루스터(Fred H. Klooster)는 종교개혁은 역사상 가장 위대한 국내 선교 프로젝트(Home missionary project) 중의 하나로 간주될 수 있다고 주장하며 종교개혁을 일종의 국내 선교로 보는 이유를 종교개혁을 통하여 진정한 회심의 열매를 맺게 되었다는 관점에서 평가한다.15) 즉 변질된 교회 체제와 가르침 속에서 세속화된 명목적 그리스도인들만 가득한 구조에서 이들을 회심시키고 개혁하고 그리스도인화 하는 것 자체가 놀라운 선교사역이었다는 것이다.16) 종교개혁 자체가 거대한 집단 회심의 의미를 지니는 것이었다고 본다면 종교개혁이 지니는 선교적 전도적 의미가 보다 명확해진다고 볼 수 있다. 종교개혁가들이 수행한 개혁활동은 단지 명목상의 그리스도인으로 남아 진정한 그리스도의 지체로 소속되지 못하고 퇴락한 사람들을 그리스도의 복음으로 인도하는 선교적 사역이었다.17) 선교를 단지 협애한 관점에서 공간적으로 국경선을 넘어가서 교회를 세우는 방식의 해외선교가 아니라 그리스도인과 교회의 세상을 향한 증거로 본다면 종교개혁 운동 자체는 일종의 거대한 선교운동이었다고 평가되어야 한다.

종교개혁은 외관상 유럽 대륙 내의 자민족 중심의 전도에만 치중한 것처럼 보이지만, 전도의 유산이라는 관점에서 그들이 기여한 것은 구원론과 교회론과 같은 신학적인 영역에 있었다. 그들은 실질적이고 생생한 하나님과의 교제를 강조하고, 그리스도의 대속적 죽음과 하나님의 주권적 은총에 의한 구원, 그리고 바른 복음의 선포로서의 설교의 중요성에 집중함으로, 사실상 전도의 강력한 동력이 태동할 수 있는 기초를 제공하였다.[18]

종교개혁가들이 오늘날의 통상적 의미에서의 지리적 경계선을 넘어가는 외부 선교에 주력하지는 않았지만 종교개혁을 통하여 복음 증언의 내용이 되는 복음의 진리를 회복하고, 하나님 나라를 선포하고 확장하는 '말씀의 선포'를 강조함으로 선교에 기여하였을 뿐 아니라 종교개혁 자체가 집단 회심으로 이룬 선교적 운동이었으며, 그 이후 기독교의 선교를 위한 교리적 신학적 기반을 형성하였다는 점이 정당하게 평가되어야 한다. 종교개혁은 미신적 중세후기 교회에 유일한 구원자이신 예수 그리스도에 대한 신앙을 선포함으로써 유럽을 재기독교화하고, 신앙을 다시 뿌리내리게 한 선교운동이었다.[19] 종교개혁이 '아래로부터의 교회'를 세우고자 하였다는 점에서 타당한 선교적 행위라고 보아야 한다. 복음에 근거한 공동체의 건설은 기존 교회의 이식이나 확장이 아니라 오히려 복음의 씨앗으로부터의 성장과정이라는 점에서 선교적이다.[20]

제2절 칼빈의 종교개혁과 목회, 그리고 선교

칼빈을 이해하는 일반적인 관점은 그를 개신교 신학의 토대를 마련하고 체계화한 교의신학자로 간주하고 조직신학적 관점에서 그를 해석하는 것이다. 따라서 그에게서 선교사상을 발견한다는 것은 그가 선교를 주제로 한 어떤 신학적 체계를 제시하는 것으로 기대하는 접근방법을 취하기 쉽다. 그러나 칼빈은 현대적 의미에서의 선교의 개념이나 선교적 사상체계를 다루지 않았다. 데이비드 보쉬는 그의 책 『변화하고 있는 선교』(Transforming Mission)에서 종교개혁 시대의 선교를 다루면서 대표적인 종교개혁가들의 선교적 측면에 대해 언급한다. 보쉬는 종교개혁가 루터를 일컬어 창조적이고 독창적인 선교사상가로 평가하여야 한다고 주장하고 아울러 칼빈에 대해서는 보다 적극적으로 선교적 의미를 부여한다.[21] 즉 칼빈의 신학이 루터의 신학보다 세상에서의 그리스도인의 책임을 강조한 신학이었기 때문에 그는 본질적으로 선교신학을 제시했다고 보아야 한다고 강조하였다.[22] 마틴 루터는 세상과 교회를 이원론적인 구도로 이해하면서 세속의 영역에 대해서는 교회가 직접적인 책임과 사명이 없다고 본 반면, 칼빈은 능동적으로 교회가 하나님의 거룩한 통치를 이루기 위해서 사회의 제 영역에서 책임성 있는 개입을 해야 한다는 입장을 취하였기 때문이다.

보쉬의 해석은 칼빈 사상이 지니는 참여적 역동성에 주목한 데 기인한다. 게다가 한 사람의 선교사상을 이해하기 위해서는 그 사람의 신학 이론만이 아니라 그의 삶과 사역 전체를 통합적으로 조명할 때 비로소 가능할 것이다. 칼빈의 생애를 살펴보면 그는 단순한 교회 개혁가가 아니라 그는 목회자이자 전도자, 선교사, 사회개혁가, 훈련자, 선교사 파송자로서 선교적 정체성을 가지고 있었음을 알 수 있다.

1. 칼빈의 선교적 정체성

전도자 칼빈

성경 속의 인물이나 교회의 역사 속에서 하나님께 쓰임받은 사람은 선명한 하나님 체험 혹은 회심 체험을 경험하였음을 알 수 있다. 그러한 회심체험은 삶의 변화를 초래할 뿐 아니라 삶의 궁극적인 방향과 의미를 전환시키는 소명체험이기도 하였다. 즉 회심체험의 성격과 내용은 그 사람의 삶의 방향에 결정적으로 영향력을 미쳐 소명적 삶으로 인도하는 것이다. 이는 칼빈에게도 마찬가지여서 칼빈의 신앙적 회심은 그를 선교적 삶으로 인도하는 계기가 되었다. 칼빈이 언제 회심하였는지에 대해서는 정확한 정보가 없지만 1530년 전후의 어느 시점으로 추정된다.[23] 그의 회심의 상황이나 회심의 계기가 정확히 무엇이었는지에 대해서는 알려진 바가 없다. 그가 자신의 회심에 대해 그의 시편 주석 (*Commentary on the Psamls*)의 서문에서 간단히 언급한 것은 자신이 시편의 주석자로서 적합하다는 것을 입증하려는 의미에서 언급한 것이다. 그는 자신의 삶을 다윗의 삶과 비교하면서 자신이 겪었던 고초와 신앙을 위한 투쟁을 언급하며 자신과 다윗 사이에 인생의 경로에 있어서 유사성이 있다는 것을 나타내고자 하였다.[24] 칼빈은 목동인 다윗이 하나님의 선택에 의해 목동의 신분에서 왕의 자리로 오른 삶의 전환에서 자신의 "소명의 시작"[25]을 발견하고 자신과 다윗을 비교하였다. 다윗이 보이지 않는 하나님의 섭리를 통하여 왕이 되었듯이 하나님께서 칼빈을 본래의 "비천한 신분에서 이끌어내셔서 복음의 선포자와 사역자의 영광스러운 직임을 베풀어주심"[26]으로 자신을 존귀하고 가치있는 존재로 만들어주셨다는 것이다. 그의 회심은 단순히 로마 가톨릭에서 개신교로 개종한 것이 아니라 성경을 읽는 가운데 성령의 비추심(illumination)을 통하여 자신이 비참한 죄인임을 깨닫고 영적으로 거듭난 회심의 체험이었다.[27] 그의 갑작스런 회심 경험은 너무나 분명한 것이었고 그 이후 그는 이전과는 다른 방식으로 삶을 인식하고 세상을 바라보게 되었으며 삶의 기반과 방향 전체가 바뀌게 되었다. 그의 '예기치 못한 회심'은 '회피할 수 없는 소명'으로 이어졌다.[28] 그 이후 그는 말씀에 사로잡혀 하나님을 위하여 온전히 헌신하는 선교적 도구가 되었다.[29]

칼빈의 회심이 그의 삶에 미친 직접적인 영향의 인과관계를 명확하게 규명하는 것은 쉬운 일이 아니다.[30] 칼빈은 자신의 회심을 과장하듯 떠벌리는 사람이 아니었으며 그 회심이 『기독교강요』를 즉각 저술할 정도의 신학적 깊이로 인도하거나 곧바로 성직자의 길을 걷기 위해 진로를 바꾸거나 어릴 때부터 소속되었던 교회와의 모든 관계를 단절하는 방식을 초래하지는 않았다.[31] 그러나 그는 그 회심을 통하여 하나님의 권위를 유일한 권위로 받아들이고 진정으로 경건한 삶을 시작하였으며 하나님을 아는 지식 가운데 성장하려는 열망으로 불타올랐다. 그는 파리에서 교직자가 되려고 공부하던 가운데 아버지의 소원에 따라 순종하는 마음으로 법학을 공부하기 위해 학교를 옮겼으나 1531년 5월 26일 아버지의 죽음 이후 하나님의 부르심에 따라 자기 스스로의 결정으로 저술가가 되려고 파리로 되돌아가서 공부하였다. 이후 그는 그의 한 평생을 변함없이 복음을 증언하는 사역자의 길을 확고하게 걸어가기 시작하였다. 그의 회심은 그를 경건의 길로 인도하였을 뿐 아니라 그의 삶을 한결같은 선교적 삶으로 전환시켰다.

칼빈은 프랑스의 개혁적 분위기 가운데 아버지의 영향과 자신을 가르친 교사들과 학교의 가르침의 영향을 받으며 성장과정에서 인문주의와 개신교적 사상의 영향을 받았다. 그리고 당시 풍미하였던 인문주의자들의 사상을 폭넓게 접하였으며 라틴어와 헬라어를 익혔을 뿐 아니라 학문의 방법과 논증의 기술에 대해서 정교한 배움을 받았다. 그가 섭렵한 모든 지식과 학구적인 열의와 학문적 역량은 그의 회심체험을 통하여 종교개혁의 흐름에 결정적인 영향을 미치는 이론적 무기가 되었다. 회심한 칼빈은 이후 자신의 전 생애를 타락한 로마 가톨릭 교회에 대항하여 신학적으로 투쟁하며 개신교회를 견고히 세워나가는 데 바쳤다. 그는 언제나 당면한 교회의 현안에 성경이 가르치는 바에 따라 반응하면서 행동하였으며 하나님의 주권적인 섭리에 쓰임을 받는 도구로서 복음을 증언하고 교회를 위해 봉사하며 복음을 전하는 삶을 살았다. 그는 성경이 말씀하는 구원의 복음을 접하지 못하고 로마 가톨릭 체제 하에서 영적 무지에 빠져 죽어있는 사람들에게 구원의 복음과 하나님의 은총을 전하고자 하는 열정에 불타올랐다. 법학을 공부하는 중에도 성경을 깊이 있게 연구하고 전도하는 일에 열심을 내었다. 1532년 4월 자비를 들여 최초의 저서를 출판하였는데 세네카의 『관용론』(De Clementia)을 학문적으로 주석한 책을 출판하여 일약 주목받는 인문주의 학자가 되었다. 법학사의 자격에 변호사 자격을 획득한 명저술가로서 사회적인 성공과 안전이 보장되는 길을 걸을 수 있었지만 그는 복음을 증언하고 바른 교회를 세우기 위한 삶으로 투신하였다.

이후 칼빈의 생애에 종교개혁가로서의 길을 걷게 하는 결정적인 사건이 발생하였다. 당시 프랑스에서는 개혁적 사상에 대해 로마 가톨릭과

학교 당국의 가혹한 핍박이 행하여졌다. 루터파에 대한 박해와 1520년 대와 같은 공공연한 핍박은 사라졌지만 대학에 대한 사상적 통제가 매우 심하던 때였다. 칼빈은 학교 지도자로서 개혁적 사상에 따라 여러 활동을 한 것으로 알려져 있다. 1533년 11월 1일 만성절에 종교개혁가인 코프(Nicolas Cop)가 파리 대학 총장에 취임하여 연설을 하였는데, 연설의 본문으로 산상수훈의 팔복을 택한 코프는 종교개혁을 촉구하고 '오직 믿음으로 구원을 얻는다' 는 루터파의 복음적 교리가 들어있는 연설을 하였다. 로마 가톨릭은 즉각 그의 연설을 이단으로 몰고 그를 체포하려 하였으나 코프는 이미 바젤(Basel)로 피신한 이후였다. 칼빈에게는 그 연설문의 실제적인 작성자이거나 연설문 작성을 도와주었다는 혐의로 체포령이 내려졌으며 포르테 대학의 그의 방은 수색당하고 그의 책들은 압류당했다. 칼빈은 파리를 떠나 피신하여야 했다. 이후 칼빈은 핍박을 피해 프랑스의 각 지역을 돌아다니면서 성경을 연구하고 복음을 전파하며 저술활동을 하였다.

1534년 10월 중순에 그 유명한 '벽보사건'을 계기로 칼빈은 종교개혁이 비교적 순조롭게 진행되고 있던 자유로운 도시 바젤로 피신하게 된다. 벽보사건은 파리를 포함한 여러 도시와 왕의 침실 문에 가톨릭교회 미사의 타락상을 비판하는 과격한 벽보가 붙는 사건이 일어났는데 이를 계기로 프랑스 전역에 전면적인 박해가 시작되었다. 3개월간 수백 명이 체포되고 12명이 처형되는 박해의 와중에 프랑스의 많은 종교개혁 지도자들의 피신이 이어졌으며 칼빈 역시 프랑스를 떠나게 되었다. 1535년 1월 바젤에 도착한 칼빈은 종교개혁 지도자들과 교류하며 여러 활동을 하였다. 거기서 먼저 그는 성경을 개정하는 일에 참여하였는데 피에르 로

베로를 도와 '신프랑스어 성경번역판'을 만드는 일을 하였다. 칼빈이 주력하였던 일은 프랑스 지도자들과 그리스도인들, 그리고 고국 프랑스를 위하여 기독교 신앙의 정수를 보여주는 책을 저술하는 일이었는데 그 결과로 탄생한 것이 그 유명한 『기독교강요』이다.[32] 『기독교강요』는 신학적 저술이라는 의미 이전에 성경적 구원의 진리와 기독교 교의의 총체를 간결하게 요약한 복음선언문이자 종교개혁의 이론적 무기였다. 그 책은 회심으로 하나님께로 온전히 헌신한 칼빈 자신이 믿는 복음적 신앙의 고백서였으며[33] 영혼들을 하나님께로 인도하는 진리를 담은 전도서였다.

목회자 칼빈

칼빈은 신학자나 종교개혁가 이전에 한 사람의 목회자였다. 그는 제네바의 지도자 파렐의 요청으로 제네바 시에서 목회를 시작한 이후 한평생 목회자로서의 길을 걸어가며 복음 사역을 하였다. 칼빈의 목회자로서의 정체성을 규명하는 일은 칼빈의 신학과 선교사상을 이해함에 있어 매우 중요한 의미를 지닌다. 칼빈이 대학에서 강의를 하고 연구에만 전념하는 학자였다면 그의 신학은 일종의 강단 신학자가 내뱉는 사변적 신학이라고 치부할 수도 있을 것이다. 그러나 칼빈이 목회자로서 복음을 증언하는 일을 하며 교회를 세우는 일에 헌신하는 가운데 자신의 신학을 전개하였다면 그의 신학이론과 사상은 전혀 다른 실천적인 의미를 지니게 된다. 이는 칼빈의 선교사상과 관련하여서는 더더욱 중요한 의의를 지니게 된다. 그의 목회적 삶이 오직 복음을 위하여 헌신한 증인의 삶이자 그의 이론이 실천적 목회 현장에서 흘러나온 것이라면, 그의 선교사상을 보여주는 단서가 되는 여러 진술들은 그가 믿고 확신하는 바를 선교

현장에서 실천한 실천적 사상이기 때문이다.

칼빈을 신학자요 종교개혁가로만 파악하는 이해는 칼빈을 객관적으로 파악하지 못하게 한다. 사람들은 칼빈에게서 종교개혁가의 특수한 이미지나 성격을 강조하며 그와 거리감을 가지게 하는 경향이 있다.[34] 그러나 인간 칼빈 전체를 조망하여 보면 그는 무엇보다도 충실한 목회자요 영성의 사람이었음을 알 수 있다. R. 스토페르(R. Stauffer)는 인간 칼빈의 면모를 다룬 그의 저서에서 칼빈의 서간문들을 인용하면서 남편으로서, 아버지로서, 그리고 친구와 목사로서의 칼빈을 고찰하고 있다.[35] 그는 쟝 다니엘 브느와(Jean-Daniel Benoit)의 글을 다음과 같이 인용한다.

> 사람들은 그를 제네바의 개혁자처럼 말하기를 좋아한다. 하지만 어쩌면 그를 제네바의 목사라고 지칭하는 것이 더 정확할 것이다. 왜냐하면 칼빈은 영혼 속에 있는 목사였고 그의 개혁 작업은 많은 점에서 그의 목회 활동의 결과와 연장에 불과했기 때문이다.[36]

칼빈은 27년 동안 목사로 사역하였다. 정확히 그의 생애 하프타임(half time) 후반기에 해당되는 기간에 그는 제네바와 스트라스부르그에서 목회 사역을 했으며 마지막으로 그의 첫 임지인 제네바로 돌아와 죽을 때까지 그곳에 머물렀다.[37] 칼빈이 목회적 소명을 받는 과정은 하나님의 부르심에 진지하게 반응하는 목회자로서의 칼빈의 정체성에 대해 신선한 인식을 갖게 한다. 파렐이 칼빈에게 개혁신앙을 받아들인 제네바에서 함께 일하자는 제의를 했을 때 칼빈은 이를 정중히 거절하였다. 하지만 거듭되는 요청에 칼빈은 저술가 혹은 학자로서 살기를 원하였던 자신의 뜻을[38] 버리고 이를 하나님의 부르심으로 받아들이고 제네바에서 사역을 시작하였다. 1538년에 칼빈이 제네바에서 추방된 후에 부처(Martin Bucer, 1491-1551)는 역시 같은 방법으로 칼빈을 설득하여 스트라스부르그에서 목회와 가르치는 일을 하게 했다. 그 이후에도 칼빈은 제네바 시의 간곡한 청빙 요청을 받았을 때 마음에 전혀 내키지 않았음에도 불구하고 하나님의 부르심에 순종하여 스트라스부르그에서의 행복한 목회 생활을 청산하고 다시 제네바로 돌아간다.

칼빈은 매우 성실하게 목회에 전념하였다. 칼빈은 분주한 목회 일정 가운데서 『기독교강요』 최종판을 라틴어와 프랑스어판으로 각각 펴냈으며, 이사야서 주석을 교정했고, 소예언서들에 대한 강의들을 출판하였다. 때로는 자신의 방에서 식음을 전폐한 채 48시간까지 강행군하기도 하였다.[39] 칼빈의 저술 작업과 개혁 작업은 목회라는 현장을 떼놓고서는 이루어질 수 없었다. T. H. L. 파커는 칼빈의 목회와 설교를 이해하지 않고는 설교자로서의 칼빈이나 그가 제네바에서 성취하려 하였던 개혁을 결코 이해하지 못할 것이라고 말한다.[40] 그의 신학적 개혁적 모든 주장들은 그의 설교에서 수없이 주장되었던 것이었기 때문이다.[41] 칼빈의 신학적 동기도 그의 목회와 직결되는 것이다. 칼빈은 목회사역을 하면서 그의 초기 저작인 『기독교강요』의 내용을 보다 심도 있게 다루며 설교하였다. 즉 그의 신학적 동기는 동시에 그의 목회적 동기도 되었다.[42] 특히 『기독교강요』를 제외한 칼빈의 대부분의 저술들은 책상에 앉아 펜으로 작업을 한 것이 아니라 속기사를 통해 구술하여 정리한 것이었다. 이는 그의 사상과 가르침이 책상머리에서의 이론화 작업과 편집 작업을 통하여 이루어진 것이 아니라는 것이다. 그는 목회자로서 신학 작업을 하였으며, 복음 증언의 사역의 와중에 자신의 사상들을 전개하며 신자들에게 가르침을 폈다. 이러한 사실은 칼빈이 사역의 현장에서 스스로 믿고 확신한 바를 역동적으로 표현한 실천적 신학자임을 여실히 보여준다.

칼빈의 목회일화와 그의 목회적 편지들을 살펴보면, 칼빈에 대한 수많은 오해와 왜곡된 평가와 달리 칼빈은 냉정한 타산적 인물도 아니요 냉혈한 지성인도 아니었음을 알 수 있다. 오히려 그는 긍휼의 가슴을 가진 사람이었으며 이는 그의 사역에서 실제로 목회적으로 표현되었다.[43] 또한 칼빈은 편지쓰기를 통하여 목회적 돌봄의 상당 부분을 행하였다. 그의 편지들은 그의 목회의 방법이었으며, 칼빈은 또한 편지를 자기 자신을 위한 영적 인도를 발견하는 수단으로 사용했다.[44] 새로운 임신으로 젖을 떼야 하는 부인에게 보낸 편지와 남편에게 배반당한 그라몽 부인에게 보낸 목회편지에 담긴 위로의 마음은 사랑이 풍성한 인간 칼빈, 목회자 칼빈의 일면을 보여준다.[45] 여러 해 동안 제네바에서 칼빈의 동료로 있었던 니꼴라스 데 갈라르(Nicolas des Gallars)는 다음과 같이 칼빈의 목회 활동을 요약했다.

얼마나 많은 염려를 그는 감당했던가, 얼마나 날카롭게, 얼마나 민감하게 그는 위험을 예견했던가, 얼마나 열심히 그는 이 위험들을 피했던가, 얼마나 신실하고 지성적으로 모든 이에게 관심을 가졌던가, 어떤 친절과 감사로 자기에게 말 걸어오는 자들을 영접했던가, 얼마나 신속히 그리고 솔직히 그는 가장 중대한 질문을 자기에게 해오는 자들에게 대답을 했던가, 사람들이 자기 앞에 내놓는 난관과 문제들을 사적이건 공적이건 얼마나 현명하게 해결하였던가, 얼마나 부드럽게 그는 고통 당하는 자를 위로하고, 낙담하며 용기를 잃은 자를 부추겼던가.46)

칼빈은 죽음의 순간 직전까지 목회적 사역에 전념하였다. 칼빈은 탈진한 채 설교했고, 모세 오경의 마지막 네 권에 관한 주석을 마쳤고, 여호수아서 주석을 재고했으며 신약성서 번역과 각주들을 검토했으며, 죽기 8일 전까지 자신의 편지들과 저술들을 받아쓰게 했다.47) 칼빈은 열정적인 목회자로서 온전히 헌신한 목자였던 것이다. 그의 목회는 성경중심의 신앙에 기반하여 참된 경건을 실천하고 영혼을 구원하고자 하는 열망의 고백적 표현이었다. 그는 설교 사역에 전념하였으며 기도생활을 게을리 하지 않았다. 그의 사역은 말씀 증거를 통하여 사람들로 하여금 진리를 깨닫게 하고 하나님의 구원에 이르게 하고자 한 것이었다. 즉 그의 개혁적 정신이 담긴 복음적 설교 자체가 일종의 복음증거이자 선교행위였다. 그리고 칼빈이 남긴 방대한 신구약 성경 주석 역시 목회자 후보를 가르치는 그의 강단 사역의 연장선이었다.48) 칼빈은 자기 자신과 교회, 그리고 제네바 시가 하나님의 말씀과 일치되기를 바라는 갈망으로 목회하였다. 그는 성경을 중심적인 표준으로 하여 목회 사역에 전념하면서 교회 내부를 개혁하고 제네바를 새롭게 하고자 하였다.

개혁가 칼빈

칼빈에 대해서 가장 두드러지게 알려진 바는 바로 그가 투철한 개혁가라는 사실이다. 칼빈은 바른 교회를 회복하는 것을 하나님께서 자신에게 맡기신 사명으로 확신하였다. 개혁가로서의 그의 사역은 크게 세 가지 방향에서 이루어졌다. 먼저 로마 가톨릭으로부터 독립하여 성경이 가르치는 바에 따라 참된 교회를 세우는 차원에서의 개혁이다 (Reformation from the Roman Catholic Church). 이는 루터를 필두로 하여 전개된 유럽의 종교개혁 운동의 전체 흐름과 궤를 같이 하며 진행되는 포괄적 교회개혁운동이라고 할 수 있다. 칼빈의 개혁운동은 이러한 거대한 종교개혁의 흐름 속에서 전개되었으며 이는 근본적으로 로마 가톨릭 교회의 일탈로부터 참된 교회를 회복하고자 하는 역사적 개혁운동이다. 둘째는 제네바 시의 교회를 성경적인 교회로 건실하게 세워나가는 개혁이다(Reformation to the True Church). 이는 칼빈의 목회를 통하여 제네바 교회가 바른 교회로 성숙해 나가도록 하는 개혁이다. 이는 칼빈이 교회의 참된 표지로 내세운 '말씀의 선포와 성례의 온전한 집행'을 신실하게 수행함으로서 참된 교회의 정체성을 확립하는 내부의 개혁이자 지역교회에서의 개혁운동이다. 셋째는 제네바 도시 이외의 지역에서의 개혁운동이다(Reformation with Other Churches). 이는 제네바 이외의 여러 지역에 개혁교회들을 세우고 다른 개혁운동과 연대하는 일을 통하여 이루어졌다. 제네바로 찾아오는 수많은 개혁가들과 신자들을 훈련시켜 그들로 하여금 자신들의 고국과 지역으로 돌아가 참된 교회를 세우도록 하는 사역이 이에 포함된다. 이는 종교개혁의 다양한 흐름들과 함께 연대하며 상호 교류함으로써 진행되는 연합 차원에서의 개혁운동이다. 칼빈이 수행한 종교개혁의 이 세 가지 차원은 각각 변혁으로서의 종교개혁, 교회건설로서의 종교개혁, 연대로서의 종교개혁이라고 칭할 수 있다. 또한 이 세 차원은 교회 개혁의 보편적 교회의 차원, 지역 교회의 차원, 교회 연합의 차원을 나타내고 있다. 아울러 이들은 세 가지 차원은 각각 종교개혁의 국제적(International), 지역적(Local), 국가적(National) 영역을 반영하고 있다.49)

칼빈의 교회개혁 활동의 중심지는 제네바 교회였다. 27세의 나이로 제네바에서의 목회자직을 수락한 칼빈은 성경적인 목회를 통하여 교회개혁을 수행하였다. 당시 제네바는 로마 가톨릭으로부터 독립을 선언하고 사제와 수녀 및 수도자들을 추방하고 급격한 개혁운동이 전개되던 상황이었으나 외부와 내부로부터 개혁운동을 좌절시키려는 끈질긴 방해작업과 정치적 위협과 공격이 지속되었다. 이러한 환경 가운데서 개혁가로서 칼빈은 교회의 개혁에 집중하여 참된 교회를 건설하는 것을 목표로 하였으며 그의 목회와 설교 및 치리(discipline)는 교회를 개혁하는 바른 원리와 지침을 세우는데 집중되었다. 칼빈은 성 베드로 성당에서 사도 바울의 서신을 매일 가르치는 일로부터 시작하였으며, 제네바 시를 비롯하여 교회의 개혁의 방향과 정책을 담은 개혁안을 작성하여 의회로 제출하였으며, 한 달에 한 번 제네바 시의 모든 교회에서 성찬을 집행하였고, 교리의 순수한 보전과 자녀 교육을 위하여 신앙고백과 교리문답을 만들어 신앙양육을 수행하였다. 그의 개혁작업은 조용히 진행되었으며 주로 설교와 가르침, 그리고 저술을 통하여 하나님의 말씀으로 교회를 개혁하고 제네바를 하나님의 말씀이 통치하는 도시로 만들고자 노력하였다. 그의 개혁은 제네바 도시 전체와 관련되는 것이었으며 제네바의 정치와 행정 그리고 교회에 대한 결정권을 지닌 의회와의 관계성 속에서 교회의 독립적인 치리권을 확립해 나가면서 점진적으로 수행하여야 하는 힘겨운 작업이었다.

칼빈의 교회 개혁은 철저하게 성경적 원리에 바탕을 두고 진행되었다. 그는 기독교 초기의 3세기 동안 통용되고 실천되었던 교회상을 다시금 회복시키려는 열정을 가졌다는 점에서 다른 개혁가들보다 훨씬 개혁적이었다.50) 그가 행한 설교와 가르침은 성경을 주석하고 강해하는 것이었으며, 초기 기독교에서 행하였던 성례의 거룩성을 보전하려고 노력하며 말씀의 선포와 성례의 집행을 결합시켰고, 교회 내의 제반 직분과 활동은 신약성경에 행하여졌던 직분을 당시의 시대에 적용한 것이었으며, 범죄자와 이단에 대한 치리 등은 성경적 근거에 따라 단호하게 행하여졌다. 칼빈은 하나님은 말씀을 통하여 교회를 통치하시고 세상을 새롭게 한다는 확신 가운데 성경 말씀에 따라 목회를 하고 개혁을 수행하였다. 그는 자신이 확신하는 바 삶과 행위의 유일한 표준으로서의 하나님의 말씀의 가치를 견고하게 붙잡았고 그에 따라 단호하고 철저한 교회 개혁과 도시 개혁을 수행하였다.

1538년 제네바 시의 복잡한 정치적 역학관계와 개혁에 저항하는 세력들의 협박으로 제네바의 두 개혁가 칼빈과 파렐은 제네바로부터 추방당하였다. 이와 함께 제네바의 개혁과 교회개혁의 노력은 수포로 돌아가는 듯이 보였다. 칼빈은 스트라스부르그에서 부처와 함께 목회를 하며 행복한 목회생활을 하였다. 이후 제네바의 형편이 변화되어 칼빈을 다시 초대하자는 기류가 강하게 형성되고 의회는 적극적으로 칼빈의 목회 수락을 얻어내기 위해 노력하였다. 자신을 추방한 도시로 돌아가서 목회하고자 하는 마음이 없어 번민하는 그는 마침내 제네바 의회의 반복적이고 간곡한 요청과 부처의 조언, 파렐의 강권적인 요청에 의해 설득되어 1541년 9월 13일 제네바로 복귀하였다. 이후 칼빈은 보편적인 교회에 대한 자신의 책무를 다하기 위하여 제네바에서 목회와 교회개혁을 성실하게 수행하였다. 그러나 그의 개혁은 고통의 연속이었으며 개혁작업은 순탄하지 않았다. 제네바로 귀환하는 날 의회는 제네바 시의 교회가 헌장을 가져야 한다고 결정하고서 칼빈과 그의 목회 동역자들에게 초안을 작성하도록 하였다. 칼빈이 작성한 '제네바 교회 규범'은 큰 반대없이 만장일치로 통과되었으나 칼빈은 그것이 치리와 질서 있는 교회규범으로서는 무용지물이라고 생각하였다. 이는 교회의 자치권이 제한당하고 교회에 대한 사실상의 치리권이 의회의 수중에 있는 상황이었기 때문이다. 칼빈의 개혁작업은 반대나 저항이 없이 순탄하게 전개된 것이 아니었다. 칼빈은 14년간이라는 기나 긴 투쟁의 기간을 보내어야 했으며 (1541-1555년), 이 기간 이후 임종까지의 기간(1555-1564년)에야 비로소 그가 주장하고 추구하였던 개혁의 이상을 어느 정도 실현할 수 있었다.51) 즉 칼빈은 그가 목회하였던 제네바에서는 그가 갈망했던 교회조직의 온전한 이상이 실행되는 것을 보지 못하였다고 할 수 있으며, 오히려 칼빈의 이상은 프랑스의 스트라스부르그에서 보다 온전한 형태로 이루어졌다고 할 수 있다.52)

칼빈의 개혁운동은 교회의 제도를 확립하고 병폐를 고치기 위한 교정적 의미를 지니는 것 이상의 것이었다. 그것은 그가 고백하고 믿던 바 보편적 교회의 이상을 실현하고자 하는 능동적 교회 건설의 과정이었으며, 참된 교회를 세움으로써 예수 그리스도의 복음으로 영혼들을 구원으로 인도하고자 하는 보이지 않는 선교활동이었다. 종교 개혁 시대에서 복음의 전파는 이교도나 불신자를 대상으로 한 활동이 아니라 이미 제도 교회에 소속되어 있는 신자들로 구성된 시민을 대상으로 하는 것이었다. 그러므로 교회를 개혁한다는 것 자체가 복음을 회복하는 선교적 의미를 지니고 있었다. 칼빈은 말씀을 통해 새롭게 된 제네바 시를 거점으로 유럽과 타 지역의 개혁운동을 지원하였으며, 제네바 시는 종교개혁의 거점의 하나가 되었다. 칼빈의 교회 개혁과 제네바 개혁은 장기적으로 개신교 선교의 기반을 견고히 하는 토대를 쌓는 작업이었다고 할 수 있다. "개혁 자체가 선교는 아니다. 그러나 역사는 개혁 운동은 필연적으로 선교로 이어짐을 알려준다. 개혁자가 선교사는 아니다. 그러나 개혁자는 필연적으로 선교적이 된다."[53)

2. 칼빈의 선교의 공간적 지평

칼빈이 활동한 무대를 중심으로 그의 사역의 지평이 어떻게 전개되고 확장되었는지를 살펴보면 그의 사역의 선교적 특성이 보다 선명하게 드러난다.

제네바에서의 선교적 활동

칼빈의 제네바에서의 목회와 활동은 목회를 통한 교회 개혁과 사회개혁, 구제와 사회적 책임을 수반한 일종의 총체적 선교의 모범을 우리에게 보여준다. 제네바 시는 원래 칼빈의 고향이 아니었으며 칼빈은 핍박을 받는 개신교도들이 결집하는 제네바의 부름에 반응하여 제네바로 가서 목회사역을 시작하였다. 즉 프랑스인이었던 그가 제네바 시로 부름받아 파송되었다는 점에서 그는 타국 혹은 외지로 파송받은 일종의 선교사이었던 셈이다.[54) 김성현은 그런 의미에서 칼빈을 '선교사'로 호칭하며, 칼빈의 제네바 선교는 요나의 앗수르 선교와 비교할 수 있으며 칼빈은 요나와 같은 선교사였다고 언급한다.[55] 그러나 칼빈에게 '선교사'라는 호칭을 부여하는 것은 정확한 표현이 아닌데다가 엄밀한 의미에서 그의 정체성을 형상화하는데 혼란을 주는 측면도 있다고 하여야 할 것이다. 선교사라는 신분 혹은 직분은 교회의 공식적인 파송을 받아 특수한 지역으로 가서 주어진 선교적 임무를 수행하는 자를 지칭한다. 종교개혁 당시의 교회 환경에서 선교사라는 직분이 교회에 존재하지 않았으며, 칼빈은 공식적으로 파송을 받아 보냄을 받았다기보다는 목회자로 초빙을 받아 제네바로 가서 사역하게 되었다. 그의 공식적인 직분은 목사이자 교사였으며, 그는 제네바 시에서 목회자로서 사역을 하였다. 하나님의 섭리와 강권적인 보내심 가운데 그가 제네바로 파송을 받은 선교사라는 의미에 한해서 칼빈에게 '선교사'라는 호칭을 부여하는 문학적 상징은 가능할 수 있다. 그러나 칼빈의 출생지와 사역지가 다르다는 이유만으로 선교사로 보냄을 받았다고 하는 것은 공간적 이동과 선교적 파송을 동일시하는 오류를 범하고 있다고 보아야 한다. 물론 '선교사'라는 비유로 칼빈의 정체성과 선교적 활동을 선명하게 드러내는 일은 유의미하다고 할 수 있겠으나 칼빈의 사역과 선교의 진정한 기반이 목회이었음을 강조하는 것이 보다 정확할 것이다. 과연 칼빈의 삶은 선교사적인 삶이었다고 표현할 수 있을 정도로 그의 전 생애는 선교적 삶과 활동의 흔적으로 가득하다고 말할 수 있다.

칼빈의 설교사역을 중심으로 한 목회 활동 이외에 주목할 만한 것은 제네바 교회가 제네바 시정부와 협력하여 수행한 여러 활동들이다. 칼빈과 제네바 교회가 시 정부와 함께 도시 내에서 수행한 활동은 크게 구제 구호활동과 교육활동이었다. 이들 여러 활동은 궁극적으로 봉사적 활동 즉 디아코니아(Diakonia) 사역이라고 할 수 있으며 그 성격은 사회 참여적 선교활동이었다. 이들 활동을 수행한 기관들로는 '제네바 콘시스토리'(the Geneva Consistory)와 '종합구빈원'(General Hospital)과 '제네바 아카데미'(the Geneva Academy)가 있다.

칼빈이 제네바에서 사역을 시작한 후 가장 먼저 만들어 활동의 중심으로 삼은 첫 번째 기관은 제네바 콘시스토리(Consistory)이다. 이 기관은 칼빈이 스트라스부르그로부터 제네바로 돌아온 1541년에 칼빈의 요청에 의해 설립되었다. 제네바 콘시스토리는 일종의 종교 법원으로서[56] 오늘날의 의미로 '당회'(court)라고 호칭할 수 있는 바와 유사한 재판권을 지닌 기관이었다. 그 구성은 목회자 12명과 평신도 12명으로 구성되었는데 이는 중세 성직자 중심의 종교재판정과 사뭇 다른 구조를 지니고 있었으며 시민의 대표가 참여하는 위원회식 구조였다. 12명의 목회자들은 제네바 시의 목사들이었으며, 평신도 12명은 25명으로 구성된 소의회에서 2명, 60인 의회에서 4명, 200인 제네바 시 의회에서 6명의 지분으로 의회의 의원 수에 비례하여 각 의회에서 선출하여 파견하였다. 제네바 행정장관 중 한 사람이 치리법원의 의장직을 맡았고, 기록을 맡은 서기와 소환 담당 책임자를 두었다. 콘시스토리는 교회가 직접 조직하고 관장하는 교회내부의 행정조직이라기보다 제네바 시가 총괄하는 치리 기관이었다. 콘시스토리는 제네바 시민들이 법질서와 도덕적 규범을 지키도록 감독하고 교육하고 범죄와 위반 행위에 대해 재판과 처벌, 명령의 기능을 담당하였다. 이 기관이 행하는 주 활동은 재판적 기능이었으며 아울러 시민 교육과 상담적 역할을 하기도 하였다.[57] 콘시스토리는 외면적으로는 교회의 기관이 아니었으며, 목사가 교회법의 기준에 따라 교회 내 문제와 관련하여 회원을 치리 하는 기관은 아니었다. 콘시스토리는 제네바 시의 기관으로서 모든 시민, 즉 도시와 교회의 모든 구성원을 치리의 대상으로 삼았다. 제네바 시는 칼빈을 중심으로 한 목회자들을 법적 치리에 비중있게 참여하게 함으로써 하나님의 말씀의 원리와 표준에 따라 시민의 생활과 도덕을 이끌고자 하였다. 이는 장로교 정치의 근간이 되는 당회의 치리적 성격과 운영모델과 밀접하다고 할 수 있다. 주로 법적 재판과 징계, 상담과 권면 등을 담당하는 기관이므로 콘시스토리 자체를 선교적 기관으로 분류하는 것은 적절하지 않다. 그러나 성경 말씀의 표준에 따라 참된 교회와 도시를 건설하고자 하는 사역의 구심적 기관이었다는 측면에서 포괄적으로는 선교적 역할을 하였다고 판단할 여지는 있다고 볼 수 있다. 특히 교회가 사회의 도덕적 갱신을 위해 소규모 도시나 지역 사회에서 참여하고 협력하는 일이나 공공 기관과의 대화와 동역 모델로서 시사하는 점이 있다고 할 수 있다. 즉 콘시스토리움은 사회적 차원을 지니고 있는 사역 기관이었던 것이다.

칼빈과 제네바 교회가 선교적 활동을 수행한 또 하나의 기관은 '종합구빈원'(General Hospital)이었다. 1535년 설립된 제네바 종합구빈원은 일종의 병원이었으며 칼빈이나 제네바 교회가 세운 것이 아니었다. 1536년 칼빈이 제네바에 도착하였을 때 제네바는 종교개혁을 받아들이고 가톨릭을 불법화하였던 상태였다. 수백 명의 사제와 수녀와 탁발수도사, 수도자 등 도시의 종교와 교육과 사회적 필요를 돌보던 사람들이 도시를 떠난 상태였다. 제네바 시와 교회는 이 공백을 메워야 했고 새로운 사회복지체계와 병원을 조직하여 기존의 일곱 개의 작은 병원을 통합하여 종합구빈원을 세운 것이었다.[58] 종합구빈원은 일종의 시립병원으로서 병자들을 돌보는 병원 기능뿐만 아니라, 고아와 가난한 자들과 노인들을 돌보는 종합사회복지기관의 역할을 하였다.[59] 구빈원 운영은 제네바 시 예산과 기부금으로 충당되었으며 자선용으로 헌납된 물품의 판매 수입도 운영기금에 포함시켰다. 종합구빈원은 1명의 원장과 4명의 행정 담당 관리, 수많은 봉사자들로 구성되었다. 종합구빈원의 원장과 행정관은 매주일 예배가 시작되기 전 오전 6시에 정기적으로 모여 구빈원의 운영과 재정과 구제금의 지출과 관련된 제반 사항을 보고하고 여러 의제들을 다루어 결정하였다. 칼빈은 교회의 직분에 이 일을 담당하는 집사들을 세워 병자들을 돌보고 봉사의 일을 하게 하였다. 종합구빈원은 제네바 교회의 디아코니아 사역에 있어 중요한 섬김의 현장이자 도시의 구호 센터의 역할을 하였다. 교회가 이 기관의 사역에 참여함으로써 칼빈은 집사직과 관련한 그의 직분론의 이론 작업과 가장 실제적인 실천적 적용을 하였음에 틀림이 없다. 종합구빈원은 교회의 디아코니아 사역의 중요한 모델이라고 평가하기에 부족함이 없다.

1559년에 설립된 '제네바 아카데미'(the Geneva Academy)는 일종의 교육기관이다. 제네바 아카데미는 제네바 시 내부적으로 신학교육을 감당하였을 뿐 아니라 유럽 각지에서 찾아오는 사람들을 교육시켜 파송하는 신학교이자 교육센터 기능을 하였다. 칼빈과 제네바 교회는 프랑스 각 지역에서 목회자를 파송해달라는 요청에 응답하여 훈련된 목회자들을 파송할 뿐만 아니라, 권서(勸書) 운동을 통하여 개혁사상을 담은 신앙 서적을 널리 보급하였다.[60] 제네바는 종교개혁이라는 보이지 않는 전쟁에서 진지 역할을 하였다. 제네바는 단지 난민을 받아들일 뿐만 아니라 그들을 훈련시켜 파송함으로써 종교개혁의 가르침을 보다 멀리 그리고 넓게 확산시키는 일종의 선교의 학교(a school of mission)였다.

이들 세 기관 가운데 콘시스토리와 종합구빈원은 상설 기관으로서 제네바 개혁 초기부터 항시 운영되었으며, 제네바 아카데미는 칼빈의 제네바 개혁이 비교적 안정적으로 수행된 이후 시작된 것이었다. 이들 기관은 제네바 시와 교회가 유기적으로 협력하는 가운데 제네바의 가난하고 병든 자와 찾아온 난민들을 돌보고, 사람들을 훈련시켜 타 지역으로 파송하는 일을 감당하였다. 최윤배는 이들 세 기관의 선교적 성격을 다음과 같이 정교하게 묘사하였다.

> 칼빈의 제네바 선교의 중요한 기관과 도구로 사용된 제네바 콘시스토리움은 제네바 전체 시민들에게 하나님의 말씀에 일치하는 신앙과 도덕을 고취시키는 선교기관이었다면, 제네바 아카데미는 제네바는 물론 유럽 전역을 위한 교육 선교기관이었고, 종합구빈원은 종합사회복지 선교기관이었다.[61]

1550년대부터 제네바는 인구가 급증하였는데 이는 박해당하는 많은 개신교인들이 유럽 각지로부터 몰려들었기 때문이었다. 제네바는 정치적인 독립과 이주자들의 유입과 그들에 대한 부담 등을 안고 새롭게 설립되어야할 여러 도전에 직면해 있었다.[62] 이에 따라 제네바 시는 그들을 환대(hospitality)하고 구제(relief)하고 낯선 도시의 새로운 환경에 정착하도록 돕는(helping) 실제적인 문제에 봉착하였다. 난민들이 제네바로 몰려든 것은 칼빈의 제네바 목회와 제네바 개혁이 성공적으로 정착한 사실에 기인하였다.63) 난민을 돌보는 일은 집사들의 봉사로 운영되는 제네바 종합구빈원이 담당하였지만 이 기관은 기본적으로 제네바 시민들을 위한 기관이었다는 한계가 있었다. 즉 수많은 난민들을 모두 담당하기에는 역부족이었고 그들의 초기 정착에 최소한의 도움을 줄 수 있었지만 전적으로 책임질 수 있는 형편이 아니었다. 게다가 장기 체류나 거주를 생각하고 찾아오는 난민들을 위한 대책이 필요하였다. 칼빈의 주도하에 제네바 교회는 프랑스 기금을 조성하여 그 돈으로 프랑스에서 제네바로 건너온 가난한 피난민들을 위해 사용하였다. 이어서 '이탈리아 기금', '독일기금'이 조성되고 제네바에 거주하는 난민은 자민족 사람들이 마련한 기금에 의해 보호를 받을 수가 있게 되었다. 제네바 시는 다양한 기금을 조성하여 운영하고 종합구빈원과 협력하여 난민 보호를 위한 적극적인 활동을 하여 제네바는 난민의 피난처가 되었다. 난민들 중에 프랑스에서 찾아온 난민의 숫자가 많았으므로 프랑스기금의 규모가 크게 성장하였고 이 기금은 프랑스에 파송한 목회자를 후원하거나 목회자 남편을 사별한 미망인과 가족을 위해 사용되기도 하였다.

이들 기관을 중심으로 수행한 활동들과 프랑스 기금 등의 운용은 봉사와 구제, 난민 구호 및 교육 등의 전형적인 선교적 성격을 지니고 있다. 이들 기관의 설립과 봉사활동은 사실 교회가 주도적으로 시행한 사역이라기보다 제네바 시에서 필요한 당면한 문제를 위해 교회에 요청한 것이었다. 교회가 얼마나 비중있게 이 사역을 수행하였는지에 대해서 의문의 여지가 있다. 당시 제네바 시와 제네바 교회의 관계는 오늘날처럼 국가와 교회가 분리되어 있는 구도가 아니라 제네바 시가 교회에 대한 치리권과 통제권을 가지고 있었기 때문이다. 칼빈이 제네바 시의 직접적인 통제로부터 벗어나서 교회 고유의 치리권을 확보한 것은 1555년 이후였다는 점을 고려하면 제네바 교회의 디아코니아 사역은 사실상 교회 주도적인 활동이라기보다 국가와 교회가 함께 분담한 사회복지적 사역의 성격을 강하게 띠고 있다고 할 수 있다. 그럼에도 불구하고 칼빈과 제네바 교회가 담당한 이들 사역은 국가기관과 교회가 협력하여 수행하는 디아코니아 사역의 건강한 한 모델이 될 수 있다. 또한 난민의 발생과 빈민 및 병자를 위한 실제적인 도움이 절실한 지역공동체의 현실적인 필요에 대해 교회가 능동적으로 반응하는 참여적 봉사의 정신은 긍정적으로 평가해야 할 것이다. 특히 성경의 집사 직분의 구제 구호적 본질을 직접 교회의 직제에 응용하여 집사를 세워 체계적이고 조직적이고 지속적인 봉사활동을 수행하게 한 점은 칼빈의 교회 이해와 직분 이해에 근본적으로 사회선교적인 개념이 내포되어 있다고 판단할 수 있는 근거가 된다. 이상에서 살펴본 바와 같이 제네바를 중심으로 한 칼빈의 사역은 총체적 선교의 면모를 지니고 있었으며, 제네바 시는 거대한 선교적 중심지 기능을 감당하였다고 볼 수 있다.

유럽을 위한 선교활동

제네바는 작은 도시였지만 칼빈이 사역하는 동안 유럽의 선교 센터의 역할을 하였다.64) 칼빈의 사역은 한 지역교회나 한 도시에 국한된 것이 아니라 프랑스를 비롯한 유럽 전역을 대상으로 한 것이었다. 도시의 지역적 경계를 기준으로 한다면 제네바에서의 활동이 내부 선교라면 제네바 바깥을 향한 선교는 외부 선교라고 할 수 있다. 칼빈의 일차적 관심은 프랑스에 있었다. 이는 프랑스가 자신의 고국이기도 하였지만 제네바에 찾아온 난민과 개신교인들 다수가 프랑스인이라는 사실에 기인한다. 칼빈은 1555년 제네바 시 내에서 개혁에 반대하던 대적들이 사라지고 안정을 찾게 되고 교회의 치리권을 획득하게 되자 프랑스를 비롯한 외부 선교에 보다 집중하게 된다. 당시 제네바에는 로마 가톨릭의 종교적 박해를 피해 찾아온 위그노들이 칼빈의 지도 가운데 신학 훈련을 받았다. 칼빈과 제네바는 정규 목사를 프랑스로 파송하였다. 칼빈은 1555년부터 프랑스의 신생 개신교회로 목회자를 파송하였는데 이는 프랑스의 각 지역의 요청에 따른 것이었다. 칼빈은 1555년에서 1562년까지 100여명의 목회자를 프랑스로 파송했다.[65] 프랑스에 세워지는 신생 교회들은 제네바가 감당할 수 있는 역량 이상으로 많은 목회자를 보내달라고 필사적으로 호소하였다.[66] 칼빈은 최선을 다하여 성경의 교훈을 가르치고 훈련하여 목회자를 양성하여 그들의 요구에 부응하고자 하였다. 1555년에 프랑스에 처음으로 개혁교회가 설립된 이후 1562년까지 2,150여 개 교회가 제네바 교회의 모범을 따라 개척되었고, 개신교인의 수는 급격히 증가하여 3백만 명이 되었는데 이는 단순한 수치로도 놀라운 규모이며, 산술적으로 당시 프랑스의 인구가 2천만 명 정도였다는 점을 고려할 때 놀라운 수치가 아닐 수 없다.[67]

그 다음 주목할만한 지역은 스코틀랜드이다. 당시 수많은 잉글랜드 청교도들이 제네바로 찾아와 제네바의 개혁현장을 목격하고 칼빈에게서 신학적인 가르침을 받으며 목회 훈련을 받았다. 그리고 그들은 다시 잉글랜드와 스코틀랜드로 돌아가 종교개혁을 수행했다. 잉글랜드의 종교개혁가이자 탁월한 설교자였던 존 녹스(John Knox, 1514-1572)는 1554-1558년 동안 잉글랜드를 떠나 망명생활을 하는 가운데 프랑스를 지나 제네바로 찾아와 일정 기간 칼빈과 함께 지내며 그에게 배움을 받았다. 칼빈과의 교제를 통한 배움과 제네바 시의 변화된 모습을 생생하게 목격한 존 녹스는 스코틀랜드로 돌아가 칼빈에게 배운 바대로 개혁신앙에 의한 성례를 집행하고 순회 설교를 하며, 정부에 맞서 개혁을 단호하게 수행하여 이후 스코틀랜드 장로교회의 초석을 놓게 되었다. 그 유명한 스코틀랜드 신앙고백은 개혁교회의 신조들 가운데 상당히 비중있는 자리를 차지하는데 이는 칼빈의 신학사상에 기초한 것이다.

또한 칼빈의 외부 선교에서 중요한 의미를 지니는 지역은 스트라스부르그이다. 칼빈은 1538년 제네바에서 추방되어 스트라스부르에서 1541년까지 약 3년 동안 체류하였다. 칼빈은 제네바에서 추방되어 그 도시로 가게 되었지만 그곳에서 칼빈은 부처(Martin Bucer, 1491-1551)와 협력하여 자신의 교회 개혁의 이상을 펼치며 목회를 하였다. 칼빈이 그 기간 동안 스트라스부르그에서 행한 신학적 가르침과 목회는 이후 화란에 개혁교회가 구축되는 기초를 형성하는데 도움을 주었다. 칼빈이 그 도시를 떠난 이후에 유럽의 개신교회에 미쳤던 영향력과 그 도시와의 특별한 인연을 고려한다면 화란에서 칼빈주의가 꽃을 피우게 된 원인을 보다 쉽게 파악할 수 있을 것이다. 칼빈의 스트라스부르그에서의 목회로 맺어진 양자의 특별한 관계가 그 배경이 되었음은 말할 나위가 없다.

칼빈이 목회자를 양성하여 프랑스 등 각지로 파송한 것은 현대 해외선교의 개념으로 본다면 국외 선교사를 파송한 것이며 그 선교의 전략은 선교사 양성과 새로운 교회개척(church planting)이라고 할 수 있을 것이다. 김성현은 제네바를 중심으로 하여 당시 유럽의 지형을 크게 분류하여 칼빈의 조국 프랑스와 독일, 네덜란드, 이탈리아 등 전 유럽 지역은 칼빈의 잠재적인 선교지였으며 제네바는 전 유럽을 변화시키기 위한 '선교기지' 역할을 하였다고 평가하였다.68)

브라질 선교 시도

칼빈의 사역 여정에서 주목할만한 것은 유럽대륙을 넘어 선교사를 파송한 일이었다. 이는 전통적인 선교의 개념에서 타국 혹은 이교도 지역의 복음화를 위해 선교사를 파송하는 실례로 해석되어 칼빈의 선교를 변증하는 사례로 자주 언급되고 있다. 칼빈의 제네바 교회는 1556년 9월에 2명의 목사를 포함한 일단의 선교단을 브라질로 파송했다. 이는 1556년 빌가뇽(Nicolas de Villgagnon, 1510-1571)이 이끄는 브라질 원정단이 칼빈에게 도움을 요청한 것에 응답한 것이었다. 브라질 원정단은 프랑스의 식민지 개발을 위한 것이었다. 빌가뇽은 대부분 범죄자 출신으로 구성된 사람들로 미개척지 개발을 성공적으로 이끌기 어렵다고 판단하여 영적 정신적 지원과 인도의 필요를 절실하게 느꼈다. 그는 제네바의 칼빈에게 경건하고 도덕적으로 깨끗하여 감화가 있는 위그노(Huguenotes)를 보내줄 것을 요청하였다.69) 제네바 교회는 이러한 요청에 즉각 응답해야 할 입장에 처하였는데 칼빈과 제네바 교회는 이에 신속하게 응답하였다. 칼빈이 파송한 15명의 선교단에는 몇 명의 세공업자와 다섯 명의 젊은 프랑스 청년들이 통역자로 참여하였다. 이들은 태운 배는 300명의 장로교인들이 함께 승선하였으며 그들은 1557년 3월 과나바라(the Bay of Guanabara)에 입항하여 새로운 지역에서의 삶을 시작하였다. 그들은 브라질에서 새로운 삶을 개척하였으며 2명의 목회자를 비롯한 선교단은 프랑스 이주민들의 교회를 세워 그들을 대상으로 목회 사역을 하였다. 그러나 당시 16세기에 가장 뜨거운 이슈었던 성만찬을 두고서 제네바 출신의 개신교인들과 일부 가톨릭 교도들 사이에 다툼이 분출되었는데, 빌가뇽이 개신교도들을 대적하고 가톨릭으로 돌아가 버리자 제네바 교회의 브라질 선교는 8개월 만에 그치게 되었다. 이후 빌가뇽은 식민지를 포기하고 프랑스에 돌아와 칼빈의 신학과 가톨릭의 신학 사이의 차이점에 대해서 공개토론을 하자고 선동하기조차 하였다. 결국 브라질 선교는 실패한 선교로 역사의 기록에 남게 되었다. 그러나 제네바 교회의 브라질 선교는 칼빈의 해외선교를 입증하는 한 증거가 될 수 있다. 타대륙으로 선교단을 파송하였다는 맥락에서 칼빈의 브라질 선교는 개신교 최초의 해외 선교라고 볼 수 있다.

칼빈과 제네바 시의 브라질 선교를 평가함에 있어서 몇 가지 고려해야 할 점이 있다. 첫째로, 브라질 선교는 능동적인 해외선교 사역이 아니란 점이다. 이는 브라질 현장의 요청에 대한 응답으로서 선교단을 파송한 것이었으며 칼빈과 제네바 교회의 항상적인 사역이라기보다 예외적인 사역이라는 점이다. 둘째는, 이 선교단의 파송은 전형적인 식민지 개발과 함께 진행되어온 전통적인 서구 유럽의 선교와 맥락을 함께 한다는 점을 지적하지 않을 수 없다. 빌가뇽이 이끄는 원정대의 성격 자체가 선교적 그룹이었다기보다는 식민지 개척을 위한 집단이었으며 칼빈의 선교단은 이들에 대한 지원 그룹의 성격을 지니고 있었다. 셋째로, 이 선교단이 프랑스 이주민들이 아닌 브라질의 원주민 즉 인디언에 대한 선교적 활동을 얼마나 성실하게 수행하였는가 하는 점에는 의문의 여지가 있다. 이 선교단이 브라질에 제네바의 모범을 따라서 개혁 교회를 설립하고 동시에 현지 원주민들을 복음화하고자 하는 목적을 가졌으리라고 추정할 수 있다. 그러나 이주자들이 세운 교회와 관계를 맺은 원주민들이 있었지만 그 원주민들에게 세례를 주거나 원주민 교회를 세운 사례는 보고되지 않았다. 이 여행에 장 더 레리(Jean de Lery, 1536-1613)가 남긴 글에 의하면 몇 명의 브라질 원주민들이 그들과 교제를 하게 되었지만 "그들을 그리스도에게로 인도하는 데는 실패하였다"고 언급하고 있다.70) 제네바 교회가 파송한 사람들은 어떤 의미에서 타문화권에 속한 이민족 사람들에게 복음을 전하기 위한 선교사라기보다는 일종의 이민 교회 목회자로서 그들의 사역은 브라질 지역으로 이주한 프랑스 이민자들을 위한 지원 활동의 측면이 뚜렷하다. 전체적으로 이 선교단은 브라질로 이주하는 프랑스 이민자들의 이민교회의 성격이 농후하다. 특히 이 선교단의 활동이 중단된 이후 이러한 선교활동을 뒤이어 지속적인 해외선교활동을 추진하였다는 흔적이 없다. 그러므로 칼빈의 브라질 선교를 전형적인 타문화권 선교나 모범적인 해외 선교로 평가하기에는 상당한 한계가 있다고 볼 수 있다.

그러나 종교개혁운동에 전념하면서 대외적인 영역에 관심을 돌릴 여지가 없던 상황에서 칼빈과 제네바 교회가 브라질 이민자들의 요청에 응답한 것은 매우 진지한 선교적 반응이었다고 평가받아 마땅하다. 어디서든지 교회 설립을 요청하고 복음을 필요로 하는 곳이면 교회를 세우고자 하는 칼빈의 선교적 열정을 반영하고 있다고 볼 수 있다. 브라질 선교는 최초의 개신교 해외 선교 활동이었으며 유럽에서의 교회의 회복과 개혁이 아닌 남미에서의 개혁교회의 확장 시도였다는 점에서 개신교 선교사에서 중요한 의미를 갖는다고 할 수 있다.71) 피어스 비버의 다음과 같은 평가는 브라질 선교의 진정성과 선교적 의미에 대해 큰 시사점을 준다.

개혁교회들은 브라질의 순교자들에게 경의를 표한다. 그 짧은 선교 활동을 하는 동안 어떤 숫자의 열매도 없었다. 그럼에도 불구하고 그 사역은 역사적인 중요성을 갖는다. 선교에 대한 책무에 직면했을 때 제네바 교회는 즉각적으로 반응했고, 그때 당시의 상황적 증거를 칼빈의 브라질 선교에 대한 적극적 동의가 있음을 지적해 준다.[72]

3. 칼빈 저작의 선교적 동기와 특성

칼빈의 삶 자체가 선교적이었듯이 그의 저작은 선교적 동기로 저술되었으며 그 안에서 그의 선교사상을 보여주는 단서들이 산재해 있다. 주로 비판자들이 겨냥하는 바는 칼빈의 신학사상 자체가 선교적 개념이 빈약하고 특히 칼빈의 선택의 교리가 능동적인 선교를 가로막았다고 보았다. 그러나 조엘 비키(Joel R. Beeke)는 그러한 평가는 복음전도에 대한 칼빈의 글이나 가르침에 관한 진정한 연구가 부재하였고, 칼빈이 살았던 시대적 정황에 대한 이해가 결여되었기 때문에 내린 그릇된 비판이라고 보았다.[73]

최정만은 칼빈의 선교론을 연구한 책 『칼빈의 선교사상』을 통하여 칼빈의 설교와 주석, 그리고 『기독교강요』에서 선명한 선교사상이 나타남을 입증하였고,[74] 전광식은 칼빈의 하나님 중심의 신학체계가 선교사상을 담고 있다고 주장하였으며,[75] 박경수는 칼빈의 주석에서 그의 선교사상을 드러내는 많은 자료들이 있음을 보여주었다.[76] 칼빈의 저서는 학문적 사색과 연구의 과정이 아니라 복음을 증거하고 참된 교회를 세우고자 목회적 실천과정에서 형성된 선명한 선교적 특성을 나타내고 있다.

기독교강요

『기독교강요』는 칼빈의 신앙과 신학의 정수를 담고 있는 저서이다. 그리고 단회의 출판으로 끝나지 않고 칼빈의 일생을 거쳐 거듭 수정하고 보충하여 발간하였다. 칼빈은 1536년 『기독교강요』 초판을 발행한 후이어 1539년, 1543년, 1550년의 개정판에 이어 1559년 최종판을 출판하였다. 칼빈의 『기독교강요』 초판은 기독교를 박해하는 자들에게 기독교 진리를 변증하고, 교회 개혁에 참여하는 신자들에게 기독교 교리의 가장 핵심적인 내용을 설명하려는 것이었다. 그래서 초판에서는 율법에 대하여(십계명), 믿음에 대하여(사도신경), 기도에 대하여(주기도문), 성례에 대하여, 중세 가톨릭의 다섯 가지 거짓 성례전에 대해 다루면서 기독교인의 자유와 교회의 권세를 웅변하며 교회와 국가의 관계를 첨가했다. 이 책이 당시 유럽의 교회와 종교개혁의 흐름에 미친 영향은 실로 컸으며, 이후 칼빈은 수정 증보판을 거듭하면서 자신의 신학 체계를 발전시키고 구체화하였다. 표면적으로 『기독교강요』는 전형적인 교리서이자 신학 이론을 다룬 저서이다. 그러나 『기독교강요』를 둘러싼 전반적인 상황을 종합하여 그 책을 살펴보면 『기독교강요』는 선교적 목적의 저술이자 그 속에는 깊고 풍성한 선교사상이 내포되어 있음을 알 수 있다.

칼빈의 『기독교강요』는 선교적 동기로 저술되었다. 『기독교강요』 초판의 원본 속표지에 기록된 책의 부제목에는 다음과 같은 내용이 담겨 있다. "경건의 총체와 구원의 교리에 관한 필요한 모든 지식을 거의 포함하고 있는 기독교의 기본 가르침, 경건을 알기를 원하는 사람은 누구나 한번 읽어볼 가치가 있는 신간 서적." 칼빈은 단순히 기독교 신앙을 변증하거나 신학이론서를 만들기 위한 동기가 아니라 사람들에게 기독교의 기본 진리를 널리 알리려는 목적으로 『기독교강요』를 저술하였다. 그는 회심 이후 성경에 대해 깊이 연구하였으며 복음을 갈망하는 수많은 사람들에게 복음의 진리를 전하기 위해 최선을 다하였다. 이는 개혁운동에 참여하는 일과 사람들에게 말과 글로써 복음의 진리를 전하는 것이었다. 그가 『기독교강요』에 담은 내용은 그가 믿고 확신하는 바 기독교의 진리였으며, '경건을 알기 원하는 모든 사람들에게' 즉 프랑스를 비롯한 유럽 지역의 모든 사람들에게 이 진리를 전하고자 한 것이다.

칼빈이 『기독교강요』에 담은 내용은 '경건과 구원의 교리에 대한 모든 지식을 포괄하는 기독교의 기본 가르침'이다. 그는 하나님에 대한 참된 경건에 대해, 그리고 구원의 진리를 요약하여 전하고자 하였다. '경건을 알기를 원하는 모든 사람은 누구나' 이 책을 읽기를 소망하였다. 즉 그는 전문적인 신학자나 지성인만을 대상으로 한 것이 아니라 일반인을 대상으로 복음을 전하기 위해 자신의 저서를 복음증거의 매체로 사용한 것이었다. 『기독교강요』 초판은 516페이지의 소책자로 손바닥 크기로 편집이 되어 누구든지 소지하기 편하도록 하였다. 『기독교강요』는 교리문답서의 성격을 가지고 있는 책이었으며[77] 이후 그가 신자들을 교육하기 위해 사용한 교리문답서들은 이 책에 기초한 것들이었다. 그는 『기독교강요』를 집필하여 책을 구입하거나 글을 읽을 수 있는 사람들을 우선 겨냥하였고, 그 이외의 사람들에게는 설교와 교리문답 등을 통하여 복음을 전파하였다. 이 모든 복음 전파와 가르침의 중심을 이루는 것은 『기

독교강요』였다. 이후 제네바의 개혁이 성공적으로 수행되면서 『기독교
강요』는 개신교의 복음에 대한 진리가 전 유럽으로 확산되는 결정적인
매체가 되었다.[78]

　그리고 『기독교강요』의 내용 역시 선교적이었다. 『기독교강요』는 루
터의 '소요리문답'의 구조를 그대로 받아들여 기독교의 기초적인 구원
의 진리를 설명하는 것이었다. 『기독교강요』 최종판은 사도신경의 삼위
일체론적 구조로 형성되어 전통적 교리를 체계적으로 설명하는데 초점
을 두었다. 제1권은 창조주 하나님(성부), 제2권은 구속자 하나님(성자),
제3권은 보혜사 하나님(성령)을 다루고 제4권에서 그리스도와 연합하여
자라가는 한 몸으로서의 교회를 다룬다. 1-3장은 하나님을 아는 지식에
대해서, 4권은 교회의 본질과 성례와 직분, 그리고 국가와의 관계 등에
대해서 다룬다. 1-3장은 삼위일체 하나님에 대해 다루면서 복음의 진리
를 전하고 경건의 총체를 체계적으로 제시하였고, 교회론을 다룬 4장을
통하여 참된 교회의 표지를 논하면서 교회의 본질적 정체성과 하나됨,
그리고 각 직분의 성격과 사역들에 대해 제시한다. 특히 제4장은 칼빈의
선교사상이 녹아 들어있는 교회상을 우리에게 제시하여 주고 있다.[79]
최윤배는 칼빈의 『기독교강요』 제4권 교회론은 강력한 선교사상을 담고
있다고 평가하였다.[80] 김선일은 칼빈의 『기독교강요』는 신앙이 어린 사
람들과 초신자를 위한 신앙교육적 목적을 지닌 것으로 전도와 양육의 통
합적 모델을 제시해주는 선교적 성격의 책임을 설명한다.

　　사실 칼뱅의 『기독교강요』와 같은 저술이나 그의 사역은 어린 신자나
　　초신자들을 위한 신앙교육에 초점이 있었다. 그는 인생의 거의 절반을

목회자로서 선교와 가르침으로 보통 사람들의 신앙을 바른 기초 위에 세우는 데 주력하였다. 『기독교강요』 초판은 원래 신앙문답을 위한 교재의 형태였으며, 하나님을 아는 바른 길을 제시하는 게 목표였다. 따라서 칼뱅에게 복음전도란 하나님의 주권적인 구원의 부르심에 회개와 믿음으로 그리스도께 나아가는 지속적인 과정이라고 볼 수 있다. 이는 즉각적인 회심과 결과에 치중하던 부흥주의 시대의 전도와 확연히 다른 차원의 관점을 제공해주며 오늘날 더욱 진지하고 온전한 전도와 양육의 통합적 모델을 모색하기 위해 되새겨야 할 귀한 신학적 원천이 될 것이다.[81]

설교와 주석

설교는 그 자체가 하나님의 말씀을 선포하고 복음을 전하는 선교적 행위이다. 종교개혁가들이 최고의 가치로 내세운 것은 하나님의 말씀의 권위였다. 그들은 '오직 성경!'을 기치로 내걸고 설교를 통해 말씀을 선포하고 성경을 각국의 언어로 번역하여 보급하고 다양한 경로로 성경의 진리를 가르치는 일에 주력하였다. 종교개혁가들은 평생동안 엄청난 양의 설교를 하였다. 그들은 설교단을 중심으로 사역하였으며 말씀의 증거는 그들의 목회 사역과 개혁운동의 근원적인 동력이었다. 중세 가톨릭 교회에서 라틴어로 진행되는 미사 중심의 예배에서 일반 평민들은 자국어로 설교를 들을 수가 없었다. 순회 수도자들은 각 지역을 방문하여 간헐적으로나마 설교하였지만, 개혁자들은 한 주에도 수 차례 설교를 하였다. 당시에는 설교자들의 설교 모음집이나 요약본들이 인쇄되곤 했었는데, 루터의 설교모음집은 모두 1,800편이나 되었다.[82] 칼빈 또한 제네바 부임 초기에는 매일 설교를 하였으며, 그의 목회사역 기간동안 4,000회의 설교를 한 것으로 추산된다. 따라서 종교개혁가들에게 설교는 대중적 복음화를 위한 통로이자, 신앙교육과 교회 설립의 중추적인 역할을 담당하는 것이었음이 분명하다.[83)

칼빈의 목회사역에서 설교가 차지하는 비중은 거의 절대적이었다. 그는 제네바 시의 교사요 설교자로 부름을 받은 것이었다. 그는 거의 매일 설교를 하였으며, 그의 설교는 속기로 기록되어 책으로 출판되었다. 칼빈의 설교는 성경을 해석하고 강론하여 사람들로 하여금 성경중심의 신앙으로 참된 경건에 이르도록 하였다. 그는 설교 사역에 전념하였으며 이는 말씀을 통하여 사람들로 하여금 진리를 깨닫게 하고 하나님의 구원에 이르게 하고자 한 것이었다. 그는 죽음의 순간 직전까지 설교를 할 수 있는한 설교하였으며 임종 한주간전까지 주석을 마무리하고 자신의 편지들과 저술들을 받아쓰게 하였다.

제네바 시의 개신교적 개혁은 제네바 정부가 사보이 공국으로부터 독립하여 정치적 자치권을 가지고자 하는 과정에서 로마 가톨릭으로부터 벗어나 개신교를 선택하게 된 것이었다. 제네바 시민들은 여전히 로마 가톨릭교회로부터 배웠던 신앙의식과 종교적 습속에 빠져 있었다. 그들에게 칼빈의 선교와 가르침, 하나님의 전적인 은총과 믿음을 통한 구원의 교리는 전혀 새로운 교훈이었다. 사람들은 여전히 성찬을 받으면서도 화채설의 가르침에 따라 성찬에 참여하였으며, 성경을 알지 못하고 배우지 못하였으므로 경건이 무엇이며 하나님의 말씀을 따라 산다는 것이 무엇인지 알지 못하였다. 그들에게 성경을 가르치고 체계적인 교리를 가르쳐 구원의 진리를 깨닫게 하고 개신교 교회를 세워나가는 일은 긴급하고도 중요한 일이었다. 이러한 환경에서 칼빈은 설교를 통하여 복음을 전하고 성경을 가르쳤다.

칼빈은 올바른 구원론과 교회론을 세우는 데 집중하였다. 대중들은 중세 가톨릭교회의 형식화된 의식으로서의 미사, 말씀이 선포되지 않는 강단, 믿음보다 행함을 강조하는 공로주의 사상으로 핍절한 상태에 놓여 있었으며 죄의식과 온갖 종교적 제도와 당위의 압력 아래 지쳐있었다. 설교는 성경적인 바른 믿음을 선포하고, 분명한 성경적 신앙교육을 통하여 그들의 영적 갈망과 변화에의 기대를 충족시켜주었으며, 설교 사역은 가장 효과적인 복음 전파와 교회의 개혁과 사회변혁의 도구였다. 종교개혁의 성공을 가져온 영성적 혁신은 바로 하나님의 말씀을 직접적으로 선포하고 가르치는 설교를 회복하는 일이었다.[84] 칼빈의 설교는 성경 본문을 한 구절 한 구절 해석하고 풀이하는 것이었다. 칼빈의 설교는 그 자체가 복음의 증거이자 하나님을 아는 지식과 구원에 이르도록 안내하는 선교적 증언이었다.

칼빈의 설교는 속기에 의해 기록되었으며 그 중 상당수는 출판되었다. 그의 설교는 드니 라구니에(Denis Raguenier)에 의해 속기되었으며 기록된 설교는 출판이 되어 보급되었다. 1549년부터 시작된 설교 속기와 출판은 10년 이상 이어졌고 1560년 혹은 1561년 라구니에가 죽은 이후에는 다른 속기사에 의해 설교가 기록되었다. 칼빈은 신구약 성경 거의 전권을 설교하였으며 그중 상당수는 설교집으로 전해졌다.

이외에도 칼빈은 다양한 글을 속기로 저술하였는데 완성본 형태로 존재하는 『기독교강요』를 제외하고 대부분의 글과 주석 및 설교집은 속기록에 의해 기록되었다. 이는 칼빈의 사역과 사상을 이해하는데 매우 중요한 의미를 지니고 있다. 칼빈은 줄곧 분주한 목회적 선교적 삶을 살았으며 그러한 삶 가운데 저술된 그의 모든 저서들이 관념적 이론이 아니라 선교적 역동성을 지닌 현장의 글이라는 점이다. 칼빈은 학자이자 저술가로서 책상에 앉아 연구만 하는 사람이 아니었다. 그는 교회개혁의 최전선에서 앞장서서 지휘하는 활동가이자 목회 현장에서 끊임없이 설교를 하는 설교자였으며, 여러 목회적 돌봄과 제네바 시의 개혁과 교회의 사회적 봉사활동에 참여한 현장중심의 사역자였다. 그의 목회는 선교였으며 그의 교회와 제네바 시는 선교현장이었으며 그의 메시지는 복음의 증언이었다. 칼빈의 모든 설교와 저작들이 사역의 현장에서 나온 것이라는 의미에서 그의 설교와 모든 저술들은 선교적이라고 평가될 수 있다.

제3절 칼빈의 선교 이해

칼빈의 목회와 사역이 선교적이라는 점에 못지 않게 관심이 가져야할 일은 칼빈에게서 과연 어떤 선교사상을 발견할 수 있으며 그렇다면 그의 선교론은 어떠한 것인가 하는 점이다. 칼빈이 '선교' 혹은 '선교신학'에 대해 별도로 언급하지 않았으므로 칼빈의 글들을 통해 그의 선교사상을 파악하여야 한다. 특히 칼빈이 남긴 주석 속에는 종종 칼빈의 선교 이해를 드러내는 대목들이 나타난다. 그러나 선교적 단서가 될 수 있는 모든 본문과 성경 용어를 수집할 필요는 없다. 칼빈이 이해한 '복음', '전도', '선포' 등의 개념은 우리가 통상적으로 이해하고 있는 개념과 거의 동일하므로 이들을 별도로 분석할 필요는 없다. 또한 성경 속에서 하나님의 부르심을 받고 보내심을 받은 선지자나 그리스도의 제자 등 수많은 사람들이 보냄을 받은 사례들에서 선교신학에서 가장 중요한 개념인 '파송'의 개념을 발견할 수도 있지만 그것은 성경 본문 자체의 네러티브(Narrative)에서 나온 것이지 칼빈의 특별한 사상이 아니라고 할 수 있다. 즉 성경 자체의 진술을 단순히 반복하는 본문과 주석의 조합이 아니라 칼빈의 사상이 반영되거나 그의 신학적 이해가 담겨진 자료에 우선 관심을 가져야 한다. 칼빈의 여러 글들 가운데 특별히 칼빈의 선교사상의 틀을 조형하는 재료가 될 수 있는 자료들을 모으고 결집하여 그의 선교사상의 내용과 성격을 규명하는 것이 중요한 것이다. 이하에서는 칼빈의 저서들 가운데 그의 선교 사상의 특징을 발견할 수 있는 몇몇 텍스트들을 살펴봄으로써 그의 선교사상의 개요를 파악하고자 한다.

1. 지상명령에 대한 순종으로서의 선교

칼빈의 선교 이해에서 가장 중요한 것은 그는 선교를 그리스도의 지상명령에 대한 순종으로 이해하였다는 점이다. 칼빈이 신학적 주제나 교회의 사명과 관련된 부분에 대해 접근하는 태도는 일관되게 단순하다고 할 수 있다. 그는 성경에 명백하게 언급된 하나님의 명령과 그리스도의 분부를 자기 자신과 교회의 사명으로 받아들였다는 것이다. 그는 복음전도 혹은 선교적 사명 역시 그리스도의 지상명령에 대한 온전한 순종이라는 관점에서 이해하고 반응하였다.

칼빈과 종교개혁가들은 주님의 마지막 명령인 마태복음 28장 19-20절의 말씀을 지상명령으로 이해했다. 역사적으로 복음서의 이 본문은 교부시대에는 주로 정통적인 삼위일체 교리를 뒷받침해주는 말씀으로, 종교개혁시대의 재세례파와 이후의 침례교에 의해서는 침례에 대해 지지해주는 성경구절로, 18세기 이후에는 현대 선교운동을 빛나게 하는데 결정적인 역할을 하는 말씀으로 받아들여졌다.[85] 이와 대조적으로 칼빈은 주님의 이 명령은 사도들에게 주어진 명령으로서 모든 민족에게 복음을 전파하여 그분의 왕국을 모든 곳에 일으키라는 말씀으로 해석하였다.[86] 칼빈은 열한 제자는 "가는 곳마다 복음을 전파함으로 모든 민족을 믿음의 순종으로 이끌어야 했으며 더욱이 자기들의 가르침을 복음의 특징으로 날인하고 확증해야 했다."고 주석했다.[87] 칼빈에 의하면 이 명령은 신성불가침의 법이다.[88] 또한 칼빈은 '모든 민족으로 제자를 삼아'를 그리스도께서는 유대인과 이방인을 구분하지 아니하고 "양자 모두를 언약을 받은 무리로 받아들이고"[89] 있음을 강조하면서 이방인에게 복음을 전하라는 의미로 해석한다. 아울러 '세례를 주라'는 명령을 "복음을 받아들이고 제자가 되겠다고 고백하는 사람들에게 세례를 베풀 것을 명령하고 있는데 이것은 세례가 한편으로는 하나님 앞에서의 그들의 영생에 대한 표이자 한편으로는 사람들 앞에서의 신앙의 외형적인 상징이 되려는 뜻에서이다"고 해석하였다.[90] 그리고 칼빈은 이 복음전파의 명령은 사도들에게 주어진 명령으로서, 사도들은 복음전파를 하면서 말씀과 세례를 동시에 전하여야 한다고 보았다.[91] 칼빈은 『기독교강요』에서도 지상의 가시적인 교회의 사명을 논하면서 예수 그리스도가 사도들에게 마지막으로 명한 지상 명령이 두 가지라고 이해하였다. 그 하나는 복음전파를 통한 세례요 또 다른 하나는 성찬이다.

주께서 사도들을 파송하셨을 때, 이미 말한 바와 같이 복음을 전파하며 믿는 자들에게 세례를 주어 죄 사함을 얻게 하라고 명령하셨다(마 28:19). 그러나 주께서는 이미 그들에게 자기를 본받아 그의 몸과 피의 거룩한 상징인 떡과 잔을 분배하라고 명령하셨다(눅 22: 19, 20). 여기서 사도의 자리에 앉는 사람들에게 신성불가침의 영원한 법이 부여되었고, 이 법에 의해서 그들은 복음을 선포하며 성례를 집행하라는 명령을 받았다.[92]

칼빈에 의하면, 첫 번째 명령은 세례를 주어 죄사함을 얻게 하라는 말씀으로 그리스도께서 승천하시기 전에 내리신 세례의 명령이고(마태복음 28:19), 두번째 명령은 예수님이 십자가에 달리시기 전날 밤 제자들과 나눈 최후의 식탁을 나누시면서 명하신 성만찬의 명령이다(누가복음 22:19-20). 칼빈은 이 두 가지를 성경에서 예수님이 직접 명령하신 최후의 명령으로 보았다. 말씀의 전파를 통한 세례와 성찬의 성례, 이 두 가지가 칼빈이 이해한 주님의 지상 명령이다. 이 때문에 종교개혁가들은 이 두 가지 명령을 교회의 근본적인 사명으로 받아들여 참된 교회의 표지로 삼은 것이다. 그러므로 칼빈에게 있어 복음전파 즉 선교는 예수그리스도의 명령에 대한 순종의 행위이다.

선교명령에 대한 칼빈의 이러한 이해에도 불구하고 칼빈이 그리스도의 지상명령을 사도 시대로 한정하였다는 비판이 이어졌다. 종교개혁기에 선교가 부재한 원인이 개혁가들이 지상명령을 사도에게만 주어진 명령으로 이해했기 때문이라는 것이다. 그러나 이는 칼빈에 대한 몰이해이다. 칼빈은 자신의 시대만이 아니라 그 이후의 시대에도 주님께서 사도(apostles) 혹은 전도자(evangelists)를 일으키시기도 한다고 보았다.[93] 또한 칼빈의 사상 전체를 통해 살펴볼 때 그는 복음전파의 사명이 특정한 직분이나 신분의 사람에게만 주어진 것이 아니라고 보았음을 알 수 있다. 칼빈에게 있어 마태복음의 이 본문은 하나님의 나라가 사도들에 의해 전진하고 성장하는 것을 가리키는 본문으로 이해되었다. 이는 하나님 나라의 확장은 복음의 전파를 통해 이루어진다고 보는 칼빈의 선교사상의 한 단면을 보여주고 있다.

그리스도의 이 명령은 땅끝까지 복음을 전파하라는 명령으로 해석되어 복음의 공간적 확장에 주목한 것이 일반적인 해석이다. 그러나 엄밀하게 말하자면 마태복음의 이 지상명령은 보내심을 받아 열방을 향해 나가라는 보내심(너희는 가서)의 차원, 복음 전파와 세례의 성례를 행하라는 분부(제자를 삼아 세례를 주고), 양육과 말씀을 순종하는 제자도의 명령(가르쳐 지키게 하라)을 포괄적으로 담고 있다. 그러므로 이 명령은 명백한 선교명령이자 세례의 성례를 통해 영혼을 구원하는 구원론적 의미와 제자삼는 신앙양육의 차원를 내포하고 있다. 칼빈은 이러한 포괄적인 사도적인 사역을 통해 하나님 나라가 확장되는 것으로 보았다.

칼빈은 이사야의 소명 체험을 다룬 이사야서 6장의 주석에서 이사야가 '내가 여기 있나이다 나를 보내소서'라고 응답한 것을 순종의 좋은 사례로 언급하며 하나님의 명령에 대한 순종의 중요성에 대해 다음과 같이 강조한다.

우리는 이 훌륭한 순종의 실례를 통하여 하나님께서 우리에게 명하시는 일은 무엇이든지 자원하는 마음으로 기꺼이 맡아야 하고 그것이 아무리 어렵게 생각될지라도 결코 거절하지 않겠다는 마음을 가져야겠다. 이 선지자가, '내가 여기 있나이다' 라고 말했을 때 이 말은 그가 하나님의 명령을 기꺼이 순종하겠음을 의미한다.[94]

칼빈은 이사야 선지자가 부름 받은 것은 교사의 직무로 해석하였으며[95] 이사야의 반응은 하나님의 보내심을 따라 말씀을 전하고 가르치라는 것으로 이해하였다. 복음의 전파의 명령에 대한 칼빈의 입장은 매우 간명하다. 복음 전파를 명하는 주님의 명령과 부르심에 대해 그대로 순종하는 것이다. 이러한 태도를 지닌 칼빈은 로마서 주석에서 그리스도인들이 복음전파를 간절히 사모하며 높은 가치로 삼아야 한다는 점을 강조한다.

> 바울은 영생의 메시지를 우리에게 전달해주는 사도적 직분이 말씀(the Word)과 동등하게 소중하다는 것을 분명하게 밝혔다. 이로 보건데, 이 직분은 하나님께로부터 온 것이다. 하나님께로부터 오지 않은 것은 아무 것도 바랄 만하거나 찬양할 만한 것이 전혀 없기 때문이다. 그러나 우리가 여기서 또한 알 수 있는 것은, 복음전파를 모든 선한 사람들이 얼마나 간절하게 갈망해야 하는 것과, 그들이 그것을 얼마나 크게 평가해야 하는가 하는 점이다.[96]

칼빈의 선교사상의 핵심은 성경에 나타난 주님의 명령에 대한 순종 행위로서의 복음 전파이다. 또한 이 명령은 특수한 직분의 사람만이 아니라 모든 시대 모든 신자에게 주어진 보편적인 명령이다. 즉 그리스도에게 속한 모든 교회들에게 주어진 주님의 명령이다.

2. 믿음을 통한 의의 복음 전파

칼빈은 복음에 대한 믿음을 강조한다. 그는 그의 『공관복음 주석』에서 예수께서 하나님 나라의 복음을 전파하시는 장면을 담은 마가복음 1장 14절의 본문에 대해 마태복음 4장의 기사와 비교하면서 다음과 같이 해석하였다.

> 그리스도께서 하나님의 나라가 가까웠다면서 유대인들에게 회개를 권하는 것은 하나님께서 자신의 백성을 자신의 통치로 끌어들이시고 계시는데 이것이야말로 하나님께서 그들의 완전하고 영원한 번영이라는 뜻이다. 마가는 '하나님 나라가 가까웠으니 회개하고 복음을 믿으라' 하고 약간 다르게 기록하지만 그 의미는 동일하다. 그리스도께서는 먼저 하나님 나라의 회복을 유대인들에게서부터 외치기 시작하면서 회개하고 믿을 것을 권하고 있다.[97)]

믿음은 칼빈을 비롯한 종교개혁가들의 구원 교리에서 핵심적인 것이었다. 칼빈은 로마서 1장 17을 주석하면서 하나님의 의의 전달 즉 칭의와 믿음의 관계를 다음과 같이 설명한다. "왜냐하면 하나님께서는 그의 복음으로 말미암아 우리를 의롭게 칭하시고, 그리고서는 우리를 구원하시기 때문이다."[98)] 또한 1장 18절을 하박국서의 말씀과 비교하면서 하박국이 말하는 믿음은 복음에 대한 믿음임을 주장하며 다음과 같이 언급한다.

> 우리는 그의 논증으로부터 믿음과 복음간의 상호관계를 또한 필연적

으로 추론하게 된다. 이는 '의인은 믿음으로 말미암아 산다'고 하는 까닭에, 그는 그러한 생명은 복음으로 말미암는다고 주장하는 것이다. 우리는 이제 본 서신의 첫부분의 주요점을 보게 된다. 즉, 우리는 하나님의 긍휼만을 통해서 믿음으로 말미암아 의롭다 칭함을 받는 것이다.[99]

믿음을 강조하는 경향은 중세 가톨릭교회의 전통에서는 찾아볼 수 없는 종교개혁가들의 특별한 가르침이었다. 중세 가톨릭교회는 자신들의 교회에 소속되는 것을 통해 구원을 받는다고 보았으며, 성례의 미사에 참여하는 일과 선행을 통해 구원에 이른다고 보았다. 그러나 루터를 비롯한 종교개혁가들은 인간의 '믿음'의 요소가 필수적이라고 보았다. 즉 객관적인 진리와 주관적인 믿음의 결합을 강조한 것이다. '오직 의인은 믿음으로 말미암아 살리라'(로마서 1:17)는 말씀에 근거한 루터의 이신칭의의 사상은 바로 그러한 면에서 중세의 구원론을 깨뜨리고 극복하는 구원론의 대전환이었던 것이다. 개혁자들의 신학과 구원론을 그대로 받아들인 칼빈 역시 성경 속에서 이 진리를 거듭 발견하였다. 칼빈은 복음을 믿음으로 의에 이르고 구원을 받는다고 보았다. 그에게 있어 믿음은 복음의 진리를 믿는다는 것을 의미한다. 칼빈은 믿음으로 말미암는 의의 복음을 전파하는 것을 복음전파로 보았다. 이 복음은 예수 그리스도의 복음이며 하나님의 구원의 복음이다.

믿음은 또한 하나님을 아는 지식을 위해서 필요하다. 칼빈의 저서와 사역을 전체적으로 살펴보면 하나님을 아는 지식을 강조하고 있다. 이 지식은 하나님의 말씀을 통하여 주어진다.

그러므로 우리가 가져야 하는 하나님에 대한 합당한 지식은 그의 말씀에 진술되어 있는 지식인 것이다. 만일 어떤 사람이 그 자신이 고안해낸 신관념을 가지고 있다고 할 것 같으면, 그의 신앙은 확실하고 순수한 신앙이 아니라, 변하기 쉽고 덧없는 상상에 불과할 것이다. 따라서 하나님에 대한 참 지식을 위해서는 말씀이 필요하다.[100]

칼빈의 종교개혁과 목회는 이 지식을 올바르게 정립하여 전하고자 하는 일련의 복음사역이었다. 칼빈이 『기독교강요』와 여러 저술을 펴낸 목적은 복음이 무엇인지 밝혀 이 복음을 사람들에게 전하는 데 있었다. 그가 『기독교강요』의 제1, 2, 3권을 통하여 전하고자 하는 바는 삼위일체 하나님을 아는 지식, 즉 사도신경에 기초한 삼위일체 하나님에 대한 진리였다. 칼빈이 말하는 지식은 마치 교리적 지식을 의미하는 것처럼 보이고 그가 말하는 믿음이란 이 지식을 알고 동의하는 것을 의미하는 것으로 오해할 수 있다. 그러나 그러한 평가는 '지식'이란 용어를 인식론이나 심리학에서 의미하는 바처럼 감정과 인격과 대립되는 의미에서의 인지적 기능으로 이해하였기 때문이다. 칼빈에게 있어 믿음과 지성은 별개로 구분되는 차원의 것이 아니다. 칼빈은 지식과 동의와 신뢰가 믿음의 총체적 개념이라고 보았다. 칼빈에 의하면 믿음은 하나님의 선하심을 아는 지식이자 성령을 통하여 우리의 지성에 계시되어 우리 마음에 인친 바가 된 것을 뜻한다.[101] 그러므로 칼빈에게 있어서 복음을 믿는다는 것은 지성과 감정과 의지적 결단을 포함한 전인격적인 반응을 의미했다. 그러므로 말씀의 선포를 통하여 사람들로 하여금 하나님을 알게 하고 복음을 믿게 하는 일이 그에게 가장 중요한 일이었다. 믿음을 통해 구원을 얻는다는 구원론은 칼빈의 선교 사상에 있어서 가장 기본적인 전제와 기초가 된다. 이 바탕 위에서 칼빈이 수행한 목회적 신학적 개혁적 노력들이 해석될 수 있고, 그가 말하는 선교와 선교적 행위 혹은 선교적 삶이란 무엇인가 하는 것이 규명되고 이해될 수 있다.

3. 말씀의 증언으로서의 선교

칼빈은 선교를 복음의 증언으로 이해하였다. 즉 말씀의 선포를 통하여 복음을 증언하고 진리를 전달하는 행위 그 자체가 복음전도이자 선교적 행위이다. 칼빈은 그것이 교회 안에서 목사의 설교를 통해 행하여지든 교사가 성경을 가르치는 행위를 통해 이루어지든 성경의 진리를 가르치고 전하는 모든 행위가 곧 선교를 의미하였다. 칼빈은 말씀의 선포를 통해 믿음이 생겨난다고 보았다.

> 믿음은 하나님의 말씀에서 생겨난다. 그러나 하나님의 말씀이 전해지는 곳은 어디에서나 그것은 하나님의 특별하신 섭리와 작정에 의해서만 되어지는 것이다. 그러므로 부르는 곳에는 하나님을 믿는 믿음이 있고, 믿음이 있는 곳에는, 그것은 말씀의 씨에 의하여 선행되었으며, 그리고 말씀이 전파되는 곳에는, 하나님의 부르심이 있다.102)

칼빈은 말씀의 선포를 통해 구원에 이르는 믿음을 얻는다고 보았으며 말씀의 씨를 뿌리는 행위를 통하여 믿음이 있게 된다고 하였다. 즉 사람들에게 믿음을 심어주기 위해서는 말씀의 선포가 요청되는 것이다. 그런 의미에서 칼빈의 선교 개념은 전통적 선교론에서 말하는 말(말씀)을 통한 복음전도 행위와 동일하다고 할 수 있다. 칼빈에게 있어서 입으로 복음을 증거하고, 설교를 통해 복음의 진리를 선포하는 행위 이 모든 것이 선교이다.

리차드 포스터는 『생수의 강』에서 기독교 영성의 여섯 가지 전통을 다루며 칼빈을 복음전도의 전통에 속한 인물로 분류한다. 그는 기독교 영성의 모든 전통의 출발점은 예수 그리스도이며, 그 종착지점도 예수 그리스도라는 사실을 강조하며 신구약 성경으로부터 출발하여 교회사 속의 모든 공동체와 교파의 영성을 종합하여 여섯 가지 줄기로 묶어 분류하였다. 그가 말하는 첫 번째 유형의 영성전통은 '묵상의 전통'이다.[103] 이 전통은 기도로 충만한 삶을 사는 유형으로서 수도원과 내면적인 신비와 하나님 체험을 추구하는 전통에서 두드러진다. 둘째는, '성결의 전통'으로서 마음의 청결과 고결한 삶을 추구하는 영성이다. 셋째는 '카리스마의 전통'인데[104] 이 전통은 성령의 임재와 성령의 능력을 받는 삶을 강조한다. 넷째 유형은 '사회정의의 전통'으로서[105] 자비와 정의를 위해 헌신하는 노선이다. 다섯째는 '복음 전도의 전통'으로서[106] 이 전통은 진정한 복음을 증거하는 사역에 주목한다. 복음전도의 전통은 하나님의 말씀, 기록된 성경, 선포된 말씀 위에 세워진 체계이며, 성경탐구를 통한 하나님을 아는 지식과 말씀중심의 삶을 강조한다. 마지막 여섯 번째는, '성육신의 전통'으로서[107] 일상의 삶 가운데서 거룩함과 하나님을 체험하는 노선이다. 리처드 포스터는 복음전도의 유형에 속하는 성경 인물로는 사도 베드로, 아타나시우스, 존 크리소스톰, 어거스틴,

도미니크, 토마스 아퀴나스, 존 위클리프, 마르틴 루터, 쯔빙글리, 존 칼빈, 조지 윗필드, 찰스 피니, 스펄전, D. L. 무디, C. S. 루이스, 빌리 그레이엄 등이 이에 해당된다고 하였고, 교회사 내에 두드러진 운동으로서는 도미니크 수도사, 16세기 종교개혁운동, 18세기 영적 대각성 운동, 근현대 선교운동, 19세기 이후의 학생자원자 운동 등이 이 전통에 해당되는 대표적인 운동으로 분류하였다. 리처드 포스터의 분류에 의하면, 종교개혁가 칼빈은 복음 전파에 충실한 신학자이자 말씀의 선포자이자 복음전도자이자 교회 개혁가였던 것이다. 칼빈은 말씀의 선포를 통해 복음이 전해진다고 믿었으며, 이는 그가 실천한 선교의 방법이었다.

4. 교회의 건설과 하나님 나라의 확장

칼빈에게 있어 선교란 예수 그리스도의 교회를 건설하고 세우는 일이다. 칼빈이 말하는 교회 건설(building up the church of Christ)은 오늘날 말하는 의미에서의 타문화권이나 무교회 지역에서의 교회 개척(church planting)을 의미하는 것이 아니었다. 물론 칼빈은 프랑스 지역에 새로운 교회를 세우는 일을 지원하였다는 점에서 교회 건설은 신생 교회를 개척하는 일을 포함한다고 볼 수 있다. 하지만 칼빈이 의미하는 교회 건설은 하나님의 말씀과 성례가 온전히 집행되는 참된 교회의 건설을 의미한다. 이는 하나님의 주권적인 통치가 이루어지며 성경적인 삶을 살아가는 택함받은 하나님의 백성의 공동체로서의 교회 건설을 말한다. 칼빈에 의하면, 하나님의 나라는 하나님의 통치는 받아 새 삶을 살아가는 하나님의 백성으로서의 경건한 그리스도인들과 하나님의 주권적 통치를 받는 교회 공동체를 통하여 확장되어 간다. 하나님의 나라를 이해하는 칼빈의 관점을 살펴보면 이는 보다 분명해진다. 칼빈은 산상수훈의 '주의 기도'를 주석하면서 하나님 나라에 대해 다음과 같이 언급한다.

> 하나님의 나라의 완전한 반대는 완전한 무질서와 혼란이요 하나님께서 그 생각과 감정을 자신의 손길로 정리하지 않으면 이 세상 그 어느 것도 정돈을 찾을 수 없다. 그러므로 우리는, 우리 속에서의 하나님의 나라의 시작은 우리로 새생활을 시작하도록 하는 의미에서 옛사람의 종말이요, 자아의 부정이라고 결론지을 수 있다.[108]

칼빈은 하나님 나라를 한 마디로 정의하지는 않는다. 그러나 이 해석 속에는 그의 하나님 나라 이해의 단초가 내포되어 있다. 칼빈이 "우리 속에서의 하나님의 나라의 시작"이라고 언급한 것으로 보아 그는 하나님 나라가 '우리 안'에서 시작한다고 보고 있음에 틀림이 없다. '우리 안'(in)은 현대 하나님 나라 신학에서 말하는 것과 같은 '우리 가운데'(among)가 아니다. 칼빈이 의미하는 바는 신자 개개인의 내면을 말한다. 그는 옛사람이 종언을 고하고 자아를 부정하는 새생활을 통하여 하나님 나라가 시작된다고 보았다. 또한 이 주석이 하나님의 나라가 '우리에게' 임할 것을 구하는 주기도문 본문을 다루는 문맥이므로 특별히 그렇게 해석하였다고도 볼 수 있다. 이어지는 설명에서 칼빈은 또한 다음과 같이 말한다.

> 하나님 나라의 첫 결과는 우리 육신의 욕심의 길들임이다. 그러므로

하나님의 나라가 한 발자국 한 발자국 이 세상 종말을 향해 증대되어 감에 따라 우리는 날마다 이 나라의 등장을 위해 기도하는 것이 마땅하다. 불의가 이 세상을 휘어잡고 있는 한, 하나님의 나라는 없다고 말할 수 있는 것은, 완전한 의는 하나님의 나라 뒤에 오는 것이 마땅하기 때문이다.[109]

칼빈은 하나님 나라의 시작은 개인의 변화에서 출발하는 것으로 보았다. 이는 하나님 나라가 초래하는 하나님의 '의'를 통하여 이루어진다. 칼빈이 '불의로 가득한 세상'을 대조적으로 언급하는 것을 보아 그는 불의로 가득한 세상을 하나님의 나라와 대립적으로 이해하였다고 볼 수 있다. 그러나 칼빈은 하나님의 나라를 단순히 개인의 내면적인 차원으로만 이해하지 않고 포괄적인 하나님 나라 개념을 가지고 있다. 칼빈은 그의 고린도전서 주석에서 다음과 같이 하나님의 나라(고전 4:20) 개념을 설명하고 있다.

하나님께서는 그의 말씀으로 교회를 다스리시는 까닭에, 왕권을 가진 것처럼, 복음(evangelia administratio)에 의한 통치는 때때로 하나님의 나라라고 불리어진다. 여기서 우리는 하나님의 나라는 무엇이나 이것을 목표하며, 이 목적을 위한 것이라는 사실을 깨달아야 한다. 즉 하나님은 우리 가운데서 우리를 통치하시는 것이다.[110]

이 본문은 칼빈이 가지고 있는 하나님 나라 이해와 복음에 대한 개념에 대해 종합적인 정보를 제시해주고 있다. 먼저 칼빈은 하나님 나라를

‘하나님의 통치’와 동일한 개념으로 정의하고 있다는 점이다. 그리고 이 문맥에서 하나님의 통치를 하나님이 ‘교회를 말씀으로 통치’하는 것과 ‘복음에 의한 통치’와 동일한 개념으로 사용하고 있다. 즉 그에게 있어 하나님의 나라는 말씀 즉 복음을 통한 통치를 의미한다. 이러한 맥락에서 본다면 칼빈이 말하는 하나님 나라의 확장은 교회의 확장과 밀접한 관련성을 지니고 있다고 할 수 있다.

칼빈은 사도행전 1장 6절을 주해하면서 하나님 나라에 대해 제자들의 질문과 관련하여 다음과 같이 설명한다. “그들은 그리스도의 왕국을 동족 이스라엘에 한정시킴으로써 과오를 범하고 있다. 그리스도의 왕국은 땅끝까지 그 범위를 넓히지 않으면 안되는 나라이다.”[111] 칼빈의 이 해설 속에는 범위 혹은 영역의 개념이 분명히 드러난다. 즉 칼빈은 하나님 나라의 확장에 대한 관념을 가지고 있으며 이는 상징적이거나 영적인 차원의 지평의 확장이 아니라 분명한 지리적 공간적인 확장을 의미하는 것이었다. 칼빈의 의하면 복음은 온 세상 땅 끝까지 전파되어야 하며(행 1:8), 예루살렘과 온 유대, 사마리아와 땅 끝까지가 모두 선교의 대상이다. 황대우는 디모데전서 2장 3-4절에 대한 칼빈의 주석을 인용하면서 칼빈에게서 개인의 회심을 넘어서는 의미에서 국가와 민족 단위에 적용될 수 있는 전도와 선교 개념을 발견할 수 있다고 한다.[112] 즉 칼빈은 “하나님은 모든 사람이 구원을 받으며 진리를 아는데 이르기를 원하시느니라”를 주석하면서 ‘모든 사람’을 각 개인의 총합으로 해석하기보다 ‘모든 민족’으로 해설하고 있다는 것이다. ‘모든 사람’을 각 개개인이 아니라 민족 전체를 의미하는 집단에 적용하여 해석하였다는 점은 마치 현대 선교론에서 회자되는 집단 회심 혹은 종족 회심을 의미하는 듯한 선교적 개념이 칼빈의 주석에서 언급되고 있는 것으로 보아야 한다.

칼빈의 신학 전체를 살펴볼 때 그는 교회와 하나님 나라를 각각 다른 용어로 구분되는 실체로 묘사하지만 의미상으로는 거의 동일시하였다고 볼 수 있다. 칼빈에 의하면 교회는 그리스도의 나라이며 이 나라는 하나님의 말씀에 의해 통치된다.[113] 그리스도의 나라의 광채와 영광은 장엄한 권세와 재물이 아니라 말씀에 따라 청빈과 겸손을 겸비한 교회 안에서 빛나게 된다.[114] 칼빈은 참된 교회의 건설을 통하여 하나님의 나라가 확장된다고 보았다. 그는 말씀의 선포를 통하여 개개인이 변화됨으로써 하나님의 나라가 시작되고, 말씀이 온전히 선포되고 성례가 집행되는 참된 교회들이 확장됨을 통하여 하나님의 나라가 전파되고 확장되는 것으로 이해하였다. 그러므로 칼빈에게 있어 하나님의 나라는 개개인의 회심과 성화와 밀접한 관련을 지닌다.[115] 다음과 같은 칼빈의 언급은 선교를 하나님 나라의 확장으로 이해하는 그의 관점을 단적으로 표현해주고 있다.

> 중보자인 그리스도께서 무상의(값없는) 속죄에 의해서 용서받고 다시 의롭게 태어난 인간들을 아버지 하나님께 연합하실 때에만 하나님의 나라는 세워지며 번성하게 (된다).[116]

5. 청지기적 삶과 사회적 책임

신약 성경의 본문에 대한 칼빈의 주석들만 종합한다면 칼빈이 의미하는 바 선교란 복음 전도와 설교를 통한 말씀의 선포, 그리고 교회의 건설이라는 차원을 담는 전형적인 '복음증거로서의 선교'를 의미하는 것처럼 보인다. 이는 구원론이 교회의 가장 중심적인 관심사요 신학의 중심 주제가 된 종교개혁기의 상황과 밀접한 관련이 있다. 칼빈의 신학 역시 구원론과 관련이 매우 깊으며 구원론 중심으로 전개된 신학이라고 할 수 있다. 이러한 구원론 중심의 체계는 자연히 구원하시는 하나님의 절대 주권과 은혜, 그리고 구원을 얻는 통로로서 인간적 차원에서의 믿음과 회개, 그리고 사람들이 믿음을 얻을 수 있도록 말씀을 통한 복음의 전파를 강조하기 마련이다. 그러나 칼빈은 구원론에 함몰되어 있지 않고 보다 넓은 지평의 실천적 개념의 선교사상을 가지고 있었다. 보쉬는 칼빈의 신학이 세상에서의 신자의 책임을 강조하는 신학이기 때문에 선교사상적 원리와 지침을 보다 더 제공할 수 있다고 평가하였다.[117] 그러한 선교사상은 그리스도인의 경건한 삶과 선행과 사회적 책임에 대한 칼빈의 철저한 강조에서 나타난다. 그는 구원에 이르는 믿음을 강조할 뿐 아니라 이 믿음은 거룩한 삶과 선행으로 이어짐을 강조한다. 믿음과 선행은 동일한 구원의 양 측면이요, 경건에 이르기를 원하는 사람은 선을 행함으로 믿음과 행함의 온전한 균형과 통합을 자신의 인격과 삶 가운데서 이루어내야 한다. 이는 칼빈이 의미하는 바 경건의 총체였으며 하나님이 명하신 그리스도인의 사명(Mission)이었다.

칼빈에게 있어 선행은 일차적으로 구제를 의미하는 것이었다. 칼빈은 갈라디아서 6장 7절의 '사람이 무엇으로 심든지 그대로 거두리라'는 말씀에서 심는 행위를 구제의 선행으로 해석하였다. 칼빈은 "이웃에게 선을 행할 때 그것은 씨를 뿌리는 것과 같다"고 하면서 구제하는 일에 주저하지 말 것을 권한다.[118] 또한 야고보서 1장 17절을 주석하면서 야고 보는 경건의 정의를 내리고 있는 것이 아니라 참된 경건에 있어서 빠뜨려서는 안될 가장 중요한 면을 언급하고 있다고 보았다. 그리고 고아와 과부를 그 곤궁한 중에 돌보는 행위를 전반적인 구제라고 해석하였다.[119] 칼빈이 구제의 선행을 강조한 것은 중세 교회의 가르침을 뛰어넘는 특별한 가르침이라기보다 성경에 기록된 명령에 입각하여 초대교회로부터 교회가 힘써온 교회의 전통적인 이웃사랑의 전형과 동일한 맥을 지니고 있다. 그러나 칼빈의 물질관과 노동관, 그리고 구제에 대한 견해를 종합하면 칼빈은 중세의 전통과 가르침을 뛰어넘는 능동적이고 통합적인 사회적 실천의 사상을 가지고 있었다.

칼빈은 중세적 금욕주의적 물질관이나 가난을 최고의 모범으로 간주하는 견해를 그대로 받아들이지는 않았다.[120] 그러나 그는 여전히 금욕적인 요소가 다분한 가르침을 전하고 그러한 사회정책을 폈다. 그는 절제와 검소 등을 경제적 도덕적 미덕으로 보았다. 또한 칼빈은 성실한 노동을 강조하였다. 사람들이 태만과 향락으로 시간을 보내지 않고 하나님의 뜻에 따라 성실하게 노동을 해야 한다는 것이다. 노동을 하여 많은 수확과 이익을 거둘 수 있는 기회가 있을 때는 이를 실행하여야 한다고 보았다. 칼빈이 노동을 신성하게 보는 이러한 관점은 청교도사상으로 이어졌다. 칼빈은 부나 가난은 하나님이 자신의 섭리를 완성해 가는데 사용하는 도구라고 보았다.[121] 따라서 하나님의 섭리에 따라 어떤 사람들은 많이 소유할 수도 있고, 어떤 사람들은 적게 소유할 수도 있다고 보았다. 하지만 부유한 자는 자신의 소유와 재물로 자기 자신만을 위해 사용할 것이 아니라 궁핍한 자들과 나누어 사용하는 경제적 소명을 가지고 있다고 보았다. 이러한 구제와 나눔을 통해 빈자는 더욱 가난해지지 않고 부자의 부는 더 축적되지 않는다. 즉 칼빈은 재산의 불공평한 분배는 하나님이 사람들의 선의를 살피는 방편으로 이해하였다.122) 이러한 견해에 따르면 부자만이 아니라 가난한 사람 역시 이웃에 대한 하나님의 소명을 동일하게 가지고 있으며, 사람은 누구나 선행과 구제를 통해 재물로 하나님의 영광을 드러낸다고 보았다. 그러므로 칼빈의 사상은 중세의 사상을 넘어선 것이었다. R. H. 토니는 칼빈의 사상을 평가하기를 "경제적 미덕을 인정하고 찬양하는 최초의 체계적 종교적 사상"이라고 하였다.123) 사회학자 베버(Max Weber)는 이러한 칼빈의 사상이 영국 청교도주의의 직업 사상의 정초를 제공하였으며 프로테스탄티즘의 기초가 되었다고 평가하였다.124)

신원하는 칼빈의 사회경제윤리는 그의 교회론과 매우 밀접하다고 보았다. 즉 칼빈은 교회를 가난한 자들과 부자들의 공동체적인 삶으로 이해하였다는 것이다. 특히 집사직은 가난한 자들에 대해 구제하고 봉사 사역을 하는 직무라고 보았다.125) 칼빈은 능동적으로 구제를 강조한 반면 소극적으로는 사치와 방종을 정죄하였다. 제네바 시에서 행한 그의 정치활동은 그의 윤리사상을 잘 보여준다. 그는 빈자를 고려하지 않고 재산을 낭비하는 일부 제네바 시민들의 사치를 비판하였다. 그가 제정한 '사치 금지법'(Sumptuary Laws)이 그 대표적인 사례이다.126) 사치 금지법은 법을 통하여 개인의 사적인 소비행위를 규제하려 하였다는 면에서 시사하는 바가 크다. 개인의 도덕적 행위와 윤리적 의무를 사회적 차원으로 확대하여 윤리적 책임성을 요구하고 법령으로 사치와 과소비를 규제하려고 한 것이다.

칼빈이 말하는 그리스도인의 생활의 요체는 경건이다. 이 경건은 그리스도인의 생활의 가장 중요한 부분을 차지한다. 경건한 삶은 하나님을 경외하며 예배하는 삶일 뿐 아니라 거룩함과 선행으로 하나님께 영광을 돌리며, 삶의 자리에서 하나님이 부여하신 소명에 따라 청지기적 삶을 살아가는 선교적 삶을 말한다. 이러한 삶에 대한 강조는 칼빈과 교회가 직접 참여한 제네바 시의 개혁, 구제, 삶 가운데서의 거룩함과 선행에 대한 강조에서도 그대로 나타난다. 칼빈의 사상은 현실도피적이 아니라 현실참여적이다. 그가 이해하는 하나님은 초월적이며 내재적이고, 창조주이시며 동시에 섭리하시는 하나님이시다. 칼빈은 인간의 영혼 구원만을 강조하는 영적 차원만이 아니라 개인과 공동체의 삶 전체에 개입하시는 하나님의 은총과 주권에 기반한 현실참여적인 영성을 강조한다. 이러한 경건은 온전한 청지기적 삶 즉 사회의 전 영역에서 '보내심을 받은 자'로서 사회적인 책임을 수행하는 능동적인 선교적 삶으로 귀결된다.

칼빈의 전체적인 삶과 사역을 고려한다면 칼빈은 신학자인 동시에 사회-윤리학자라고 말할 수 있다.[127] 칼빈의 저술 전반에는 윤리적 성찰이 깃들여져 있으며 사회정치적 영역에서 도덕적으로 온전한 도시로 정화되고 시민의 삶의 영역에서도 도덕적 문화적 성결함과 청지기적 삶을 강조하고 있기 때문이다. 이러한 칼빈의 사상은 이후 17세기 잉글랜드에서 일어난 청교도들의 삶과 영성에서 두드러지게 나타났다. 잉글랜드 국교회의 세력과 국왕의 박해 가운데서도 교회 개혁을 외치면서 세상 속에서의 성자의 삶을 살았던 청교도 영성은 칼빈의 문화 참여적 신학과 영성의 열매이자 꽃이었다. 청교도들은 영적 생활과 성장에 모든 힘을 다 쏟았으나 그렇다고 세상으로부터 은둔하지 않았다.[128] 그들은 예배와 경건, 성경중심의 신앙 뿐 아니라 노동, 결혼과 성, 돈과 가정, 교육과

사회활동 등의 영역에서 칼빈의 이상을 그대로 구현하고자 하였다.129)
그들은 자신들을 박해하고 죄악으로 가득찬 세상을 단죄하며 도피하지
않았다. 그들은 하나님의 선택받은 사람으로서 생활의 모든 영역에서
청지기적 삶을 살아가며 탁월한 영양력을 끼쳐 하나님의 통치를 이루어
내고 하나님의 영광을 드러내고자하는 꿈을 실현하였다.130) 윌리엄 A.
스콧은 청교도들의 열정과 비전의 핵심부에 칼빈의 선택교리가 자리잡
고 있다고 말한다.131) 청교도들은 개인적인 회심을 통하여 자신이 하나
님께 선택받았다는 확신을 가졌다. 칼빈과 청교도의 연결점은 단지 청
교도들이 칼빈의 전통에 입각한 웨스트민스터 신앙고백과 대소교리문
답을 자신의 신조로 채택하였다는 사실에132) 있는 것이 아니다. 그것은
신조 채택을 넘어서서 칼빈의 신학사상에 담겨 있는 영성적이며 실천적
인 요소에 있었다. 원종천은 청교도 영성의 주요 부분을 구성했고 칼빈
에게 있어서도 중요한 교리였던, 그리스도와의 연합과 교제라는 주제에
초점을 맞추어 양자의 관계를 설명한다.133) 칼빈과 청교도들은 공히 그
리스도와의 교제를 그들이 그리스도와 갖게 된 새로운 관계를 강화시키
는 것으로 보았다. 이러한 연합은 신앙과 회심이라는 근본 차원에서 시
작하여, 생활 가운데서 그리스도와 연합하여 세속 속에서 성화의 삶을
살고자 하는 소명감과, 이 세상을 피하지 않고 하나님의 청지기로서 사
회의 각 영역에서 하나님의 통치와 뜻을 이루고자 하는 참여의 영성으로
까지 나아갔다.

6. 종합적 요약

이상에서 살펴본 바와 같이 칼빈은 당대의 상황(context) 속에서 선교적 삶을 살았던 목회자이자 교회 개혁가였다. 칼빈에게 선교가 부재하다는 비판이나 이론은 신학적 편견이자 부당한 오해이다. 오히려 칼빈을 비롯한 모든 종교개혁가들은 참 복음과 참 교회를 회복시킨 사람들이며 말씀을 증언하고 가르치며 복음전도와 선교적 삶에 투신한 현장 선교사이었다. 제네바는 칼빈의 선교현장이었으며 아울러 전유럽으로 선교사를 파송하는 훈련센터이자 전진기지였다. 칼빈이 선교에 대한 별도의 연구를 행하거나 체계화된 저술을 남긴 것은 아니다. 그러나 그의 목회와 바른 교회를 세우기 위한 제반 활동들은 그야말로 총체적인 선교적 사역이었음에는 이론(異論)의 여지가 없다. 그리고 그의 『기독교강요』와 설교와 주석 등의 전반에 선교적 사명에 대한 강조가 반복되고 있으며 그의 복음에 대한 이해 속에는 선교에 대한 이해가 담겨 있다. 물론 이러한 요소들이 어느 정도 혹은 충분하게 발견된다고 해서 칼빈을 선교사로 지칭한다거나 어떤 체계를 갖춘 선교신학자라고 말할 수 있는 것은 결코 아니다. 그러나 당시의 시대적 상황을 비롯하여 종교개혁이라는 대업에 집중할 수밖에 없는 상황에서 칼빈이 보여준 선교적 열의나 포괄적인 사역은 높이 평가되어야 할 것이다. 신약성경에 대한 칼빈의 주석들을 살펴보면 칼빈의 선교 개념은 전통적인 복음전도 중심의 선교 패러다임과 유사하다고 할 수 있다. 하지만 칼빈의 신학사상 전체와 그의 목회적 실천과 삶을 종합하여 살펴보면 보다 폭넓고 실천적인 포괄적 선교사상을 내포하고 있다. 최윤배는 다음과 같이 칼빈의 선교를 요약한다.

결과적으로 볼 때 칼빈의 선교는 교회론적, 종말론적, 말씀 중심의 선교, 공동체 중심 선교, 총체적 선교였음을 보게 된다. 그의 관심은 총체적으로 타락한 인간이 하나님의 형상을 회복하는 것에 있다. 여기에는 영혼의 구원을 위한 말씀 사역뿐만 아니라 소위 문화 명령으로 불리는 자연에 대한 그리스도인의 청지기직과 제자도, 그리고 복음에 합당한 생활양식까지 포함하고 있음을 보게 된다.134)

주해

1) 최윤배, 「깔뱅신학 입문」 (서울: 장로교신학대학교 출판부, 2012), 848.

2) 이러한 날선 비판의 논리들에 대해서는 최정만, 「칼빈의 선교사상」 (서울: 기독교문서선교회, 2000), 20-25쪽과 최윤배, 「깔뱅신학 입문」 (서울: 장로교신학대학교 출판부, 2012), 840-845쪽을 참고하라.

3) Fred H. Klooster, "Mission – The Heidelberg Catechism and Calvin", 182.

4) 김선일, 「전도의 유산」, 210.

5) 폴 D. L. 에이비스, 「종교개혁자들의 교회관」, 이기문 역 (서울: 컨콜디아사, 1987), 203.

6) Fred H. Klooster, "Mission – The Heidelberg Catechism and Calvin." 185.

7) 데이비드 J. 보쉬, 「변화하고 있는 선교」, 377.

8) 김선일, 「전도의 유산」, 178.

9) Ibid., 177-178.

10) 장훈태, "칼빈과 선교." 전광식 편, 「칼빈과 21세기」 (서울: 부흥과 개혁사, 2009), 130.

11) Ibid.

12) 김선일, 「전도의 유산」, 180.

13) Ibid.

14) 호르스트 뷔르클레, 「선교신학」, 이정배 역 (서울: 컬콜디아사, 1988), 71.

15) 장훈태, "선교신학". 한국칼빈회, 「최근의 칼빈 연구」 (서울: 대한기독교서회, 2001), 276.

16) Ibid.

17) Fred H. Klooster, "Mission – The Heidelberg Catechism and Calvin", 186.

18) 김선일, 「전도의 유산」, 214.

19) 최윤배, 「깔뱅신학 입문」, 843.

20) 호르스트 뷔르클레, 「선교신학」, 70.

21) 데이비드 J. 보쉬, 「변화하고 있는 선교」, 379.

22) Ibid.

23) 칼빈의 회심 일자를 정확하게 계산하는 것은 불가능한 일이다. 그의 회심일자를 1528년 경으로 보는 견해가 일반적이며, T. H. L. 파커는 1529년이나 1530년 초 무렵 회심을 경험하였다고 추정하며, 존 맥네일(John T. Mcneill)은 1534년 4월 5일과 1534년 5월 4일 사이에 일어났을 것이라고 추정한다. 시기를 언제로 보느냐에 따라 회심이 그의 삶이나 「기독교강요」 저술에 미친 영향에 대해 상당히 다른 해석을 초래한다. T. H. L. 파커의 입장에 대해서는 그가 쓴 칼빈의 전기 「존 칼빈」, 김지찬 역 (서울: 생명의말씀사, 2009), 69쪽을, 존 맥네일의 견해는 포드 루이스 베틀스가 쓴 「기독교강요」 서론에서 언급된 것으로 이에 대해서는 존 칼빈, 「기독교강요[초판]」, 양낙흥 역 (서울: 크리스찬다이제스트사, 2008), 27쪽을 참고하라.

24) 존 칼빈, 「구약성경주석7-시편」, 칼빈성경주석출판위원회 역 (서울: 신교출판사, 1980), 160.

25) Ibid.

26) Ibid.

27) 김성현, "깔뱅의 생애에 대한 선교학적 조명."「선교와 신학 24집」, 2004, 162.

28) 빌렘 판 엇 스페이커로, 「칼빈의 생애와 신학」, 박태현 역 (서울: 부흥과 개혁사, 2014), 49.

29) 김성현, "깔뱅의 생애에 대한 선교학적 조명."「선교와 신학 24집」, 162.

30) T. H. L. 파커, 「존 칼빈」, 김지찬 역 (서울 : 생명의 말씀사, 2009), 70.

31) Ibid.

32) T. H. L. 파커, 「존 칼빈」, 94.

33) 김성현, "깔뱅의 생애에 대한 선교학적 조명."「선교와 신학 24집」, 163.

34) R. 스토페르, 「남편 아버지 친구 목회자로서의 인간 칼빈」, 박건택 역 (서울: 엠마오, 1989), 74.

35) Ibid., 20.

36) Ibid., 86.

37) Ibid., 73.

38) 한국칼빈주의 연구원 편역. 「칼빈의 영성」 (서울: 기독교문화협회, 1986), 266.

39) 에밀 두메르그, 「칼빈사상의 성격과 구조」, 이오갑 역 (서울: 대한기독교서회, 1995), 26.

40) T. H. L. 파아커, 「칼빈과 설교」, 김남준 역 (서울: 도서출판 솔로몬, 1993), 66.

41) Ibid.

42) Ibid., 26.

43) R. 스토페르, 「남편 아버지 친구 목회자로서의 인간 칼빈」, 87. 스토페러는 칼빈이 바젤에 있던 1538년, 파렐의 조카가 페스트에 걸렸다는 소식을 들고서 그는 자기 몸은 아끼지 않고 환자의 머리맡으로 달려가 복음의 위로를 아낌없이 베풀고 자비를 들여 그를 간호하도록 하였으며 그가 죽자 장례비를 부담한 일화를 소개한다.

44) 하워드 L. 라이스, 「개혁주의 영성」, 황성철 역 (서울: 기독교문서선교회, 1995), 172.

45) R. 스토페르, 「남편 아버지 친구 목회자로서의 인간 칼빈」, 90-91.

46) Ibid., 96.

47) T. H. L. 파커, 「칼빈과 설교」, 26.

48) Michael A. G. Haykin and C. Jeffrey Robinson Sr., *To the Ends of the Earth: Calvin's Missional Vision and Legacy* (Crossway, IL: Wheaton, 2014), 28.

49) 사실 제네바는 거의 독립적인 도시국가였으므로 제네바 도시의 지역성은 동시에 국가적 차원을 내포하고 있다고 할 수 있다. 이는 엄밀한 의미에서의 오늘날의 영토경계에 따른 구

분이 아님을 밝혀두고자 한다. 연구자가 국제적(International), 지역적(Local), 국가적(National)이라고 명명한 것은 칼빈의 종교개혁이 지니는 지평을 보다 선명하게 나타내기 위해 임의로 분류하여 도식화한 것이다. 국가적(National)이라는 의미는 일차적으로 바젤을 비롯한 스위스 영역 내의 다른 개혁운동과의 연대적 관계를 염두에 둔 개혁운동이었음을 의미한다. 칼빈과의 관계 속에서 진행된 프랑스와 스코틀랜드의 종교개혁운동 역시 그 나름의 지역성과 국가성, 국제성을 지닌다고 할 수도 있다.

50) 토마스 M. 린제이, 「종교개혁사2」, 이형기 외 역 (서울: 한국장로교출판사, 2003), 131.

51) Ibid., 150.

52) Ibid.

53) 김성현, "칼뱅의 생애에 대한 선교학적 조명." 「선교와 신학 24집」, 179.

54) 이정숙, "칼뱅의 목회와 선교." 「선교와 신학 24집」, 2004, 95.

55) 김성현, "칼뱅의 생애에 대한 선교학적 조명." 「선교와 신학 24집」, 165.

56) 김병한, 「사회복지사업 측면에서 본 칼빈 연구」 (서울: 도서출판 목양, 2010), 195.

57) 최윤배, 「칼뱅신학 입문」, 855.

58) 로버트 킹던, 이신열 역, "칼빈의 집사직 이해." 고신대학교개혁주의학술원, 「칼빈과 사회」 (부산: 고신대학교 출판부, 2009), 159.

59) 최윤배, 「칼뱅신학 입문」, 855.

60) Ibid.

61) Ibid.

62) Randall C. Zachman ed., *John Calvin and Roman Catholicism* (BakerAcademic, MI: Grand Rapids, 2008), 97.

63) 이정숙, "칼뱅의 목회와 선교" 「선교와 신학 24집」, 2004, 108.

64) Michael A. G. Haykin and C. Jeffrey Robinson Sr., *To the Ends of the Earth: Calvin's Missional Vision and Legacy*, 66.

65) Ibid., 68.

66) Ibid.

67) 김성현, "칼뱅의 생애에 대한 선교학적 조명." 「선교와 신학 24집」, 166.

68) 최윤배, 칼뱅신학 입문, .858.

69) 김성현, "칼뱅의 생애에 대한 선교학적 조망." 「선교와 신학 24집」, 167.

70) Michael A. G. Haykin and C. Jeffrey Robinson Sr., *To the Ends of the Earth: Calvin's Missional Vision and Legacy*, 72.

71) 최윤배, 「칼뱅신학 입문」, 861.

72) 장훈태, "칼빈과 선교." 전광식 편, 「칼빈과 21세기」, 143쪽에서 재인용

73) Joel R. Beeke, "Calvin's Evangelism." *Mid-America Journal of Theology 15*, 2004. 68.

74) 최정만, 「칼빈의 선교사상」, 121-212.

75) 전광식, "칼빈과 선교." 「칼빈과 21세기」 (서울: 부흥과개혁사, 2009), 129-134.

76) 박경수, "깔뱅의 종교개혁과 선교." 세계선교연구원 편, 「선교와 신학 제21집」, 106-106.

77) 존 칼빈, 「기독교강요[초판]」, 양낙흥 역 (서울: 크리스찬다이제스트사, 2008), 37.

78) 김성현, "깔뱅의 생애에 대한 선교학적 조명." 「선교와 신학 24집」, 173.

79) 칼빈의 교회론에 담겨 있는 선교사상에 대해서는 제4장에서 별도로 다룬다.

80) 최윤배, "존 칼빈의 교회론." 한국조직신학회 편, 「교회론」 (서울: 대한기독교서회, 2009), 122.

81) 김선일, 「전도의 유산」 212.

82) Ibid., 184.

83) Ibid., 185.

84) Ibid., 181.

85) Michael A. G. Haykin and C. Jeffrey Robinson Sr., *To the Ends of the Earth: Calvin's Missional Vision and Legacy*, 11.

86) Ibid.

87) 존 칼빈, 「신약성경주석 2 - 공관복음 2」, 칼빈 성경주석출판위원회 역 (서울: 신교출판사, 1978), 547.

88) 존 칼빈, 「기독교강요(하)」, 김종흡 외 역 (서울: 생명의 말씀사, 1986), 65. 「기독교강요」 IV. 3, 6. 이하 본문에서는 「기독교강요」를 영문으로 *Institution*이라 표기하고, 번역은 주로 생명의 말씀사에서 출판된 번역본으로 한다. 생명의 말씀사에서 번역 발간한 「기독교강요」는 상, 중, 하권으로 구성되어 있으며 「기독교강요(하)」는 「기독교강요」 IV.에 해당한다.

89) Ibid., 548.

90) Ibid., 549.

91) Ibid., 549.

92) *Institution.*, IV. 1. 6.

93) 이 논쟁에 대해서는 제4장에서 별도로 다룬다.

94) 존 칼빈 저, 칼빈 성경주석출판위원회 역, 「구약성경주석 12 - 이사야」, 217.

95) Ibid., 216.

96) 존 칼빈 저, 칼빈 성경주석출판위원회 역, 「신약성경주석 7 - 로마서」, 338.

97) 존 칼빈 저, 칼빈 성경주석출판위원회 역, 「신약성경주석 1 - 공관복음 1」, 218.

98) 존 칼빈 저, 칼빈 성경주석출판위원회 역, 「신약성경주석 7 - 로마서」, 56.

99) Ibid., 57.

100) 존 칼빈 저, 칼빈 성경주석출판위원회 역, 「신약성경주석 7 – 로마서」, 338.

101) Institution. Ⅲ. 2. 7.

102) 존 칼빈 저, 칼빈 성경주석출판위원회 역, 「신약성경주석 7 – 로마서」, 335.

103) 리처드 포스터, 「생수의 강」, 박조앤 역 (서울: 두란노서원, 2000), 48-94.

104) Ibid., 147-194.

105) Ibid., 195-258.

106) Ibid., 259-327.

107) Ibid., 329-379.

108) 존 칼빈 저, 칼빈 성경주석출판위원회 역, 「신약성경주석 1 – 공관복음 1」, 294.

109) Ibid.

110) 존 칼빈 저, 칼빈 성경주석출판위원회 역, 「신약성경주석 8 – 고린도전서」, 152.

111) 존 칼빈 저, 칼빈 성경주석출판위원회 역, 「신약성경주석 5 – 사도행전」, 42.

112) 황대우. "깔뱅의 교회론과 선교". 「선교와 신학 24집」, 2008, 59.

113) Institution, Ⅳ. 2. 4.

114) Institution, Ⅳ. 5. 17.

115) 이은선, 「칼빈의 신학적 정치윤리」 (서울: 기독교문서선교회, 1997), 246.

116) 존 칼빈, 「신약성경주석 6」 – 사도행전, 408.

117) 데이비드 보쉬, 「변화하고 있는 선교」, 379-380.

118) 존 칼빈 저, 칼빈 성경주석출판위원회 역, 「신약성경주석 8 – 갈라디아서」, 649.

119) 존 칼빈 저, 칼빈 성경주석출판위원회 역, 「신약성경주석 4」, 321.

120) 이상규, "성경에 나타난 부요의 양면성." 전광식 외, 「가난과 부요의 저편」 (서울: SFC 출판부, 2002), 110.

121) Ibid., 111.

122) Ibid.

123) R. H. 토니, 「종교와 자본주의의 발흥」, 김종철 역 (서울: 한길사. 1983), 122.

124) 막스 베버, 「프로테스탄티즘의 윤리와 자본주의 정신」, 박성수 역 (서울: 문예출판사. 2004), 123.

125) 신원하, "칼빈, 가난의 신학과 윤리." 전광식 외, 「가난과 부요의 저편」, 64.

126) Ibid., 23.

127) 정성욱 편저, 「칼빈과 복음주의 신학」 (서울: 부흥과 개혁사, 2011), 379.

128) 윌리엄 스콧, 「개신교신학사상사」, 김쾌상 역 (서울: 대한기독교출판사, 1987), 131.

129) 청교도들의 신앙과 삶의 양식에 대해서는 리랜드 라이큰의 저서 「청교도– 이세상의 성

자들」, 김성웅 역 (서울: 생명의 말씀사, 1995) 에서 상세히 다루고 있다.

130) 윌리엄 스콧, 「개신교신학사상사」, 131.

131) Ibid., 124.

132) Ibid., 129.

133) 원종천 외, 「칼빈신학과 목회」, 한국칼빈학회 엮음 (서울: 대한기독교서회, 1999), 47-82. 357.

134) 최윤배, 「칼빈과 21세기」, 283.

칼빈과 뉴비긴의
선교적 대화

제4장
칼빈과 뉴비긴의 선교적 대화

칼빈과 뉴비긴을 비교하는 작업에는 쉽지 않은 여러 가지 장애물이 있다. 첫째, 시대적 간격의 차이이다. 칼빈은 16세기 종교개혁기의 프랑스 사람이었다. 그는 르네상스 이후 시대의 대격변기에 종교개혁가로서 그리고 신학자로서 제네바를 중심으로 유럽 전역을 무대로 사역을 하였다. 뉴비긴은 20세기 영국 사람으로서 젊은 시절을 대부분 인도의 선교 현장, 즉 타문화권에서 살았던 사람이다. 둘째, 기독교 내부의 상황의 차이이다. 16세기 칼빈의 시대는 종교개혁이라는 거대한 시대적 기류가 전 유럽을 휩쓸고, 기독교 전체가 가톨릭과 개신교 그룹으로 양분되면서 개신교가 힘겹게 분투하고 있던 시대였다. 물론 유럽 전체는 여전히 기독교 세계로서 존재하였다. 반면 뉴비긴이 활동하던 20세기 중후반의 세계기독교는 개신교가 지구촌 전역에 확산되어 선교의 열정이 제3세계 권으로 확산되는 시기였으나 식민지 해방으로 제3세계에서의 서구 기독교에 대한 반감이 고조되고, 서구 유럽에서도 기독교가 영향력을 잃고 소멸해 가는 상황이었다. 셋째, 개인적 신분과 경험의 차이이다. 칼빈은 종교개혁가이자 신학자이자 목회자였으며 사회개혁가이기도 하였다. 뉴비긴은 현장 선교사로서 목회를 하고 선교신학자로서 영향력 있는 많은 글과 책들을 발표하였다. 외견상 두 사람이 목회를 하고 수많은 저술을 남겼다는 점에서 공통점이 있어 보이지만 칼빈이 활동한 제네바와 뉴비긴이 사역하였던 인도 사이에는 엄청난 사회적 문화적 차이가 존재하며, 이에 따라 두 사람 사이에도 도저히 공유할 수 없는 경험의 격차와 간격이 존재한다고 할 수 있다. 그럼에도 불구하고 칼빈과 뉴비긴은 첫째, 전적으로 하나님께 헌신한 사역자였다는 면에서 둘째로, 자신의 삶의 현장에서 하나님의 부르심에 충실하게 반응한 소명자라는 점에서 셋째로, 두 사람이 모두 개신교적 신앙의 바탕 위에서 성경 중심의 사상을 주장하였다는 점에서 넷째로, 칼빈은 당시 종교개혁의 흐름에 결정적인 영향을 미친 이론가로서 뉴비긴은 기로에 선 세계선교의 현장에 지대한 영향을 미친 선교학자로 인정을 받았다는 점에서 유사점과 공통점이 있다.

이 장에서는 칼빈의 선교론과 뉴비긴의 선교적 교회론을 비교한다. 칼빈과 뉴비긴의 모든 사상을 비교하는 것이 아니라 선교론적 관점에서 양자의 교회론과 선교사상을 비교 분석한다. 뉴비긴의 선교적 교회론의 전체계를 살펴보면 그는 칼빈의 신학사상과 신학적 전제의 기반 위에서 자신의 사상을 전개하고 있다는 점을 발견 할 수 있다. 특히 칼빈의 교회론은 그의 선교사상을 그대로 담고 있는 영역이다. 칼빈은 이론적 틀을 갖춘 선교론을 전개하지 않았다. 칼빈에게서 어떤 선교적 개념을 발견하려면 칼빈의 구원론에 집중할 수밖에 없고, 결국은 칼빈의 구원론에 그의 선교사상이 모두 담겨있다는 평범한 결론을 내리게 된다. 즉 구원론이라는 칼빈의 신학의 특정 영역만 주목할 경우 칼빈은 전통적인 복음전도 선교론의 주창자로 묘사될 수밖에 없다. 칼빈의 선교사상을 보다 선명하고 집약적으로 담고 있는 영역은 그의 교회론이라고 할 수 있다. 칼빈의 교회론은 그의 선교사상이 함축적으로 용해되어 있을 뿐 아니라 그가 매우 실천적이고 포괄적인 선교 프레임을 견지하고 있음을 보여준다.

뉴비긴의 선교적 교회론은 선교가 교회론을 끌고가는 구조라면, 칼빈의 교회론은 교회론이 선교를 담고 있는 구조라고 할 수 있다. 즉 뉴비긴은 선교의 깃발을 높이 올린 기둥을 중심으로 교회론의 체계를 구축하였다면, 칼빈은 별도의 선교론을 언급하거나 다루지 않고 마치 누룩이 반죽 속에 녹아들어 있는 방식으로 '선교론이 내포되어 있는 형태의 교회론'을 전개하고 있다고 비유할 수 있다.

제1절 칼빈의 교회론의 선교적 의미

칼빈의 교회론은 그의 신학 이론 중에서 가장 실천적인 분야로서 장로교 정치이론의 근간으로 받아들여지는 이론이며 이 사상은 교회사에서 장로교라는 교파의 태동을 이끌고 장로교 정치와 조직의 이론기반이 된 영역이기도 하다. 칼빈의 교회론은 교회의 본질론, 교회 정치와 직제론, 그리고 성례에 대한 강조가 두드러지는 성례론 등으로 구성되어 있으며 전반적으로 이론체계가 정연한 신학적 교회론이라고 할 수 있다. 이와 대조적으로 뉴비긴의 선교적 교회론은 선교적 사명과 선교적 연합에 강조점이 주어진 실천적 교회론에 가깝다. 그러나 칼빈의 교회론 텍스트가 지니는 교회정치의 이론적 특성을 강조하면서 그의 교회론이 내포하고 있는 선교론적 함의를 망각하거나 그 역동성을 해체해서는 안 될 것이다. 칼빈의 교회론은 진공상태에서 신학적 사색의 결과로 탄생한 것이 아니라 종교개혁이라는 구체적인 정황 속에서 적대세력들의 공격과 비판에 대항하면서 참된 교회를 세워나가고 지키려는 몸부림 가운데 씌어졌다. 그래서 그의 교회론은 내용상에 있어서는 본질론적이고 그 분위기는 전투적이다. 하지만 칼빈의 교회론 속에 참된 교회의 본질에 대한 추구가 담겨있는 이상 궁극적으로 선교론적 차원이 내포되어 있음을 주목하여야 한다. 즉 그의 교회론은 교회의 정체성과 본질에 대한 이해만이 아니라 복음과 섬김으로 영혼을 이끌어 세상을 변화시키도록 부름받은 교회의 궁극적 소명과 실천적 방법론이 함께 담겨있는 것이다.

1. 칼빈의 교회론의 구조와 내용

칼빈의 교회론은 1539년에 출판된 그의 『기독교강요』 제2판 제4권에서 구체적으로 표현되었다. 『기독교강요』는 사도신경의 각 고백을 차례로 해설하는 방식으로 이루어져 있다.[1] 즉 『기독교강요』는 사도신경의 틀에 기초하여 성부, 성자, 성령 하나님의 삼위일체론적 구조로 되어 있다고 할 수 있다. 제1권은 스스로 계신 창조주 하나님, 제2권은 구속자 하나님, 제3권은 보혜사 하나님을 다룬다. 그리고 특이하게도 사도신경의 3개 구조와는 달리 제4권이 이어지는데 여기에서는 '그리스도와 연합하여 자라가는 한 몸으로서의 교회'를 다룬다. 이 4권은 칼빈의 교회론에 해당되는 부분이다. 교회론 부분에서 칼빈은 참된 교회의 표지, 가시적 교회와 비가시적 교회, 교회의 직분과 직제, 성례, 교회의 입법권과 사법권 등 교회의 권세를 다룰 뿐 아니라 나아가 하나님의 일반은총적 다스림의 영역인 국가와 통치자 및 법제 등의 세속권에 대한 원리와 지침도 다루고 있다. 사도신경의 삼위일체론적 구조에서 교회론에 해당되는 제4권의 위치는 제3권 성령론의 연속이라고 볼 수 있다.

칼빈이 『기독교강요』에서 교회론을 제4권으로 독립적으로 구분하여 편성하였다는 것은 특별한 의의가 있는 것으로 이는 그가 교회론을 얼마나 중요시하고 있었는지를 단적으로 보여준다. 또한 그의 교회론은 당시 종교개혁적 상황에서 교회가 견지하고 추구하여야 할 신학적 실천적 과제를 제시하고자 하는 동기와 밀접하다고 보아야 할 것이다. 이는 참 교회와 거짓교회를 구분하여 로마 가톨릭교회나 가톨릭의 성례나 교황권, 그리고 세속권력과의 관계에 대한 입장을 분명히 하여야 한다는 점과 가톨릭의 성직자주의에 대한 대안적 직제의 성경적 원리를 제시하여야 하는 것들이다. 그리고 그의 교회론은 그가 주로 사역하였던 제네바시나 목회하던 교회에서만 적용하고 실현한 것이 아니었다. 그의 사상과 함께 그의 교회론은 영국과 유럽 각 지역으로 확산되어 이후 장로교 교회론 즉 장로교 정치의 근간이 되었다.

『기독교강요』는 설명과 논증 그리고 논박의 방식으로 각 주제를 전개하고 주로 선언적 단언적 서술의 형식으로 이루어져 있다. 그래서 표면적으로 보면 교회론에 있어서도 특별한 선교론적 실천 과제를 일목요연하게 언급하고 있지 않다. 그러나 엄밀하게 살펴보면 제4권 교회론에서 다루는 제반 주제들 가운데 참 교회의 표지, 교회의 직분론, 세례, 성찬론, 시민정부와의 관계 등의 영역은 선교론적 함의를 지니고 있으며, 거기서 칼빈의 교회론의 선교사상적 핵심 요소들과 중요한 특징들을 발견할 수 있다.

교회란 무엇인가? 라는 질문은 교회의 존재와 본질에 대한 물음이다.

칼빈의 『기독교강요』에 따르면 그가 이해하는 교회의 본질 혹은 정의는 다음과 같다. 첫째로 교회는 그리스도의 몸이다.[2] 즉 교회는 그리스도와 성도가 연합한 한 몸의 연합체이다. 그리스도가 교회의 머리가 되시고 교회가 그의 몸이 된다는 사실에서 성도와 그리스도의 연합, 성도의 교제가 완성되며 함께 그리스도의 몸이 이루어진다. 또한 머리이신 그리스도 안에서 성도는 자라나며 서로 한 몸이 된다. 그러므로 교회는 그리스도와 더불어 연합하며 살아 움직이는 유기체로서 서로 봉사하고 사랑하는 공동체가 된다. 그리스도만이 교회의 통치자요 머리가 되신다. 둘째로, 교회는 비가시적이며 동시에 가시적이다.[3] 교회는 지상에 현존하는 가시적 교회와 함께 과거 및 미래에 택함을 받은 하나님의 백성 전체의 총수로 이루어진 비가시적 교회를 포함한다. 가시적 교회와 비가시적인 교회는 별개의 교회가 아니며 교회의 두 측면이다. 셋째로, 교회는 신자의 어머니이다.[4] 하나님은 아버지이시며 교회는 신자의 어머니이다. 하나님은 교회를 통하여 성도를 보전하시고 믿음이 자라도록 말씀으로 양육하여 참된 경건으로 인도하신다. 하나님의 자녀에게는 부성적 통치만이 아니라 모성적 양육이 필요하다. 이 땅에 존재하는 가시적 교회는 어머니의 역할을 하여 그 모성적 돌봄을 통하여 신자를 성숙하게 한다. 궁극적으로 교회는 하나님의 주권적인 은혜로 선택받은 자들의 공동체로서 하나이며 보편적이며 거룩하다.

2. 참된 교회의 표지가 지닌 선교적 역동성

칼빈의 교회론에 있어서 주된 관심은 참된 교회이다. 그는 참된 교회를 식별하는 객관적 표지로 두 가지를 제시한다. 이 두 가지 표지를 기준으로 참된 교회와 참되지 않은 교회 즉 거짓 교회를 구별한다. 칼빈은 참된 교회의 표지로 말씀과 성례를 든다.

> 하나님의 말씀을 순수하게 전파하며 또 듣고, 그리스도께서 제정하신 대로 성례를 지킬 때에, 거기에 하나님의 교회가 존재한다는 것은 의심할 여지가 없다(엡 2:20 참조).[5]

이 두 가지 표지로 그는 참된 교회와 거짓된 교회를 분별한다. 칼빈은 말씀의 선포 사역과 성례의 사역이 지니는 본질적 중요성을 인식하였기에 이 기준으로 교회의 참됨과 거짓됨을 구별하여야 한다고 강조하였다.[6] 칼빈의 『기독교강요』 제4권의 제1장 9절의 제목은 '교회의 표지와 그 적용'이며, 10절은 '교회의 표지와 권위', 11절은 '표지의 실재적 타당성', 12절은 '표지에 유의하면 경솔한 분리를 막을 수 있다'이다. 이렇듯 칼빈이 교회론의 가장 첫째 장에서 4개의 절에 이르는 많은 분량을 할애하여 교회의 표지에 대해 언급하고 있다는 점은 주목할 만하다. 칼빈은 이 두 가지 표준을 스스로 교회를 자칭하는 모든 집단에 적용하는 시금석으로 삼아야 한다고 보았다.[7] 말씀과 성례에서 주께서 인정하신 규칙을 지니고 있다면 그 집단은 거짓이 아니며 그에 대해서 존경을 드려야 하며, 그 반대의 경우에는 경계심을 가지고 그 거짓에 대처해야 한다고 보았다.

칼빈은 이러한 표준을 엄격하게 적용하지 않고 교회가 지녀야 할 가장 기본적이고 최소한의 기준으로 이해한 듯이 보인다. "이 표지를 보존하는 한 다른 결점이 많더라도 우리는 그 공동체를 배척해서는 안된다."[8]
즉 다소 도덕적인 결함이나 부족함이나 병적 요소가 있다고 할지라도 이
두 가지 표지의 사역이 존재하면 거기에 교회가 있고 교회라고 이름을
붙일 수 있다고 보았다. 그는 말씀이 올바르게 전파되어 복음의 진리를
손상시키거나 파괴하지 않고 또한 성례의 합법적 제도를 폐지하거나 허
물지 않는 한 사소한 오류나 부분적인 결핍은 마땅히 용서받아야 한다는
입장을 취하였다.[9] 그러므로 칼빈의 교회의 표지는 그릇 알려진 바와
같이 단호하고 엄격한 기준으로 분리를 초래하는 분리적 경향이 있는 것
이 아니라, 가장 기본적인 최소한의 기준으로 공통된 교회됨의 기본을
지켜나가는 원칙론적인 틀이자 관용적 태도의 특성을 지니고 있다.

교회의 표지는 다음 세 가지의 기능을 지닌다.

첫째, 식별의 기능이다. 이는 전통적으로 칼빈의 참된 교회의 표지론
을 적용하는 일반적인 목적이었다. 참교회와 거짓교회를 구분하고 분명
한 경계를 긋는 것은 칼빈을 비롯한 종교개혁가들이 직면한 절실한 과제
였다. 그들은 이 기준으로 당시 로마 가톨릭교회의 거짓성을 규명하였
고 또한 진정한 가톨릭(Catholic) 교회를 추구하였다. 교회의 표지가 지
니는 식별적 기능은 특정한 교회가 과연 교회의 본질적 표지를 온전하게
갖추고 있는가? 하는 여부에 대한 분석적 태도를 갖게 하고 그 표지의
상실 혹은 왜곡에 대한 비판적 감각을 예민하게 한다. 아울러 참된 교회
의 표지를 갖추지 못한 교회에 대한 단호한 태도를 요청한다. 외부적으
로는 비판과 경고, 내부적으로 경계와 결별 등의 태도로 이어지게 된다.
즉 교회의 표지는 교회됨을 측정하는 일종의 공식적 기준이다. 이러한
의미에서 교회의 표지의 식별적 기능은 경계선을 구분하는 작업이라고

할 수 있다. 그리고 그 실제에 있어서 거짓된 교회에 대해서 부정적인 네거티브(negative) 태도와 아울러 단호한 투쟁이라는 네거티브 정책으로 이어지는 특성을 지니고 있다고 할 수 있다.

둘째, 방향제시의 기능이다. 참된 교회의 표지는 긍정적이고 순기능적인 기능이 있는데 이는 그 표지가 교회의 본질적 사명과 우선적이고 항상적이어야 할 사역에 대한 방향을 제시한다는 것이다. 즉 이 표지에 따라 교회는 온전하게 하나님의 말씀을 온전히 선포하여 사람들이 듣도록 하여야 하며 그리스도께서 제정하신 성례가 온전하게 집행되도록 이를 가장 우선적이고 본질적인 사역으로 삼아야 한다. 칼빈은 교회의 표지는 다름 아닌 교회의 봉사와 사역의 지침임을 다음과 같이 언급하고 있다. "하나님께서는 교회의 봉사와 수고에 의해서 말씀이 순수하게 선포되기를 원하셨고, 영적 양식과 구원에 유익한 모든 것을 우리에게 주심으로써 스스로 한 가족의 아버지이심을 보여주고자 하셨다."10) 즉 교회는 스스로를 이 표준들에 따라 교회를 건설해나감으로써 교회의 교회됨을 추구하는 지표와 방향성으로 삼는 것이다. 교회의 표지가 지니는 식별의 기능에만 주목한 나머지 방향제시의 기능을 망각하면 교회의 표지가 지니는 역동적 생산성을 매장시키게 된다. 그러므로 교회의 표지가 내포하고 있는 방향제시적 기능에 주목할 때 칼빈의 교회론이 궁극적으로 지향하는 진정한 의도를 실현하게 되는 것이다. 즉 칼빈은 자신이 제시한 교회의 표지에 따라 말씀사역자로서 신실한 설교사역과 가르침을 수행하였고, 정기적으로 성례를 집행함으로써 그리스도께서 세우신 교회의 본질에 충실하고자 하였다. 아울러 모든 교회는 이러한 표지에 충실함으로써 교회됨을 온전히 이루어나가야 한다. 그러므로 교회의 표지가 지닌 식별적 차원에만 주목한 나머지 그 방향제시적 의미를 소홀히 하는 것은 교회의 표지에 대한 편향된 이해와 적용이라고 할 수 있다. 그러므로 교회의 표지는 그 순기능적 차원에서 재해석되어야 한다. 특히 교회의 표지가 지니는 방향 제시의 기능은 선교론적 차원에서 매우 중요한 의미를 지니고 있다. 이 두 가지 표지가 교회의 선교적 사명을 그대로 표현하고 있기 때문이다. 말씀 선포의 표지는 복음 전파의 선교적 사역을 표현하고 있으며, 성례의 집행은 세례를 통한 회심전도와 성찬을 통한 그리스도와의 연합이라는 선교적 공동체를 건설하는 사역을 나타내고 있다. 그러므로 선교신학적 관점에서 칼빈의 교회의 표지론이 지니는 능동적, 사역적 의미를 재해석하고 발굴하는 작업이 보다 절실하게 요청된다고 할 수 있다.

셋째, 자성과 비판의 기능이다. 교회의 표지는 교회가 자기 스스로를 돌아보고 점검하는 성찰적 기능을 한다. 교회의 표지는 다른 교회나 교파나 새로운 교회운동을 살피고 진단하는 식별의 기능을 하지만 자기 자신에 대한 내적 식별, 즉 자기 비판과 자기 갱신의 동인으로 작용한다. 교회의 표지를 인정하고 고백하는 교회라면 교회의 표지라는 최소한의 기준에 의해 다른 교회에 대해서는 관용적인 일치와 연합의 태도를, 자기 자신에 대해서는 교회의 표지에 따른 온전한 사역으로 적극적인 자기 비판과 성찰의 태도를 지녀야 한다. 교회의 표지가 악한 세력에 대해서는 교회를 지키는 단호한 방패와 칼의 역할을, 자기 자신에 대해서는 자신의 병폐와 불완전함을 치유하고 수술하는 매스의 기능을 할 뿐 아니라 교회를 올바르게 세워나가는 기둥과 깃발의 역할을 하여야 하는 것이다.

3. 칼빈의 참된 교회의 표지와 뉴비긴의 선교적 교회

말씀 선포의 선교적 성격

칼빈이 말씀의 전파를 교회의 본질적 표지로 강조한 것은 말씀 선포가 교회의 궁극적 사명이라는 진리를 발견하였기 때문이었다. 그가 '오직 성경'을 구호로 말씀의 온전한 선포를 교회의 첫 번째 표지로 강조한 것 역시 교회의 본질에 대한 긴급한 필요 때문이었다. 이는 성경말씀을 이 탈하고 성경의 진리를 오도하는 중세 가톨릭교회의 실상에 대한 반작용 이자 개혁운동의 핵심 초점이었다. 칼빈 시대에 복음의 전파란 이방인 이나 타민족의 사람들에게가 아니라 그 사회 내에 존재하는 사람들을 향 한 것이었다. 즉 전 유럽 사회가 기독교 사회였던 정황에서 복음화란 다 름 아닌 바른 교회의 건설을 통하여 복음이 전파되고 하나님의 나라가 확장된다는 선교 패러다임을 지니고 있었다. 그러므로 교회의 개혁을 강조하며 말씀의 선포의 회복을 강조하는 것은 선교적 의미를 지니고 있 다. 칼빈이 말씀을 통한 교회 개혁에 주력하며 교회의 내적 개혁에 몰입 한 것은 그 자체가 선교적 행위였던 것이다.

칼빈은 말씀의 선포, 즉 복음선포가 교회를 견실하게 세우고 신자들을 결합시킨다고 보았다. "우리는 이미 인용한 바울의 태도를 견지해야 한 다. 즉 교회는 오직 외면적인 복음의 선포에 의해서만 성장하며 성도들 은 한 유대에 의해서만 결합된다. 그리고 성도는 배우고 증진함으로써 한 마음으로 하나님께서 세우신 교회질서를 지킨다는 것이다(엡 4:12 참 조)."[11] 말씀의 전파는 일차적으로 목사의 설교를 의미한다. 목사는 말씀 의 증언자로 그리고 교사로 부름을 받은 자이다. 말씀의 증언은 단지 교인들에 대한 교훈과 권면만은 아니다. 하나님의 말씀, 즉 예수 그리스도의 복음을 전하는 일 자체가 복음증거이자 하나님을 아는 지식에 대한 가르침이며 하나님 나라에 대한 선포이다. 그런 의미에서 말씀의 선포는 교회의 본질적 사역이며 목사를 통해 행해지는 선교적 증언이다. 칼빈은 말씀을 선포하며 선교적 삶을 살았으며 선교적 증언으로 그의 전 인생을 불태웠다. 칼빈이 가르치고 실천한 선교는 말씀의 선포를 통한 선교였다. 말씀의 선포는 복음의 선포인 것이며 따라서 말씀 선포는 그 자체가 선교적 의미를 지닌다. 즉 모든 설교는 선교적 말씀 증언인 것이다.

우리는 이 지점에서 칼빈과 뉴비긴의 선교적 증언에 대한 공통적 기반을 발견할 수 있다. 칼빈은 설교를 통한 말씀의 선포를, 뉴비긴은 말과 행위로 나타내는 복음의 증언을 강조하였다. 칼빈은 삼위일체 하나님의 위대한 경륜과 그 은혜를 통한 구원의 복음을 강조하였으며, 말씀을 선포하고 성례를 온전히 집행하는 교회의 건설을 통해 이 구원은 이루어지고 구체적으로 드러난다. 뉴비긴은 복음의 선포와 삶의 증언을 통하여 삼위일체 하나님의 구원 사역의 도구로 참여하는 선교적 실천을 강조하였다. 즉 칼빈이 선포하였던 말씀은 크게 본다면 하나님의 계시로서의 신구약 성경 전체를 의미하는 것이지만, 그 핵심적 진리를 함축적으로 표현한다면 하나님의 은혜의 복음이다. 또한 뉴비긴이 증언하고자 한 복음은 좁은 의미로는 예수 그리스도의 구원의 복음이지만 넓은 의미로는 성경에 계시된 삼위일체 하나님의 은혜의 구원의 복음이었다.

성례의 선교적 차원

칼빈의 신학에서 성례의 신학이 차지하는 비중은 실로 크다. 이는 종교개혁 시대에 성례를 둘러싼 차이점이 날카롭게 드러나는 신학적 논쟁이 전개되었기 때문이다. 이는 일차적으로 로마 가톨릭교회의 성례 교리에 대한 개혁자들의 비판과 견해의 차이점에서 출발하였다. 그리고 '성만찬 논쟁'으로 알려진 바와 같이 개혁가들 사이에서도 성찬식에 대한 견해의 차이가 심각하게 존재하였다. 칼빈은 『기독교강요』 제4권 14장에서 성례에 대해 다루고 있다. 그는 먼저 성례의 일반이론에 대해 다루고 15장에서는 세례에 대해서, 17장에서는 성찬에 대해 별도로 다룬다.

칼빈에게 있어 성례는 세례와 성만찬이다.[12] 그에게는 이 둘 이외의 다른 성례는 없다. 그는 이 두 가지 성례전만이 성경에 근거하고 있는 성례라고 보았으며 이를 통해 예수 그리스도를 명백하게 드러낸다고 믿었다. 이 두 가지 성례는 구원론적 의미가 있다. 세례는 우리의 죄가 씻음을 받아 정결케 됨을 증거하고 성찬은 우리의 구속(redemption)을 입증한다. 물은 정화를, 피는 구속을 상징한다. 칼빈에게 이 두 가지 성례는 그리스도의 구속 사역을 요약하며 그리스도를 통한 정화와 온전한 구속을 뜻한다. 즉 세례와 성만찬은 그리스도의 사역을 요약하며 그리스도를 증거하며 성례의 집행 그 자체가 복음의 선포가 되는 것이며 또한 그리스도와 연합하게 하는 하나님의 은혜의 통로와 표징으로서 교회의 정체성을 나타내는 근본적인 표지이다. 성례는 말씀을 통하여 유효하게 된다고 칼빈은 말한다. 성례는 말씀과 함께 신자의 믿음을 견고하게 해주는 하나님의 은혜의 도구이다. "성례는 하나님의 거룩한 말씀을 확인하기 위해서 필요하기보다는 그 말씀에 대한 우리의 믿음을 확립하기 위해서 필요하다."[13] 말씀이 없이는 성례의 제 요소들은 단지 물이요 떡과 포도주에 지나지 않는다. 말씀의 선포와 성례의 집행이 함께 수행됨으로써 세례의 물과 성찬의 떡과 잔은 그 물질적 의미를 초월하는 영적 의미를 지닌다. 즉 성례는 말씀이 없이는 존재할 수 없는 보충적인 것이지만, 말씀은 성례 없이도 존재할 수 있는 은혜의 수단으로서 완성적인 것이다.[14] 칼빈에 의하면 성례는 무형의 말씀이 눈에 보이는 것으로 나타나는 말씀의 표징인 것이다. 성례가 담고 있는 구원론적 그리스도론적 의미에 충실하여 그 영적 의미를 이해하고 성례를 통하여 임하는 하나님의 은혜를 누리는 것은 참으로 중요한 일이다. 칼빈을 비롯한 개혁가들은 로마 가톨릭이 가르치는 화채설과 화해할 수 없는 투쟁을 전개하였다. 성례에 대한 그릇된 신학적 오해나 성례의 의미나 각 요소들에 부여하는 미신적 주술적 의미는 마땅히 배격되고 극복되어야 하였던 것이다. 그러나 성례와 관련하여 신학논쟁적 차원에 주목하면서 성례가 지니는 선교론적 의미를 간과하여서는 안된다.

성례가 성도의 구원과 그리스도와 관련되는 한 성례는 선교적인 의미를 내포하고 있는 교회의 사역이다. 두 가지 성례는 그리스도와의 온전한 연합을 의미하는 기독론적 의미와 함께 하나님의 백성된 자로서 성례에 참여한다는 점에서 구원론적 의미를 동시에 담고 있다. 참된 교회는 세례를 온전히 집행함으로써 그리스도 밖에 있는 자들을 그리스도의 지체로 받아들인다. 특히 세례의 성례는 예수 그리스도의 복음의 전파라는 말씀선포와 함께 행하여진다. 교회는 복음을 듣고 회개와 믿음을 통하여 그리스도 안에서 다시 태어나는 사람에게 세례를 베풀게 된다. 즉 세례는 복음의 전파와 회심의 열매이다. 세례가 믿음을 통한 회심과 그리스도에게로의 접붙임이라는 복음전도 과정의 귀결로 행하여진다는 의미에서 성례로서의 세례는 그 자체가 선교적 의미를 뚜렷하게 지닌다고 할 수 있다.

성찬의 성례 역시 마찬가지이다. 성찬의 신비는 그리스도와의 연합, 그리스도 안에서의 연합을 이룬다. 성찬의 떡과 잔에 참여함으로써 성도는 그리스도와 연합하고 다른 성도들과 형제적 사랑의 연합을 이룬다. 이는 진정한 성도의 교제이자 참된 교회의 교제이다. 이를 통해 교회됨을 이루고 그리스도 안에서 하나됨을 고백하고 표현한다는 점에서 성찬의 성례는 교회의 본질적 요소이다. 아울러 성찬은 그리스도와 연합하고 그리스도의 몸된 교회의 지체됨을 나타낸다는 점에서 선교적 의미를 담고 있다. 그리스도 밖에 있는 자들과 그리스도 안에 있는 자들의 경계, 이는 세례를 받고 성찬의 성례에 참여하는 거룩한 의식을 통해 이루어지기 때문이다. 성찬은 그리스도 안에 속한 자들의 형제적 연합, 가족됨을 나타내는 거룩한 의식이라는 점에서 선교적이다. 우리는 사람들을 전도하여 그리스도에게로 인도하며 마침내 성찬에 참여하게 함으로써 그리스도와 그의 몸된 교회의 온전한 교제로 인도하는 것이다. 성찬을 통해 이루어지는 이 거룩한 연합은 또 다른 사람들을 교회공동체로 인도하는 선교적 연합이기도 하다. 즉 복음전도는 세례와 성찬이라는 성례로 사람들을 인도하며, 이는 온전한 성례를 실행하는 교회 공동체의 존재방식이자 이어지는 지속적인 선교적 삶을 지탱하는 근본 동력이 되는 것이다.

성찬식은 하나님의 은혜의 통로이므로 자주 집행할수록 좋다. 성찬식의 빈도에 대해서 칼빈은 1년에 1회의 성찬 참여를 반대하면서 일주일에 한 번씩 집행하는 것이 합당하다고 보았다. 이는 초대교회 성도들이 주의 날에 모일 때마다 성찬을 행한 사실에 기초한다. "주의 식탁은 적어도 일주일에 한 번은 그리스도인의 집회에 진설해서 성찬이 선언하는 약속으로 우리를 영적으로 먹이게 하는 것이 옳다. 물론 아무도 강요할 것은 아니지만 모든 사람을 권고하여 고무해야 한다."15) 칼빈이 제시한 기준은 절대적 기준이 아니라 최소한의 기준을 제시한 것으로 매주일의 예배에 반드시 성찬의 예식을 행해야 함을 강조한 것이다. 성찬은 자주 집행하면 좋은 것이며 이 성찬을 통하여 그리스도인은 자주 그리스도의 죽음을 회상하고 이를 통해 믿음을 강화하며 하나님께 감사의 찬양을 드리고 하나님의 자비를 선포하여야 하는 것이다. 또한 교회는 성찬을 자주 행하고 성도들로 하여금 자주 성찬에 참여하게 함으로써 그리스도 안에서 서로의 사랑을 확인하고 증진하며 그리스도의 몸으로서 서로 연합하여 사랑의 영적, 감정적 유대를 이어가게 된다. 그러나 성찬에 대한 칼빈의 이러한 입장은 그 후 후퇴하였다. 당시 제네바 사람들이 주의 만찬에 일 년에 한 번 혹은 두 번만 참석하도록 습관이 들여져 있었으므로 매주 성찬 시행을 즉각적으로 도입할 수 없었다.16) 애초에 칼빈은 매월 첫째 주일에 성찬을 행하고자 하였지만 시민들과 의회가 그것이 너무 많은 편이라 하여 년 4회로 수정하여 시행하였다. 이후 칼빈은 제네바에서 예배에 대한 여러 가지 규정을 만들었다. 그 때 그는 성찬식은 1년에 4회, 즉 부활절과 성령강림절과 성탄절과 9월 첫째 주일에 행하기로 하였다. 성찬을 교회의 본질적 표지로 강조한 칼빈의 본래의 입장에도 불구하고 말씀의 선포에 우선적인 강조점이 주어진 그의 신학적 경향이 이러한 결과를 초래한 것으로 보인다. 아울러 가톨릭 예전의 전유물이자 핵심요소로 받아들여진 미사에 대한 시민들의 저항문화가 작용하여 그러한 소극적 성찬 집행으로 나아간 것이라고 볼 수 있다. 그러나 칼빈이 세례와 성찬을 복음의 선포와 관련하여 이해하고 교회의 표지로 삼았다는 사실에서 선교적 차원이 분명하다고 보아야 할 것이다.

칼빈은 『기독교강요』 제4권 14장을 다음과 같이 시작한다. "우리의 믿음을 돕는 또 하나의 수단은 성례이며 이것은 복음선포와 관련이 있다."[17] 칼빈은 성례를 하나의 의식이나 예전적 행위로 이해하기보다 그것을 복음 선포와 관련된 것으로 이해한다. 칼빈의 정의에 따르면 성례는 복음선포적 성격을 지니고 있는 것이다. 여기서 말하는 복음 선포란 말씀의 선포 혹은 그리스도의 복음을 선포하는 것을 의미한다. 칼빈에 의하면 성례는 하나님이 베푸시는 은혜의 통로일 뿐만 아니라 성례 자체가 일종의 말씀선포라는 의미를 내포하고 있는 것이다. 말씀선포가 입으로 선포하고 귀로 들려지는 말씀이라면, 성례는 상징으로 보여주고 몸으로 참여하는 말씀이라고 비유할 수 있을 것이다. 그러므로 칼빈의 성례론은 언제나 성례가 말씀의 선포와 함께 진행되어야 함을 강조한다. 세례의 효력은 말씀이 없이 물 속에 있는 것이 아니며,[18] 말씀이 없으면 성찬이 있을 수 없다.[19] 성찬에서 받은 은혜에도 모두 말씀이 필요하다. 칼빈은 성찬의 떡과 잔 그 자체로 성례적 효력이 나타나는 것이 아니라 그리스도의 죽으심과 구원에 대한 진리를 전파하고 깨달음으로서 그 효력이 나타나는 것으로 보았다.[20]

뉴비긴은 종교개혁가들이 성례를 참된 교회의 표지로 말하는 부분이 애매하다고 비판한다. 특히 성찬에 있어서, 이 성례가 교회의 가시적 연합을 위해 필수적인 요소인데, 과연 개신교가 성례를 교회의 절대 지표로 소중히 여기며 특히 성찬을 통한 그리스도와의 연합과 성도간의 교제에 힘쓰는가에 대해 강한 의문을 제기한다. 따라서 뉴비긴은 성례에 대한 소홀 혹은 무시는 가시적 교회의 연합을 부정하는 신학적 경향 때문이라고 본다. 뉴비긴의 눈에 비친 개신교의 말씀 중심의 신학이 필연적으로 성례에 대한 소홀을 초래하였을 뿐 아니라 이는 성찬이 지니는 형제적 연합, 즉 교회의 연합의 차원에 대한 인식이 빈약하기 때문이라는 것이다. 즉 뉴비긴은 신학적 관점에서 성례와 성찬을 접근하기보다 하나됨을 위한 매개로서의 성찬의 의미에 보다 주목하고 있다고 할 수 있다.

그러나 성찬에 대한 칼빈의 이해를 깊이 살펴보면 앞서 언급한 뉴비긴의 주장과 근본적으로 맥이 닿아있다고 할 수 있다. 칼빈은 성만찬을 통하여 신자가 그리스도와 신비로운 연합을 나타낸다고 보았다. 그리스도와의 연합이라는 이 신비는 본래 이해할 수 없는 것이므로, 우리 인간에게 가장 적합한 보이는 표징으로 그 신비의 형상을 보여주시는 것이 떡과 잔으로 나누는 성찬이라고 보았다.[21] 성도는 성찬에서 믿음의 큰 확신을 얻고 환희를 경험하며 그리스도와 한 몸이 되어 그와 연합한다.

> 경건한 영혼들은 이 성례에서 큰 확신과 기쁨을 얻을 수 있다. 거기서 그들은 우리가 그리스도와 한 몸이 되어 그의 것은 모두 우리의 것이라고 부를 수 있는 증거를 얻는다. 그 결과 우리는 그가 상속하신 영생이 우리의 것이라는 확신을 감히 가질 수 있다.[22]

아울러 칼빈은 성찬의 목적이 교회의 연합, 즉 그리스도인의 상호간의 사랑과 단결의 의미를 내포하는 것으로 보았다. 그는 성찬에는 '서로 사랑하라'는 뜻이 담겨 있으며 성도들 간의 사랑과 화평과 화목을 권장하고 고취하기 위한 가장 유력한 방법으로 성찬을 제정하신 것으로 보았다.[23] 칼빈은 매우 강력한 어조로 성찬을 통한 단결을 강조하며, 불화와 분열을 막아야 함을 언급한다.

> 주께는 한 몸이 있을 뿐이며 우리는 모두 그 몸에 참여하게 하시므로, 이 참여에 의해서 우리가 모두 한 몸이 될 필요가 있다. 성찬에서 제시되는 떡은 이 단결을 표현한다. 떡은 많은 밀알로 만들었으나 그 밀알들이 섞여서 서로 구분될 수 없는 것과 같이, 우리도 한 마음으로 일치 단결해서 어떤 불화나 분열도 침입하지 못하도록 해야 한다.[24]

이처럼 칼빈의 성찬 이해는 뉴비긴이 말하는 연합의 정신을 그대로 내포하고 있다고 할 수 있다. 칼빈은 종교개혁이라는 특수한 정황에서 자신의 성찬론의 대부분을 미신화된 당시 로마 가톨릭의 성찬식과 화체설(化體說)에 대한 비판에 할애하였다. 이는 당시 성찬을 둘러싼 당시의 격렬한 논쟁이 전개되었고, 개신교회들의 일반적인 정서는 가톨릭적 성찬에 대해 경원시하는 문화가 일반적인 상황 속에서 성찬의 의미를 성경적으로 정립하고 진정한 성찬을 회복하고자 한 것이었다. 비록 칼빈이 성찬을 매주 행하는 원칙을 시행하지는 못하였지만 그의 성례에 대한 신학 전반은 그리스도의 복음을 중심으로 한 구원론적 선교론적 의미와 연합의 정신이 분명하다고 할 수 있다.

칼빈이 말하는 말씀의 선포 즉 복음의 선포와 뉴비긴이 강조하는 '복음의 증언'을 단순하게 동일시 하기는 곤란하다. 복음의 선포와 복음의 증언, 이 양자는 공통요소가 있지만 두 사람이 의도하는 바의 실제적인 의미는 동일한 개념이 아니다. 오히려 뉴비긴이 말하는 복음의 증언이 훨씬 포괄적 개념이다. 뉴비긴은 복음이 전파되는 통로는 말과 행위와 공동체, 이 세 가지라고 강조하였다. 뉴비긴이 말하는 세 가지 방법 가운데 말로 전하는 복음의 증언이 칼빈이 의미하는 말씀의 선포와 거의 동일한 의미라고 할 수 있다. 칼빈은 말씀의 선포는 목사에 의해, 가르침은 목사와 교사에 의해 이루진다고 보았다. 즉 칼빈에게 있어 말씀의 선포와 가르침은 그의 직분론과 밀접하다. 칼빈은 일반 신자들에게도 전도적 사명이 있는 것으로 이해하였지만, 칼빈이 말하는 말씀의 선포는 평신도들이 할 수 없는 행위였다는 점에서 뉴비긴이 말하는 '말로 전하는 복음 증언'과도 일정한 차이를 지닌다. 그러나 크게 본다면 칼빈이 말하는 목사의 말씀의 선포와 뉴비긴의 복음의 증언은 둘 다 선교적이라는 공통점이 있으며, 말로 전하는 매체의 유사성이 있다는 점에서 연결점이 있다. 특히 칼빈은 어떤 종교적 행위 자체를 선교라고 언급하지 않았지만 경건한 삶과 선행을 강조하였으며, 한결같이 참된 교회를 추구하고 하나님께 영광을 돌리는 공동체를 꿈꾸었다는 점에서 뉴비긴이 말하는 공동체를 통한 증언과 상통하는 측면이 있다고 보아야 할 것이다.

칼빈은 뉴비긴이 생각하는 선교의 대상과 다른 성격의 청중을 대상으로 말씀을 선포하였다. 당시 종교개혁을 받아들인 제네바 시민들은 대부분 교회에 출석하였으며 여전히 가톨릭적 예전과 가르침에 익숙하였던 상황이었다. 따라서 칼빈의 말씀의 선포는 이미 교회에 출석하고 있는 사람들을 대상으로 한 설교와 가르침으로서의 말씀선포 즉 복음의 선포와 교리의 가르침이었다. 그러므로 칼빈에게 있어 선교 즉 복음의 증언은 참된 교회의 건설에 집중되었다. 이와 대조적으로 뉴비긴은 복음에 대해 냉소적인 유럽인들을 포함하여 다양한 문화권에 살고 있는 비기독교인들을 선교의 대상으로 생각하였으며, 그들을 그리스도에게로 인도하기 위해서는 단순히 말로 하는 증언 이상의 것이 필요하다고 보았다. 그러므로 뉴비긴은 단지 말로서만이 아니라 교회의 존재됨(being)을 통한 증언을 강조하였다. 즉 그는 회중들의 삶의 자리에서 사랑과 하나님 나라의 가치를 실현하는 일과 교회 공동체가 대조적인 사회로서 충만한 생명을 누려야 함을 언급하였던 것이다.

> 따라서 그 진리를 증언하고 그래서 복음의 권위를 단언하려면, 그 진리를 선포하는 일, 그 이야기를 들려주는 일, 그리고 우리가 교회의 삶과 예배를 통해 공동체적으로 그 이야기를 몸소 살아내는 일 밖의 다른 길이 없다.25)

뉴비긴의 이 언급에서 뉴비긴은 진리를 입으로 선포하고, 그 이야기를 말로 들려주는 일에 대해 우선적인 강조점을 두고 순서적으로 앞에 두고 있음을 알 수 있다. 그러나 뉴비긴은 교회 공동체의 존재 자체를 복음의 온전한 증언을 위해 필수불가결한 요소로 보았다. 칼빈은 성경적 진리에 입각한 온전한 복음의 선포를 우선시했다면, 뉴비긴은 행동과 삶으로 함께 증언되는 복음의 선포를 강조하였다.

제2절 칼빈의 직분론과 선교

칼빈의 직분론은 그의 교회론에 있어서 가장 중요한 부분으로서 교회의 사역과 운영을 위한 실제적인 조직과 활동의 틀과 원리를 제시하는 중추적 영역이다. "칼빈의 교회론은 곧 직분자에 대한 교리라고 할 수 있다."[26] 교회의 형태의 문제는 부분적으로만 제도적 구조의 문제일 뿐 근본적으로 이는 방법론의 문제로서 교회의 본질과 성격에 바람직하고 효과적인 수단을 선택하는 문제이다.[27] 그러므로 교회의 형태는 교회의 본질에 대한 이해가 담겨 있으며, 특히 직분은 교회의 본질을 실천하고자 하는 실천적 방향과 방법론이 내포되어 있는 것이다. 칼빈의 교회 본질 이해로부터 그의 직분론과 성례론과 시민정부론이 나왔다.[28] 그러므로 그의 직분론을 면밀히 살펴보면 칼빈의 교회의 본질적 사명에 대한 실제적 이해와 실천방향이 드러난다고 할 수 있다. 칼빈의 직분론은 교회사 속에서 형성된 장로교의 정치 조직을 위한 틀로 제시되기 이전에 먼저 칼빈 자신이 제네바 교회의 목회에 실제 적용하고 실천한 직분 제도였다는 점에 주목하여야 한다. 즉 그의 직분론은 단지 신학 이론적인 연구의 결과가 아니라 성경적 직분론을 추구하고자 하는 실천적이고 목회적인 동기로 정립되었다고 보아야 하는 것이다. 또한 그의 직분론은 가톨릭의 성직자 중심 제도에 대한 비판과 대안적 원리로서 평신도의 교회정치와 사역에의 참여를 제도화하였다는 점에서 큰 의의가 있다. 칼빈의 교회론은 중세 가톨릭교회의 위계적 교회론에 대항하는 것이었으며, 아울러 그 직분론은 성직자와 평신도의 구분을 극복한 것이었다.[29] 오토 베버는 "전통적인 개신교 역사에서 칼빈만큼 직분에 큰 의미를 부여한 사람은 없다"고 평가하였다.[30] 칼빈은 그리스도의 교회가 직분을 맡은 자들의 봉사와 사역을 통해 존속하고 운영된다고 보았다. 직분을 중심으로 교회를 실제적으로 이해하였고 성경적인 직제에 따라서 제네바 교회를 운영하였다.

직분자 즉 교회의 직원은 하나님께서 교회를 주권적으로 다스리기 위해 세운 자들이다. 눈에 보이지 않는 하나님은 눈에 보이는 사람들을 통하여, 말씀을 통하여 자신의 일을 행하신다. 칼빈은 다음과 같이 직분자를 통하여 일하시는 하나님의 경륜에 대해 다음과 같이 설명하였다.

> 하나님만이 교회를 지배하시며 교회 안에서 권위 또는 우월한 지위를 가지셔야 한다. 그리고 이 권위는 그의 말씀에 의해서만 행사된다. 그러나 그는 눈에 보이게 우리들 중에 계시는 것이 아니므로(마26:11), 우리는 그가 사람들의 봉사를 이용하셔서 자신의 뜻을 우리들에게 말로 명백하게 선포하신다고 말했다. 하나님께서는 사람들에게 이 일을 위임하셨으나 그것은 자신의 권리와 영광을 이양하신 것이 아니고 단지 그들의 입을 통해서 자신의 사업을 성취하시려는 것이다. 노동자가 일을 할 때 연장을 쓰는 것과 같다.[31]

그러므로 직분자는 하나님께서 사용하시는 하나님의 사역의 도구이다. 직분의 고귀성은 무엇보다도 하나님께서 직접 그분의 주권적 통치를 위해 선택하시고 사역을 위임하셨다는 사실에 기초한다. 그리고 직분자가 수행하여야 할 사명은 하나님께서 행하시고자 하는 그분의 뜻이다. 직분자는 자신의 뜻이 아니라 하나님의 뜻을 받들어 섬기는 봉사자로서 하나님이 주신 말씀을 자신의 입으로 그리고 봉사라는 방법을 통하여 수행하여야 하는 것이다.

칼빈은 복음 선포의 직무를 특별히 중요한 것으로 강조한다. "복음을 전파하는 일은 성령과 의와 영생을 제공하는 일이므로 교회 안에서 가장 두드러지고 가장 영광스러운 일이라고 한다(고후 4:6, 3:9)."[32] 하나님께서 교회의 직분을 통하여 이루시고자 하는 궁극적인 목적은 복음 선포라는 선교적 사명이다. 즉 직분은 교회의 본질을 추구하고 교회의 표지를 실행하기 위한 제도라는 차원에서 선교론적 의미를 내포하고 있는 것이다. 칼빈은 오늘날의 의미에서 선교적 활동에만 주력하는 특별한 직분을 만들거나 조직하지 않았다. 그러나 칼빈의 직분론은 하나님의 교회에 대한 다스림과 선교의 통로로써 교회가 수행하여야 할 사명을 실질적으로 담당하는 사람들을 조직하고 그 직무와 사명을 정립한 선교적 직분론이라고 해도 과언이 아니다.

칼빈은 교회의 네 가지 직분을 말하고 있다. 이는 곧 목사와 교사, 장로, 집사이다. 초대 교회를 섬기던 교회의 직분을 사도 바울은 사도, 선지자, 복음 전하는 자, 목사와 교사 이 다섯 가지로 불렀으며(엡 4:11), 칼빈은 이 가운데 목사와 교사 직분만이 교회 내에 존재하여야 할 평상적인 직분으로 보았다. 그리고 이 두 가지 직분에 장로와 집사를 포함하여 네 가지 직분을 교회의 직분의 종류로 보았다. 1541년과 1561년의 교회 헌법에 보면 네 가지 직분에 대한 분류와 상세한 설명을 하고 있지만 그 이전에 발표된 『기독교강요』 제1권에서는 장로와 집사에 대한 조직적인 설명을 발견할 수가 없다. 그러므로 1541년 이전의 어느 시점에 그의 직분론을 정립하고 체계적인 설명을 시도하게 되었다고 볼 수 있다. 네 가지 직분에 대한 칼빈의 개념은 그가 스트라스부르그에 있을 때 부처의 유명한 네 직분에 대한 교리의 영향을 받은 바이다.[33]

1. 목사와 교사의 말씀사역

직분의 첫 번째 형태는 목사이다. 칼빈에게 있어 가장 중요한 직분은 목사이다. 그는 모든 직분이 그리스도를 증거하고 그의 통치를 섬긴다는 면에서 동일한 목적을 가지지만 그 중에서 목사직이 가장 중요하다고 말한다.[34] 목사가 가장 우선적이고 중요한 직분인 것은 말씀을 선포하고 성례를 집행하는 직분이기 때문이다. 그리스도께서는 말씀을 통하여 교회를 통치하시고, 성례를 통하여 자신을 나타내신다. 칼빈은 목사직이 교회의 전체적인 활동을 다 포괄하는 것으로 이해했다.[35]

칼빈은 『기독교강요』 제4권 3장에서 에베소서 4장에 있는 다섯 가지 직분에 대해 해석하면서 목사와 교사에 대해 언급한다. 그에 의하면 목사와 교사의 직분이 없이는 교회가 존재할 수 없다. "다음이 목사와 교사로서 교회에서 없어서는 안 될 직책들이다."[36] 목사와 교사는 둘 다 하나님의 말씀을 선포하고 가르치는 직분이라는 공통점이 있지만 다른 점은 교사는 교회의 권징이나 성례를 집행하지 않는다는 점이다. 목사의 직분은 말씀을 선포하고 성경의 가르침을 신자들에게 전하는 것이다. 설교를 통해 하나님의 말씀을 선포하는 일은 천상의 진리를 전하고 순수한 교리를 통해 신자의 영적 형성과 성장을 돕는 일은 교회의 가장 중요한 일이다. 그러므로 칼빈에 의하면 목사의 설교는 교회의 가장 중요한 본질적인 사역이다.

직분의 두 번째 형태는 교사이다. 교사는 성경을 해석하고 가르쳐 순수한 교리를 유지하는 책임을 맡은 직분이다. "교사들은 제자훈련이나 성례집행이나 경고나 권면을 하는 일을 맡지 않고 성경을 해석하는 일만을 맡았다. 이는 신자들 사이에 건전하고 순수한 교리를 유지하는 것이다. 목사직은 이 모든 의무를 겸한다."37) 말씀을 섬기고 가르친다는 면에서 교사의 직분은 목사의 직분과 유사한 영역이 있다. 그러나 교사는 성례를 집행하거나 장로로서 교회의 치리를 직접 담당하는 직분이 아니라는 면에서 차이가 있다. 목사와 교사는 일면 다른 직분처럼 보이지만 칼빈은 이 두 직분을 동일한 것으로 보고 『기독교강요』 결정판에서는 교회의 직분을 셋으로 나누어 목사(교사), 장로, 집사로 분류하였다. "고대 교회의 사역자들도 세 부류로 나뉘었다. 장로 계열에서 (1) 일부는 목사와 교사로 선택되고, (2) 나머지 장로들에게는 도덕적인 문제들을 견책하고 지도하는 일을 맡겼으며, (3) 빈민을 돌보고 구제 물자를 분배하는 일은 집사들에게 위임했다."38) 그런 면에서 칼빈은 교사의 사역을 목사의 말씀사역과 같은 맥락에서 이해하고 있음을 알 수 있다.

목사와 교사의 말씀사역은 복음을 전파하고 교회를 세우는 선교적 사역이다. 하나님께서 직분을 통하여 이루시고자 하는 우선적인 일은 말씀을 전파하는 것이다. 칼빈의 관점에서는 목사는 사제가 아니라 말씀을 선포하고 성례를 집행하는 거룩한 직분이었다. 그러므로 목사의 설교는 단지 예배의 한 요소로서 예전적인 차원에서가 아니라 복음의 전파라는 선교적 차원에서 이해되어야 한다. 교사의 성경교육과 건전한 교리의 가르침과 양육 역시 궁극적으로 복음전파라는 선교적 맥락에서 이해될 수 있다. 칼빈은 교회의 강단에서 설교하는 일과 불신자에게 복음을 전하는 전도와 국경선을 넘어 열방과 이방인에게 복음을 전하는 선교를 구분하지 않는다. 그에게서 이 모든 행위는 말씀 즉 복음의 선포이다. 칼빈에게 있어 "복음 선포는 동시에 설교와 전도와 선교를 의미한다."39)

그러므로 칼빈의 교회론에서 언급하는 첫 번째 두 번째 직분인 목사와 교사 직분은 복음전파라는 교회의 선교적 본질을 수행하기 위한 교회의 우선적인 직분이라고 할 수 있다.

2. 장로직과 치리

칼빈이 말하는 세 번째 직분은 장로직이다. 장로의 직분은 목사와 함께 교회의 치리를 맡는 직이다. 에베소서 4장 11절에서는 장로라는 말이 나오지 않는다. 그러나 칼빈은 로마서 12장 7~8절과 고린도전서 12장 28절에 언급된 여러 직분들 가운데 다른 모든 일들은 일시적인 것이지만 다스리는 일과 구제하는 일 두 가지는 항구적인 것으로 보았다.[40] 칼빈은 "다스리는 사람들(고전 12:28)은 신자들 사이에서 선택된 장로들이었으며, 감독들과 함께 도덕적인 견책과 권징을 시행하는 일을 맡았다고 나는 믿는다"고 말하였다.[41] 즉 장로는 권징과 치리로 교회를 다스리기 위해 신자들에 의해 선택된 교회의 지도자들이다. 장로만이 이러한 치리를 행하지 않고 목사와 함께 치리를 맡는다는 면에서 목사는 설교를 하는 장로이며 장로는 설교 사역을 하지 않는 장로라고 할 수 있다. 장로들은 목사와 함께 일하며, 목사는 장로와 함께 교회를 치리한다. 사역의 내용으로 말하자면 목사는 설교를 통해 복음을 전파하고 말씀을 증언하며, 장로는 목사와 함께 교회를 치리한다. 그러므로 장로의 고유한 사역은 치리의 사역이라고 할 수 있다. 사실 『기독교강요』에서 치리하는 장로에 대한 언급은 거의 하지 않고,[42] 상대적으로 목사직과 집사직에 대해서는 상세하게 언급하였다고 할 수 있다.

칼빈의 장로직은 전혀 새로운 형태의 교회 정치조직이었다. 송인설은 장로가 평신도로서 교회 정치에 참여했다는 점과 회중의 대표 자격으로 참여했다는 점, 그리고 목사와 장로로 구성된 협의체가 교회 정치를 담당했다는 점에서 칼빈의 장로와 당회 직제는 특별한 의미가 있다고 평가하였다.[43] 장로의 치리는 교회법적으로는 사법적 기능을 하는 권징과 교회의 운영을 위한 행정적 기능으로 구성된다. 특히 권징은 교회의 거룩성과 교인들의 성화를 위해 교회가 행하여야할 사역이다. 교회가 행하여야 할 일은 복음을 전파하고 성례를 집행하는 것에 그치지 않고 교인들이 성화의 삶을 살아가도록 권징을 통해 그들을 지도하고 도우는 일이다.[44] 교회는 혼란이 발생하고 교인들의 건덕상의 죄와 추문이 있을 때에 교회의 순결성과 말씀의 순전한 보전과 교인들의 성화된 삶을 보존하기 위해 권징을 집행하여야 한다. 즉 교회의 정체성 보전과 성화를 위한 명백한 동기에 의해서만 권징을 행하여야 하는 것이다. 성직자의 권력이나 이익 보전, 혹은 갈등처리의 성급한 수단으로서 권징을 행하는 것은 권징의 궁극적인 목적을 이탈하는 것이다. 신복윤은 칼빈의 권징론에 기반하여 권징의 목적을 다음 세 가지로 요약하였다.[45] 권징의 첫 번째 목적은 그리스도인이라는 이름의 거룩함을 지키기 위함이다. 칼빈은 "추악하고 부끄러운 생활을 하는 자들에게서 그리스도인이라는 이름을 빼앗으려는 데 있다"고 권징의 목적을 단호하게 설명하였다.[46] 그들의 죄악과 추한 삶은 하나님께 모독이 되며 교회의 신성한 이름에 수치를 주는 일이므로 그리스도인이라는 이름을 더럽히는 자들을 추방하여야 한다는 것이다. 권징의 두 번째 목적은 다른 교인들을 보호하기 위함이다. "일반적으로 흔히 있는 일이지만 선량한 사람들이 악인들과 갖는 교제로 말미암아 부패하는 일이 없도록 하는 데 있다."[47] 권징을 시행함으로써 교회 안에서 하나님과 그리스도에 대한 두려움과 경건을 유지하기 위함이며 다른 회원들을 마귀로부터 보호하기 위함이다. 권징의 세 번째 목적은 죄인의 회개와 회복을 위함이다. "자신의 비열함에 대한 부끄러움을 극복하지 못하는 자들로 회개하려는 데 있다."[48] 권징으로 파문을 당하거나 징계를 받은 자가 자신의 과오를 깨닫고 마침내 회개함으로 하나님 앞에 돌아오게 하는 데에 권징의 목적이 있는 것이다. 권징은 교회의 순결성과 하나님의 영광을 보전하기 위한 목적과 함께 성도들에 대한 교육과 죄인의 회개와 회복을 위한 목적으로 시행되는 교회의 기본적인 사역이라고 할 수 있다. 칼빈은 말씀과 성례와 권징을 교회의 필수적인 요소로 보았고 교회의 직분자들에게 맡겨진 일은 이러한 교회의 본질적 사명을 수행하는 일로 보았다. 참된 교회의 표지 즉 교회의 가장 기본적인 요소가 말씀과 성례이므로 말씀을 올바르게 선포하고 성례를 온전하게 집행하여야 한다는 것이다. 그리고 권징이 시행될 때에 교회의 교회됨과 정체성을 지켜낼 수 있으므로 직분은 올바른 권징을 수행해야 한다는 것이다.

장로의 사역을 표현하는 대표적인 용어는 '치리'이다. 치리는 외형적으로 말씀의 선포나 목양이라는 목회 사역과 직접 관련이 없어 보이므로 장로의 사역에 선교적 의미를 부여하기 힘든 것처럼 보인다. 엄격하게 말하자면 장로직은 주로 교회의 법과 행정적 통치와 관련된다는 측면에서 그 직무에 직접적인 선교적 성격은 없다고 볼 수 있다. 그러나 장로의 직분은 말씀을 통한 그리스도의 통치를 교회 내에 실현하고 치리를 행하는 직분으로서 그리스도의 교회를 건강하게 건설해나가는 일을 섬긴다는 점에 주목하여야 한다. 목사직과 장로직은 사실상 불가분리적이다. 장로직 역시 목사의 직분과 함께 그리스도의 말씀에 따라 교회를 건설해 나가는 사역을 섬긴다는 차원에서 간접적인 선교적 의미가 담겨 있다. 특히 권징의 사역은 교회의 거룩성을 지켜내는 수단이자 교회가 세상의 가치와 다른 공동체임을 나타내는 증표이다. 교회를 이 세상과 대조가 되는 거룩하고 온전한 공동체로 세우는 일은 복음 증거의 출발점이자 최종적인 목적이 된다는 차원에서 권징이 지니는 효과를 교회 정치적 차원만이 아니라 선교적 관점에서 해석할 여지도 있을 것이다.

3. 집사직과 디아코니아(Diakonia)

집사의 직분은 네 번째 직분의 형태라고 할 수 있다. 집사는 구제 사역을 관리하며 직접 빈민과 병자들을 돌보는 직책을 맡은 사람들이다. 칼빈은 집사가 사제를 보좌하여 다양한 예전적인 일과 행정적인 직무를 도우면서 보통 사제로 상승하기를 기대하는 로마 가톨릭의 집사 직분의 관행을 강하게 반대하였다.[49] 칼빈은 성경의 전통에 따라 집사 직분을 회복하였다. "구제하는 일은 집사에게 맡겨졌다."[50] 칼빈은 초기 사도시대의 집사 제도와 그 사역의 내용을 그대로 수용하였다. 이는 초대 예루살렘 교회에서 집사들을 세워 사도들이 행하던 구제의 사역을 전담하여 섬기게 된 전통에서 시작된 것이다. 칼빈은 집사의 직분에 대해 "사도들의 교회에는 이런 종류의 집사들이 있었고 우리도 그것을 본받는 것이 마땅하다."[51]고 언급하면서 집사직의 사도행전적 원형을 그대로 계승하고자 하였다. 집사직은 교회의 공동체적 특성을 실제적으로 행할 수 있

게 하는 직분이었다.52)

제네바 교회에는 두 가지 종류의 집사가 있었다. 구제금과 물품을 담당하여 분배하는 집사와 병자를 직접 돌보는 집사가 그것이다. 이는 로마서 12장 8절의 말씀에 근거한 것으로 이를 이중집사직이라고 칭하기도 한다. 즉 구제를 담당하는 집사는 교회의 재정으로 구제와 관련하여 행정을 담당하고 구제금을 나누어주는 일을 하였고, 병자를 돌보는 집사는 빈민과 병자를 직접 돌보는 봉사를 하였다. 칼빈은 교회 내 과부들을 가난한 이들과 병자를 직접 돌보아 주는 두 번째 종류의 집사에 포함시켰다. 칼빈이 여성들을 두 번째 종류의 집사에 포함시켜 가난한 사람들과 병자들을 직접 돌보게 한 것은 주목할 만한 일이다. 칼빈이 여성으로 하여금 맡게 하였던 교회 내 공적 직무 중에 유일한 것은 집사직이었다. 이들은 제네바 종합구빈원에서 주로 일하였으며 신앙적 소명과 여성 특유의 돌봄의 은사로 가난한 자들과 병자들을 정성껏 돌보았다. 앙드레 비엘레는 집사직이 수행한 재화 분배와 봉사에 대해 다음과 같이 평가하였다.

집사들은 그리스도의 몸의 지체들이 양적 연대를 보여줄 수 있도록 경제적 재화가 교회의 모든 지체 가운데 골고루 흐르도록 재확립할 책임을 지게 되었다. 모두 서로 영적인 삶과 물질적 조건 그리고 육체적 건강에 대해 서로 책임이 있는 것이다. 심지어 하나님의 뜻에 따라 궁핍한 자에게 행해야 할 봉사와 복음증거를 외국에 있는 지체들에게까지도 할 수 있도록 눈을 돌려야 하는 것이다.53)

이와 같이 집사들은 제네바 시가 행하는 여러 종류의 사회 사역에서 병자를 돌보고 난민을 보호하는 활동에 직접 봉사의 일을 담당하였다. 그런 면에서 집사의 직분은 디아코니아(Diakonia) 사역을 전담하는 직분이었다. 당시 제네바 시와 교회는 밀접한 관계 속에서 동역하였으며 교회는 직분을 통해 체계적이고 지속적인 구제 활동과 간병사역을 하였다. 제네바의 법적 기록에 의하면 종합구빈원에서 일하는 사람들은 공무원으로 간주되었고,54) 이는 오늘날 말하는 교회의 집사직과는 다른 사회복지사 혹은 간호사의 성격을 지니고 있다고 추정할 수 있다. 칼빈에게 있어 집사직은 구제와 병약한 자에 대한 돌봄을 담당하던 사회봉사적 사역을 위한 직분이었다. 이를 선교학적 개념으로 이해하자면 사회봉사 사역 혹은 사회선교라고 할 수 있을 것이다. 목사와 교사 직분의 선교적 성격과 집사직의 구제적 성격을 고려할 때 칼빈의 직제론 자체가 선교적 배치라고 할 수 있을 것이다.

4. 칼빈의 사도직 이해와 선교

칼빈은 에베소서 4장 11절을 주석하면서 "바울이 열거하고 있는 직책들 중에 마지막 두 직책은 영구적인 것이라는 점을 기억해야 한다"고 언급하였다.55) 칼빈은 목사와 교사는 항상 있어야 하는 직분으로서 시대를 초월하여 교회가 존재하는 이상 항상 존재하여야 하는 직분으로 보았다. 그리고 그 이외의 직분은 어느 특정한 목적을 위해 세우시는 직분으로 보았다. 이러한 맥락에서 칼빈의 4개 직분을 칭하는 목사, 교사, 장로, 집사는 항존직이라고 부르고, 그 이외의 직분은 비항존직 혹은 임시

직이라고 명명하기도 한다. 칼빈에 의하면 사도나 선지자 또는 복음 전하는 자(전도자)는 항상 있는 교회의 직분이 아니다. 칼빈은 "이 세 가지 직책은 교회 내의 항존직으로 정하신 것이 아니라, 교회가 없는 곳에 새로 세우거나 교회를 모세에게서 그리스도에게로 옮겨야 한 당시에 한한 것이었다"고 말한다.56)

칼빈은 고린도전서 12장 28절을 주석하면서 사도와 교사와 목회자에 대해 다음과 같이 설명한다.

> 교사의 직무(officium doctoris)은 제1급에 속하며, 사도의 직무는 제2급에 속한다. 왜냐하면 주님께서 사도들을 임명하신 것은 그들로 하여금 복음을 온 세상에 두루 전파하게 하시기 위함이었다. 주님은 그들에게 어떤 특정 지역이나, 교구를 할당하여 주신 것이 아니라, 그들이 어디를 가든지 모든 나라와 모든 언어를 사용하는 백성들 속에 들어가 주님을 위한 대사로서 일하기를 원하셨다. 이런 점에서 그들은 일정한 영역, 곧 자신들의 교회를 각각 가지고 있는 목회자들과는 다르다. 목회자들은 복음을 온 세계에 전하라는 명령을 받은 것이 아니라, 그의 책임으로 맡겨진 교회를 돌보는 데 있는 것이다.57)

특히 칼빈은 사도의 직분을 단순히 하나님이 특별한 목적을 위해 세우신 직분으로 이해하였다.

> 나는 '사도'라는 말에는 일반적인 의미나 어원에 따르는 의미보다 특별한 의미가 있다고 본다. 왜냐하면 이들은 그리스도께서 특별하게 선

택하셔서 높은 영광을 받는 지위에 올려놓으셨기 때문이다. 사도는 열두 명이 있었고 후에 추가되었다. 이들은 온 세상에 복음의 교리를 선포하고, 교회들을 세우며, 그리스도의 나라를 건설하는 직분을 가진 자들이었다. 그들은 다만 가는 곳마다 복음을 전파하는 공통적인 명령을 갖고 있었을 뿐이다.58)

이러한 칼빈의 사도직 이해에 대해서는 많은 오해와 논란이 이어졌다. 특히 칼빈을 비롯한 개혁자들이 사도권 즉 사도의 직분이 예수 그리스도의 12 사도에게만 잠정적으로 주어진 한시적이고 예외적인 직분이라고 주장한 것은 결국 보냄을 받아 복음을 땅 끝까지 전파하는 교회의 사도적 책무를 소홀하게 되었다는 비판이다. 그 결과 마태복음 28장 19-20절의 복음전파의 대위임령도 사도 시대에 국한된 명령으로 받아들여 교회의 선교적 사명을 소홀히 하였다는 것이다. 그러나 이는 칼빈의 사도의 직분에 대한 관점을 오해한 것이다. 칼빈이 가톨릭의 사도직 계승 주장에 대해 비판을 하거나 사도직을 비항상적 직분으로 분류한 것은 사실이지만 사도의 직무 자체가 폐기되거나 더 이상 주어지지 않는다고 보지 않았기 때문이다. 오토 베버는 사도와 선지자, 복음전하는 자의 직분에 대한 칼빈의 이해는 교회 생활의 필요에서 나온 것이며 결코 성경에 대한 문자주의적 해석에서 기인한 것이 아니라고 평가한다.59)

칼빈은 초대교회 이후 사도의 직분이 폐기되었다고 보기보다는 사도직을 교회가 없는 곳에 새로이 교회를 세우거나 교회를 모세에게서 그리스도에게로 옮기는 때에 행하는 직분으로 이해하였다. 칼빈은 다음과 같이 말한다. "나는 주께서 그 후에 간혹 사도들을, 적어도 그들 대신에 전도자들을 일으키신 것을 부정하지 않는다."60) 즉 칼빈은 교회를 새로 세우는 상황이나 교회를 모세에게서 그리스도에게로 즉 율법의 지배나 사람의 지배에서 그리스도의 온전한 주권적 통치의 영역으로 옮기는 경우 사도를 세워 사역을 감당하였다고 본 것이다. 칼빈은 초대 교회 시대 이후에도 하나님께서 사도 혹은 전도자의 직분을 세우신다는 사실을 부정하지 않았다는 것이다. 단지 그것이 교회 내에서 항상 존재하여야 하는 직분으로 보지 않았다. 칼빈은 다음과 같이 말한다. "하나님께서 가끔 후대에도 사도 혹은 이들의 자리에 전도자를 세우신다. 우리 시대에도 이런 일이 있었다. 적그리스도의 반역으로부터 교회를 돌이키기 위해서 이런 사람들이 필요했던 것이다."61) 칼빈이 말하는 '우리 시대' 라는 것은 그가 종교개혁의 과업을 수행하던 종교개혁시대를 말하는 것이다. 오토 베버는 칼빈이 자기 시대의 종교개혁가 루터를 사도요 선지자로 보았다고 해석하였다.

그러나 흥미 있는 것은 칼빈에게도 예외가 있다는 점이다. 여기(직분론)에서도 그의 국가론의 경우와 비슷한 점을 발견한다. 즉 하나님께서 초대교회와는 다른 시대에도 사도를 일으켜 세우실 수가 있다는 것이다. '그가 우리를 위하여 세우심을 받았으니"(Institution, Ⅵ. 3. 4.) 하는 말이 있는데, 이것은 루터를 가리켜 한 말이 틀림없다. 칼빈은 사실상 다른 곳에서 루터를 사도라고 칭한다. 종교개혁 다음 시대에 루터교의 정통주의는 루터의 소명에 관한 교리를 무너뜨렸다. 이러한 처사에 대하여 칼빈이 동의하리라고는 생각되지 않는데, 여하튼 칼빈은 루터가 특별한 기능을 가진 사람으로 생각하였음은 의심할 여지가 없다. 칼빈의 생각에는 여하튼 루터는 종교개혁가였다. 루터는 칼빈을 마귀로 본 적도 있었으나, 칼빈은 루터를 하나님의 특별하고 뛰어난 종으로 여겨 지극히 존경했다. 칼빈에게는 루터가 당시대의 사도요, 전도자였다.[62]

그러므로 칼빈은 사도직이나 복음전하는 자의 직분이 역사 속에서 결코 반복되지 않는 것으로 보지 않았음이 분명하다. 칼빈은 이들 직분이 교회를 세우는 초대 교회의 특수한 상황에서 주어진 직분으로 보았다. 즉 이들 직분은 교회의 첫구성을 위하여 존재하는 직분이다.[63] 그런 의미에서 칼빈의 사도의 직분 이해가 비선교적이라고 비판하는 주장은 타당하지 못하다고 할 수 있다.

파송을 받아 복음을 전하고 교회를 세우는 사도의 직무와 복음을 전하는 전도자의 일은 목사와 교사의 직분으로 계승되었다. 칼빈은 『기독교강요』 제4권 3장 5절에서 '목사는 사도직에 해당한다' 는 의미로 말하면서 교회의 목사는 사도직의 직무를 담당하는 것으로 보았다. "사도들이 전 세계를 위해서 한 일을 목사들은 각각 자기가 맡은 양떼를 위하여 해야 한다."[64] 즉 칼빈은 현존하는 보이는 교회의 공식적인 직분으로서의 사도와 선지자와 전도자의 직분을 항상적 직분으로 분류하지 않았지만, 그들이 담당하였던 사역의 직무는 목사와 교사를 통하여 계승되었다고 보았다. 최윤배는 일정한 장소에 국한되지 않고 전세계 어디든지 다니면서 선교 사역을 맡은 복음서와 사도행전적 의미에서의 사도직은 중단되었지만, 사도직의 직무는 교회에 계승되고 특히 목사와 교사의 직분으로 계승되었기 때문에 칼빈의 직분론은 결코 선교를 약화시키지 않는다고 해석하였다.[65] 박경수는 다음과 같이 칼빈의 입장을 간명하게 요약한다.

> 깔뱅은 사도의 직무가 특별하고 예외적인 직무로서 교회 안에서 영속적인 것이 아니긴 하지만 하나님께서는 시대와 상황이 그것을 필요로 할 때는 지금도 사람들을 그 직무로 부르신다고 확신하였다.[66]

칼빈에 의하면 복음 선포는 하나님께서 세우시고 파송하신 교회의 사역자 즉 목사에게 맡겨진 사도적인 직분이다. 황대우는 모든 교회의 직분이 그리스도의 교회를 건설하기 위한 봉사와 질서라고 보는 칼빈의 관점은 그의 선교를 이해하는 데 중요한 열쇠가 된다고 보았다.[67] 즉 칼빈에게 있어서 선교는 "하나님께서 사람을 통하여 자신의 교회를 건설하심으로써 자신의 나라를 확장해 나가신다는 것을 의미"하기 때문이다.[68] 사도의 직분이라는 별개의 직분이 존재함으로서 복음이 전파되는 것이 아니라 복음을 전파하는 교회의 본질적 사명이 교회와 교회의 직분들을 통하여 통합적으로 수행되기 때문이다.

제3절 칼빈과 뉴비긴의 교회 이해의 유사점

칼빈의 교회론과 뉴비긴의 교회론은 그 기본 개념에 있어서 유사한 측면이 현저하다. 시간적 순서로 본다면 뉴비긴은 칼빈보다 400년 정도 후대의 사람이며, 그는 종교개혁시대의 신학이 아니라 20세기 개신교의 신학적 담론의 바탕 위에서 자신의 신학을 전개하였다. 그럼에도 불구하고 '교회란 무엇인가?' 하는 교회의 본질에 대한 뉴비긴의 핵심개념과 칼빈의 개념은 공통된 기반을 가진 유사점이 두드러진다.

먼저 뉴비긴은 교회를 '하나님의 백성' 혹은 '하나님의 백성의 공동체'로 이해한다. 칼빈 역시 교회를 '하나님의 택함을 받은 자'들로 이해한다. 뉴비긴은 근대 이후의 사회학적 개념인 '공동체'(community)라는 용어를 사용하여 표면적으로 칼빈의 개념과 다른 뉘앙스를 나타내고 있지만 칼빈이 하나님의 선택받은 자의 총합으로 교회를 이해하는 것과 일맥상통한다. 차이가 있다면 칼빈은 하나님의 주권적인 선택에 초점을 두고 있고, 뉴비긴은 하나님의 백성으로서의 부름받은 회중이라는 특성을 강조한다. 그리고 칼빈이 '하나님의 선택'을 강조하면서 하나님의 절대적인 주권과 은혜에 초점을 두는 반면, 뉴비긴의 그 선택은 세상으로 보냄을 받아 하나님의 정의를 실현하고 복음을 증언하는 '보내심을 받은 차원'을 강조한다. 그러나 양자의 관점은 '하나님의 나라'라는 개념 안에서 긴밀한 접촉점을 가지게 된다. 하나님의 주권적 선택을 강조하는 칼빈의 '선택' 개념과 하나님의 통치 안에 있음을 의미하는 '하나님의 백성' 개념은 사실상 하나님의 나라라는 동일한 실체에 포함되는 범주이다. '선택'에 대한 두 사람의 강조점은 두 사람의 신학적 실천적 관심에 기인한다고 할 수 있다. 칼빈은 로마 가톨릭과의 신학적 투쟁의 과정에서 하나님의 절대적 주권의 차원을 강조하며 구원론적 관점에서 '선택받아 부름 받은' 측면에 초점을 둔 교회관을 제시하였고, 뉴비긴은 20세기 서구교회와 세계 선교의 상황 속에서 '보내심을 위해 선택받은' 존재로서의 교회의 선교적 특징을 강조하는데 초점을 두었기 때문이

다.69)

둘째로, 뉴비긴은 칼빈과 마찬가지로 교회를 그리스도의 몸으로 정의한다.70) 이 개념에 대해 양자의 차이는 전혀 없다. 물론 하나님의 주권을 강조하는 칼빈이 그리스도의 몸으로서의 교회를 강조할 때 일차적인 주안점은 그리스도의 온전한 다스림이다. 뉴비긴은 그리스도의 몸으로서의 교회가 그리스도 안에서 궁극적으로 하나이며, 그리스도의 몸된 교회들의 유기체적인 연합과 일치를 강조하고 있다. 양자의 강조점의 차이가 있지만 칼빈과 뉴비긴이 교회를 그리스도의 몸으로 이해할 뿐 아니라 동일한 개념을 사용하고 있다는 점은 의미가 깊다. '그리스도의 몸'은 에베소서에 기반한 성경적 교회론의 중심 개념이기도 하지만 기독교 신학의 교회론에 있어서 가장 기초적인 개념이기도 하다. 그러므로 뉴비긴이 칼빈과 동일한 교회의 정의를 말한다는 점에서 두 사람의 교회 이해에는 공통점과 연속성이 있다고 할 수 있다.

뉴비긴은 교회의 두 가지 구성요소는 '말씀과 성례'라는 개신교의 교회론을 받아들이면서도 비판적으로 접근한다. 그는 기본적으로 말씀과 성례가 교회의 기본적인 표지임을 부정하지 않지만 세 가지 측면에서 교회의 표지를 강조하는 교회론이 지닌 약점을 지적한다. 첫째로, 말씀과 성례를 교회의 근본 표지라고 천명하면서도 사실상 성례를 무시하고 소홀히 하는 경향성이다. 그는 개신교의 신학적 토론 현장에서 성례의 바른 집행에 대한 논의는 거의 배제되고 있는 것은 "말씀이 완전히 중심을 차지하고 성례는 그 말씀이 가시화된 것으로 간주되기 때문이다."고 비판한다.71) 여기서 뉴비긴이 언급한 것은 말씀과 성례의 관계에 대한 칼빈의 입장이기도 하다. 둘째로, 뉴비긴은 말씀의 교리적 측면만이 지나치게 강조되었다는 점을 지적한다. 그는 교리의 타당한 역할에 대해 인정하면서도 말씀 선포를 바른 교리를 가르치는 것으로만 이해할 때 믿음을 지나치게 지적으로 이해하는 오류에 빠진다고 보았다.[72] 셋째로, 뉴비긴은 성령의 사역으로 주어지는 친교적 맥락을 소홀히 하는 점을 지적한다. 이는 그의 두 번째 비판과 연속선상에 있다. 뉴비긴의 관점에 따르면 그리스도와의 연합은 교리에 대한 지적인 동의보다 더 깊은 차원이 있으며 그것은 성령의 교제케 하시는 사역이다. 이는 말씀의 선포나 성례의 집행에서도 마찬가지이다. 뉴비긴이 이해하는 믿음은 교리에 대한 지적인 이해와 동의보다 깊은 차원의 전인격적인 회심, 마음과 뜻과 목숨을 다하여 자신의 삶을 던지는 믿음을 말한다.[73]

뉴비긴이 칼빈의 교회의 표지론을 직접 언급하면서 비판한 것은 아니다. 그리고 뉴비긴이 지적한 바들은 말씀의 우위성을 강조하며 상대적으로 성례를 이차적인 것으로 대하는 개신교의 신학적 실천적 경향에 대한 정확한 진단이라고 할 수 있다. 그러나 칼빈 사상의 전체적인 맥락에서 살펴본다면 칼빈은 뉴비긴과 동일한 입장에 서 있다는 것을 발견할 수 있다. 칼빈은 성례의 온전한 집행을 교회됨의 근본적인 표지로 인식하고 이를 강조하였으며 그 온전한 집행을 위해 노력하였다. 성례의 횟수에 대해서는 매주일 예배시 행하던 원칙에서 후퇴하기는 하였지만 성례의 절대적 중요성에 대한 칼빈의 입장은 확고하였다. 아울러 칼빈이 바른 말씀의 선포와 교리를 가르치고 이에 대한 신자의 동의와 고백을 중요시 하였지만 이는 전인격적인 신앙의 반응을 의미하는 것이었지 뉴비긴이 말하는 것처럼 지적인 것만 요구하는 형식적인 것이 결코 아니었다. 칼빈이 바른 교리에 대한 가르침과 그에 대한 동의를 강조한 것은 가시적인 교회에서 교회의 회원으로 받아들이는 가장 기본적인 절차를 의미하였다. 또한 칼빈은 그 교리에 대한 동의와 신앙고백의 진정성, 그리고 교리를 고백하는 자가 하나님의 선택받은 참된 신자인가 하는 점은 사람이 분별할 수 없고 오직 하나님만이 볼 수 있다고 생각하였다. 아울러 거짓된 교리와의 투쟁이 가장 중요한 과제였던 당시 교회의 정황에서 교리에 대한 동의는 신자와 비신자의 경계선을 분명히 하고 교회를 세워 나가는 중요한 지표이자 기본적인 절차였던 것이다. 칼빈은 삼위일체 하나님의 주권적 사역을 강조하는 신학자였다. 그가 뉴비긴처럼 성령론을 자신의 교회론에서 직접 언급하지 않았지만 믿음이라는 행위와 말씀의 선포와 성례의 집행에서 성령 하나님의 사역과 비추심은 줄곧 언급될 뿐 아니라 가장 기본적인 전제로 이해되고 있다.

또 한 가지 칼빈과 뉴비긴의 교회론의 유사점은 뉴비긴이 자신의 교회론을 삼위일체론적으로 언급하고 있다는 것이다. 뉴비긴은 선교를 정의함에 있어서 삼위일체 하나님의 선교로 규정하고 선교적 활동과 현상에 있어서 삼위일체 하나님이 행하시는 일들을 성서적 용어로 표현한다. 즉 그의 선교 개념은 삼위일체론적 개념이다. 이와 함께 그의 교회론 역시 삼위일체론적 구조로 형성되어 있다. 그는 교회를 '하나님'의 백성으로, '그리스도'의 몸으로, '성령'의 공동체로 이해한다. 이 셋은 각각 성부 하나님, 성자 예수님, 성령 하나님에 해당되는 것이다. 즉 교회는 삼위일체 하나님에 의해 선택되어 하나된 공동체라는 것이다. 이러한 교회의 삼위일체적 특성은 각각 기독교의 세 진영 - 개신교, 가톨릭, 오순절 – 과 조응하는 특성이 있다.74) 즉 개신교는 하나님의 말씀의 온전한 선포에 우선적인 강조점을 두고, 가톨릭은 그리스도의 몸된 교회와 성례를 강조하며, 오순절 교회는 성령의 능력을 강조한다. 마치 뉴비긴이 이들 교회들의 가시적 연합을 강조하고자 하는 동기에서 각각의 진영들이 우선시하는 신학적 강조점을 요약하여 교회론을 전개하는 듯한 양상을 보인다. 분명한 것은 그의 선교적 교회론은 삼위일체론적 구조를 지니고 있다는 것이다. 칼빈의 『기독교강요』역시 삼위일체론적 구조로 되어 있다. 칼빈이 기독교의 진리의 요체를 설명하는 『기독교강요』를 삼위일체론적 구도로 진행한 것이나 뉴비긴이 자신의 선교론과 교회론을 진술함에 있어서 삼위일체의 틀에서 진행한 것은 매우 놀라운 유사점이라고 할 수 있다. 이러한 유사점에도 불구하고 두 사람 간의 직접적인 연속성을 발견할 수 있는 근거는 없다. 즉 뉴비긴이 『기독교강요』의 체계와 방법론에 따라 자신의 이론을 전개하였다고 판단할 만한 어떤 언급이나 인용문을 뉴비긴의 저술에서 발견하기 곤란하다. 단지 두 사람이 기독교의 중심적인 신앙전통의 맥락에서 자신들의 신학을 전개하였다고 보아야 할 것이다. 여하한 뉴비긴의 신학적 인식체계 속에 이미 삼위일체론적 틀이 깊숙이 자리 잡고 있다고 볼 수 있다. 이는 칼빈이 자신의 신학을 전통적인 교의학의 전통에 따라 삼위일체 구조로 진행한 것과 같은 동일한 맥락이다.

이상에서 살펴본 바와 같이 뉴비긴의 교회에 대한 이해는 칼빈의 교회론과 교회의 정의와 개념, 교회의 기본 요소 등에 있어 동일한 기반을 가지고 있음을 알 수 있다. 칼빈은 종교개혁의 긴급한 상황에서 로마 가톨릭의 교리와 맞서 싸우면서 참된 교회를 세우고 바른 교리를 정립하고자 하는 입장에서 신학적 논거를 전개하였고 뉴비긴은 20세기 서구교회가 직면한 새로운 상황에서 교회의 선교적 본질을 강조하며 교회 연합의 긴급한 필요성을 강조하는 맥락에서 자신의 교회론을 전개하였다. 칼빈은 그 실천이 개혁에 주어졌으므로 교회론의 이론적 정교화에 집중하였고, 뉴비긴은 그 실천적 과제가 선교에 주어졌으므로 교회론의 실천적 차원에 강조점을 두었다. 그리스도의 몸으로서의 교회를 언급하면서 칼빈은 교회의 머리되신 그리스도에게, 뉴비긴은 그리스도 안에서 교회의 하나됨과 서로 지체됨을 강조하는 맥락이 두 사람의 신학적 방법론과 진술에서 항상 드러나고 있다.

제4절 교회의 선교적 연합과 일치에 대한 칼빈과 뉴비긴의 견해

뉴비긴은 20세기 WCC를 중심으로 한 에큐메니칼 운동에 참여한 자로서 교회일치운동의 대표적인 인물이다. 그는 에큐메니칼 운동의 지도자로 그리고 세계선교협의회(IMC)의 실무자로서 연합운동의 구심적 위치에서 활동한 자이다. 이러한 배경에서 뉴비긴은 언제나 교회연합에 대한 적극적인 신학적인 견해를 가지고 그의 저서 전반에 교회의 연합과 일치를 강조하였을 뿐 아니라 실천적인 노력에도 전력하였다. 칼빈 역시 종교개혁가의 한 사람으로 활동하면서 당시 교회의 일치를 위해 노력하였으며, 교회의 하나됨을 추구하는 여러 종교개혁 신학자들 가운데 지도적인 위치에서 활동하였다.75) 칼빈은 흔히 그에게 비방으로 덧씌워진 이미지와 같은 분열주의자가 아니라 교회의 일치를 위해 최선을 다하는 신학자였으며, 오늘날 일반화된 개념으로 표현하자면 에큐메니칼적인 종교개혁가였다. 그는 로마 가톨릭의 신학자들과 신학적 토론과 대화와 협상을 위한 최선의 노력을 다하였으며, 다른 한편 당시 프로테스탄트 교회 내에서의 연대와 일치를 위해 힘써 노력하였다. 종교개혁이라는 상황에서 교회의 하나됨을 추구하는 문제는 교회의 정체성과 생사가 걸린 문제였다. 그는 여러 신학적인 논쟁을 비롯한 회의와 회합을 통해 교회의 진정한 일치를 추구하는 활동을 하였다. 교회의 하나됨은 칼빈의 신학과 실천의 중심적인 과제였다. 이는 신학적 이론의 문제가 아니라 가장 시급하고 절실한 문제였다.

교회의 연합과 일치라는 이슈와 관련하여 뉴비긴과 칼빈은 첨예하게 대립할 소지가 많다. 먼저 뉴비긴은 교회일치에 대해 매우 적극적인 입장을 취할 뿐 아니라 이를 교회의 사활과 정체성과 관련된 절대절명의 과제로 받아들인다. 그가 연합을 강조하는 동기는 매우 실천적인 목적 때문이다. 이는 교회가 모든 피조물에게 복음을 전해야 할 책임 때문이다.76) 그리고 뉴비긴은 포용적이고 관대한 입장에서 가톨릭교회와의 에큐메니칼 대화를 비롯하여 오순절 운동과의 연합에 힘써야 함을 강조한다. 그는 복음화와 하나님의 정의를 실현하는 선교적 과제를 위해 다양성을 수용하고 시급하게 선교적 연합을 실행하여야 함을 역설한다. 아울러 이러한 연합은 비가시적 교회의 상징적 연합이 아니라 현존하는 교회의 가시적 연합이라는 구체적인 연합을 역설한다.

이와 대조적으로 칼빈은 원론적으로 교회의 연합과 일치에 대해서는 철저한 입장을 지니지만 이는 참된 교회들 간의 연합이어야 함을 전제로 한다. 칼빈이 본질적으로 연합을 강조하는 이유는 현실적 필요성 때문이 아니라 교회가 본래 온전히 하나인 교회라는 확신 때문이었다. 그러나 성경의 진리로부터 벗어나는 것은 단지 다양성과 차이의 문제가 아니라 참된 교회가 아니라고 보았다. 따라서 칼빈은 신학적 견해와 교리적 일치를 전제로 하는 연합이어야 한다는 입장을 취한다. 따라서 로마 가톨릭교회를 거짓된 교회로 규정하고 그들의 가톨릭(catholic)적 정체성을 부정하는 입장을 취한다. 종합하자면 칼빈은 말씀에 근거한 진리의 일치를 전제로 연합을 강조하는 반면 뉴비긴은 선교적 과제를 위한 선교적 연합을 강조한다.

표면적으로 교회의 하나됨에 대한 두 사람의 견해에는 상당한 차이가 보이지만 근본적으로 두 사람은 교회의 하나됨에 대한 공통적인 신학적 기반이 존재한다. 그리고 두 사람의 살아간 시대와 교회적 과제와 관련하여 실천적 방법론에 차이가 존재함에도 불구하고 두 사람은 자신이 처한 조건에서 최선을 다하여 교회의 하나됨을 위해 노력하였다는 공통점이 있다.

1. 칼빈과 교회의 하나됨

칼빈은 그리스도의 교회는 하나이어야 한다고 믿었다. 칼빈은 그의 『기독교강요』 제4권 1장의 29개 항목 가운데 19개 항목에 걸쳐 신자들이 교회와 더불어 가져야 할 하나됨에 관해 말하고 있다. 그는 교회의 하나됨을 강조하며 『기독교강요』 제4권 1장의 제목을 다음과 같이 선언한다. "모든 경건한 자의 어머니인 진정한 교회; 우리는 이 교회와 연합되어 있어야 한다." 신자는 참된 교회와 연합되어 하나됨을 유지해야 하는데, 이는 교회는 모든 신자의 어머니이기 때문이라는 것이다. 칼빈은 신자가 그리스도를 믿는다고 할 때 그것은 곧 교회의 하나됨, 즉 교회의 연합을 받아들이는 것과 같은 의미로 보았다.

칼빈에 의하면 교회는 근본적으로 하나의 교회이다. 참된 교회는 두 개일 수 없고 여럿일 수도 없다. 교회의 하나됨은 교회의 본래적 본질일 뿐 아니라 지상의 교회가 견지하여야 할 근본적인 과제이다. 칼빈이 그의 교회론에서 교회가 신자들의 어머니라고 말한 바로 그 명제는 교회의 하나됨의 근거가 된다. 이는 칼빈이 그의 구원론에서 강조하는 '그리스도와의 연합'의 교회론적 표현이다. 한 분이신 하나님의 자녀인 신자는 어머니인 교회의 품에서 공동체를 이루어 연합한다. 또한 칼빈은 『기독교강요』 제4권 1장 3절에서 다음과 같이 말한다. "하나님께서 모든 신자의 아버지이시며 그리스도께서 그들 모든 신자들의 머리시라는 것을 참으로 확신한다면 그들은 형제애로 연합되지 않을 수 없고 또 그들이 받은 은혜를 서로 나누지 않을 수 없다." 이와 같이 '하나님의 아버지되심, 그리스도가 교회의 머리되심, 교회가 신자들의 어머니되심'이 교회의 연합의 근거가 된다. 교회는 하나님께서 신자를 그리스도와 연합하도록 초대하시는 외적인 수단이자 도구이다.[77] 하나님은 신자를 교회 안에서 보존하시고, 신자는 교회의 하나됨을 유지해야 한다. 칼빈은 신자들이 그리스도와 영적으로 연합할 때 자신들 간의 차이를 줄여나갈 수 있을 것이라고 믿었으며 순수한 신앙으로 그리스도와 연합한 자들은 분열의 염려가 없다고 보았다.[78]

교회의 하나됨은 본래적인 하나됨이다. 즉 연합이 주는 효과나 유익이라든지 연합을 요구하는 사람들의 요청에서 하나됨이 요구되는 것이 아니라 교회의 본질적 성격에서 유래하는 것이다. 이는 그리스도가 하나이시기 때문이다. 교회는 하나의 공회(Catholic Church)이며 보편적(Universal Church)이다.

> 교회를 보편적이라고 부르는 것은, 그리스도가 나누어지지 않는 한 교회도 둘이나 셋이 있을 수 없기 때문이다. 모든 선택된 사람들은 그리스도 안에서 연합되었으므로(엡 1:22-23 참조) 한 머리에 의존하며 서로가 한 몸이 되고 한 몸에 달린 지체들같이 서로 단단히 결합된다. 그들이 참으로 하나가 되는 것은 한 믿음과 소망과 사랑으로, 또 같은 하나님의 영 안에서 함께 살기 때문이다.[79]

칼빈에게 있어 교회가 여럿이라고 주장하는 것이나 교회를 분열케 하는 것은 그리스도를 여러 조각으로 찢는 것이다.[80] 그리스도께서는 자기의 지체가 찢기는 것을 허락하지 않으시므로 분열은 단지 조직의 분열이 아니라 그리스도에 대한 불순종이며 교회의 본래적 의미를 부정하는 행위이다.[81]

칼빈은 교회의 개혁과 함께 교회의 연합에 대해서 깊은 관심을 가지고 구체적인 실천을 행하였던 신학자이자 활동가였다. 칼빈은 교회의 하나됨에 대한 분명한 인식을 가지고 있었을 뿐 아니라 16세기 유럽 교회의 정황에서 교회의 일치를 위하여 부단한 노력을 기울였다. 종교개혁가들의 관점에서 당시는 거짓된 교회가 엄연히 위세를 떨치며 존재하고 있는 현실이었다. 로마 가톨릭 교회에 대하여 칼빈은 진리의 쇄신과 교리적 일치가 없이는 하나가 되는 것이 불가능하다고 생각했다. 칼빈은 스트라스부르그에서의 체류 기간 중 스트라스부르그를 대표하여 로마 카톨릭과 개신교간의 신학적 논쟁과 대화에 참여하였고 거기서 탁월한 능력을 발휘하였다. 1540년 하게나우(Hagenau), 1540년과 1541년의 보름스(Worms), 1541년의 레겐스부르크(Regensburg)에서 열린 종교회의에 멜랑히톤, 부처와 함께 참석하였다. 이들 회의의 성격은 매우 논쟁적이었지만 칼빈이 이러한 대화에 참여하였다는 자체는 가톨릭과의 재연합을 위한 노력으로 해석되기도 한다. 레겐스부르크에서 열린 대담은 칼빈에게 중요한 의미가 있어서 그 회의 이후 그는 '레겐스부르크 제국 회의 법령'을 출판하였다. 회의를 통하여 칭의의 교리에 관하여 어느 정도 공통적인 견해에 도달하였으나 칼빈의 관점에서는 그것이 충분하지 못하여 상당히 비판적이었다. 하지만 그는 그 문서에 서명하고 파렐에게 보내는 편지에서 그 칭의에 관한 조항을 변호하기도 하였다.82) 이에 대해 오토 베버는 칼빈은 교회의 평화를 위한 목적을 이루기 위한 일이라면 우선적인 중요성을 두었으며 때로는 다소 위험한 결의문도 받아들이는 유연한 태도를 취하였다고 평가하였다.83) 또한 그는 칼빈이 로마 가톨릭의 교리와 견해가 정말 모두 다 잘못된 것일까? 하는 질문을 던졌으며 이와 같은 태도로 교회의 재연합을 위해 최선을 다했다고 평가하였다.84) 이러한 오토 베버의 평가는 칼빈이 취한 입장에 대해 지나치게 긍정적으로 평가하는 경향이 있다고 할 수 있다. 칼빈이 그러한 일련의 회의에 참석하였다는 사실로서 로마 가톨릭과 화해를 하거나 재연합을 위해 적극적으로 노력하였다고 평가하기에는 곤란하다. 하게나우, 보름스, 레겐스부르크 회의의 성격 자체가 가톨릭과 프로테스탄트의 화해를 위해 황제 카알 5세가 소집한 아우크스부르크 제국회의(1530년)의 연장선에서 이루어진 회의였다. 즉 가톨릭과 직접적인 대화를 시도한 것이 아니라 칼빈을 비롯한 개신교측 지도자들은 참석하지 않을 수 없는 입장이었으며 회의는 타협점을 찾으려고 하기보다 상호 자신들의 신학적 입장을 견지하며 논쟁으로 일관하였다. 오히려 칼빈은 타협적인 노선의 멜랑히톤과 강경한 입장을 취한 루터의 중간에 선 입장을 취하였다. 특히 레겐스부르크 회의는 최종적인 담판을 위한 자리였으며 성찬과 교회에 관한 교리에서 양측의 입장의 차이가 분명히 드러났고 루터와 칼빈은 이 대담을 맹렬히 비난하였다. 칼빈이 회의에 참여하였으나 이는 신학적으로 양보할 수 없는 선이 분명한 입장을 견지하는 가운데 진행된 것이었고, 황제라는 권력자가 소집한 회의에 참석한 것이었다. 당시는 로마 가톨릭이 프로테스탄트를 가혹하게 핍박하던 때였으며, 종교개혁 지도자들은 자신들의 신변의 안전을 보장받고서야 회의에 참석하였다. 그러므로 이들 회의에의 참석을 가톨릭과의 재연합을 위한 노력이라고 해석하는 오토 베버의 해석은 타당성을 결여하고 있다고 보인다. 화해와 연합의 의지를 가진 적극적인 대화와 적대적 입장을 가진 채로 진행되는 논쟁적 회의는 그 성격이 사뭇 다른 것이며, 당시의 정세는 화해와 연합을 이야기할 정도의 우호적인 분위기는 전혀 아니었다. 칼빈이 취한 입장은 로마 가톨릭이 돌아오기를 바라며 대화의 여지를 남겨두는 정도였다고 보는 것이 타당하다.

로마 가톨릭 교회가 돌아오기를 바라는 칼빈의 희망은 트랜트 회의(the Council of Trent)에서 종교개혁가들에 정면으로 반하는 반개혁적 노선을 공공연하게 채택하면서 결정적으로 훼손되었다.[85] 칼빈은 트랜트 회의에서 채택된 교리에 반박하는 장문의 논문 '트랜트 종교회의 결정에 대한 반론'(Acts of the Council of Trent with the Antidote)을 썼는데 이는 종교개혁가들 편에서 나온 최초의 논문이자 가장 강력하고 체계적인 개혁신학의 총화였다.[86) 칼빈을 비롯한 개혁가들이 취한 대화와 협상의 노력은 아무런 긍정적인 결과를 얻지 못하였고 1547년 마침내 칼빈은 로마 가톨릭 교회와 결별하였다. 당시 시대는 논쟁이 대화를 대신하던 시대였고 가톨릭과의 논쟁과 협상 역시 생명을 담보한 위험한 정치적 분위기 가운데 전개되었다. 1560년에 멜랑히톤이 사망한 이후에도 칼빈은 '기독교의 모든 문제들을 해결하기 위해' 모든 교파와 노선들이 자유롭게 만나 논의할 것을 요청하였다.[87) 심지어 그는 만일 교황이 회의의 결정에 따를 것을 동의하기만 한다면 교황에게 회의의 의장직을 맡기는 것에도 기꺼이 동의한다는 열린 대화의 태도를 표방한 바 있다.[88) 이러한 점을 종합하여 보건데 교회의 하나됨을 확신하는 칼빈은 가능한 한 교회의 연합을 위해 진지한 노력을 다하는 태도를 지녔지만 그 당시의 시점은 재연합을 위한 실제적인 대화의 정세가 아니었다는 것이 분명하다.

칼빈은 종교개혁을 통해 세워진 교회가 결코 '가톨릭' 교회에서 분리되어 떨어져 나온 것이 아니라 '가톨릭' 교회의 온전한 형태라고 믿었다. 즉 로마 교회는 온전한 '가톨릭' 교회로부터 이탈한 거짓된 교회요 개혁 교회가 '가톨릭' 교회로서 참된 교회를 계승한다고 이해하였다. 그는 잘못된 교리와 잘못된 교회에 대항하는 싸움은 하나의(catholic) 교회에서 분리해 나가는 행위가 아니라 가톨릭적 교회를 보존하는 유일하고 바른 길이라는 생각을 가졌다.[89)

그는 가톨릭적으로 사고했으며 본래적 의미의 '가톨릭 교회'라는 개념은 그의 가르침 안에서 늘 사라지지 않고 있었다. 그러나 그는 '가톨릭 교회'를 개신교 안에서 발견했던 것이다. 그래서 그는 개신교 교회의 보다 나은 일치를 위하여 진력하는 것을 의무로 알았다.[90]

이후 칼빈의 교회의 하나됨을 위한 노력은 이후 다른 종교개혁가들 및 개신교회들과의 일치와 연합으로 이어졌다. 16세기 종교개혁은 다양한 지역에서 여러 계파와 노선으로 진행되어 루터파와 개혁파, 재세례파 운동, 장로교 전통과 성공회 등으로 나뉘어져 진행되었으며 칼빈이 활동하던 당시에도 프로테스탄스 내부의 분열상이 현저하였다. 특히 성만찬에 대한 견해를 둘러싸고 개신교 내부에는 심각한 견해차를 드러내었다. 칼빈은 성만찬 신학을 둘러싸고 독일과 스위스의 개혁운동이 양분되어 심각하게 분열상을 노출하는 상황에서 루터와 쯔빙글리의 성만찬 이론을 종합하는 중간적 입장을 취하였다. 그리고 그가 제네바에서 추방된 이후 스트라스부르그에서 3년간 목회를 하고 제네바로 다시 돌아와서 활동할 때에도 제네바 교회를 견고히 세우는 일만이 아니라 스위스 개혁교회들을 연합하는데 관심을 쏟았으며 그 결과 제네바와 쮜리히 교회의 연합의 성과를 이루어내었다. 다른 교파와 신학적 다양성에 대한 그의 태도는 매우 관용적이었다. 잉글랜드 국교회의 감독제에 대해서도 허용적 태도를 보이며 감독들이 복음적이며 그 제도가 개신교의 연합에 방해가 된다고 보지 않았다.[91] 교회의 연합에 대한 칼빈의 노력에도 불구하고 루터파와 입장의 간격을 좁히지 못하고 연합이 이루어지지 못하였지만 연합을 위한 그의 노력은 높이 평가되고 있다. 칼빈은 마틴 루터 이후 개신교의 새로운 지도자로서 신학적 영향력만이 아니라 교회의 연합과 관련하여 지도적인 역할을 하였던 것이 분명하다.92)

이와 같이 칼빈은 교회의 하나됨에 대한 신앙고백적 확신을 가지고 교회의 하나됨을 이루기 위해 한결같이 노력하였다. 그는 종교개혁 당시의 로마 가톨릭과의 대화를 위해서도 진지한 노력을 하였을 뿐 아니라 개신교회들 내부의 연합과 일치를 위해서도 중심적인 역할을 하였다. 교회들 간의 일치를 추구하는 칼빈의 태도는 매우 적극적이자 관용적이었다.

> 칼빈은 에큐메니칼한 신학자였으며, 그는 교회의 재연합을 위하여 최선을 다했다. 그는 칼 홀(Karl Holl)이 말한 바와 같이 루터가 죽고 난후 누구나 다 인정하는 개신교 전체의 지도자가 되었다. 이러한 측면에서 우리가 보는 칼빈의 인품은 일반 사람들이 통속적으로 알고 있는 광신자의 상과는 너무나 차이가 있다.93)

오토 베버가 칼빈이 에큐메니칼한 신학자였다고 말한 것은 오늘날의 에큐메니칼 운동의 신학과 이념과 맥을 같이한다는 의미가 아니라 교회의 연합과 일치에 대한 분명한 신학적 입장과 실천적 노력이 명백한 교회연합적 마인드를 가진 자라는 것을 의미한다.

2. 칼빈의 참된 교회에 대한 강조

칼빈은 교회의 하나됨을 위해 모든 수고를 아끼지 않은 개혁자였다. 그러나 이 하나됨은 교회의 참된 본질을 지키는 일치를 말한다. 이는 종교개혁시대의 교회적 상황에 대한 신학적 성찰과 실천적 참여를 통하여 귀결된 교회사적 결론이었다. 칼빈을 비롯한 모든 종교개혁가들은 참된 교회에 대해 강조점을 두고 이를 위해 사활을 건 개혁운동을 전개하였다.

칼빈의 교회에 대한 이해의 핵심적 논거는 참된 교회의 두 가지 표지이다. 칼빈은 교회의 참됨을 나타내는 표지가 더 이상 보이지 않고 진리가 왜곡되고 성례가 훼손되면 교회가 죽게 되며 마치 목이 거세당하거나 심장에 치명상을 입는 것과 같은 죽음상태를 초래한다고 보았다.[94] 그는 교회의 표지를 교회의 근본적 기초로 이해하였으며 이 기초가 제거되면 건물이 붕괴될 수밖에 없다고 보았다. 칼빈은 교회의 하나됨을 고백하고 그 하나됨을 위해 헌신하였지만 그 하나됨은 참된 교회의 하나됨을 의미하였다. 즉 참된 교회의 교제(koinonia)는 온전한 교리적 일치와 형제적 사랑과 연합이라는 두 연결고리가 그리스도 안에서 하나로 결합하여 공고히 연결될 때 이루어진다(빌 2:1, 5, 롬 15:5).[95] 그러나 두 가지 표지로 교회의 정체성이 지켜지는 한 교회를 경시하거나 그 연합을 깨뜨리는 일은 용인할 수 없다고 말한다.

복음 선포에 경건하게 귀를 기울이고 성례를 경시하지 않는 곳에서는 우선 교회의 형태가 보이며, 그것은 속임수도 아니요 모호한 것도 아니다. 아무도 그 권위를 멸시하거나 경고를 무시하거나 또 그 지도를 반대하거나 그 징계를 경시해서도 안된다. 그 교회를 버리고 그 단결을 파괴하는 것은 더더욱 용인할 수 없다.[96]

칼빈은 제네바 시민들이 분리운동을 따르고 있다고 주장하는 사돌렛에게 보낸 편지를 통하여 개신교도를 대표하여 그들의 비난에 대하여 다음과 같이 변론한 대목에서 그의 입장은 더욱 선명하게 드러난다.

'내가 주님의 교회의 하나 됨을 위하여 애를 쓰지만 하나로 묶는 띠는 오직 주님의 진리임을 잘 압니다' 라고 할 것입니다. 이 복음적인 그리스도인은 자기 목을 바쳐서 교회의 평화를 되찾을 수 있다면 기꺼이 자기의 목을 자르게 하는 일도 사양치 않을 것입니다. 교회의 평화를 위하는 일이라면 그는 아무 소용이 없다 하더라도 경종을 울릴 것입니다.[97]

교회의 하나됨을 묶는 끈은 오직 주님의 진리라는 그의 확신은 교회의 연합과 관련하여 칼빈이 가지는 근본 원칙이었다. 이러한 관점에서 그는 교회됨의 회복을 위한 개혁을 수행하였고 분리는 불가피하였다. 이러한 근거에서 칼빈은 교황 제도 하의 로마 가톨릭 교회는 교회의 참된 표지를 저버린 거짓된 교회임을 확신하며 다음과 같이 묘사한다.

교황 제도 하의 상태가 바로 이러한즉 거기 얼마나 많은 교회가 남아 있는지 알 수 있다. 말씀 대신에 거짓말을 섞은 패악한 조직이 교회를 지배하며, 이 조직이 순수한 빛을 꺼버리기도 하고 희미하게 만들기도

하였다. 주의 성만찬은 가장 추악한 모독행위로 대체되었다. 하나님께 대한 예배는 참을 수 없는 각종 미신으로 더렵혀졌다. 기독교는 교리를 떠나서 존립할 수 없음에도 교리는 완전히 매장되고 제거되었다. 공중 집회 장소는 우상숭배와 불경건을 가르치는 곳이 되었다.[98]

칼빈은 어떤 교회에 건전한 요소가 있거나 합법적인 교회 제도를 주장한다고 할지라고 복음이 타도되고 경건이 실종되고 예배가 말살된 부패한 교회는 근원적으로 참교회가 될 수 없다고 보았다.[99] 이상규는 칼빈과 교회연합운동에 대해 다룬 그의 눈문에서 교회연합에 대한 칼빈의 입장을 다섯 가지로 요약한다.[100] 첫째, 칼빈은 교회의 연합을 추구하였지만 진리를 훼손하면서까지 연합을 추구한 것이 아니었다. 둘째, 그는 참된 교회들 간의 연합을 추구하였다. 셋째, 그는 참된 교회의 연합에 있어서 개신교회들 간의 차이점은 인정하였다. 넷째, 그는 교회연합에서 기본적인 신앙 교리에 대한 동의를 중시하였다. 다섯째, 그는 분별없는 분리에 대해 엄중하게 경고하였다. 이 다섯 가지 분석은 대체로 교회의 하나됨을 위한 칼빈의 입장을 일목요연하게 정리하고 있다고 할 수 있다. 참된 교회에 대한 칼빈의 강조는 교회 연합의 기본 원칙과 관련하여서도 일관되게 나타나고 있다고 할 수 있다. 칼빈이 교회의 표지를 강조하는 바에는 거짓된 교회에 대한 분별의 필요성이 내재되어 있지만 아울러 참된 교회의 진정한 연합에 대한 강력한 열망이 담겨 있다. 그는 교회의 표지를 집행함에 있어서 일어나는 사소한 과오나 교리적 논쟁으로 연합을 깨뜨려서는 안된다는 점을 분명히 한다.

말씀 선포와 성례 집행에 어떤 과오가 끼어들 수도 있지만 이런 사태가 우리를 교회와의 교통에서 멀어지게 해서는 안된다. 이는 진정한 교리의 모든 조항이 똑같이 중요한 것이 아니기 때문이다. 어떤 것은 심히 중요하므로 모든 사람이 종교의 진정한 원칙으로 확신하고 의심을 하지 말아야 한다. 즉 하나님은 한 분이시다, 그리스도는 하나님이시며 하나님의 아들이시다, 우리의 구원은 하나님의 자비에 달려 있다는 것 등이다. 교회들 사이에는 다른 신조들에 대한 논쟁이 있으나 그것이 신앙에 의한 연합을 깨뜨리지 않는다.[101]

칼빈의 참된 교회에 대한 강조는 온갖 명분과 분열의 이유를 근거로 분열을 정당화하는 여하한의 시도를 용납하지 않는다. 칼빈은 교회를 쉽게 분리하는 재세례파나 베르틴파의 태도에 대해 가차 없는 비판을 행하였다.[102] 칼빈의 입장을 종합하자면 교회의 본질적 정체성을 훼손하는 거짓된 교회에 대한 매우 엄격한 기준에 의한 결별 이외의 그 어떠한 분열도 용인하지 않는 교회연합의 정신을 내포하고 있는 이론이라고 할 수 있다. 칼빈은 적극적인 교회일치의 옹호자였다. 그는 '말씀과 성례'라는 교회의 표지를 중요시하였지만 교회의 연합을 위해서 본질적인 교리와 비본질적인 교리를 구분하여 본질적인 교리의 차이가 아니라면 교회의 하나됨을 지켜야 한다고 보는 유연하고 열린 태도를 취하였다. 중도의 길(via media)은 칼빈의 교회일치의 원칙들 가운데 하나였다.[103] 그는 루터와 쯔빙글리의 중간의 길을, 넓게는 로마 가톨릭과 급진주의의 중간의 길을 선택하여 행동하였으며 칼빈의 중요한 신학사상은 언제나 과도한 극단들 사이에서 중도와 중용의 위치에 있었다.[104]

3. 칼빈의 비가시적 교회와 뉴비긴의 가시적 교회의 연합

칼빈의 『기독교강요』에 따르면 교회는 그리스도의 몸이다. 이는 칼빈의 교회 이해에 있어 중추를 이루는 것으로서 그리스도가 교회의 머리이심을 고백하는 교리이다. 뉴비긴 역시 그리스도의 몸으로서의 교회를 강조한다. 뉴비긴도 칼빈처럼 교회가 그리스도의 몸이므로 교회의 머리는 그리스도임을 언급한다. 그러나 상대적으로 뉴비긴은 그리스도의 몸으로서의 교회의 유기체적인 관계 즉 교회의 하나됨에 중점을 둔다. 이러한 입장에서 뉴비긴은 개신교가 시공간을 초월한 하나님의 백성이라는 교회의 통일성과 연속성을 평가절하하고 그리스도의 사랑으로 다양성을 포용하지 못함을 개탄한다. 그는 이러한 결과가 종교개혁가들의 의도한 바가 아니며 그들의 의도와 무관하게 역사 속에서 전개되었지만, 이러한 결과는 결코 우발적인 원인이나 외적인 요소에 의한 것이 아니라 종교개혁가들의 교회론에 내포된 결함 때문이라고 암시한다.[105]

이러한 맥락에서 뉴비긴은 종교개혁가들의 교회론의 핵심을 이루는 비가시적 교회에 대한 견해를 정면으로 비판한다. 비가시적 교회에 대한 사상을 처음 언급한 개혁가는 루터였다. 뉴비긴은 비가시적 교회를 주창한 루터의 이론을 직접 겨냥하여 비판하면서 교회의 분열을 정당화하는 이론적 기반이 되었다고 지적한다. 뉴비긴은 루터가 로마 가톨릭을 논박하면서 비가시적 교회의 개념을 활용하였다고 지적하면서 루터의 비판은 가시적 교회가 예수 그리스도 안에 계시된 하나님의 뜻과 완전히 배치되는 것들로 가득 차 있다는 확신에 근거하였다고 보았다.[106] 뉴비긴은 가시적 교회의 중요성을 우선적으로 강조한다. 이 땅의 교회가 하나님께서 자신의 아들과 교제하도록 부르신 자들의 가시적 몸인 사실이 자명하다면 그 몸을 가시적 교회가 아닌 다른 어느 곳에서 찾을 수 없다는 이유에서이다.[107] 뉴비긴이 직접적으로 칼빈을 겨냥하여 비가시적 교회에 대한 교리를 반박한 것은 아니지만 칼빈 역시 가시적 교회와 비가시적 교회에 대한 신학을 전개한 자로서 뉴비긴의 날선 비판으로부터 무관할 수는 없다.

뉴비긴이 종교개혁가들이 교회를 '보이는 교회'와 '보이지 않는 교회'로 구분한 것에 대해 비판한 것은 신학 이론적 차원에서라기보다 교회의 가시적 연합을 강조하는 그의 강조점에 기인한 것이 분명하다. 그러나 칼빈이 취한 가시적 교회와 비가시적 교회에 대한 이론은 뉴비긴의 비판의 화살을 비껴가는 통합적 균형이 있을 뿐 아니라 전체적으로 보면 뉴비긴의 교회의 가시적 연합에 대한 정신을 내포하고 있음을 알 수 있다. 1536년 『기독교강요』 초판에서는 교회의 비가시적 측면을 주로 언급하며 가시적 차원에 대해서는 거의 강조하지 않았지만 이후 부처(Bucer)와 접촉하면서부터 유형적 교회 공동체 즉 교회의 가시적 차원에 대해 적극적인 태도를 취하게 된다. 그 이후 1539년 『기독교강요』 제2판에서는 가시적 교회의 개념을 발전시키고 1543년 제3판에서는 가시적 교회에 대한 교회론적 강조점이 두드러지게 나타난다.[108] 칼빈에 따르면 교회는 가시적인 면과 비가시적 면이 있다. 전자를 유형적 교회라고 하고 후자를 무형적 교회라고 지칭하기도 한다. 칼빈이 가시적 교회와 비가시적 교회를 말하는 것은 별개의 두 개의 교회가 있다는 것을 의미하는 것이 아니라 예수 그리스도의 교회에 두 면이 있다는 것을 말한 것일 뿐이다. 즉 교회가 비가시적이라는 것은 교회가 본질적으로 영적인 실체로서 육체의 눈으로 볼 수 없기 때문이다. 신자와 그리스도와의 연합은 신비적인 연합이다. 그러므로 궁극적으로 누가 이 비가시적 교회에 속하고 누가 속하지 않으냐 하는 것을 확실하게 구분하거나 판별할 수가 없다. 성령께서 신자와 그리스도를 연합시킴으로써 눈에 보이지 않는 신비적 유대를 가지는 것이다. "이 교회에는 양자로 삼으시는 은혜에 의해서 하나님의 자녀가 된 사람들과 성령의 성화에 의해서 그리스도의 진정한 지체가 된 사람들만이 들어갈 수 있다."109) 이는 지상에 있는 성도들 뿐 아니라 창조 이래로 선택받은 모든 사람들을 포함한 교회 공동체를 의미한다.110) 그러므로 비가시적 교회는 하나님의 성령으로 부르심을 받은 선택받은 자들의 단체 즉 신자들의 공동체이다.

칼빈은 교회의 가시적 측면을 강조하면서 비가시적 교회를 믿는 것처럼 가시적 교회를 존중히 여기고 교통을 가져야 한다고 강조한다. 가시적 교회, 즉 "사람들과 관련한 '교회' 라고 하는 것을 중히 여기며 그 교회와의 교통을 계속 해야 한다."111) 가시적 교회는 신앙고백과 행위, 말씀과 성례, 그리고 외형적 교회 조직과 정치로 인해 유형적으로 되는 것이다. 가시적 교회는 현존하는 교회에 소속되어 하나님과 그리스도를 예배하는 사람들의 총수를 의미한다. 원리적으로 이 교회에는 선택받은 자만이 아니라 "이름과 외형만 있고 그리스도는 전혀 없는 위선자들이 많이 섞여 있다."112) 요약하자면 비가시적 교회는 택함을 받은 자들로 구성되고, 가시적 교회는 참 신자와 가짜 신자를 다 포함하게 된다. 중요한 것은 칼빈은 사람이 가시적 교회와 비가시적 교회를 실제로 구별한다는 것은 불가능하다는 일로 보고 있다는 점이다.113) 이를 구별하는 일은 전적으로 하나님께 속하는 일이다. "그러므로 앞서 말한 교회는 사람의 눈에는 보이지 않고 하나님의 눈에만 보인다고 믿어야 한다."114) 칼빈이 그의 교회론에서 다루는 교회는 가시적 교회이다. 그가 교회의 표지로 언급하는 말씀과 성례 역시 가시적 교회의 본질적 사역이며, 교회에 의해 세움을 받아 섬기는 여러 직분들 역시 가시적 교회의 직분이며, 그가 추구하였던 교회의 하나됨을 위한 연합의 노력과 교회 개혁을 위한 활동 역시 가시적 교회와 직접 관련된 것들이다. 칼빈은 가시적 교회만이 실제적인 교회가 아님을 분명히 알고 있었음에도 불구하고 그는 가시적 교회와 비가시적 교회를 구별하는 일을 주저하였다. 즉 그는 참 신자와 거짓 신자를 구별하는 것은 불가능한 일로 보았다. 그것은 하나님의 주권에 속하는 일이기 때문이다. "우리는 버림받은 자와 선택받은 자를 구별하라는 명령을 받지 않았다. 이것은 우리가 할 일이 아니라 하나님만이 하시는 일이다."115) 부처의 경우에는 권징을 통하여 택함을 받지 못한 사람들을 택함을 받은 사람들로부터 구분해낼 수 있는 것으로 보았지만 칼빈은 그렇지 아니하였다. 칼빈은 신앙을 고백하는 모든 사람을 교회의 교인으로 보았다. 그는 하나님의 선택은 그 누구도 그 어느 때에도 알 수 없다고 보았다. 따라서 칼빈은 가시적 교회는 비가시적 교회에 속한 신자로부터 구분하거나 임의로 그 경계선을 그을 수 없다고 보았다고 할 수 있다.

칼빈은 비가시적 교회를 강조하면서 가시적 교회의 가치와 중요성을 결코 훼손시키지 않는다. 만일 비가시적 교회만을 진정한 교회로 보고 그것이 참된 교회라고 이해한다면 가시적 교회는 비본질적인 교회이며 현존하는 가시적 교회의 활동과 연합은 그리 중요한 의미를 지니지 않게 된다. 칼빈은 오히려 가시적 교회에 집중한다. 그리고 가시적 교회를 통하여 하나님의 나라가 확장되며 교회를 세우신 그리스도의 뜻이 이루어진다고 보았다. 그리고 칼빈이 의미하는 바 교회의 연합은 다름 아닌 신자의 어머니로서의 가시적 교회의 가시적 연합이었다.[116] 그러므로 비가시적 교회에 대한 믿음과 동일하게 가시적 교회에 대한 믿음을 강조하며, 가시적 교회를 통한 하나님의 주권적 역사와 가시적 교회의 연합과 일치를 위해 노력한 칼빈의 사상은 가시적 교회의 연합을 강조하는 뉴비긴의 주장을 포섭할 수 있는 균형잡힌 관점이다. 사실 뉴비긴이 개신교의 교회론에 있어서 중심 사상이라고 할 수 있는 비가시적 교회 이론에 대해 가차 없는 비판적 태도를 취한 이유는 구원론과 교회론을 통합하는 전일적인 신학체계를 완성하고자 하는 이론적 탐구의 결과에 기인하는 것이 아니라 비가시적 교회를 강조하는 교회론이 교회의 분리와 분열을 정당화하는 이론 기반이 되어왔다는 현실적인 판단에서이다. 뉴비긴은 비가시적 교회에 대한 사상이 교회의 분열의 이론적 근거가 된 것은 종교개혁가들이 전혀 의도한 것이 아니었다는 점을 인정한다. 교회의 가시적 연합의 당위성에 대한 확고한 신념을 가진 뉴비긴의 입장에서는 비가시적 교회 이론을 비판하는 것은 정당한 것처럼 보이지만 이는 칼빈이 가진 비가시적 교회에 대한 이론에 대해서는 적합한 비판이 아니다. 교회를 주권적으로 통치하시는 하나님의 주권을 강조하는 칼빈의 입장에서 비가시적 교회를 언급한 것은 하나님의 주권적 선택과 진정한 교회가 의미하는 바가 무엇인가에 대한 교회론적 진술이다. 뉴비긴은 비가시적 교회의 이론이 가시적 교회를 소홀히 하는 분리적 경향이 있는 것으로 보았고, 칼빈은 가시적 교회의 불완전함을 생생하게 목격하는 현실에서 비가시적 교회를 통하여 진정한 교회의 실체를 형상화하려고 하였던 것이다. 칼빈은 그의 교회론에서 가시적 교회의 소중함과 가시적 연합에 대해 한결같이 강조하였으며, 가시적 교회에 대한 멸시나 경솔한 분리적 태도를 매우 강경하게 경계하였다. 칼빈의 글 그 어디에서도 비가시적 교회를 언급하면서 가시적 교회의 가치와 하나됨을 가볍게 언급하거나, 가시적 교회와 비가시적 교회를 극단적으로 구분하거나, 가시적 교회를 배척하는 논거로 비가시적 교회를 주장하지 않았다. 그러므로 칼빈 역시 가시적 교회의 실제적인 연합과 하나됨을 주장하며 분리 분열에 대해 매우 단호한 반대 입장을 가지고 있었으므로 가시적 교회의 연합에 대한 확신에 있어서 뉴비긴과 칼빈의 견해는 유사점이 있다고 보아야 할 것이다. 즉 비가시적 교회에 대한 칼빈의 사상은 비가시적 교회에 대한 뉴비긴의 비판적 입장과는 도저히 화해할 수 없는 간극이 존재하는 것이 아니라 대화와 통합의 여지가 충분한 통합적인 견해라고 보아야 할 것이다.

한편 뉴비긴이 비가시적 교회에 대해 비판하면서 칼빈을 직접 언급하지 않았다는 점은 흥미로운 사실이다. 이 이론은 루터를 필두로 한 종교개혁가들의 공통적인 견해였지만 이를 신학이론적으로 체계화하고 저술을 통하여 널리 확산시킨 자는 다름 아닌 칼빈이었는데 뉴비긴이 칼빈을 공격대상에서 배제한 것이다. 그 이유는 아마 뉴비긴의 글이 신학적 논쟁 성격의 학술적 글이 아니어서 칼빈과 같은 신학자를 직접 겨냥하기보다 주로 개신교의 경향성을 지적하는 방식으로 논리를 전개하였기 때문일 것이다. 또한 칼빈 역시 가시적 교회의 중요성을 동일한 비중으로 강조하는 균형과 통합성을 지니고 있기 때문에 뉴비긴이 칼빈을 논박할 여지가 없기 때문이라고 볼 수도 있을 것이다.

4. 뉴비긴의 성례전적 연합과 칼빈의 성례론

뉴비긴의 선교적 교회론의 중요한 핵심은 하나의 유기체로서의 그리스도의 몸인 교회는 가시적인 연합을 위해 힘써야 하며 이는 성례전적 연합을 통하여 가능하다는 주장이다. 그는 신자들이 성례전적 결합을 통해 그리스도와 연합한다는 점을 강조하며 예수 그리스도를 믿는 믿음으로 세례의 성례에 참여한 그리스도인은 세례를 받은 다른 모든 그리스도인과 한 가족이 되어 하나님의 백성으로서 하나님의 한 권속이 됨을 강조한다. 이는 그리스도의 몸 안으로 들어가는 세례의 성례를 통해 가시적으로 표현되며117) 나아가 다함께 떡을 떼는 가시적인 표현으로서 성만찬을 통하여 그리스도의 몸의 삶 속에 동참하게 된다고 본다. 이러한 성례전적 공동체를 이룰 때에 교회의 본질적인 차원, 즉 나누어질 수 없는 하나됨을 담보할 수 있다고 본다. 그는 교회의 하나됨은 이념적이거나 영적인 상징에 불과하지 않고, 가시적이고 사회적이며 유기적이어야 함을 강조하며 이러한 통일성은 한 식탁에서 나누는 성찬의 교제를 통해 구현되고, 드러나고, 확인된다고 확신한다.118) 이러한 근거에서 그는 교회의 분열은 복음에 정면으로 배치되는 죄이므로 성례전적 연합에 힘써야 함을 주장한다. 뉴비긴이 성례전적 연합을 강조하는 바에는 신학적인 의미만이 아니라 실천적인 의도가 담겨 있다. 그가 말하는 성례전적 연합은 함께 한 자리에서 성찬식을 행한다는 의미라기보다 각 교회가 성찬의 성례를 진정성 있게 수행할 때 모든 교회들의 유기적이고 가시적인 연합을 이루어나갈 수 있다고 보는 것이다. 이는 먼저 성찬의 성례를 상대적으로 소홀히 한 개신교를 향해 성례전적 각성과 갱신을 촉구하는 차원을 지니며 동시에 성찬을 중심으로 예전을 진행하는 가톨릭교회를 견인하여 연합의 단초를 마련하고자 하는 전략적 차원이 담겨 있었다고 할 수 있다.

뉴비긴과 대조적으로 칼빈은 참된 말씀에 근거한 연합 즉 올바른 교리의 일치에 근거한 연합을 주장한다. 바로 이 점이 뉴비긴과 칼빈의 교회 이해와 교회의 하나됨을 이루는 근거에 대해 날카로운 대조를 이룬다고 할 수 있다. 뉴비긴은 교회의 연합은 신학적 토론을 거쳐 이루어질 수 있는 것이 아님을 역설하였다. 이는 신학적 교리적 일치에 대한 합의를 전제로 하는 칼빈의 입장을 비판한 것처럼 보인다. 그러나 칼빈은 교리의 완벽한 일치를 주장하는 엄격한 교리주의자가 아니었다. 오히려 교리적 차이나 논쟁이 연합을 깨뜨려서는 안된다는 입장을 취하였다.[119] 칼빈이 연합의 전제조건으로서 교회의 참된 표지를 강조한 시대적 맥락을 이해한다면 뉴비긴의 성례전적 연합의 주장과 그리 대립된다고 볼 수 없다. 칼빈에게 있어서도 성례전은 그리스도 안에서 신자의 온전한 연합을 나타내는 근거가 된다. 칼빈은 교회의 성례전적 연합이 말씀의 온전한 선포라는 교회의 첫 번째 표지와 불가분리적 관계에 있다고 보았고, 성례의 집행 역시 말씀의 선포와 함께 수행되어야 한다고 보았다. 칼빈은 성례에 비해서 상대적으로 말씀의 선포에 우선적인 강조점을 두고 있는 것이다. 이는 종교개혁 당시의 로마 가톨릭의 교리적 탈선을 배교적이라고 판단한 것과 직결된다. 가벼운 교리적 차이나 사소한 강조점의 차이가 아니라 복음의 궁극적 진리가 제거된 상황으로 보았던 것이다. 칼빈은 성례가 그리스도와의 온전한 연합과 교회의 하나됨을 이루는 궁극적 기반이라는 것을 전혀 부정하지 않는다. 그의 입장은 온전한 진리에 기반한 연합이 진정한 교회됨을 가능하게 하며 성례전적 연합을 온전하게 한다고 이해한 것이다. 종교개혁의 상황이라는 것은 유사점과 공통점보다는 차이성이 부각되는 상황이었다. 당시 신학적 논쟁과 교리의 차이를 둘러싼 대립은 사소한 강조점의 차이로 인한 것이 아님을 뉴비긴 역시 잘 알 것이다. 만일 칼빈의 사역의 현장이 사회적 정치적 격변과 함께 진행되는 종교개혁적 상황이 아니라 완전한 종교의 자유와 공존이 허용되고 교리적 차이나 신학적 강조점의 차이보다 교회의 연합의 필요성이 중요한 환경이었다면 칼빈은 어떠한 태도를 취하였을까 추정해본다면 칼빈의 교회의 연합에 대한 입장을 추론할 수 있을 것이다. 칼빈 역시 뉴비긴의 성례전적 연합을 포괄하는 포용적 연합을 주장하는 관용적 입장을 취하였을 것이라고 추정하는 것도 가능할 것이다.

5. 칼빈과 뉴비긴의 교회 연합 이해, 그 통합성과 경계선

칼빈과 뉴비긴은 교회의 연합과 관련하여 매우 대조적인 이미지를 가지고 있다. 종교개혁시대로부터 칼빈을 비롯한 종교개혁가들은 그들의 교회가 분리주의적이라는 비방을 받아왔으며 특히 칼빈은 당시 로마 가톨릭으로부터 이단으로 정죄받았을 뿐 아니라 분열주의자요 분파라는 낙인까지 찍혔다.[120] 반면 뉴비긴은 20세기 교회연합운동의 전면에서 교회의 가시적 연합을 위해 활동을 하며 포용적이고 대화의 노선을 지닌 에큐메니스트(Ecumenist)의 이미지를 지니고 있다. 그러나 칼빈의 교회의 하나됨을 위해 견지하였던 전체적인 입장과 적극적인 활동을 염두에 둔다면 칼빈에게 덧칠된 분리주의자라는 정죄는 마땅히 철회되어야 마땅하다. 교회의 연합이라는 과제와 관련하여 칼빈과 뉴비긴의 입장의 차이는 두 사람이 직면한 교회적 상황의 차이와 개인적 경험의 간극을 종합적으로 고려할 때 객관적으로 비교될 수 있을 것이다. 칼빈은 종교 개혁을 수행하면서 프로테스탄트 교회를 세워나가고 성경적 진리를 확립해 나가는 개혁적 과제에 몰두하는 상황이었다. 이에 비해 뉴비긴은 서구교회가 몰락하고 아울러 제3세계를 중심으로 복음이 확산되는 시점에서 서구교회의 회복과 복음의 세계적 확산이라는 선교적 과제를 위한 연합의 당위적 필요에 응답하여야 하는 상황이었다. 칼빈은 종교개혁의 최전선에서 가톨릭과 신학적으로 완전히 결별하고 동시에 가톨릭으로부터 파문당하여 이단으로 정죄당하고 독립적인 개혁 교회들을 세워나가면서 교회 갱신에 주력하는 시대에 사역하였고, 뉴비긴은 기독교 후기 사회에서의 선교를 위한 연합의 필요성을 요구받는 시대에 활동하였다. 가톨릭과의 관계를 맺는 양상은 우리들이 흔히 상상하는 방식 이상으로 첨예하고 치열한 상황이었다. 칼빈이 경험한 현실은 단지 신학적인 토론과 논박이라는 수준에서 일치와 연합을 논하는 상황이 아니라 개인의 운명과 개신교의 생존을 좌우하는 물리적 대결과 전쟁의 양상으로 대립을 하던 시기였다. 이와는 대조적으로 뉴비긴이 경험하는 교회적 상황은 16세기 종교개혁이 끝나고 400년이 지난 시점에서 개신교회가 기독교 세계에서 하나의 중요한 세력으로 자리잡고 가톨릭과 공존하는 종교적 평화의 시대이었다.

데이비드 보쉬는 종교개혁 이후 개신교와 가톨릭이 자신의 신학적 강조점과 교회적 전통을 발전시켜 형성된 대조적인 입장을 다음과 같이 요약하였다.

이 시대에 교회에 대한 가톨릭 정의들이 외적이고 합법적이고, 제도적인 것을 강조한데 반해, 개신교에서는 가르침과 참된 성례에 집중했다. 가톨릭과 개신교 신앙은 각각 자신들만이 교회를 소유하고 있다는 차원에서 교회를 이해했다. 그 결과 가톨릭은 그들 교회의 통일성과 가견성을 자랑했고, 개신교도들은 그들의 교리적인 순수성을 자랑했다. …… 개신교는 올바른 교리를 고수하는 일에 열중함으로써 주류인 가톨릭에서 이탈한 모든 집단은 그 자신만이 철저하게 '복음에 근거한 참된 설교'를 고수하고 있다고 주장으로써 스스로 택한 분리의 행동을 정당화해야 하는 것처럼 보이게 되었다. 이와 같이 교회에 대한 종교개혁의 묘사들은 결국 유사성보다는 차이점들을 강조했다.[121]

가톨릭 교회와의 관계에 대해 칼빈과 뉴비긴이 취하는 입장은 현저한 차이를 보인다. 트랜트 회의 이후 가톨릭과 결별한 칼빈은 가톨릭과의 연합에 대해서 더 이상의 기대도 희망도 가지지 않았다고 할 수 있다. 뉴비긴은 교회의 연합에 대해 강조하면서도 가톨릭 교회와의 조직적 하나 됨이나 통합의 필요성을 공공연하게 언급하는 경우는 없다. 그러나 그가 교회의 연합을 촉구하는 문맥을 전체적으로 살펴보면 그가 말하는 가시적 교회의 연합을 위한 에큐메니칼 대화의 대상으로 오순절 운동을 비롯하여 가톨릭을 포함하고 있다. 뉴비긴은 현대 에큐메니칼 운동은 주로 개신교와 가톨릭간의 만남과 대화를 중심으로 이루어졌으며 오순절파는 거의 배제되었음을 지적하며, 오순절파에서도 전향적인 태도를 가지고 함께 대화에 힘써야 함을 강조하였다.[122] 뉴비긴이 말하는 연합은 예수 그리스도의 이름을 부르는 모든 교회들이 참여하는 가시적인 연합이다. 즉 신학적 차이나 신앙적 전통의 차이를 넘어선 포용적인 결합(reunion)을 주창한다. 그가 선교를 위한 교회의 가시적인 연합을 촉구하며 대화의 주체로 여러 교파의 개신교 교회들을 포함하여 가톨릭교회를 포함하고 있음이 분명하다.

교회의 하나됨과 연합에 대한 근본정신이나 원리에 있어서는 칼빈과 뉴비긴의 입장에 근본적인 차이가 없다고 가정할지라도 역사 속에서 가톨릭과 관계를 맺은 방식과 가톨릭에 대한 두 사람의 입장과 경험은 전혀 상이하다. 만일 동일한 상황과 조건에서라도 가톨릭교회와의 대화나 연합에 대해서 두 사람의 유사한 입장을 취하거나 동일한 행보를 보일 것인가 하는 점에 대해서는 쉽게 결론을 내릴 수 없다. 그렇다고 가톨릭에 대해서 칼빈과 뉴비긴의 입장이 완전히 배치되어 연결점이 전혀 없다고 단언할 수도 없다. 왜냐하면 두 사람 모두 교회의 하나됨에 대한 동일한 신학적 확신 가운데 지속적인 실천적 노력을 행한 사람들이기 때문이다. 칼빈 역시 '하나의 공회로서의 교회'를 믿었으며 이를 위해 지난한 노력을 다하였기 때문이다.

앞서 살펴보았지만 칼빈은 로마 가톨릭과의 신학적 토론이 이루어지는 일련의 종교회의에 연속적으로 참가한 바 있다. 칼빈을 비롯한 당시 대표적인 종교개혁가들이 참가한 종교회의가 개최된 1530년대라는 역사적 시점은 가톨릭으로부터 루터교와 개신교 그룹이 독립하여 공인된 종교로서 구분되어 있었던 상황이 아니었다. 그 종교회의는 가톨릭과의 재통합의 가능성을 모색하는 자리라기보다 정치권력의 중재와 요청으로 가톨릭과 개신교의 차이점을 진술하고 협상의 여지를 찾는 논쟁적 현장이었다. 즉 동방교회처럼 개신교가 독립된 교회 세력으로서 자리잡은 시점도 아니었으며, 상호 독립된 실체로서 서로의 존재를 인정하고 대화를 모색하는 방식의 대화가 아니었다. 즉 오늘날 의미하는 바와 같은 에큐메니칼 대화의 자리는 아니었다. 칼빈과 뉴비긴이 각각 개신교회의 지도자로서 활동하였던 개신교가 처한 상황과 그들이 각각 경험한 가톨릭교회 및 가톨릭교회와 관계를 맺는 방식 역시 전혀 다른 것이었다.

이와 같이 두 사람이 처한 상황의 차이를 고려하더라도 두 사람의 표면적 입장의 현저한 차이를 좁힐 수 있는 방법은 없을까? 이는 두 사람의 교회에 대한 근본적인 이해와 교회의 연합에 대한 두 사람의 사상을 동일한 상황에 대입하여 가정해보는 추론의 방법이다. 그 첫 번째 가정은 칼빈이 취한 교회의 하나됨에 대한 입장을 가지고서 뉴비긴이 처한 20세기의 교회적 상황에 칼빈이 던져져 있다면 과연 칼빈은 교회의 연합에 대해서 어떠한 입장을 취하고 어떤 노력을 하였을까 추론해보는 방법이다. 또 다른 한 가지 방법은 뉴비긴이 교회의 연합에 대해 취한 입장과 노력을 그대로 가지고 16세기 종교개혁의 상황과 칼빈이 목회하던 제네바를 비롯한 유럽 교회의 상황에 그대로 던져졌을 경우 과연 뉴비긴은 어떠한 태도를 취하였을까 유추해보는 방법이다. 두 사람이 그리스도의 몸으로서 하나인 교회에 대해 가진 애정과 연합에의 노력을 고려할 때 두 사람의 태도와 실천에서 과연 큰 차이를 발견할 수 있을까? 하는 질문을 던지지 않을 수 없다. 뉴비긴이 견지한 복음의 진리에 대한 확신과 하나님의 정의에 대한 철저성으로 보아 그가 종교개혁시대의 상황에 던져졌다면 칼빈처럼 종교개혁가로서 활동하였을 가능성이 적지 않고, 칼빈이 가졌던 교회의 하나됨에 대한 확신과 합리성, 중도적 노선의 균형을 고려한다면 그가 오늘날의 기독교의 상황에서 활동하게 된다면 뉴비긴처럼 교회연합적 활동에 적극적이었을 것이며, 가톨릭과의 가시적 연합은 아니라고 할지라도 적어도 신학적 토론과 논쟁의 대화마당에 참여할 가능성이 있다고 추정하는 것은 지나친 것이 아닐 것이다. 칼빈은 교회의 연합과 일치를 위해 적극적으로 활동한 신학자이자 교회연합운동의 지도자였다. 물론 칼빈은 오늘날의 의미에서 에큐메니칼 운동을 한 사람은 아니다. 그러나 칼빈의 교회연합에 대한 신학적 입장과 실천적 노력은 객관적으로 평가되어야 하고 그의 합리적인 태도와 균형잡힌 신학적 탐구의 태도로 오늘날의 교회 컨텍스트에서 그가 활동하였다면 분명 칼빈은 적극적인 교회연합적 지도자로 활동하였을 것으로 보아도 틀림이 없다.

주목할 것은 교회의 하나됨과 연합이라는 과제에 대해 두 사람이 지니는 입장 사이에는 말씀과 성례라는 동일한 신학적 기반이 있다는 점이다. 칼빈은 말씀에, 뉴비긴은 성례에 보다 강조점을 두었지만 두 사람은 둘 중 어느 하나도 배제하지 않는다. 그러므로 두 사람의 실천의 차이를 보이는 것은 근본적인 전제의 차이라기 보다 상황의 차이에 따른 강조점의 차이에 가깝다. 그리스도의 몸의 하나됨을 위한 전제로서 칼빈은 참된 교회의 연합을 강조하면서 '온전함'에 강조를 두었다면 뉴비긴은 모든 교회의 선교적 연합을 강조하면서 '연합'에 강조점을 두고 있다고 할 수 있다. 칼빈 사상의 전체계가 그러하듯이 교회의 연합과 일치에 있어서도 칼빈은 수직적 차원을 강조하였다. 이에 비해 뉴비긴은 연합의 수평적 차원을 강조하였다고 평가할 수 있다. 칼빈은 교리적 일치와 순수한 성례의 집행이라는 전제 하에 참된 교회의 연합을 강조하였다면, 뉴비긴은 가시적 교회의 선교적 연합의 수평적 연대를 추진하면서 교리적 일치라는 전제보다는 삼위일체 하나님과 그리스도의 주되심을 고백하는 최소한의 기반 위에서 성례전적 연합을 매개로 연합하여야 할 것을 강조하였다고 볼 수 있다. 칼빈은 구심력적 연합을, 뉴비긴은 원심력적 선교적 연합을 강조하였다. 연합의 수직적 차원을 강조하면 하나님의 주권과 온전한 말씀의 진리라는 구심점의 끌어당기는 구심력적 측면이 강조된다. 연합의 수평적 차원을 강조하면 상대적으로 연합과 확산이라는 원심력적 차원을 강조하게 되고 성례전이라는 가시적 연합의 매개로 이 연합의 확장 범위를 팽창시키려 한다. 구심력과 원심력은 상호 의존적이자 상호보완적이다. 궁극적으로 강한 구심력이 있어야 단절되지 않는 온전한 연합을 이루어내 낼 수 있으며, 연합의 범위가 수평적으로 확장되어도 구심력의 통제를 받으며 구심점으로부터 이탈하지 않는 범위 내에서 최선의 연합이 가능하다. 원심력적 연합을 배제한 구심력의 강조는 고립과 분열을 초래하고, 구심력을 벗어난 원심력적 연합은 결국 이탈을 초래하여 연합의 실패로 귀결된다. 칼빈의 종교개혁은 구심력의 정체성과 기능을 상실한 교회 안에 그리스도의 머리되심을 회복하여 진정한 구심력을 세우고자 한 것이었고, 뉴비긴은 머리되신 그리스도 안에서 그리스도의 몸의 분열을 극복하고자 한 것이었다.

제5절 칼빈의 하나님의 주권 사상과
뉴비긴의 삼위일체 하나님의 선교

1. 칼빈의 하나님 주권사상과 선교의 주체

칼빈과 뉴비긴의 선교사상을 비교함에 있어서 칼빈의 하나님의 주권 사상과 뉴비긴이 말하는 삼위일체 하나님의 선교 간에 어떤 유비적 관계가 형성될 수 있는가 하는 것이 이 장의 관심이다. 즉 칼빈이 강조하는 하나님 주권 사상이 과연 뉴비긴이 말하는 '삼위일체 하나님의 선교'와 어떤 연결점이 있을 수 있는가 하는 것이다. 그리고 현대의 Missio Dei 선교론에서 말하는 '하나님의 선교'와 어떤 유사성과 차이성을 지니는가 하는 질문을 던지지 않을 수 없다.

칼빈의 신학사상은 한마디로 요약하라면 하나님의 주권사상이라고 할 수 있다. 하나님의 절대 주권에 대한 신앙은 하나님의 창조와 섭리를 비롯하여 역사의 운행과 교회와 개인의 모든 일을 하나님이 주관하시고 섭리하신다는 신앙이다. 즉 하나님께서 만물의 궁극적인 주체로서 모든 일을 계획하시고 주관하시고 통치하시며 홀로 영광을 받으신다는 요체의 사상이다. 이는 칼빈의 신학 전반에 걸쳐 관통하고 있는 사상이자 그의 모든 이론의 저변에 흐르는 전제라고 할 수 있다. 하나님의 주권적 통치는 인간의 운명과 자연과 자연법칙의 영역에서만이 아니라 하나님 나라 백성의 공동체인 교회에 있어서도 구체적으로 이루어진다. 즉 교회는 하나님의 직접적이고 구체적인 통치가 이루어지는 가장 중요한 영역이다. 이러한 칼빈의 하나님 주권사상은 그의 선교론이나 교회론에 있어서도 일관되게 관통되고 있다.

칼빈의 하나님의 주권 사상에 비추어 선교를 이해할 때 가장 먼저 강조되는 대전제는 하나님께서 하나님의 사람들을 통해 교회를 건설함으로써 하나님의 나라를 확장해나간다는 점이다.[123] 즉 교회의 모든 사역의 궁극적 주체는 하나님이시라는 것이다. 교회는 하나님의 주권적인 통치의 청지기이자 도구로 쓰임 받는다. 복음의 전파 역시 인간의 능력과 주도권으로 행하는 것이 아니라 하나님의 주권적 손길 안에서 수행되어야 할 영역임을 인정하게 된다. 동시에 하나님의 주권에 대한 고백은 무엇보다도 선교와 관련된 모든 활동과 그 결과는 전적으로 하나님의 통치 아래에 있음을 고백하는 것이다. 이러한 차원에서 칼빈의 하나님의 주권 사상은 하나님이 선교의 진정한 주체이시라는 정신을 담는 포괄성을 지니고 있다고 할 수 있다. 하나님의 주권에 대한 고백은 하나님의 은혜사상과 연결된다. 절대 주체로서 행하시는 하나님은 인간을 구원하시기 위해 은혜를 베푸신다. 복음을 통한 구원의 과정 역시 하나님의 절대적 은혜로 인한 것이다. 칼빈은 하나님의 은혜를 통한 구원을 강조한다. 또한 그는 교회의 모든 사역에 있어서 하나님의 주권을 강조한다. 이 둘은 서로 맞닿아 있는 동일한 실체의 양면이다. 목사의 설교와 교회의 모든 사역은 오로지 성경에 근거하여야 하고 성령 하나님의 조명과 지배를 받아야 하며 궁극적으로 하나님의 은혜의 손에 맡겨야 한다. 인간이 행하는 모든 행위와 하나님과 이웃을 위한 사역과 봉사 역시 하나님의 은혜의 손 안에서 은총의 법칙에 따라 진행된다는 것이다.

데이비드 보쉬는 개신교의 이신칭의의 교리는 논란의 여지가 없는 개신교 종교개혁의 신학적 출발점이라고 보았다. 그리고 이러한 교리에 전제하여 구원의 주관적인 측면을 강조했다고 평가한다.124) 믿음을 통한 구원의 강조는 개신교 신앙의 출발점이자 핵심이다. 그는 이신칭의에 대한 강조가 한편으로는 선교참여를 촉진하는 긴급한 동기가 되기도 했으나 때때로 선교 노력을 마비시키기도 했다고 보았다.125) 모든 주도권은 하나님께 속해있고 하나님은 구원받을 자들을 주권적으로 선택하시는 분이시기 때문에, 사람을 구원하려는 인간적인 노력은 무용하며 신적 절대권을 넘어설 수 있다고 보았던 것이다. 즉 하나님의 절대 주권에 대한 강조는 인간들이 현실을 변화시키거나 구원을 이루기 위해 할 수 있는 것이 아무것도 없다고 보았으므로 이것이 결국 침묵과 비참여를 낳게 하였다는 것이다. 그러나 하나님의 주권은 인간의 무책임과 무기력함을 의미하지 않는다. 특히 칼빈의 하나님 주권 사상을 기계적인 운명론과 같은 개념으로 이해해서는 안된다. 하나님의 절대의지와 선택은 인간의 자유와 책임과 모순되지 않는다. 마찬가지로 하나님의 주권적 주도에 의한 선교는 인간의 주체적인 참여를 배제하지 않으며, 교회의 책임성 있는 응답을 무시하지 않는다. 또한 칼빈이 하나님의 주권적 은총을 강조했으므로 이는 선교의 더욱 크고 본질적인 신학적 틀을 세우도록 도와준다. 자칫 선교가 인간의 노력과 재능에 의존하는 것으로 변질될 수 있는 위험성이 많지만, 칼빈의 하나님의 주권과 하나님의 절대 은총의 신학은 선교의 주도권을 인간이 아닌 하나님께 있음을 명시하며, 그에 대한 인간의 신실한 응답을 강조하게 된다.126)

가톨릭과는 반대로 개혁자들은 구원의 전적인 주권은 하나님께만 있다고 강조했다. 이 확신은 루터의 이신칭의 가르침과 칼빈의 예정론의 뿌리에 놓여 있다. 그러나 루터와 칼빈은 하나님의 주권에 대한 강조를 엄격한 방식으로 해석하지 않았다. 하나님의 활동은 인간의 책임을 완화시키지 않았다. 인간의 책임이 매우 강하게 주장되었다. 정통교리는 둘 사이의 창조적인 긴장을 포기하고 하나님의 주권과 주도권을 전적으로 강조하는 경향이 있었다. 그 태도는 어떤 인간도 선교사역을 수행할 수 없다는 것이었다. 하나님께서 그의 주권으로 이것을 수행하신다.127)

　역사 속에서 하나님의 주권에 대한 강조는 종종 선교 참여의 사상을 마비시키는 영향을 미쳤다.128) 즉 구원에 대한 하나님의 전적 주권으로 선택된 자만이 구원받게 되므로 인간의 선교적 노력을 불필요하다는 단순한 논리 때문이다. 하지만 칼빈이 신적인 주권을 강조한 것은 인간의 자유의지나 선교적 책임을 배제하는 것이 아니라 오히려 하나님의 주권 안에서 인간의 온전한 책임을 강조하는 사상임이 분명하다. 칼빈의 신학사상에서 하나님의 주권적인 섭리는 인간의 책임을 배제하지 않으며, 하나님의 예정과 선택은 인간의 자유의지를 파괴하지 않는다. 그러므로 하나님의 주권에 대한 강조는 하나님의 주권과 인간의 책임이 창조적인 긴장 가운데 유지되면서 하나님의 주권적 사역에 참여하는 마음으로 보다 성실한 선교적 책임의 동인으로 작용하게 되는 것이다.

2. 뉴비긴의 삼위일체 하나님의 선교와 미시오 데이(Missio Dei)

　뉴비긴의 선교론은 하나님의 주체됨을 강조하는 삼위일체 하나님의 선교를 강조하는 기반 위에 서 있다. 그는 선교는 다른 그 무엇보다도 먼저 하나님의 사역을 중심으로 이해하여야 한다고 강조한다.[129] 뉴비긴은 하나님께서 스스로를 아버지와 아들과 성령으로 계시하셨다는 신앙고백에 기초하여 선교를 성부와 성자와 성령의 활동으로 묘사한다.[130] 그의 선교개념의 기본모델은 삼위일체론적이다.[131] 그의 모든 선교에 대한 개념 설명은 삼위일체 하나님의 술어로 구성되어 있다. 뉴비긴이 삼위일체 하나님의 선교를 주장하는 것은 에큐메니칼 선교신학에서 선교를 '삼위일체 하나님의 선교'로 이해하고 설명하는 선교신학적 모색과정에서 형성된 것이다. 그러므로 뉴비긴의 '삼위일체 하나님의 선교' 사상은 뉴비긴 개인의 독특한 사상이라고 평가하기에는 곤란하다. 에큐메니칼 선교신학에 의하면 선교는 하나님의 본성에서 유래하는 것으로 이해되었다. 이와 같은 관점에서는 선교는 교회론이나 구원론이 아닌 신론 즉 삼위일체의 맥락 속에 놓이게 된다. 성부 하나님이 성자를 보내고, 성부와 성자가 성령을 보내는 '하나님의 선교'의 고전적인 교리는 또 다른 하나의 움직임을 포함하여 확장되는데 그것은 성부와 성자와 성령이 교회를 세상에 파송하는 데 있다는 것이다.[132] 이러한 삼위일체적 관점은 기존의 교회론의 모든 강조점을 바꾸어 놓았으며 서구 교회가 복음을 서구 문화의 틀에 맞추어 재단하고 교회를 증식하고 보존하는데 우선순위를 두고 있음을 자각하게 하였다.[133] 이와 같이 에큐메니칼 운동의 지도자로 활동한 뉴비긴이 선교를 '삼위일체 하나님의 선교'라는 언급한 신학적 진술은 이러한 '하나님의 선교' 선교신학의 전개과정에서 표현된 것이라고 볼 수 있다. 두 개념의 분명한 연속성과 동질성에도 불구하고 양자가 내포하고 있는 선교적 개념의 범주를 정밀하게 분석해보면 뉴비긴의 '삼위일체 하나님의 선교'와 현대 에큐메니칼 선교에서 말하는 Missio Dei의 전체 그림에는 상당한 차이가 있음을 발견할 수 있다. Missio Dei 선교론이 정립되어진 역사적 과정에서 에큐메니칼 선교신학자들 간에 진행된 논쟁과 차이점을 살펴보면 이러한 점은 보다 분명하게 드러난다.

Missio Dei라는 라틴어 술어를 사용한 '하나님의 선교'라는 용어는 1952년 IMC 빌링겐 대회를 거치면서 언급되기 시작했다.[134] 이후 이 개념은 인간 중심의 선교 혹은 교회 중심의 선교에서 하나님 중심으로 선교의 개념이 전환되어야 함을 촉구하는 신학적 틀이 되었고, 20세기 후반에 풍미하였던 에큐메니칼 선교사상의 중심 구호가 되었다. 이후 Missio Dei 개념은 호켄다이크(Hans Hoekendijk)에 의해 체계화되고 그의 신학은 세계교회협의회(WCC)의 지배적인 선교 사상이 되었다. 그는 교회 중심의 선교관을 비판하면서 교회 증식과 교파적 교세 확장에 몰두하는 선교에서 벗어나 세상 속에서 하나님이 친히 행하는 '하나님의 선교'를 주창하였다. 그는 하나님이 자기 자신을 세상 속으로 파송하신다는 점과 세상과 분리되지 않은 하나님을 묘사하면서 세상의 가치를 극대화시켰다. 그러므로 교회가 교회적 구조에서 벗어나서 세상 속으로 들어가 세속화되어야 하고, 이 세상 속에서 인간들과 온전한 자기 동일화를 이루어야 한다고 강조하였다.[135] 그에 의하면 선교란 곧 인간화이다. 호켄다이크의 사상에는 하나님이 직접 세상 속에서 일하시며 교회가 아닌 다른 존재와 세력들을 통해서도 일하시기 때문에 교회가 없어도 하나님은 그의 선교를 수행하신다는 아이디어가 내포되어 있었다. 그에 의하면 선교의 목표는 하나님의 샬롬(Shalom)을 세상 속에서 이루는 것이다. 샬롬은 영혼을 구원하는 차원을 넘어서 사회적 정의, 공동체, 사랑 등을 포괄하는 사회 정치적 함의를 지니는 것이다. 교회는 이 샬롬을 세상 속에 이루는 일을 통해 하나님 나라에 참여한다고 보았다. 그의 Missio Dei 이론은 종말론적인 성격이 농후하였으며 그는 지금 세상 역사 속에서 이루어지는 현재적 종말의 관점에서 선교를 이해하였다. 하나님은 세상 속에서 그리고 세상의 역사적 과정 속에서 그의 목적을 이루시고 있으므로, 교회는 세상의 샬롬을 이루기 위한 '하나님의 선교'에 참여하여야 한다고 주장하였다.[136]

호켄다이크의 선교사상은 세계교회협의회에 의해 수용되고 Missio Dei 신학에 근거한 사회 정치적 활동이 세계교회협의회의 기본적인 활동의 하나가 되었다. 이러한 상황은 개신교 내부에 많은 논란을 초래하였고 냉전시대와 제3세계의 독립이라는 세계사적 기류와 맞물려 WCC의 신학과 활동을 둘러싼 보수와 진보 진영 간의 광범위하고 극단적인 신학적 논쟁의 양상을 초래하였다. Missio Dei 선교론이 선교의 개념을 확장시키고, 교회의 사회적 역사적 책임을 강조하는 긍정적인 영향력을 주었음에도 불구하고 치명적인 오류가 그 속에 내포되어 있었다. 이는 선교의 패러다임을 '하나님 – 교회 – 세상'의 전통적 구도에서 '하나님 – 세상 – 선교'의 구도로 만들어 교회가 설 자리를 제거하는 결과를 초래한 것이었다. 데이비드 보쉬는 Missio Dei가 교회를 배제해버린 점에 대해 비판한다. "그 개념의 넓은 이해를 지지하는 사람들은 Missio Dei는 교회의 선교보다 더 크다는 견해를 극단화하였다. 심지어 그것이 교회의 참여를 배제하는 것을 시사하는 지점까지 나아가는 경향이 있었다."[137] 이와 같이 Missio Dei 사상은 교회의 위치를 약화시키는 이론적 약점이 내포되어 있었다고 할 수 있다.

호켄다이크의 신학에 기초한 이러한 Missio Dei의 선교사상은 뉴비긴의 선교사상과 동일시 할 수 없다. 뉴비긴의 선교사상은 교회의 중요성을 강조하고 있기 때문이다. 아울러 그는 하나님의 선교 대상인 '세상'을 강조하면서 '교회'를 배제하는 구도로 '삼위일체 하나님의 선교'를 언급하지 않는다. 그는 교회가 삼위일체 하나님의 선교에 참여할 뿐 아니라, 교회 자체가 하나님 나라를 증언하고 드러내는 선교적 공동체로서 존재하여야 함을 강조하고 있기 때문이다. 뉴비긴은 그의 자서전 『아직 끝나지 않은 길』에서 세계교회협의회의 선교에 대해 다음과 같은 우회적인 비판을 쏟아낸다.

> 제2차 세계대전이 끝난 뒤 한동안은 WCC가 많은 이들에게 하나의 표지를 제공해주었다. …… 이 기구는 가난한 자와 억압받는 자와 잊혀진 자를 위한 정의를 끈질기게 주장함으로써, 기존 질서와 동일시 되어버린 기독교에 위협을 가하고 있는 셈이다. 인간이 만든 모든 조직이 그렇듯이, WCC 역시 비판과 교정을 받을 필요가 있다.[138]

Missio Dei는 그 용어로 교회가 선교의 주체가 아니란 점을 강조하며 선교 주체의 전환을 시도하였다. Missio Dei는 하나님의 파송을 강조하면서 '교회'보다 '세상'이 보다 중요한 위치를 점하게 하는 입장을 취하였다. 그리고 선교의 주체를 하나님으로 언급하는 '하나님의 선교'를 강조하면서 '교회의 선교'를 부정하는 방식으로 '하나님'과 '교회'를 대립시키는 구도로 논리를 전개하였다. 그 결과 교회의 선교는 마치 하나님과 무관하고, 교회라는 어떤 집단의 이기적이고 자기 중심적인 활동이라는 의미로 폄훼되는 현상을 초래하였다. 뉴비긴은 '하나님의 선교' 개념이 오용되고 그 명제가 교회와 심지어 예수 그리스도까지 부정하는 노선을 지지하는데 그릇 사용되었다고 비판하였다.[139] 그는 교회의 선교를 부정하는 의미로서 '하나님의 선교'를 사용하는 것에 반대하며 삼위 하나님의 활동으로서의 선교의 본질을 성경적으로 신학적으로 진술하고자 노력한다. 이러한 태도에는 뉴비긴의 신앙고백적 진정성과 하나님의 주권에 대한 그의 확신과 사상이 담겨 있다. 즉 뉴비긴이 말하는 바 '삼위일체 하나님의 선교'는 '하나님의 선교'와 동일한 맥락이면서도 교회의 본질적 중요성을 실종시키는 의미는 아니란 점을 고려하여야 한다.

선교를 하나님의 선교로 정의하고 선교의 기원과 소유자를 하나님으로 고백하는 Missio Dei의 기본적 개념은 여러 가지 함의를 담고 있다. 이는 먼저 선교가 교회보다 더 크다는 것을 전제로 한다. 또한 선교가 교회를 위해 존재하는 것이 아니라 교회가 선교를 위해 존재하는 것이라는 것이다. 교회가 선교를 행하는 것이 아니라 교회는 선교로부터 나오는 것이며, 교회는 하나님이 행하시는 선교의 도구로 간주된다.[140] 그리고 세상은 선교의 현장이 아니라 교회가 보냄을 받아 가게 되는 장소로 이해되고, 사회 자체가 구원의 대상이요 변혁의 대상이 된다. 이러한 전향적인 선교 개념은 큰 반응을 얻었으며 특히 20세기 후반 개신교와 가톨릭 진영에서 광범위하게 수용되었다. 그러나 하나님의 선교론의 실제적 활동으로 이어진 여러 사회운동과 교회연합운동의 파장과 이에 대한 역작용으로 'Missio Dei'라는 용어에는 다른 의미들이 가미되어 그 용도에 있어서 매우 제한적으로 이해되고 있다. 더욱이 다른 종교와의 대화

를 시도하며 타 종교 속에서도 선교를 행하시는 하나님을 언급하는 주장
이 대두되자 Missio Dei는 종교다원주의를 수용하는 배교적 사상이라
는 비판에 직면하게 되었다. 그리하여 마침내 '하나님의 선교'를 처음
의도하면서 강조하였던 본래의 의도를 스스로 부정하게 되는 지경에 이
르렀다고 할 수 있다.

Missio Dei의 개념 형성과 선교신학적 틀이 갖추어지고 실천적 정신
으로 채택되는 과정에서 호켄다이크를 포함한 일련의 신학자들이 주도
권을 행사하였고, 뉴비긴은 주도적인 역할을 하지 못하였다. 오히려 뉴
비긴이 작성한 선언문들이 채택되지 아니하고 그 과정에서 배제되는 현
상까지 발생하였다. 그는 자서전적 회고록 『아직 끝나지 않을 길』에서
그가 1960년대에 직면한 딜레마를 다음과 같이 언급한다.

> 이러한 개인적인 긴장감과 딜레마의 배후에서는, 특히 교회사상에서
> 훨씬 더 큰 변화가 일어나고 있었다. 1950년대에 수용되었던 기독교
> 선언문들, 내가 알고 있는 복음에서 나온 일련의 선언문들은 더 이상
> 받아들여지지 않았다. 우리는 이른 바 세속주의 시대(1960년대)에 진
> 입하고 있었던 것이다. 이제는 교회가 아닌 세상이 바로 하나님이 일
> 하고 있는 현장이었다. 이제는 사람들을 회심시키고 세례를 받게 하여
> 교회로 인도하는 일보다, 정의와 개발을 도모하는 일에 그들을 참여시
> 키는 것이 훨씬 더 중요시되었다.[141]

뉴비긴의 이러한 진술은 그의 사상을 이해하는 데에 결정적인 단서를
제공해준다. 그가 "내가 알고 있는 복음"이라고 지칭한 것은 뉴비긴의

회심 체험 및 그가 로마서 연구를 통해 깨닫고 확신하게 된 바 예수 그리스도의 십자가의 복음임이 분명하다. 자신이 알고 있는 복음에 기반한 선언문이 거부당한 상황에 대해 그는 개탄하고 있는 것이다. 또한 위 인용문에서 그가 선교의 내용에 대해서 언급하는 부분에서도 선명한 아쉬움과 함께 비판적 대조가 두드러지게 나타난다. 즉 그는 사람들을 회심시키고 세례를 주어 교회로 인도하는 일이 선교의 내용에서 배제되거나 소홀히 되는 현실을 개탄하고 있는 것이다. 그가 말하는 '세속주의 시대'는 서구 사회가 극도로 세속화되어간 1960년대의 시대적 흐름을 의미하는 것이지만 아울러 교회가 세속화된 시대라는 문맥으로 읽혀져도 자연스러운 문맥이라고 볼 수 있다.

그러므로 Missio Dei에서 말하는 '하나님의 선교'와 뉴비긴의 '삼위일체 하나님의 선교'를 동일한 개념과 범주로 규정하는 것은 매우 단순한 판단이다. 어떤 사상과 이론을 담은 '개념'은 역사성과 사회성을 지니고 있어서 역사적 사건들 속에서 그 개념이 사용되고 통용되는 과정을 통하여 동일한 개념이 처음 의도한 바와 다른 의미가 부여되기도 하고 초기의 함의가 확장되거나 변형되기도 한다. 초기에 에큐메니칼 선교신학에서 '하나님의 선교'라는 용어를 사용한 시점에서 그 '하나님의 선교'는 '삼위일체 하나님의 선교'를 의미하였고, 이는 뉴비긴이 말하는 바 '삼위일체 하나님의 선교'와 동일한 의미라고 볼 수 있다. 그러나 이후 WCC의 '하나님의 선교'는 라틴어 'Missio Dei'라는 용어로 자신들의 선교노선과 사상을 표현하였다. 흥미로운 것은 뉴비긴이 'Missio Dei'라는 용어를 자신의 선교론을 대표하는 용어로 전혀 사용하지 않는다는 점이다. 그리고 그가 Missio Dei의 극단적 노선에 대해서 공개적으로 비판하는 입장을 취한다. Missio Dei의 사전적인 의미나 그 선교 노선의 진정성을 긍정하는 입장에서는 그렇지 않겠지만, 복음주의 진영을 포함한 범기독교 세계에서 'Missio Dei' 개념은 단지 사전적 신학적 의미 이상의 실천적 함의를 지닌 다른 개념으로 받아들여지고 있다. 그렇다면 뉴비긴의 삼위일체 하나님의 선교와 Missio Dei는 상이한 범주를 담고 있는 개념이라고 보아야 한다. 특히 양자는 전통적인 교회 중심의 선교를 극복하자는 차원에서는 동일한 기반을 가지고 있지만 그 선교의 내용과 실천의 전략에 있어서는 큰 차이를 보이고 있다. 교회의 사회 정치적 영역에 대한 참여의 수위에 대해서도 뉴비긴은 직접적인 참여를 주장하기보다 예언자적 책망과 비판의 수준으로 참여의 폭을 제한함으로서 교회적 정체성을 지키려는 경향이 뚜렷하다. 특히 타종교와의 대화와 관련하여서도 뉴비긴은 종교다원주의의 노선을 분명하게 반대하며 선교적 대화를 주장하는 포용주의적 입장에 선다. 현대 에큐메니칼 진영 안에 존재하는 다양한 노선과 입장의 폭넓은 스펙트럼 가운데서 뉴비긴은 Missio Dei의 급진적 입장과는 분명 다른 노선을 견지하였다.

특히 뉴비긴과 호켄다이크는 명백한 입장의 차이를 지니고 신학적 논쟁을 벌이며 대립각을 세웠다. 뉴비긴은 그의 자서전에서 빌링겐 대회를 회고하면서 호켄다이크의 사상에 대해 언급하면서 그의 선교사상을 둘러싼 날선 대립의 분위기와 그에게 대해 반대하는 자신의 입장을 전해준다. 빌링겐 대회에서 뉴비긴은 신학자 그룹과 관련된 임무를 맡았는데, 그 신학작업은 호켄다이크(Hans Hoekendijk)와 폴 레만(Paul Lehmann)이 주도한 그룹의 파격적인 주장을 담은 선교사상을 논의하는 방향으로 움직였다. 그 그룹은 교회중심적 선교 모델을 벗어나 그 시대의 정치, 문화, 경제, 과학 등 세속적인 영역에서의 하나님의 사역에 대해 강조하였다. "그 그룹이 준비한 보고서는 우리 시대의 혁명적인 운동 안에서 하나님의 심판과 구속의 행위를 신앙적으로 분별하는 문제를 다루었다."[142] 그러나 빌링겐 대회는 그런 아이디어를 수용할 준비가 되지 않았고 호켄다이크의 열정적인 호소에도 불구하고 당시 대회의 최종 발표문에 포함되지 않았다. 대신 뉴비긴이 작성한 '교회의 선교적 소명'에 대한 발표문이 채택되었다. 그 발표문은 선교적 소명의 근거를 삼위일체적 교리에 두었으며 어느 정도의 지지를 받아 공식적으로 채택되었지만 호켄다이크와 맥스 워렌과 노만 구달의 집요한 반대와 방해를 거치는 과정을 거쳐야 했다. 그들은 "그것을 그 그룹의 보고서가 아니라 '보고서에서 파생된' 하나의 발표문으로 취급되어야 한다고 주장하는 한편, 그 대회에 의해 채택되어서는 안되고 연구용으로 교회에 배포되어야 한다는 주장을 폈다."[143] 이러한 갈등은 단지 대회의 발표문을 둘러싼 주도권 다툼이 아니라 그 속에는 선교사상을 둘러싼 예민한 노선과 입장의 차이를 담고 있었다는 것이 중요하다. 뉴비긴은 호켄다이크의 선교사상을 전적으로 지지하지 않았으며, 호켄다이크를 비롯한 일단의 학자들은 뉴비긴의 입장에 대해서 정면으로 반대하였던 것이다. 뉴비긴은 1960년대 이후 호켄다이크의 신학이 이후 WCC의 선교사상을 주도하게 될 줄은 전혀 예상하지 못하였다고 언급하면서 이후 진행된 Missio Dei의 전반적인 흐름에 대한 자신의 거리감을 우회적으로 표현하고 있다. "당시만 해도 나는 호켄다이크를 비롯한 그들의 사상이 그 후 10년간을 주름잡게 될 줄을 전혀 생각하지 못하였음을 고백하는 바이다."[144]

뉴비긴의 선교신학을 집약적으로 담은 책 『오픈 시크릿』의 기본 아이디어는 1963년 뉴델리 선교대회가 끝난 후 그가 동료들을 위해 쓴 '오늘날의 선교를 위한 삼위일체 교리의 적실성'이란 제목의 글을 기초로 한 것이었다. 뉴비긴은 그 글이 IMC에 수용이 되어 새로 조직되는 세계 선교 및 복음전도 분과의 선언문으로 받아들여지기를 기대하였다. 그러나 그의 예상과는 달리 사람들은 뉴비긴의 신학을 인정하지 않았고 뉴비긴도 그의 동료들이 자신을 지지해줄 만큼 충분히 설득하지 못했다.[145] 그 글은 큰 영향력을 미치지 못했으며 거의 20년이 지나 뉴비긴은 그 논지를 발전시켜 단행본으로 출판하게 되었다. 『오픈 시크릿』에 담겨 있는 기본적인 사상은 WCC에 영향을 미치지 못하였고 Missio Dei의 기본적인 선교사상에서는 수용할 수 없는 것이었다. 그 후 20년간 뉴비긴은 Missio Dei 선교패러다임에 입각한 운동의 흐름을 목격하고 그에 대한 자신의 비판적 입장들을 자신의 여러 저서를 통하여 언급하였다.

어떤 사상과 이와 다른 또 하나의 사상이 서로 다른 용어를 사용하고 있음에도 불구하고 그 내용이 동질의 것인 경우 큰 범주에서 하나의 계열로 묶을 수는 있고 반대로 동일한 용어를 사용하고 있음에도 불구하고 전혀 동일한 것으로 단정할 수 없는 엄연한 차이가 존재하고 이질적인 것으로 분류해야 하는 경우도 있다. 호켄다이크를 비롯한 Missio Dei의 주도적 흐름이 뉴비긴을 수용할 수 없었던 것은 뉴비긴에게서 농후한 복음주의적 경향 즉 복음전도와 회심에 대한 강조, 교회의 정체성과 사회적 실천에 대한 급진적이지 않은 태도 때문이었음은 말할 나위가 없다. 그러므로 뉴비긴의 '삼위일체 하나님의 선교'라는 개념과 한 때 호켄다이크를 중심으로 전개된 'Missio Dei' 선교노선은 동일한 실체의 개념이라고 할 수 없다. 동일한 에큐메니칼 선교운동의 흐름 속에서 양자는 연속성을 지니고 유사점이 많으나 뉴비긴의 의미하는 바의 '삼위일체 하나님의 선교'와 Missio Dei는 동일한 표현도 똑같은 개념도 아니다. 하나의 운동으로서 Missio Dei 운동은 '선교의 주체가 하나님이다'는 고백이나 '하나님의 파송'을 강조하는 초기의 정신에서 더 나아가 진보적 정치신학과 급진적 사회혁명, 종교다원주의를 포함하는 일련의 신학 체계와 종교운동을 의미하게 되었으며, 뉴비긴은 그들과 사회적 참여의 방법이나 선교노선, 다원주의에 대한 입장에 대해서 분명한 경계선을 긋고 있다.

3. 칼빈의 삼위일체 신학과 뉴비긴의 삼위일체 하나님의 선교

뉴비긴은 뉴델리 선교대회 이후 삼위일체 교리에 기반한 선교론을 정립하였다. 그는 회고록에서 다음과 같이 그의 선교론의 틀에 대해 언급한다.

> 나는 이미 뉴델리에서 '한 몸, 한 복음, 한 세계'에 담긴 선교학이 더 이상 적절하지 않다는 점을 인식했던 터였다. 그 선교학은 너무도 배타적인 교회 중심적 선교관을 갖고 있었기 때문이다. 오직 삼위일체적인 교리만이 적절한 선교학을 정립할 수 있을 것이었다. 이는 교회 안에서의 그리스도의 사역을, 교회의 도우미가 아닌 주님이신 성령의 주권적인 자유 안에서 세상의 모든 삶을 포함하여 모든 것을 지배하는 아버지의 섭리의 맥락 안에 두는 것을 의미했다.[146]

뉴비긴의 선교론의 삼위일체론적 모델은 칼빈의 『기독교강요』처럼 삼위일체론적 구도로 되어 있다. 그렇다고 두 사람 간의 직접적인 신학적인 연속성이 있다고 규정하기는 곤란하다. 역사적으로 뉴비긴이 선교를 삼위일체 하나님의 선교로 묘사하는 것은 칼 바르트의 신학에 기초하고 있다. 칼 바르트는 선교를 하나님의 활동으로 규정한 첫 번째 신학자들 중의 하나였다.[147] 선교사상에 대한 그의 영향력은 IMC의 빌링겐 대회에서 표면적으로 드러나 '하나님의 선교' 개념이 초보적으로 정립되고 선교를 하나님의 본성과 활동으로 이해하는 기조가 형성되었다. 칼 바르트는 기독교 선교신학의 기초를 교회론과 구원론에서 삼위일체로 옮기는 전환을 시도하였다. "성부 아버지가 아들을 보내고, 성부와 성자가 성령을 보내시는 것으로서의 하나님의 선교에 관한 고전적 교리는 또 다른 '운동'들을 포함하기 위해 확대되었다 : 성부와 성자와 성령이 교회를 세상에 파송하는 것, 선교 사상에 관한 삼위일체론과의 이 연결은 중요한 혁신을 이루었다."[148] 뉴비긴은 이러한 선교사상의 변천 과정에서 자신의 선교론을 표현하고 정립한 것이다.

칼빈의 신학은 하나님의 주권을 강조하는 사상이다. 하나님의 주권에 대한 강조가 그의 모든 신학과 사상을 관통하고 있다. 칼빈이 말하는 하나님의 주권은 모든 피조세계와 인간 삶의 전 영역에 대한 하나님의 절대적 주권을 말한다. 이는 선교의 영역에서도 마찬가지이다. 칼빈은 로마서 주석에서 하나님의 섭리 가운데 복음이 전파된다는 점을 강조하면서 선교에 있어서 하나님의 주권을 표현하였다. "하나님의 특별하신 섭리 가운데서 하나님이 일으켜 세우지 않는 복음전파자란 아무도 없다. 그러므로 복음이 전파되는 그 민족을 하나님께서 찾아가신다는 것은 확실하다."149) 칼빈은 복음이 전파되는 곳에는 하나님의 섭리적 개입이 있다는 확신을 가졌으며, 복음전파자를 선택하여 세우시는 이도 하나님이시며, 복음이 전파되는 현장에도 하나님이 일하신다고 보았다.

칼빈이 말하는 하나님은 삼위일체 하나님이다. 앞서 살펴보았듯이 칼빈은 자신의 『기독교강요』를 사도신경의 구조에 따라 전개하였다. 칼빈이 『기독교강요』를 사도신경의 구조에 기초하여 삼위일체론적으로 구성한 것은 교회사의 흐름 속에서 전혀 새로운 것이었다. 토마스 아퀴나스를 비롯하여 중세의 스콜라 신학자들은 교의학을 그러한 구도로 전개하지 않았기 때문이다. 오히려 중세신학의 기초를 놓은 어거스틴의 신학은 삼위일체론적 구조로 되어 있었다. 굳이 칼빈의 삼위일체론적 신학 진술의 구도의 기원을 찾는다면 사도신경을 비롯한 전통적 신조의 기본 고백에 기초하여 어거스틴의 신학 전통에 따르는 것이라고 보아야 한다. 삼위일체론적으로 신학체계를 구성하는 것은 다분히 교의학적 개념이며 조직신학적 접근이라고 할 수 있다. 칼빈의 삼위일체론적 신학적 성찰은 그의 『기독교강요』의 완성판인 1559년판 제1권 13장에 잘 나타나있다. 그는 성경과 이성과 교부들의 전통을 사용하여 세르베투스(Michael Servetus)와 같은 반삼위일체론자들을 반박하였으며, 어거스틴의 '삼위일체'(De Trinitate)가 삼위일체에 관련한 신학적 정통을 견지한다고 보았다. 칼빈의 삼위일체론은 이후 개혁교회만이 아니라 이후 모든 개신교 신학자들의 삼위일체 신학의 표준이 되었다.150)

뉴비긴이 칼빈의 『기독교강요』의 모델을 따라 자신의 선교론의 구조를 삼위일체론적으로 구성하였다고 가정하는 것은 적절하지 않다. 그의 저서 그 어디에도 이를 언명하는 표현이 없기 때문이다. 그럼에도 불구하고 뉴비긴이 한결같이 선교를 정의할 때 '삼위일체 하나님의 선교' 로 묘사하고 있으므로 우리는 그의 의도와 근본정신에 주목하여야 한다. 그것은 뉴비긴이 자신의 선교신학을 전통적 신조와 신앙고백의 흐름 속에서 전개하고자 하는 분명한 자기 입장을 드러내는 것이기 때문이다. 칼빈은 아리스토텔레스의 철학에 기초하여 신학이 사변적 철학의 개념으로 전개된 중세신학의 풍토에서 성경에 기초하여 삼위일체론적 구조로 하나님 중심의 신학을 새롭게 전개하였다. 이와 유사하게 뉴비긴은 선교방법론과 전략을 중심으로 전개되던 전통적인 선교론의 흐름과 달리 성경적인 언어로 삼위일체 하나님의 선교라는 관점에서 선교신학을 진술하였다.

한편 칼빈의 하나님의 주권사상을 전제로 할 때 칼빈에게 '하나님의 선교' 라는 사상을 발견할 수 있을까 하는 신학적 질문이 제기될 수 있다. 김성현은 칼빈의 선교적 생애를 연구한 글에서 칼빈에게 선교란 전적으로 '하나님의 선교' 라고 결론을 내린다.[151] 흥미롭게도 칼빈은 로마서 주석에 '하나님의 선교' 라고 해석될 수 있는 표현을 사용한 바가 있다. 이에 대해 최정만은 다음과 같이 설명하면서 양자의 차이를 드러낸다.[152]

칼빈의 로마서 주석에서의 '하나님의 선교'(the Mission of God)의 개념은 하나님께서는 이방인들에게도 그의 유효한 부름심의 범위를 제한하시지 아니하신다는 것과 이방인들이 하나님 나라에로의 초대를 받는 그 과정에 있어서의 일을 수행하는 것이 '하나님의 선교' 로서 이 과정의 일을 하나님은 교회라는 기관에 맡기셨다고 보는 것이 칼빈의 선교사상 가운데 존재하는 하나님의 선교관이다. 그런데 주로 비셀

후프트 등에 의해서 주장되는 에큐메니칼 선교신학(Missio Dei) 개념은 칼빈이 표현한 '하나님의 선교' 개념과는 전혀 정반대적 개념을 주장하고 있다. 에큐메니칼 Missio Dei 신학에서는 하나님을 선교의 주체로 보고 … (중략) … 그러므로 선교는 하나님 자신의 영역이지 교회의 활동이 될 수 없다고 주장한다. 그러므로 칼빈이 표현한 '하나님의 선교'는 하나님-교회-선교의 패러다임을 가진 전통적인 교회의 선교적 기초가 되고 있음에 반해서, 에큐메니칼 신학에서의 Missio Dei 선교 패러다임은 하나님-세상-교회의 틀을 가지고 (있다).

칼빈의 신학적 명제인 하나님의 절대 주권에 대한 고백이나 선교의 주체는 삼위일체 하나님이라는 명제는 그 누구도 부정할 수 없는 성격의 것이다. 굳이 칼빈이 선교론을 별도로 집필하였다면 그 이론 속에도 하나님의 주권 사상이 그 기둥을 차지할 것은 명약관화할 것이다. 그리고 마치 '하나님의 선교'를 의미하듯이 모든 선교는 하나님의 소유이며 하나님의 주권 아래 행하여지며 하나님의 영광을 위한 것이어야 하며, 하나님이 선교의 실제적인 주체가 되어야 한다고 강조하였을 것이다. 그러나 칼빈이 선교에 대한 하나님의 주권을 강조한다고 할지라고 그것이 현대의 Missio Dei 선교론에서 의미하듯이 '교회의 선교'를 비판하는 도구적 개념으로 사용되거나 복음화의 필요성을 약화시키고 인간화를 위한 선교를 의미하는 것은 결코 아닐 것이다. '선교의 주체'를 언급함에 있어서 교회의 위치와 역할을 분명하게 규정하지 않으면 '선교에 있어서 하나님의 주권'이라는 사상이나 '하나님의 선교'라는 개념은 왜곡될 수밖에 없다. 우리가 만일 칼빈의 하나님의 주권 사상을 모든 영역에 적용시키면, 우리의 모든 사역과 활동을 얼마든지 하나님의 행위로 표현할 수 있다. 우리의 노동을 '하나님의 노동'으로, 교회의 사역을 '하나님의 사역'으로, 우리의 기쁨을 '하나님의 기쁨'으로 표현하는 등 하나님을 주격으로 한 언술이나 문학적 수사(rhetoric)는 얼마든지 가능하다. 그러나 하나님을 주체로 언급할 수 있는 용어와 사람 혹은 교회를 주체로 언급하는 것이 바람직한 용어가 어느 정도 구별이 되어야 한다. 성경을 살펴보면 하나님은 언제나 인격적인 주체로 활동하시고, 성경의 네러티브에 대한 대부분의 기록을 살펴보면 하나님의 행위를 종종 신인동형론적(神人同型論, anthropomorphism)적으로 묘사한다. 그러나 성경에서 하나님을 주체로 하거나 소유격의 주어로 삼은 표현들은 대개 하나님의 고유한 성품과 행위와 관련된 단어들이거나 지극히 추상적인 용어들이다. 하나님의 은혜, 하나님의 능력, 하나님의 자비, 하나님의 평화, 하나님의 구원, 하나님의 주권, 하나님의 나라, 하나님의 말씀, 하나님의 영광 등이 그러한 예들이다. 그리고 실제 인간의 행위를 통하여 수행되는 예배나 기도, 복음전도, 설교, 노동, 찬양, 노래 등은 육체를 가지고 실제적이고 물리적인 행동을 하는 인간들에게만 어울리는 용어들이다. 그러므로 이 지상에서 이루어지는 행위의 실제적인 주체에 대한 고려를 배제하고 모든 행위의 주체를 하나님을 주어로 표현할 때에는 미묘한 개념 모순을 초래하게 된다. 그러므로 '하나님의 주권'과 '하나님의 선교'를 연결시켜 논할 때 선교와 교회의 관계를 보다 엄밀하고 명확하게 표현하여야 하는 것이다. 신앙고백적 표현이나 근본적인 원리의 천명이란 차원에서 '하나님이 선교의 진정한 주체'라는 말은 언제나 옳으며 이러한 고백적 진술을 그 누구도 수용하지 않을 수 없다. 그러나 실제 선교의 현장에서 선교를 행하는 주체는 교회이다. 즉 선교적 행위의 실질적 주체는 교회이다. 그러므로 교회는 하나님의 보내심을 받은 선교의 도구이자 동시에 선교의 주체라고 보아야 한다. 교회에는 선교적 본질이 있다고 고백하는 것은 올바르지만 선교가 교회의 본질적이고 유일한 목적이라고 규정하는 것은 오류이다. 교회의 존재양식 자체가 선교이어야 한다는 것은 적절하지만 선교적이지 않은 교회는 교회가 아니라고 단언하는 것은 성급하다. 그러므로 칼빈의 하나님 주권 사상, 하나님의 섭리와 은총에 대한 강조를 그대로 '하나님의 선교'와 동일한 것으로 표현하는 것은 성급하고 단순한 동일시라고 할 수 있다.

칼빈의 '하나님의 주권' 가운데 수행되는 선교에 대한 그림은 오히려 뉴비긴의 '삼위일체 하나님의 선교' 사상과 상통하는 면이 있다. 뉴비긴이 '삼위일체 하나님의 선교'라는 용어를 사용함에 있어 Missio Dei와 달리 그것이 교회의 선교에 대립되는 의미를 내포하거나 선교에 있어서 교회의 위치와 역할을 축소하는 개념으로 사용하지 않는다는 측면에서 칼빈의 하나님의 주권 사상과 접목점이 있다고 보아야 할 것이다. 특히 뉴비긴은 그의 선교론을 전개함에 있어 선교를 삼위일체 하나님의 선교로 이해하고 선교와 관련된 진술을 표현할 때 짧은 문장으로 요약하기보다 성부 하나님, 성자 하나님, 성령 하나님이 행하시는 구체적인 행위로 서술하였다. 이는 신학적 명제를 만들고자 하는 관심보다 삼위일체 하나님이 행하시는 일을 상세히 언급함으로써 선교의 진정한 주체와 주권자가 누구인가를 명시하려는 그의 신앙고백적인 태도로 볼 수 있다. 이런 점에서 선교의 주체와 교회의 역할을 이해함에 있어서 칼빈과 뉴비긴은 하나님-교회-선교의 관계에 대해 일치점과 연속성이 있다고 보아야 할 것이다. 즉 칼빈은 교회를 하나님의 보내심을 받은 선교의 도구이자 주체로서 말씀을 선포하는 삶과 함께 하나님의 통치를 위해 일하는 기관으로 보았으며, 뉴비긴 역시 교회는 삼위일체 하나님의 선교의 도구이자 참여자로서 하나님 나라를 위해 일하는 주체적 공동체라고 보기 때문이다.

제6절 뉴비긴의 선교론과 칼빈의 총체적 선교 패러다임

칼빈과 뉴비긴의 유비(類比)에 있어서 가장 상통하는 공통점은 그들의 사역과 삶이 지니는 총체적 선교의 특성이다. 칼빈과 뉴비긴의 선교론은 그 실천적 맥락에서 단지 말씀과 복음의 증언만이 아니라 구제와 사회봉사, 정치적 영역에서의 하나님의 정의의 실현 등의 내용을 담고 있다는 면에서 총체적 선교의 성격을 지니고 있다. 뉴비긴은 전통적인 선교신학에서 현대적인 선교신학적 개념으로 전환되던 20세기 후반에 활동하였던 선교학자로 그의 이론은 전반적으로 총체적 선교의 아이디어로 가득하다. 그리고 그가 행한 인도에서의 목회와 선교지의 행적들은 그야말로 선교의 총체적 실천이 두드러지는 전형이라고 할 수 있다. 이에 비해 칼빈에게서는 총체적 선교의 개념이나 틀을 발견할 수 없다. 그럼에도 불구하고 칼빈의 신학과 목회는 전체적으로 하나님의 나라와 하나님의 형상의 회복이라는 사상에 기반한 통합적인 선교의 틀을 지니고 있다. 또한 칼빈이 제네바에서 행한 목회와 구제 및 구호활동, 그리고 바른 교회를 세우기 위한 제반 활동들은 일종의 총체적인 선교사역이었다.

1. 총체적 선교

총체적 선교(Holistic Mission)란 개념은 현대 선교의 중심적 의제의 하나로서 20세기 초반까지 풍미하였던 전통적 선교론을 극복하고자 하는 과정에서 형성된 개념이다. '총체적'이란 의미를 가진 영어 'Holistic' 또는 'Wholistic'은 '전체적, 온전한, 통합적'이란 용어로 번역되기도 한다. 이는 사물의 한 측면만이 아니라 전체적인 차원을 모두 포괄하는 것을 의미한다. 그러므로 신학적으로 총체적 관점을 가진다는 것은 영혼과 육체, 현세와 내세, 개인과 공동체를 극단적으로 대비시키고 한편만 취하는 이원론적 편향을 극복한다는 것을 말한다. 총체적인 선교는 교회의 선교가 인간 존재의 영적인 측면만이 아니라 인간 존재 전체의 구원과 회복을 지향하여야 함을 강조하는 개념이다. 총체적인 선교는 복음의 총체성에 대한 인식으로부터 기인한다. 즉 하나님의 구원은 인간 존재의 일부분이 아니라 전(全) 측면을 구원하고 새롭게 하는 온전한 구원이라는 것이다. 총체적 선교는 복음전도와 사회적 활동이 통합된 선교 개념으로 다음과 같은 성서적 신학적 근거를 가진다.

예수 그리스도의 총체적 사역(the Holistic Ministry)

총체적 선교는 성경에 나타난 예수 그리스도의 사역을 기본 근거로 한다. 마태복음 4장 23절과 9장 35절에 따르면 예수 그리스도는 갈릴리 모든 지역을 다니시면서 천국복음을 전파(preaching)할 뿐만 아니라 무리를 가르치고(teaching) 백성중의 모든 병과 약한 것을 치료하셨다 (healing). 즉 예수 그리스도의 사역은 총체적이었다. 이 세 가지 사역은 각각 별개의 것이 아니라 그리스도의 인격 속에서 그리고 그의 삶과 구원 행위 속에서 항상 통일되어 있었다. 그리고 예수님이 사역 초기에 나사렛 회당에서 행한 취임사는 그의 선교가 총체적인 구원사역임을 보여주고 있다. "주의 성령이 내게 임하셨으니 이는 가난한 자에게 복음을 전하게 하시려고 내게 기름을 부으시고 나를 보내서 포로된 자에게 자유를 눈 먼 자에게 다시 보게 함을 전파하며 눌린 자를 자유케 하고 주의 은혜의 해를 전파하게 하려 하심이라"(눅4:18-19). 여기서 '가난, 포로, 눈먼 자, 억압' 등은 영적인 의미나 상징으로만 해석하여야 할 것이 아니라는 것은 자명하다. 왜냐하면 이러한 일은 예수님의 메시야 사역을 통해 당시의 팔레스틴 지역에서 실제로 이루어졌기 때문이다. 예수 그리스도의 복음은 총체적인 복음이요 그의 사역은 총체적이었다. 예수 그리스도의 사역은 총체적 선교이자 통합적 선교모델이 지향하는 사역의 모델이며 원형이다.

지상명령과 대계명

그리스도의 지상명령을 담은 지상명령(the Great Commission)과 하나님 사랑 및 이웃 사랑의 대계명(the Great Commandment)은 선교가 총체적이어 함을 그대로 보여준다. 대위임령은 마치 복음전도를 의미하고, 대계명은 사회적 관심을 의미하는 것으로 구분하는 것은 적절하지 않다.[153] 예수께서 가서 모든 족속으로 제자를 삼으라고 하셨을 때 이는 전도하여 회심자에게 세례를 주는 행위만을 지칭한 것이 아니라 그들을 가르쳐 주님의 분부한 계명을 가르쳐 지키게 하는 것을 포함하고 있기 때문이다(마28:19-20). 그런 면에서 대계명은 대위임령에 우선하는 것이라고 할 수 있다. 즉 전도의 목적이 대계명을 실천하는 온전한 제자를 양성하는 데에 있기 때문이며 또한 대계명의 정신으로 전도할 때 비로소 그 전도의 행위 역시 온전하여지고 효율적이기 때문이다.

하나님 나라의 총체성

현대 신학을 통하여 발견된 하나님 나라의 신학은 총체적 선교관에 기초한 통합적 선교의 패러다임을 보여준다. 하나님의 나라는 하나님의 통치를 의미한다. 예수 그리스도의 주되심이 고백되고, 성령 안에서 하나님의 의와 평화와 기쁨이 구현되는 것(롬 14:17)이 하나님의 나라이다. 하나님의 나라는 피안의 나라, 내세의 천국만을 의미하지 않는다. 하나님의 나라는 하나님의 백성이 된 공동체의 사역을 통해 확장되는 역사적 실체이며, 그리스도 안에서 우리 가운데 실현되는 보이지 않는 나라이다. 예수 그리스도를 주로 고백하고 회심한 사람은 그 나라의 백성으로 살게 된다. 하나님 나라는 미래적이고 피안적이며 초월적일 뿐 아니라 동시에 현재적이고 현세에 속한 역사내재적인 실체이다. 선교와 전도는 하나님 나라를 확장하는 사역이며 이 사역은 단지 입으로 선포하는 선포만이 아니라 예수 그리스도 안에서 교회와 그리스도인이 행하는 모든 사역을 포함한다.

선교의 포괄성

총체적 선교는 개인의 회심과 함께 하나님의 의와 샬롬을 사회 안에서 구현하는 선교의 포괄성에 기초한다. 폴 스티븐슨은 평신도 사역을 강조한 그의 책에서 선교의 포괄성을 역설한다. 즉 하나님의 선교는 예수 그리스도 안에서 선포되고 구현된 복음에 근거하여 개인의 회심을 이끄는 것을 포함할 뿐 아니라, 사회 전체와 사람들의 삶의 구조에 하나님의 의와 평화를 이루며 가난한 자를 격려하며 눌린 자를 자유케 하는 것이라는 것이다.154) 이러한 관점에서 그는 선교란 하나님이 지상에서 행하시는 다양한 활동, 즉 보살피고 지탱시키고 변혁시키는 일에 동참하는 것이며 이는 사람들로 하여금 예수 그리스도와 관계를 맺게 하고, 진정한 샬롬을 주는 것임을 강조한다. 회심을 위한 전도활동과 해방을 위한 사회활동은 긴밀하게 연결된다. 즉 이 양자가 함께 그리스도를 증언한다는 면에서 선교적 행위로 이해하여야 한다는 것이다. 총체적 선교의 관점에서 선교를 수행할 때 교회는 더 이상 전통적인 접근법에 고착되지 않는 포괄적인 전도와 선교개념을 가지게 된다. 영혼 구원이라는 측면만이 아니라 사람의 존재 전체의 온전한 구원과 성장을 추구하게 된다. 사람들의 회심만이 아니라 온전한 제자도를 지향하며, 더욱이 전도와 사회선교는 별개의 활동이 아니라 긴밀하게 연결되어 함께 실행되어야 할 동시적이요 상호적인 사역으로 실행하게 된다. 복음의 선포행위(kerygma)는 사회적 봉사(diakonia)와 함께 행하여진다.

뉴비긴은 총체적 선교라는 용어를 즐겨 사용하지 않았지만 그의 선교론은 총체적 선교론의 교과서적 모범이라고 할 수 있다. 특히 그는 공적 진리로서의 복음의 특성을 언급하면서 하나님의 백성의 공동체인 교회가 생명에 찬 삶을 살아갈 뿐 아니라 신자 개개인이 하나님의 청지기로서 공적 사회생활의 현장에서 증인된 삶을 살아가야 함을 강조한다. 특히 뉴비긴이 선교를 하나님의 정의의 실현으로 보는 관점은 인간의 삶의 현실과 사회와 문화 속에서 하나님 나라의 가치를 이루기 위한 참여적 실천으로 이끈다.

칼빈이 활동하던 시대에는 오늘날과 같은 용어의 선교(mission) 개념이나 총체적 복음(holistic Gospel) 혹은 총체적 선교(holistic Mission)라는 개념은 존재하지 않았다. 그러나 그는 강력한 복음전도자였으며 말씀의 선포를 통하여 영혼들을 구원하고 교회를 세우고자 하였다. 칼빈이 행한 말씀의 증언은 단순히 개인의 회심을 목적으로 하는 전도가 아니었으며, 궁극적으로 바른 교회를 세우고 뭇 영혼을 진리로 인도하고자 하는 교회 건설형 설교요 선포사역이었다고 할 수 있다. 아울러 그의 목회와 선교적 삶, 그리고 제네바 시와 교회의 선교적 활동을 종합적으로 조명하여 본다면 그의 사역은 그야말로 총체적 선교의 전형이라고 볼 수 있다.

2. 칼빈의 총체적 선교 사상

하나님의 형상

칼빈의 인간이해와 구원론은 총체적 선교적 관점을 배태하고 있다. 칼빈에게 있어 선교란 곧 타락한 인간에게서 하나님의 형상이 회복되는 것을 의미하였으며, 하나님의 형상이 온전히 회복된 신자들을 통해 하나님의 나라가 확장되는 것을 뜻하였다. 그는 개인이 그리스도와 연합함으로써 훼손된 하나님의 형상이 회복되고 이들이 그리스도와 연합하여 세워지는 참된 교회를 통하여 하나님의 나라가 확장되는 것으로 보았다. 칼빈이 말하는 하나님의 형상은 하나님의 의와 거룩과 진리를 의미하는 것이었다(엡4:24, 골3:10). 하나님의 성품을 묘사하는 이러한 추상적인 개념을 단순하게 해석하면 인간의 육체나 삶의 영역을 배제하고 단지 영적인 영역의 구원만을 의미하는 것으로 오해할 수가 있다. 그러나 성경이 말하는 하나님의 형상의 회복은 타락한 인간 존재의 영혼과 내면이 회복되어 하나님이 창조하실 때의 본래의 형상을 회복함을 말한다. 이는 인간의 영혼을 새롭게 하여 경건한 성화의 새로운 삶으로 이끄는 전인적인 구원이라고 보아야 한다.

또한 다른 사람들 안에 존재하는 하나님의 형상은 우리가 마음을 다하여 타자를 사랑하고 존중해야 할 이유가 된다. 칼빈은 인간의 타락과 부패에도 불구하고 그 속에 하나님의 형상이 남아 있음을 강조한다. 따라서 경건한 신자는 타자를 바라볼 때 비록 그 안에 비천함이 드러난다고 할지라도 그보다 그 안에 살아있는 하나님의 형상을 주목할 것을 요청받는다. 즉 그 사람 속에 내재된 하나님의 형상의 아름답고 존귀한 모습을 바라보며 그를 동정하고 사랑하여야 한다는 것이다.155) 칼빈의 관점에 의하면 일반은총의 빛이 모든 사람에게 비추인다. 즉 하나님의 구원의 특별한 은혜의 바깥에 있는 사람들에게도 선하고 아름답고 진실한 것들이 있으므로 열린 마음으로 이를 발견하고 그들을 섬겨야 한다.156) 이러한 인간 이해는 신적인 관점에서 인간의 존엄성을 받아들이고 인간을 존중하며 이웃을 위해 봉사하는 선교적 에너지가 가득하다고 할 수 있다. 그러므로 하나님의 형상을 강조하는 칼빈의 구원 이해와 인간관은 인간의 회복과 이웃 사랑을 강조하는 총체적 선교의 모티브(motif)를 풍성하게 내포하고 있다고 할 수 있다.

하나님 나라

하나님 나라에 대한 포괄적 이해는 선교 이해의 총체성을 내포하고 있다. 칼빈에게 있어 하나님의 나라는 하나님의 주권적 통치가 온전히 이루어지는 것을 말한다. 그가 하나님 나라를 말하는 여러 문맥을 종합적으로 살펴보며 그는 복음의 전파와 참된 교회 건설을 통하여 하나님의 나라가 확장되는 것으로 보았다. 이는 교회 내 영역에서만이 아니라 국가와 사회, 문화의 전 영역에서 하나님의 주권이 이루어지고 하나님의 영광이 드러나는 것을 포함하고 있다. 이러한 하나님 나라 이해는 복음의 증거와 삶의 증언을 통한 하나님 나라 사역으로 이끄는 총체적 선교관이라고 할 수 있다.

코이노니아와 나눔의 공동체

칼빈은 사도행전 2장 42절에 나타난 최초의 예루살렘 교회와 관련된 본문을 주석하면서 나눔을 통한 성도의 교통을 언급한다. 칼빈에게 있어 예루살렘 교회의 모습은 교회의 참되고 온전한 모습을 판단할 수 있는 네 가지의 특성을 보여준다. 사도행전 2장 42절에 예루살렘 교회가 사도들의 가르침을 받고 기도하기를 힘쓴다는 장면은 말씀과 기도를 뜻하는 것으로 이론의 여지가 없는 분명한 의미를 지니고 있다. 그러나 '서로 교제하고 떡을 떼며'에 대해서는 다양한 해석들이 존재하는데 칼빈은 이에 대한 당시의 해석들에 대해서 반대한다. 즉 칼빈은 떡을 떼는 것을 빵의 나눔 즉 자선적 나눔으로 이해하거나 성도들이 함께 음식을 먹는 식탁의 교제로 해석하는 것에 반대하였다. 또한 칼빈은 서로 교제하며(Koinonia)를 성찬의 집행이라고 하는 것에 대해서도 반대한다. 이는 '교제'는 특별한 설명이 없는 한 성찬의 의미로 사용되지 않기 때문이다. 칼빈은 교제 즉 코이노니아를 성도들 상호간의 교제, 물질적 나눔의 자선, 또는 형제 간의 사귐으로 해석한다. 이는 2장 45절에 기록된 바 "믿는 사람이 다 함께 있어 모든 물건을 서로 통용"하는 공동체적인 삶의 모습과 연결된다. 성도가 '서로 교제'하는 코이노니아가 이루어지는 공동체에 대해 강조하는 칼빈의 관점은 교제의 영적인 측면만이 아닌 나눔과 구제를 포함한 물질적 측면까지 내포하고 있다.

이는 선행 즉 구제를 강조하는 칼빈의 신학사상을 반영하고 있다. 그러나 칼빈에게 있어서 구제의 선행은 복음 전파와 무관한 별도의 행위가 아니었다. 이 둘은 어느 것의 우선순위를 두도록 구분되지 않고, 그리스도의 몸된 교회가 수행해야 할 동일한 사명으로서 하나님의 명령에 대한 순종적 행위였기 때문이다. 칼빈의 전통에 따른 하이델베르그 교리문답(Heidelberg Catechism)에서도 선행이 지니는 선교적 의미를 나타내는 단서가 발견된다. 하이델베르그 교리문답 제 86문의 질문은 "우리가 우리의 공로가 전혀 없이 오직 은혜로 그리스도로 말미암아 우리의 비참한 처지에서 구원을 받는데, 어째서 우리가 선행을 해야 합니까?"이다. 이에 대한 대답은 다음과 같다.

> 그리스도께서는 그의 피로 우리를 구속하셨고 또한 그의 성령으로 그의 형상을 따라 우리를 새롭게 하시니, 이는 하나님께서 베푸신 축복에 대해 우리의 삶 전체로 감사하게 하시사 하나님께서 우리에게서 찬양을 받으시기 위함이며, 또한 각 사람이 그 열매로 자기 믿음을 확신하며, 또한 우리의 경건한 삶을 통해서 우리 이웃들도 그리스도께로

인도받게 하시기 위함입니다.157)

이 질문에 대한 답변에서 선행의 목적은 이웃들을 그리스도에게로 인도하기 위한 것이라고 말한다. 이는 선행이 전도의 수단이라는 단순한 종속적인 의미가 아니라 선행의 결과 사람들을 그리스도에게로 인도하는 효과가 있게 되므로 이를 목적으로 하여야 한다는 것을 의미하는 것으로 볼 수 있다. 그리고 이 '선행'은 특정한 구제나 섬김의 행위만을 의미하는 것이 아니라 '우리의 경건한 삶' 전체를 의미한다는 점을 발견할 수 있다. 그러므로 칼빈의 정신에 따르면, 선행은 곧 경건한 그리스도인의 삶의 특징이며 이는 선교적 차원을 내포한 것이라고 볼 수 있다.

직업적 소명과 청지기 사상

칼빈은 신자는 하나님이 우리의 이웃을 섬길 수 있도록 우리에게 허락하신 모든 것을 관리하는 청지기이며 우리는 자신이 수행한 청지기 직책에 관해 하나님께 보고할 의무가 있다고 보았다. 이는 그 유명한 칼빈의 청지기 사상이다. 칼빈은 유일하게 선하고 정당한 청지기 정신은 사랑의 법칙에 의해 지배되어야 한다고 보았다.158) 이러한 사랑의 정신은 자신의 권익만이 아니라 이웃의 권익에 대해 염려하고 때로는 자신의 권익을 양보하는 것이다. 또한 칼빈은 우리가 소유하고 있는 물질을 하나님께 나누어 그분을 부요하게 할 수 없으므로 땅에 있는 사람들에게 나누어야 한다고 강조하였다.159) 이러한 청지기직의 목표는 타인의 유익을 위함이고 그 방법은 우리의 노동과 섬김을 통해서 이루어진다. 칼빈은 인간의 육체의 여러 기관들이 자기 자신을 위해 활동하지 않고 다른 기관들을 위해 존재하는 것처럼 신자는 다른 교우들을 위해서 일해야 한다고 주장한다.160) 그는 신자들을 하나님이 맡기신 바 모든 것을 관리하는 청지기로 보았다. 그리고 그는 자기 자신만의 이익이 아니라 타자를 위해 일하며 이를 통해 하나님의 영광을 나타낸다고 보았다. 이러한 노동과 섬김은 일차적으로 직업의 현장과 일터에서 이루어진다. 이와 같이 청지기정신은 노동과 밀접한 관련을 맺는다. 그러므로 칼빈에게 있어 노동, 즉 일은 신자가 하나님이 자신에게 부여하신 재능에 대한 청지기로서 또한 사회적 자원에 대한 공동의 청지기로서 협력하는 사회적 활동이다.161) 이러한 청지기 사상과 직업적 노동을 통한 섬김의 정신은 세상에의 참여적 삶과 신실한 삶의 증언을 통한 선교의 사회적 차원을 담고 있는 칼빈 사상의 총체성을 선명하게 보여주고 있다.

3. 칼빈의 총체적 선교 활동과 디아코니아

로날드 사이더는 교회가 총체적 선교 즉 총체적 사역(Holistic Ministry)의 소명이 있음을 강조하며 전도와 사회사역의 관계에 대해 설명한다.162) 그 첫째는, 사회사역(Social Ministry)이 영적 성숙의 수단 혹은 기초를 제공한다는 것이다. 둘째로, 전도는 사람들의 내면을 치유하고 삶의 존엄과 희망을 회복시킴으로써 사회사역의 결과를 보다 향상시킨다는 것이다. 마지막으로, 전도는 교회 공동체 속으로 사람들을 이끌어오고 그들의 간증과 헌신을 통하여 사회사역을 위한 교회의 역량을 크게 향상시킨다는 것이다. 또한 그는 그의 책 *Good News and Good Works*에서 교회의 사회적 활동에는 세 가지 영역이 있다고 정리한다.163) 그 중 하나는 구제(Relief)이다. 이는 사회적 구조악과 자연적 재난의 피해자를 구조하고 그들이 생존하도록 돕는 일이다. 그 다음은 개발(Development)이다. 이 개발의 영역은 개인들로 하여금 그들 스스로를 돌보고 자립하도록 기술과 지식을 습득케 하는 지원활동(Personal Development)과 지역공동체를 보다 경제적 문화적으로 풍요롭게 만드는 일(Community Development)로 구분할 수 있다. 그리고 사회사역의 또 하나의 중요한 방향은 사회적 변화(Social Change)이다. 이는 사회의 기본 구조를 변화시켜 법적, 정치적, 경제적인 영역을 새롭게 하는 일련의 행위들로서 자유, 민주주의, 경제적 정의, 환경보존 등을 포함하는 포괄적 사역이다. 흔히 기독교의 사회사역을 봉사와 치유적 성격의 제사장적 사역으로만 국한하는 경향이 전통적인 사회참여의 관점이라면, 여기서 더 나아가 사회적 변화를 포함하는 예언자적 참여를 수용하는 관점이 총체적 선교의 관점이라고 할 수 있다. 이러한 관점에서 칼빈의 목회와 실천적 사회 사역을 살펴볼 때 칼빈의 사회적 참여는 매우 적극적인 양상을 띠고 있다.

디아코니아 : 구제사역과 봉사

칼빈의 디아코니아 사역은 칼빈 사상이 지니고 있는 참여적 특성에 기인할 뿐 아니라 칼빈이 살아가던 시대의 사람들의 삶을 규정하는 정치적 경제적 현실과 관련이 있다. 칼빈이 목회를 할 때의 유럽 사회는 격변하는 시대 조류 속에서 만연한 사회적 불안과 함께 가난과 질병이 큰 문제로 대두되어 있었다.164) 이것이 종교개혁을 통하여 등장하였던 개신교 교회가 직면한 사역의 환경이었다. 칼빈 역시도 제네바라는 도시를 둘러싼 제반 상황 속에서 그 사회가 직면하는 실제적인 문제에 응답하며 목회적 사역을 감당하여야 했다. 이는 사람들의 삶의 실제적인 문제를 해결하기 위해 섬기고 도움을 제공하는 디아코니아 사역이었다. 칼빈의 디아코니아 사역은 가난한 교인들과 이웃들에 대한 구제사업과 난민들에 대한 구호사업 등으로 이루어졌다.

칼빈은 집사를 세워 항상적이고 체계적인 구제와 병원 사역을 수행하였는데 이는 오늘날의 개념으로 표현하자면 일종의 복지사역이라고 할 수 있다. 칼빈이 구제를 감당하는 집사를 세운 것은 사도행전 6장에 예루살렘 교회의 사도들이 집사를 세워 구제하는 일을 전담하게 한 일에 근거한다. 따라서 성경적인 목회를 힘쓴 칼빈이 집사의 가장 중심적 사역으로 구제사역을 담당하게 했다는 것은 의미심장한 일이다. 집사로하여금 가난한 자를 살피고 구제하는 일에 우선한다는 것은 단지 교회의 재정을 관리하고 여러 봉사의 직무를 하게 하는 일반적인 교회 직분의 개념과 상이하기 때문이다. 그리고 칼빈이 제네바 시에서 운영하는 병원사역을 섬기는 집사를 별도로 두고 이 일을 감당하게 한 것 역시 적극적인 디아코니아 사역이라고 할 수 있다. 칼빈이 병원 사역에 참여하게 된 것은 그가 자발적으로 디아코니아를 수행하기 위하여 시작한 것이 아니라 제네바 시에서 가톨릭이 불법화되면서 병원에서 일하던 수도자들과 수녀 및 신부들이 떠나게 된 일과 밀접하게 관련이 있다. 즉 불가피하게 그 일을 떠맡게 된 것이며, 상황적으로 교회에 요구되어지는 일에 봉사자 즉 집사들을 투입함으로써 섬기게 된 일이었다. 그리고 병원 사역은 교회의 전적인 사역이 아니었다. 그럼에도 불구하고 병자를 돌보아야 할 일이 발생하는 상황에서 교회가 이에 즉각적으로 응답하여 이를 담당하는 직분자를 세워 전적으로 헌신하게 한 일은 현장의 필요에 응답하는 매우 능동적인 섬김이라고 보아야 한다. 또한 칼빈이 제네바 시에서 사역을 하는 동안 가톨릭의 핍박을 받아 제네바 인근으로 몰려온 대규모 난민으로 인해 사회적인 문제가 발생하였다. 이러한 상황에서도 그는 신앙고백적인 태도로 응답하여야 했다. 그리하여 거처가 없고 가난하고 병든 수많은 사람들을 직접 돌보는 난민 사역을 감당하였다. 이러한 구제와 난민 사역에 교회가 어느 정도의 비중을 가지고 적극적으로 행하였는가 하는 점에 대해서는 평가되어야 할 여지가 있다. 분명한 것은 칼빈이 나그네와 같은 그들을 외면하지 않고 교회의 체계적인 사역으로 매우 성실하게 그러한 상황에 응답하였다는 것이다.

칼빈의 사회정치적 활동

칼빈은 목회자로서 제네바 시의 지도자 중 한 사람으로서 사회 정치영역의 활동에 적극 참여하였으며 이를 자신의 사명이자 교회의 기본적인 역할로 이해하였다. 칼빈의 사회정치사상을 무엇이라고 한마디로 요약할 수 없으나 그가 현대 선교론에서 말하는 어떤 선교론적 전망에서 이러한 활동에 참여한 것은 아니었다. 그러나 사회정치 영역에서의 교회의 사명에 대해 그는 확고한 신념이 있었으며 이러한 사상과 태도는 『기독교강요』의 정부와 국가에 대한 그의 이론에 표현된 바 있다. 그의 사회정치적 사상과 그의 활동들은 전적으로 그의 하나님 지식에 근거하고 있다.[165] 칼빈은 하나님은 창조주이실 뿐 아니라 우주와 역사와 인간의 대소사를 섭리하시는 하나님으로 이해한다. 그리고 그는 인간의 삶의 전 영역에서 하나님의 주권이 온전히 이루어져야 함을 믿는다. 그에게 있어 하나님의 주권은 단지 상상과 신앙고백의 영역이 아니라 현실 속에서 직접 실현되어야 할 실체적 힘을 의미한다. 하나님의 절대적 주권은 구원의 영역만이 아니라 창조의 영역에서도 이루어져야 한다.166) 하나님의 창조 질서와 섭리의 한 영역인 역사와 사회 정치적 영역에서도 하나님의 주권적 통치가 온전히 이루어져야 하며 교회는 이를 위하여 부르심을 받았다. 이 주권적 통치는 타락한 사회 정치적 영역에서 예수 그리스도를 통한 하나님의 구속(redemption)이 이루어지는 것이다. 사회의 전 영역에서 하나님의 구속으로 새로운 질서를 형성하는 것, 이것이 칼빈이 지향하는 하나님의 주권적 다스림이다. 데이비드 보쉬는 칼빈의 사상이 정치사회적 참여와 관련하여 가지는 태도에 대해서 다음과 같이 요약한다. "칼빈주의자들은 신정정치적 특징들 때문에, 종교개혁의 칼빈주의 진영은 루터파보다 사회 속에서의 그리스도의 통치에 대해 더 많은 강조를 두었다. 이 특징은 또한 칼빈주의자들의 선교의 실제에서 나타났다."167)

이러한 관점에서 칼빈과 제네바 교회는 집사를 세워 항상적인 디아코니아 사역을 감당하였으며, 제네바 시의 사회적 정치적 현안에 개입하였고 협력하였다. 나아가 정치 영역 역시 하나님의 주권이 이루어져야 할 영역으로 교회의 책임성 있는 섬김의 현장이 되어야 한다는 것이 칼빈의 확신이었다. 그의 정치 사상은 그의 『기독교강요』 제4권 20장에서 교회와 국가 혹은 하나님의 왕국과 시민정부의 관계에 대해서 논하고 있다. 칼빈은 교회와 국가, 이 양자는 구별되면서도 상호 밀접한 관련성이 있음을 언급한다. 근본적으로 국가 혹은 시민정부를 중심을 한 질서 역시 하나님의 의해 설립된 질서로 본다. 두 영역은 분리되어 있으면서도 그 기원을 하나님께 두고 있다는 점에서 동일하며 하나님이 뜻하시는 목적을 수행해야 한다는 점에서 각자가 상호 관련이 있다고 보았다. 칼빈은 시민 정부의 임무를 다음과 같이 규정하였다.

> 우리가 인간 세계에 사는 동안 외부적인 하나님 예배를 육성 또는 유지하며, 교회의 건전한 교리와 그 존립을 보호하고 우리의 행위를 인류 사회에 적용하며, 우리의 방법을 사회정의 형성에 이바지하게 하며, 그리고 우리의 상호관계를 조정하여 공동의 평화와 안녕을 보호하는 것을 그 임무로 하는 것이다.168)

칼빈은 사회 정치적 영역에서의 하나님의 주권을 강조하면서도 그는 신정정치적 형태를 지향하지 않았다. 그는 제네바 시에서 시정을 맡는 관리와 성직자를 구분하였으며, 자신과 목회 동료들은 정치 영역에서 아무런 직책이나 권리를 가지고 있지 않았다. 칼빈이 의미하는 바 신정정치는 성직자의 지배로 이루어지는 종교국가가 아니라 교회와의 건강한 협력관계에 기초하여 하나님의 나라의 가치와 하나님의 뜻이 온전히 이루어지는 정치를 의미하였다. 이러한 맥락에서 그는 제네바 시가 하나님의 주권적 통치가 되는 도시가 되기를 위해 목회, 사회, 정치 영역에서 봉사하였다.

최윤배는 칼빈의 『기독교강요』 제4권 교회론은 교회의 선교적 사명을 고취하고 있는 강력한 선교적 사상으로부터 출발하고 있다고 단언하며 다음과 같이 언급한다.

깔뱅의 교회의 목적과 기능은 전통적으로 이해된 '예배', '구원의 방주', '복음전파를 통한 세계의 복음화' 등을 포함하는 '모이는 교회'의 목적을 그대로 유지하면서도, 교회의 대외적 책임, 즉 사회적, 정치적 책임 등을 포함하는 '흩어지는 교회'의 목적에까지 확장되어 있다. 교회의 이 모든 목적은 종말론적으로 하나님 나라의 구현과 직접적으로 관계된다.[169]

교회의 사회적 정치적 참여의 신학적 근거와 범위에 대한 현대적 논란은 칼빈의 목회와 제네바 시와 협력한 정치사회적 참여라는 역사적 사실 앞에서 매우 단순한 주제로 변모한다. 즉 어떻게 교회가 사회와 정치에 참여하고 섬길 것인가? 하는 방법론적 질문으로 전환되는 것이다.

4. 칼빈의 문화신학과 뉴비긴의 공적 복음의 참여적 역동성

칼빈과 문화 변혁

칼빈 사상은 하나님의 주권이 이루어지는 세상을 이루기 위해 세상에 참여하여 세상을 변화시키는 변혁적 역동성을 가지고 있다. 이는 사회를 하나님의 사랑과 정의의 성품에 따라 개조하기 위해 헌신하는 선교적 참여로 이끈다. 이것이 칼빈이 가진 당시의 종교개혁가들과의 현격한 차이점이자 그들의 신학적 틀을 넘어선 칼빈의 탁월성이라고 할 수 있다. 칼빈은 루터와 쯔빙글리의 개혁의 기반 위에 선 2세대 종교개혁가이다. 그러나 칼빈은 1세대 개혁자들을 단지 모방하거나 그들의 사상을 재생하는데 머무르지 않았다. 칼빈의 공헌은 신학의 영역에서만 아니라 문화의 영역(the realm of culture)에서도 새로운 발전을 이룬 것이다.170) 칼빈의 신학사상은 하나님의 절대주권을 강조하면서도 하나님의 영광을 위하여 이 세상 안에서 하나님의 계명을 온전히 수행하는 인간의 자유와 책임을 강조한다. 하나님이 창조(creation)하신 세계가 타락(fall)하여 부패하였지만 하나님이 그의 섭리 가운데 구속(redemption)하시는 과정에 그리스도인이 참여하여야 한다는 것이다. 이러한 관점에 서게 되면 세상의 문화 속에는 하나님의 일반은총이 있음에도 불구하고 그 문화는 타락하였으므로 기독교적 문화와 세속적인 문화 사이에 존재하는 화해할 없는 반정립(反定立) 관계를 인식하게 된다.171) 즉 세상 속에 있는 문화의 모든 영역을 그리스도의 포괄적 통치 안으로 들어오게 하여야 하는 것이다.172) 이것이 그리스도인들에게 맡겨진 책임이다. 즉 문화 자체가 궁극적으로 악한 것이 아니라 문화를 형성하는 인간이 악하고 타락하여 부패한 것이다. 그러므로 하나님의 영광과 그의 나라의 유익을 위하여 문화를 변화시켜야 할 책무를 지닌다.173) 그리스도인은 하나님의 청지기로서 문화적 소명을 부여받아 세상을 변화시키고 하나님의 뜻이 세상 가운데 이루어지도록 힘써야 한다. 이는 신자가 하나님의 말씀으로 그리스도의 온전한 통치가 이 땅 가운데 이루어지도록 힘쓰는 활동을 통하여 수행되며, 신자는 문화의 영역에서 하나님의 통치 아래서 국가나 제도적 교회로부터 자유롭다.174) 이러한 문화적 소명은 신자가 하나님께로부터 받은바 은사를 경제의 영역, 정치의 영역, 예술과 문학과 학문의 영역을 포함한 사회의 전 영역에서 청지기적 소명감을 가지고 일하고 참여하는 과정을 통하여 이루어진다. 기본적으로 이러한 참여적 문화 이해는 창조 – 타락 – 구속이라는 신학적 틀에 기반하고 있다. 김

영한은 이와 같은 문화변혁주의적 유형은 다음 세 가지 특징을 가진다고
보았다. 첫째로 하나님의 창조를 중시하여 비록 타락을 하였다고 할지라
도 하나님의 창조질서는 여전히 이 세상을 지배하고 있다고 보며, 둘째,
타락은 본래의 상태로부터의 변질과 부패를 의미하며, 셋째로, 현 문화
의 부조리에 대한 적극적인 변혁의 태도를 지닌다는 점이다.[175]

이러한 문화적 소명관을 계승한 대표적인 인물은 칼빈주의 사상가로서
네델란드에서 기독교적 정치활동을 한 아브라함 카이퍼(Abraham
Kuyper, 1837-1920)이다. 그는 칼빈주의야말로 시대적인 문제를 해결하
고 하나님이 창조하신 세계를 바르게 해석할 수 있는 신학적 틀로 확신하
였다. 그는 국가를 하나님의 일반은총의 수단으로 보았다. 그는 국가 및
정부가 수행하는 기능은 첫째로 개인과 사회의 모든 영역 내에 존재하는
죄를 억제하고 막는 일이며, 둘째는 사회 안에 존재하는 다양한 영역들의
독립성을 보호하고 유지해주는 일로 보았다. 즉 경제, 교육, 예술, 종교 등
의 각 영역은 하나님의 창조적 절서에 따라서 그 고유한 임무가 있으며 국
가는 그 영역의 고유한 주권을 침해할 수 없으며, 이 모든 영역에 대한 주
권은 하나님께만 있고 각 영역은 상대적인 주권만 가진다는 것이다.[176]

리처드 니버(Richard Niebuhr, 1894-1962)는 「그리스도와 문화」에
서 교회가 문화와 관계를 맺는 다섯 가지 유형에 대해 다루며 칼빈 사상
이 지니는 참여적 변혁성을 언급하였다. 그는 교회의 역사 속에서 기독
교가 세상의 문화와 관계를 맺는 방식을 다음과 같은 용어로 분류하였
다. 첫째는 문화와 대립하는 그리스도(Christ Against Culture) 유형,
둘째는 문화에 속하는 그리스도(The Christ of Culture) 유형, 셋째는
문화 위에 있는 그리스도(Christ Above Culture) 유형, 넷째는 문화와

역설적 관계에 있는 그리스도(Christ and Culture in Paradox) 유형, 마지막으로 문화를 변혁하는 그리스도(Christ the Transformer of Culture) 유형이 그것이다. 이 가운데 문화를 변혁하는 그리스도(Christ the Transformer of Culture) 사상은 그리스도를 세상의 구속자(Redeemer)로 이해하고 하나님의 창조된 피조질서로부터 타락한 세상을 그리스도께서 구속하신다는 신학적 관점에 기반하여 복음으로 세상을 변혁하고자 하는 변혁적 관점과 참여적 삶으로 이끈다. 니버는 그리스도에 의한 문화적 변혁을 주장하는 대표적인 신학자로 아우구스티누스를 언급하면서 그가 정립한 창조, 타락, 중생의 이론구조, 이교도에서 기독교로 개종한 그의 개인적 내력, 그가 기독교에 미친 결정적인 영향으로 이 사상이 기독교 내에 중요한 하나의 흐름이 되었음을 언급한다.177) 니버는 종교개혁가 칼빈은 아우구스티누스와 아주 유사한 사상을 가지고 있음을 지적하며 이러한 전환론적 관념은 칼빈의 사상과 활동에서 매우 두드러진다고 평가한다.178) 칼빈의 신학은 하나님의 주권적 통치와 복음의 영향력이 개인의 일상의 삶 전체에 스며들 뿐 아니라 개인과 교회를 포함하여 사회의 전 영역에서 구현되기를 강조하는 사상이다. 직업을 통해 하나님을 영화롭게 하고자 하는 역동적인 소명의 개념, 교회와 국가를 밀접하게 관련지어 이해하는 사상, 국가는 소극적으로는 악을 제어하고 적극적으로는 복지를 증진시키기 위한 하나님의 도구라는 주장, 인간의 타락에도 불구하고 인간 본성 속에 하나님의 형상의 찬란한 영광이 남아 있다고 보는 인간주의적 견해, 육체의 부활에 대한 신학, 특히 하나님의 주권에 대한 강조는 칼빈 사상의 변혁적 특징을 보여주고 있다.179) 칼빈의 사상은 그리스도와 문화를 대립적이거나 단절된 것으로 이해하지 않는다. 세상으로부터 도피하여 피안적 세계의 게토화된 교회로 고립되거나 아니면 정반대로 문화에 예속되어 세속화되는 것을 거부한다. 오히려 인간의 내면과 삶, 문화와 국가 등 인류의 모든 측면이 하나님의 나라로 변혁되기를 추구한다.[180] 따라서 그리스도께서 타락하여 망가진 세상을 변혁하시고 새롭게 하신다는 종말론적 희망을 가지고 새 하늘과 새 땅을 바라보며 문화에 참여하여 이를 개조하고자 한다. 니버는 루터가 문화 혹은 세상에 대해 취하였던 이분법적 태도와는 달리 칼빈의 사상은 적극적인 참여를 통한 변혁적 역동성을 지니고 있다고 평가하였다.[181]

뉴비긴의 공적 영역에서의 복음의 증언

뉴비긴은 복음과 서구문화에 대해 다룬 자신의 저서에서 아브라함 카이퍼의 '영역주권'에 대해 긍정적으로 평가하면서 사회의 공적 영역에서 공적 진리로서의 복음이 증언되어야 함을 강조한다.

> 내가 염두에 두고 있는 것은 아브라함 카이퍼(Abrahm Kuyper)와 헤르만 도에베르트가 '영역 주권'(sphere sovereignty)에 관해 연구한 것인데, 카이퍼가 이름을 붙인 이것은 하나님이 창조 질서의 일부로 인간 삶의 주요 영역, 즉 예술, 과학, 정치, 윤리, 믿음 등에 각각 어느 정도의 자율성을 부여하셨다는 교리다. 이는 각 영역을 개발할 책임이 있는 인간 공동체가 믿음의 공동체(교회)가 아닌 하나님 앞에 직접 책임을 지는 것을 의미하는데, 전자에게는 그 영역들을 다스리는 직접적인 권한이 없기 때문이다. 영역 주권은 사회의 모든 영역이 각각 하나

님이 주신 과제와 관할권을 갖고 있으며, 이는 그 영역의 고유한 성격에 의해서 제약을 받는다는 것을 의미한다.[182]

또한 뉴비긴은 종교개혁가들 즉 루터와 칼빈을 포함한 종교개혁가들은 어떤 다른 활동보다 그리스도인의 경제활동이 하나님의 법칙에 의해 주관되어야 한다고 주장하였음을 주목한다.[183] 그는 칼빈주의를 발전시킨 청교도들은 제네바로부터 두 가지 전제를 이어받았는데 그 하나는 경제의 영역은 하나님의 통치 아래에 있다는 것이고 다른 하나는 개혁자들이 강조하였던 그리스도인 개개인의 책임성, 성실한 노동생활, 자기 부정, 질서, 엄격한 제자훈련을 통해 직업적 소명과 선택받음을 증명하는 것이라고 보았다.[184] 이와 같이 뉴비긴이 칼빈과 카이퍼를 언급하며 '공적 복음의 증언으로서의 선교' 사상을 전개하는 것으로 보아 뉴비긴과 칼빈의 문화신학은 매우 밀접한 연결점과 유사성을 지니고 있다고 할 수 있다.

뉴비긴은 예수 그리스도의 삶과 사역, 십자가 죽으심과 부활을 통하여 인간의 총체적 상황을 바꾸는 구원 사건이 발생하였으며, 따라서 모든 인간 문화 각각에 대해 의문을 제기하지 않을 수 없게 만들었다고 말한다.[185] 뉴비긴은 콘스탄틴 황제 이후 기독교가 기독교 신앙을 공적인 영역에서 추방당하여 전적으로 개인적인 영역으로 국한되어버렸음을 지적한다. "예수 그리스도의 메시지는 왕권 즉 하나님의 우주적 주권에 대한 것이었다. 그것은 이 세상의 공적인 영역과 분리되어 존재하는 내면적 삶에 대한 메시지가 아니었다."[186] 그는 사회의 지배적인 문화와 공적 이데올로기에 도전하지 않는 개인 구원의 사적 종교는 세상 문화로부터 배격당하지 않고 완벽한 안전이 보장되지만,[187] 그리스도인은 공적 복음을 증언하여야 한다고 보았다. 그러므로 그리스도인은 주어진 문화에 함몰되지 말고 그 문화에 대해 의문을 제기할 뿐 아니라 공적 영역 즉 사회의 각 문화 영역에서 하나님의 통치가 이루어지도록 책임성 있는 삶을 통하여 복음을 증언하여야 한다고 주장한다. 이는 단지 자유로운 선택의 문제가 아니라 그리스도인에게 주어진 책임이라고 강조한다.

> 오늘날에도 교회가 기독교 신앙에 비추어 국가의 공적 삶과 산업 및 상업 분야에서 세계적 질서를 세우는 일에 영향을 미칠 수 있는데도 그 책임을 저버린다면 결코 죄책을 모면할 수 없을 것이다. 설사 교회가 아주 소수여서 정치권력이 전혀 없다 하더라도, 그 시민 공동체를 다스리는 권세를 대상으로 하나님의 말씀을 선포할 책임이 있다.[188]

이러한 사회와 문화의 제 영역에 대한 책임을 수행하기 위해서는 먼저 그리스도인의 신앙과 삶에 있어서 전향적인 태도의 변화를 요구한다. 진정한 복음에 대한 이해는 개인의 안위와 거룩함만 추구하는 차원에 머무르지 않고 공적인 삶의 영역에서 하나님의 정의를 이루기 위한 삶을 촉구한다. 그리스도인들이 개인의 경건에 머무르지 않고 하나님의 정의를 선포하고 최상의 법인 사랑을 실천하는 삶을 통하여 사회의 공적 삶의 영역에서 살아야 하는 것이다. 뉴비긴은 최상의 사회 질서라 하더라도 하나님의 관점에서는 죄인인 인간들의 조직에 불과하고 언제나 타락할 소지가 있음을 겸손히 인정하며 삶을 통하여 복음을 증언하여야 한다고 주장하였다.[189] 이는 지역교회의 회중이 하나님 나라의 가치를 살아가는 삶을 통하여 이루어지는 것이다.

또한 세상 속에서 공적 복음을 증언하며 문화를 변혁하기 위해서는 교회 공동체의 변화를 요청한다. 교회는 먼저 사람들에게 그리스도의 이름을 영접하도록 초청하되 이는 개인의 영혼과 경건의 사적 영역에 국한된 구원의 초청이 아니라 삶의 회심과 세상의 문화 속에 새로운 존재로서 진정한 부딪힘으로 이끄는 복음전도이어야 한다.[190] 뉴비긴은 교회는 모든 사람에게 하나님 아닌 다른 권세를 추종하는 잘못된 충성을 회개하고 유일하신 참된 주권자를 믿음으로써 세상의 공적 영역에서 참되고 살아 계신 하나님의 주권을 가리키는 표지요 도구요 맛보기가 되자고 요청하여야 한다고 주장한다.[191] 데이비드 W. 쉥크(David W. Shenk)는 모든 문화는 양파와 같은 구조를 하고 있으며, 그 양파의 중심부에는 세계관(world-view)이 들어있으며 이것이 그 바깥의 여러 문화지층들에 영향을 미친다고 보았다. "모든 문화의 핵심은 세계관이다."[192] 교회가 문화 속에 담겨있는 세계관의 핵심과 가치관을 파악하고 하나님 나라의 가치로 살아가는 새로운 공동체를 살아가고 새로운 대안적 문화를 형성하는 일이 중요한 이유가 여기에 있다. 이와 같은 맥락에서 뉴비긴은 복음의 전달자로서 교회가 대안적 문화를 가진 하나님 나라의 가시적 실체가 되어야 한다고 역설한다.

> 교회는 모든 민족에게로 하나님의 나라와 통치와 주권을 선포하는 복음을 전하는 전달자이다. 그것은 뭇사람들을 다른 권세에 대한 그릇된 충성에서 돌이키게 하고 진정한 주권 안에 있는 신자가 되게 하여, 모든 피조물과 민족들과 인간의 삶 위에 살아계시는 참되신 하나님의 나라의 표징, 도구, 맛보기가 되도록 부른다.[193]

뉴비긴에 의하면 제자를 삼는다는 것은 사람들을 불러 인간사 모든 분야에서 하나님의 정의의 표지요 일꾼이 되도록 구비시키는 것이다."194) 뉴비긴은 교회는 콘스탄틴 황제 이후 기독교가 국교화가 된 이래 다음세 가지의 교회구조를 계승하고 고착화되었다고 보았다; 교회 조직의일부로서 지역적 교구 제도, 모이는 회중, 교구 회중들에게 영향을 미치는 계층화된 성직자 그룹이다. 그는 이러한 서구문화의 구도 속에서 사적 영역으로 추방된 교회를 공적 영역에서 하나님의 통치를 섬기는 공동체를 이루기 위해서는 지역교회의 회중들을 복음전도와 교육 및 사회 정치적 현장에서 일하도록 이끌어야 한다고 주장하였다.195) 특히 그는 현대문화를 형성해왔고 지금도 지배하고 있는 이기적이고 탐욕적이고 경쟁적인 문화적 '틀' 대신에 교회가 제공해야 할 새로운 틀은 그 중심에 사랑에 대한 호소를 지니고 있다고 보았다.196)

또한 교회는 공적인 정치적 행동으로 하나님의 통치를 선포하여야 한다. 뉴비긴은 교회가 그 어떤 정치 질서도 하나님의 통치와 동일시하여서는 안된다는 입장을 지니면서도 그가 의미하는바 정치적 행동은 가톨릭의 해방신학이나 개신교 내 급진적 노선에서 추구한 방식의 정치적 행동과 약자를 위한 당파적 헌신과는 상당히 큰 차이를 지닌다. 그는 하나님의 통치를 선포하고 구현할 기독교적 책임을 실제로 수행함에 있어 개신교 내에 형성되었던 주류적 흐름에 대해 비판한다. 뉴비긴은 그 흐름을 '저항'의 노선이라고 칭한다. 이 입장은 세상의 정치 질서는 온통 이해관계로 얽혀있고 자기의 이익을 지키기 위해 강압적인 수단을 사용하기 때문에 악의 결집체요 하나님의 원수로 규정하여야 하고 교회는 기존 체제에 편입되지 아니하고 그것에 저항하는 진영에 몸담아야 한다고 보는 입장이다.197) 뉴비긴은 교회가 기존 체제의 외부 즉 그 체제의 희생자 편이어야 한다고 주장하는 신학적 주장이 유행하게 된 것은 프롤레타리아를 메시아적 백성이자 진리와 생명의 약속을 담보하는 역사의 증인으로 간주하는 마르크스주의 이념의 영향 때문이라고 지적한다.198) 그는 하나님 나라의 언어를 이용하여 기존의 문화 속에 있는 이데올로기를 신학적으로 거룩하게 윤색하는 것에 대해 거부감을 표한다. 뉴비긴은 저항과 투쟁의 노선이 아니라 삶의 증언을 통한 정치적 참여를 하여야 한다고 보았다. 뉴비긴은 교회의 공적인 정치적 행동은 다만 다가오는 하나님의 통치를 위한 일종의 '행위로 표현된 기도'로서 그 진정한 의미가 있다고 보았다.199) 그는 교회가 정치적 입장을 표명하는 것을 반대하는 것은 아니지만 이는 하나님의 정의를 거스르는 행동에 대해서 책망함으로써 하나님의 통치를 선포하는 것이어야 한다고 보았다.

　뉴비긴은 특히 교회공동체의 삶의 중요성을 강조한다. 뉴비긴은 교회는 모든 나라를 향해 하나님의 나라와 그분의 통치와 주권을 선포하는 복음의 담지자와 같다고 보았다.200) 교회는 세상의 문화와 전혀 다른 새로운 하나님의 백성의 공동체로서 교회의 존재 자체와 희열에 찬 공동체의 삶을 통해 복음을 증언하는 것이다. 레리 밀러(Larry Miller)는 교회가 메시야적 공동체로서의 비전을 가지고 사회의 제 영역에서 선교적 사명을 수행하는 대안적 사회(Alternative Society)가 되어야 함을 강조하면서 하나님의 백성으로서 대안적 백성됨(Alternative peoplehood), 새로운 공동체적 삶을 살아가는 대안적 정치(Alternative politics), 그리고 종교적인 태도와 실천에 있어서 구별되는 영성을 소유하는 대안적 경건(Alternative

Piety)이 요구된다고 주장한다.[201] 이는 거대한 세상(macrosociety) 속에서 메시야적 그룹으로 존재하는 새로운 대안공동체로서의 작은 사회(microsociety)이다.[202] 교회의 실존 안에는 원심력적 동기, 곧 선교의 동기가 존재한다.[203] 교회의 거룩성, 즉 교회의 대조적인 삶의 모습은 사람들을 그리스도에게로 이끄는 근원적인 동력이 되는 것이다.

칼빈의 소명 사상을 중심으로 한 문화변혁적 참여의 신학은 뉴비긴의 공적 복음의 증언으로서의 선교 사상과 밀접한 관련성을 지닌다. 양자는 문화의 전 영역 즉 공적 영역에서 하나님의 주권적 통치를 선포하며 그리스도인과 교회가 책임성 있는 참여를 하여야 한다는 동일한 입장을 지니고 있다. 칼빈과 뉴비긴의 이러한 사상에는 그리스도인은 세상 속으로 보냄을 받은 존재라고 이해하는 파송의 개념이 담겨 있다. 사람들을 교회 안으로 유도하여 끌어들이는 유인형 구조가 아니라 교회가 세상 안으로 들어가 사역하는 성육신적 사역모델의 선교개념이 담겨 있는 것이다. 이들의 관점에 의하면, 교회는 기존의 문화에 흡수되거나 반대로 분리되려는 대신 자신이 속한 문화와 역동적인 상호 관련을 맺어야 한다.[204] 이는 세상 속으로 들어가 문화 속에서 증언적 삶을 통하여 그리스도의 주권적 통치가 이루어지게 하는 것이다. 이는 기존 문화에 동화되어 기독교적 정체성을 상실하는 것을 피하고, 정반대로 교회가 구별된 진지를 구축하여 기존의 문화에 대결하는 노선도 아니다. 교회가 이 세상 속에서 대안적 문화를 가진 공동체가 되어 하나님 나라의 가치를 드러내는 것이다.

칼빈과 뉴비긴 두 사람이 경험한 두 시대의 사회 구조와 정치적 질서에는 큰 차이가 존재하였다. 정치 경제적 사회구성체도 달랐으며 지배적인 문화도 상이하였다. 그러나 두 사람이 자신들이 속해있던 문화에 대한 태도는 공통적이었다. 두 사람은 교회와 그리스도인이 그 사회의 지배적인 문화에 종속되지 아니하여야 하며, 하나님의 정의와 사랑으로부터 떠난 기존의 문화 속에서 구별된 존재로서 문화를 변화시켜야 한다고 보았다. 뉴비긴이 칼빈과 카이퍼를 언급하며 하나님의 주권과 공적 영역에서의 참여를 강조한 것은 두 사람의 신학적 연속성을 잘 드러내주고 있으며 두 사람의 선교사상의 변혁적 참여적 특성을 입증해주고 있다. 칼빈이 의미하는바 '복음'은 그 개념에 있어서는 뉴비긴이 말하는 '공적 진리로서의 복음'을 의미한 것은 아니었다. 그럼에도 불구하고 교회가 복음을 선포하고 그리스도인들이 세상 속에서 하나님의 주권적 통치를 이루어야 한다는 칼빈의 관점은 공적 영역에서 하나님의 통치를 선포하여야 한다는 뉴비긴의 포괄적 증언의 개념과 매우 상통한다고 할 수 있다.

주해

1) 유해무, "칼빈의 교회론." 고신대학교개혁주의 학술원, 「칼빈과 교회」, 14.

2) *Institution*, Ⅳ. 1. 2.

3) *Institution*, Ⅳ. 1. 7.

4) *Institution*, Ⅳ. 1. 1-4.

5) *Institution*, Ⅳ. 1. 9.

6) *Institution*, Ⅳ. 1. 9-12.

7) *Institution*, Ⅳ. 1. 11.

8) *Institution*, Ⅳ. 1. 12.

9) *Institution*, Ⅳ. 1. 12.

10) *Institution*, Ⅳ. 1. 10.

11) *Institution*, Ⅳ. 1. 5.

12) *Institution*, Ⅳ. 14. 18-20.

13) *Institution*, Ⅳ. 14. 3.

14) *Institution*, Ⅳ. 14. 3.

15) *Institution*, Ⅳ. 17. 46.

16) 토마스 M. 린제이, 「종교개혁사2」, 이형기 차종순 역 (서울: 한국장로교출판사, 1991). 132.

17) *Institution*, Ⅳ. 14. 1.

18) *Institution*, Ⅳ. 15. 2.

19) *Institution*, Ⅳ. 17. 39.

20) *Institution*, Ⅳ. 17. 39.

21) *Institution*, Ⅳ. 17. 1.

22) *Institution*, Ⅳ. 17. 2.

23) *Institution*, Ⅳ. 17. 38.

24) *Institution*, Ⅳ. 17. 38.

25) 레슬리 뉴비긴, 「누가 그 진리를 죽였는가」, 홍병룡 역 (서울: IVP, 2005), 104.

26) 오토 베버, 「칼빈의 교회관」, 김영재 역 (서울: 합신대학교출판부, 2008). 87.

27) 브루스 라이츠먼, 「교회의 의미와 사명」, 김득중 역 (서울: 컨콜디아사, 1981), 132.

28) 황정욱, "깔뱅과 오늘의 교회 개혁 – 교회론을 중심으로." 최윤배 편, 「어거스틴, 루터, 깔뱅, 오늘의 교회개혁」(서울: 장로회신학대학교 출판부, 2004), 121.

29) 유해무, 「개혁교의학: 송영으로서의 신학」(서울: 크리스찬 다이제스트사, 1997), 540.

30) 오토 베버, 「칼빈의 교회관」, 81.

31) *Institution*, Ⅳ. 3. 1.

32) *Institution*, Ⅳ. 3. 2.

33) 이에 대한 상세한 설명은 오토 베버, 「칼빈의 교회관」, 80-82쪽을 참고하라.

34) *Institution*, Ⅳ. 3. 4.

35) 오토 베버, 「칼빈의 교회관」, 84.

36) *Institution*, Ⅳ. 3. 4.

37) *Institution*, Ⅳ. 3. 4.

38) *Institution*, Ⅳ. 4. 1.

39) 황대우, "칼뱅의 교회론과 선교"「선교와 신학 제14집」, 45.

40) *Institution*, Ⅳ. 3. 8.

41) *Institution*, Ⅳ. 3. 8.

42) 와따나베 노부오, 「기독교강요란 어떤 책인가?」, 이상규, 임부경 역 (부산; 고신대학교 출판부, 2000), 143.

43) 송인설, "개혁교회 직제의 역사." 바른교회 아카데미, 「교회직제론」 (서울: 예영커뮤니케이션, 2012), 182.

44) 신복윤, 「칼빈의 하나님 중심의 신학」 (서울: 합신대학교출판부, 2005), 249.

45) Ibid. 249-251.

46) *Institution*, Ⅳ. 12. 5.

47) *Institution*, Ⅳ. 12. 5

48) *Institution*, Ⅳ. 12. 5.

49) 로버트 킹던, 이신열 역, "칼빈의 집사직 이해." 고신대학교개혁주의학술원, 「칼빈과 사회」 (부산: 고신대학교 출판부, 2009), 137.

50) *Institution*, Ⅳ. 3. 9.

51) *Institution*, Ⅳ. 3. 9.

52) 존 H. 리스, 「칼빈의 삶의 신학」, 이용언 역 (서울: 한국장로교출판사, 2002), 189.

53) 앙드레 비엘레, 「칼빈의 사회적 휴머니즘」, 박성원 역 (서울: 대한기독교서회, 2003), 64.

54) 로버트 킹던, 이신열 역, "칼빈의 집사직 이해." 고신대학교개혁주의학술원, 「칼빈과 사회」 (부산: 고신대학교 출판부, 2009), 176.

55) 존 칼빈 저, 칼빈 성경주석출판위원회 역, 「신약성경주석 9」, 339.

56) *Institution*, Ⅳ. 3. 4.

57) 존 칼빈 저, 칼빈 성경주석출판위원회 역, 「신약성경주석 8 - 고린도전서」, 369.

58) 존 칼빈 저, 칼빈 성경주석출판위원회 역, 「신약성경주석 9」, 338.

59) 오토 베버, 「칼빈의 교회관」, 83.

60) *Institution*, Ⅳ. 3. 4.

61) *Institution*, Ⅳ. 3. 4.

62) 오토 베버, 「칼빈의 교회관」, 84.

63) Ibid., 83.

64) *Institution*, Ⅳ. 3. 6.

65) 최윤배, 「깔뱅신학 입문」, 852.

66) 박경수, "깔뱅의 종교개혁과 선교", 「선교와신학 제21집」, 105-106.

67) 황대우, "깔뱅의 교회론과 선교". 「선교와신학 제24집」, 73.

68) Ibid.

69) 레슬리 뉴비긴은 「다원주의 사회에서의 복음」 7장에서 '선택의 논리' 라는 주제로 선택
교리에 대해 다룬다. 흥미로운 것은 그가 선택 교리의 기원이 되는 칼빈을 언급하거나 비판하
지 않고 로마서 9-11장을 중심으로 다룬다는 점이다. 그는 선택 교리에 대한 잘못된 생각과 오
용을 비판하면서 선택 교리의 초점은 선택 받지 못한 자가 구원을 받지 못한다는데 있는 것이
아니며, 우리를 불러내어 '하나님의 통치의 신비를 반영하는 책임' 을 부여받는데 있다고 보았
다. 즉 뉴비긴은 선택의 교리를 새로운 하나님의 백성으로 부름 받아 선교적 존재로 보내심을
받는다는 측면에서 해석하고 강조한다. 이에 대해서는 「다원주의 사회에서의 복음」, 157-172
쪽과 「교회란 무엇인가」, 123쪽을 살펴보라.

70) 레슬리 뉴비긴, 「교회란 무엇인가」, 83.

71) Ibid. 62.

72) Ibid., 62-63.

73) Ibid., 84.

74) 최형근, "레슬리 뉴비긴의 선교적 교회론." 「교회란 무엇인가」, 193.

75) 오토 베버, 「칼빈의 교회관」, 228.

76) 레슬리 뉴비긴, 「교회란 무엇인가」, 185.

77) 오토 베버, 「칼빈의 교회관」, 125.

78) 로날드 S. 웰레스, 「칼빈의 사회 개혁 사상」, 박성민 역 (서울: 기독교문서선교회,
1995), 205.

79) *Institution*, Ⅳ. 1. 2.

80) *Institution*, Ⅳ. 1. 2.

81) 오토 베버, 「칼빈의 교회관」, 127.

82) Ibid., 128.

83) Ibid.

84) Ibid., 124.

85) 로날드 S. 웰레스, 「칼빈의 사회 개혁 사상」, 208.

86) 김재성, 「칼빈과 개혁신학의 기초」 (서울: 합동신하대학원 출판부, 1997), 186.

87) Ibid.

88) 로날드 S. 웰레스, 「칼빈의 사회 개혁 사상」, 208.

89) 오토 베버, 「칼빈의 교회관」, 128.

90) Ibid., 133.

91) 이상규, "칼빈과 교회연합운동". 고신대학교 개혁주의학술원 편, 「칼빈과 교회」, 개혁주의 신학과 신앙 총서 1. (부산: 고신대학교 출판부, 2007), 57.

92) Ibid.

93) 오토 베버, 「칼빈의 교회관」, 124-125.

94) *Institution*, Ⅳ. 2. 1.

95) 문병호, 「30주제로 풀어쓴 기독교강요」 (서울: 생명의말씀사, 2011), 293.

96) *Institution*, Ⅳ. 1. 10.

97) 재인용. 오토 베버, 「칼빈의 교회관」, 131. (CR 5, 409ff.)

98) *Institution*, Ⅳ. 2. 2.

99) *Institution*, Ⅳ. 2. 12.

100) 이상규, "칼빈과 교회연합운동." 고신대학교 개혁주의학술원 편, 「칼빈과 교회」, 56-66.

101) *Institution*, Ⅳ. 1. 12.

102) 이상규, "칼빈과 교회연합운동." 「칼빈과 교회」, 49.

103) 박경수, 「교회의 신학자 칼뱅」 (서울: 대한기독교서회, 2009), 103.

104) Ibid.

105) 레슬리 뉴비긴, 「교회란 무엇인가」, 70.

106) Ibid., 34.

107) Ibid.

108) 신복윤, 「칼빈의 하나님중심의 신학」, 239.

109) *Institution*, Ⅳ. 1. 7.

110) *Institution*, Ⅳ. 1. 7.

111) *Institution*, Ⅳ. 1. 7.

112) *Institution*, Ⅳ. 1. 7.

113) 오토 베버, 「칼빈의 교회론」, 59.

114) *Institution*, Ⅳ. 1. 7.

115) *Institution*, Ⅳ. 1. 3.

116) *Institution*, Ⅳ. 1. 4.

117) 레슬리 뉴비긴, 「교회란 무엇인가」, 82.

118) Ibid.

119) *Institution*, Ⅳ. 1. 12.

120) *Institution*, Ⅳ. 2. 5.

121) 데이비드 보쉬, 「변화하고 있는 선교」, 385.

122) 레슬리 뉴비긴, 「교회란 무엇인가」, 131.

123) 황대우, "칼뱅의 교회론과 선교." 「선교와신학 24집」, 2008년. 73.

124) 데이비드 보쉬, 「변화하고 있는 선교」, 374.

125) Ibid.

126) 김선일, 「전도의 유산」, 212.

127) 데이비드 보쉬, 「변화하고 있는 선교」, 387.

128) Ibid., 402.

129) 레슬리 뉴비긴, 「다원주의 사회에서의 복음」, 255-256.

130) 레슬리 뉴비긴, 「오픈 시크릿」, 62.

131) Ibid. 요약하자면, 아버지의 나라를 선포하는 것으로서의 선교, 아들의 삶에 동참하는 것으로서의 선교, 성령의 증언을 전달하는 것으로서의 선교, 이것이 그가 요약하는 바 선교의 개념이다.

132) David Bosch, *Transforming Mission; Paradigm Shift in Theology of Mission* (Orbis Books, NY: Maryknoll, 1991), 390.

133) 데럴 구더, 「선교적 교회」, 31.

134) Missio Dei라는 용어는 빌링겐 대회가 끝난 후 독일의 칼 하르텐슈타인이 그 대회의 신학적 성과를 요약하면서 언급한데서 시작되었다. 그는 이 개념을 신학적으로 정립하거나 상세한 설명을 한 것은 아니었다.

135) 재인용, "The Church in Missionary Thinking", 333, 안승오, 「현대선교의 핵심주제 8가지」(서울: CLC, 2006), 23.

136) 데이비드 보쉬, 「변화하고 있는 선교」, 579.

137) Ibid., 580.

138) 레슬리 뉴비긴, 「아직 끝나지 않은 길」, 492

139) 레슬리 뉴비긴, 「다원주의 사회에서의 복음」, p. 256

140) 데이비드 보쉬, 「변화하고 있는 선교」, 578.

141) 레슬리 뉴비긴, 「아직 끝나지 않은 길」, 391-392.

142) 레슬리 뉴비긴, 「아직 끝나지 않은 길」, 278.

143) Ibid., 279.

144) Ibid., 279.

145) Ibid., 393.

146) 레슬리 뉴비긴, 「아직 끝나지 않은 길」, 392.

147) 데이비드 보쉬, 「변화하고 있는 선교」, 578.

148) Ibid., 579.

149) 존 칼빈 저, 칼빈 성경주석출판위원회 역, 「신약성경주석 7 – 로마서」, 338.

150) 이종성, 「삼위일체론」 (서울: 장로회신학대학교출판부, 2005), 113

151) 김성현, "깔뱅의 생애에 대한 선교학적 조명" 「선교와 신학 24집」, 179.

152) 최정만, 「칼빈의 선교사상」, 152-153.

153) 로날드 사이더, 「복음전도, 구원, 사회정의」, 한화룡 역 (서울: IVP, 1989), 38.

154) 폴 스티븐슨, 「21세기를 위한 평신도 신학; 성경적 관점에서 본 소명, 일, 사역」, 홍병룡 역 (서울: IVP, 2001), 243.

155) Institution, Ⅲ. 7. 6.

156) 리처드 마우, 「문화와 일반은총」, 권혁민 역 (서울: 새물결 플러스, 2012), 59.

157) 자카리아스 우르시누스, 「하이델베르그 요리문답해설」, 원광연 역 (서울: 크리스찬 다이제스트사, 2006), 739.

158) 존 칼빈, 「칼빈의 경건; 그리스도인이 경건한 삶에 관한 글들」, 이형기 역 (서울: 크리스찬 다이제스트사, 1986), 90.

159) Ibid.

160) Institution, Ⅲ. 7. 5.

161) 도널드 헤이, 「현대경제학과 청지기 윤리(Economics today: A Christian critique)」, 전강수 외 역 (서울: IVP, 1996), 84.

162) Ronald Sider, Philip N. Olson, Heidi Rolland Unruh, Churches that Makes a Difference: Reaching Community with Good News and Good Works (BakerBooks, MI: Grand Rapids, 2002), 57-59.

163) Ronald J. Sider, Good News and Good Works: A Theology for the Whole Gospel (BakerBooks, MI: Grand Rapids, 1993), 138-139.

164) 요한칼빈 탄생 500주년 기념사업회, 「칼빈의 목회와 윤리, 사회참여」, (서울: SFC 출판부, 2013), 358.

165) 신현수, "칼빈 신학에 있어서 교회의 사회 정치적 책임." 요한칼빈 탄생 500주년 기념사업회, 「칼빈의 목회와 윤리, 사회참여」, 375.

166) Ibid.

167) 데이비드 보쉬, 「변화하고 있는 선교」, 403.

168) *Institution*, Ⅳ, 20. 2.

169) 최윤배, 「칼뱅신학 입문」, 850.

170) Henry R. Van Til. *The Calvinistic Concept of Culture* (Baker Academic, MI: Grand Rapids, 1972), 89.

171) F. N. 리, 「문화의 성장과정」, 최광석 역 (서울: 개혁주의신행협회, 1980), 154.

172) Ibid., 159

173) H. Henry Meeter, 「칼빈주의 기본 사상」, 박윤선 김진홍 역 (서울: 개혁주의 출판사, 1959), 87.

174) Henry R. Van Til. *The Calvinistic Concept of Culture*, 116.

175) 김영한, 「21세기 문화변혁과 개혁신앙」 (서울: 예영커뮤니케이션, 2007), 144.

176) 정광덕, "아브라함 카이퍼의 관점에서 본 칼뱅주의, 그리고 현 한국의 기독교와 정치." 목회와 신학 편집부. 「종교개혁과 칼뱅」, 목회와 신학총서 4 (서울: 두란노 아카데미, 2010), 163.

177) 리처드 니버, 「그리스도와 문화」, 홍병룡 역 (서울: IVP, 2007), 333.

178) Ibid., 344.

179) Ibid.

180) Ibid.

181) Ibid.

182) 레슬리 뉴비긴, 「헬라인에게는 미련한 것이요; 복음과 서구문화」, 183.

183) Ibid., 119.

184) Ibid.

185) Ibid., 12.

186) 레슬리 뉴비긴, 「기독교의 새로운 출발을 위하여」, 이문장 역 (안양: 대장간, 1994), 65.

187) 레슬리 뉴비긴, 「헬라인에게는 미련한 것이요; 복음과 서구문화」, 170.

188) Ibid., 165.

189) Ibi.d, 175.

190) Ibid., 170.

191) Ibid., 159.

192) 레슬리 뉴비긴, 「기독교의 새로운 출발을 위하여」, 191.

193) Lesslie Newbigin. *Foolish to the Greeks; The Gospel and Western Culture.* WCC Mission Series No. 6 (Wm B. Eerdman Publishing Company, MI: Grand Rapids, 1986), 124.

194) Ibid., 170.

195) Lesslie Newbigin. *Sign of the Kingdom* (John Paul The Preacher's Press, MI: Grand Rapids, 1980), 58-59.

196) 레슬리 뉴비긴, 「기독교의 새로운 출발을 위하여」, 100.

197) 레슬리 뉴비긴, 「헬라인에게는 미련한 것이요; 복음과 서구문화」, 160.

198) Ibid., 161.

199) Ibid., 175.

200) Ibid., 159.

201) Larry Miller, "The Church as Messianic Society; Creation and Instrument of Transfiguration Mission." Wilbert R. Shenk ed., *The Transfiguration Mission* (Herald Press, Ontario: Waterloo, 1993), 138-145.

202) Ibid., 145.

203) 베르까우어, 「개혁주의 교회론」, 나용화 이승구 역 (서울: CLC, 2008), 483.

204) 에디 깁스, 「Next Church」, 임신희 역 (서울: 교회성장연구소, 2003), 263.

복음과 사회정의의 관점에서 본
칼빈과 뉴비긴

제5장
복음과 사회정의의 관점에서 본 칼빈과 뉴비긴

　뉴비긴과 칼빈의 선교론을 비교할 때 뉴비긴의 선교적 교회론의 입장에서 칼빈의 선교론을 단순 평가하거나, 역으로 칼빈에게서 발견되는 선교적 관점이나 개념으로 뉴비긴의 선교적 교회론을 해석해서는 곤란하다. 이 두 사람의 선교론을 동시에 관통하여 두 사람의 유사점과 동일성을 비교하기에 적합한 다른 틀을 가지고 평가하는 것이 바람직하다. 선교신학의 역사적 계보를 보면, 칼빈의 종교개혁과 신학 사상의 영향으로 형성된 개신교 신학 전통은 근대 이후 계몽주의 패러다임 안에서 형성된 전통적 선교노선으로 이어졌고, 뉴비긴의 선교적 교회론은 전통적 선교론에 대한 안티테제(Antithese)로 시작된 20세기 이후 발전된 '하나님의 선교'의 맥락에서 전개되었다. 신학사조에 있어서 칼빈이 하나의 출발지점이라면, 선교신학의 차원에서는 뉴비긴은 또 다른 출발지점에 서 있다. 즉 뉴비긴의 입장에서 칼빈은 자신이 비판하는 선교론의 신학적 뿌리와 같다고 할 수 있다. 따라서 선교를 단순히 복음화와 교회건설로 이해하는 전통적 선교 패러다임으로 칼빈을 해석하는 것은 간편한 일이 되겠지만 이는 뉴비긴의 선교론과의 접촉점이 붕괴되고, 하나님의 선교 패러다임으로 조명하면 뉴비긴은 쉽게 설명될 수 있지만 칼빈의 선교적 특성과 접목할 여지가 축소된다. 그러므로 칼빈의 선교 사상을 해석해 내면서도 뉴비긴의 선교적 교회론을 동시에 해석할 수 있는 분석틀이 요청된다. 이는 전통적 선교의 틀을 포함하고 있으면서도 '하나님의 선교'론을 포용하는 또 다른 선교 패러다임을 도구로 사용할 때 가능할 것이다. 또한 이는 실체가 없는 관념적 틀이 아니라 오늘날 교회의 역사 속에서 형성되고 실천되고 있는 선교 패러다임이어야 할 것이다.

필자는 로잔언약을 시작으로 한 현대 복음주의 선교론의 틀이 이 두 사람을 종합적으로 해석하고 칼빈과 뉴비긴의 선교사상을 연결하기에 가장 적합하다고 본다. 로잔운동의 복음주의 선교론은 교회사와 선교신학의 발전과정에서 그리 지배적인 사조는 아니지만 양자를 포괄하는 프레임(frame)을 가지고 있다고 보이기 때문이다. 변증법적 상호 작용의 과정에서 본다면 전통적 선교 패러다임을 전통적 테제(These)라고 한다면 이에 대한 반명제로 등장한 하나님의 선교론은 안티테제(Antithese)라고 볼 수 있으며, 복음주의 선교 패러다임은 전통적 패러다임의 뿌리에서 출발하여 이 양자의 모순과 대립과정을 종합하여 형성된 종합적 명제(Synthese)의 성격을 지니고 있다고 할 수 있다. 비록 복음주의 선교 패러다임이 20세기 후반에 그 씨앗이 배태되어 그 맹아가 발전하고 있는 시점이어서 신학적으로 완성된 선교론이라고 볼 수 없지만 기본적으로 양자를 통합적으로 수용하는 포괄적 선교론을 지향하고 있다. 그러므로 전통적 선교론의 기반이 된 개신교 신학사상의 초석을 놓은 칼빈과 하나님의 선교 패러다임의 형성에 참여하고 기여한 뉴비긴, 이 두 사람은 복음주의 선교 패러다임이라는 실로 꿰어야 자연스럽게 이어질 수 있으며 그렇게 할 때에 두 사람의 유비적 연결점이 보다 분명해진다고 할 수 있다. 이 장에서는 '복음과 사회정의'를 칼빈과 뉴비긴의 선교사상에 대한 통합적 비교의 틀로 삼아 양자를 비교하고자 한다.

제1절 로잔언약과 복음주의 선교신학의
총체적 선교개념의 발전

　로잔운동으로 표현되는 복음주의 선교 패러다임의 형성과정을 이해하기 위해서는 약간의 역사적 배경에 대한 이해가 필요하다. 역사적으로 20세기를 지나면서 선교신학은 전통적 복음주의 그룹과 에큐메니칼 진영으로 양분되어 상호 대립되는 선교관을 가지고 첨예하게 대립하였다. 2차 세계대전 이후 전통적인 선교 패러다임의 근본적인 신학적인 전제에 이의를 제기하며 형성된 에큐메니칼 운동은 세상 속에서 일하시는 하나님이 사회 정의와 개조를 위해 교회를 세상에 파송하신다는 측면을 강조하였다. 이러한 하나님의 선교 패러다임에 대응하며 전통적 복음주의 진영에서 취한 대안적 노력은 또 다른 복음화의 영역의 확장을 추구하는 방식으로 나타났다. 그 대표적인 것의 하나는 맥가브란(Donald A. McGavran)을 중심으로 한 교회성장학파의 길이고, 둘째는 빌리 그래함(Billy Graham)을 중심으로 한 세계복음화를 강조하는 입장이었다. 에큐메니칼 진영의 접근은 '하나님의 선교' 라는 선교의 본질 자체에 대한 확장된 선교론적 이해를 바탕으로 사회운동과 정치적 참여를 포함하는 통전적 선교를 강조하였고, 반면 복음주의 진영은 기독론과 그리스도의 지상명령에 대한 순종을 바탕으로 새로운 방식의 해외선교와 교회성장적 노력을 추구하고자 하였던 것이다.[1] 이와 같이 하나님의 선교 노선과 복음화 노선으로 대별되는 에큐메니칼 진영과 복음주의 진영은 상이한 방향의 선교노선과 실천의 길을 걸었으며, 상대방을 향한 비판과 의혹의 눈길을 거두지 않았다. 에큐메니칼 진영의 관점에 따르면 복음전도와 교회성장을 추구하는 복음주의적 접근은 사회적 정의라는 본질적인 사역을 뒤로 하고 안일하고 무책임한 종교적 포교에 몰두하는 것으로 평가절하 되었다. 반대로 전통적 복음주의의 노선의 입장에서는 하나님의 선교 노선이 복음증거라는 교회의 절대적 사명을 뒤로하고 교회를 사회정치적 영역으로 개입시키는 것으로 우려하며 기독교적 정체성에 위협을 가하는 신학적 탈주와 이념적 특성을 경계하고 비판하였다.

1. 로잔언약과 '복음전도와 사회적 책임'

이러한 대립적 상황에서 전통적 복음주의 선교 패러다임에 중요한 발전을 초래한 계기가 있었다. 1974년 스위스 로잔에서 열린 복음주의 선교대회를 기점으로 복음주의 선교론에 의미있는 변화가 시작된 것이다. 즉 교회의 증언에 있어 복음전도와 사회적 책임이 동일한 중요성을 가지고 있음을 고백하고 그 균형과 통합을 위해 노력할 것을 천명한 것이다. 로잔언약은 복음주의가 그동안 사회정의를 등한시 한 것을 회개하고 그것의 중요성을 확인했다.[2] 그러나 신학적으로 구원과 정의를 같은 것으로 여기는 개념은 거부하였다. 로잔언약은 '복음전도'와 '사회적 책임'이라는 방식으로 총체적인 선교개념을 고백함으로써 전통적 선교개념을 넘어선 새 지평을 마련하였다고 할 수 있다. 로잔언약의 정수는 제 5장 그리스도인의 사회적 책임을 언급한 부분이라고 할 수 있다. 로잔언약은 다음과 같이 고백하였다. "우리는 하나님이 모든 사람의 창조주인 동시에 심판주이심을 믿는다. 그러므로 우리는 인간 사회 어디서나 정의와 화해를 구현하시고 인간을 모든 압박으로부터 해방시키려는 하나님의 관심에 동참하여야 한다."[3] 그리고 전도와 사회-정치적 참여의 관계를 그리스도인의 의무의 두 부분임을 고백하였으며, 나아가 구원의 메시지는 모든 소외와 압박과 차별에 대한 심판의 메시지를 포함하고 있음을 천명하였다.[4] 로잔언약에 참가한 복음주의자들은 그리스도의 재림을 눈으로 볼 수 있는 실재적 가시적 재림으로 고백하고 초림과 재림 사이의 선교적 사명을 선포하고, 인간적 유토피아에 대한 분명한 경계를 표현하였다. 그리고 새 하늘과 새 땅에 대한 소망과 함께 이웃을 향한 사랑의 봉사에 대해 고백하였다.

> 우리 그리스도인들은 하나님께서 그의 나라를 완성하실 것이요, 우리
> 는 그 날을 간절히 사모하여 또 의가 거하고 하나님께서 영원히 통치
> 하실 새 하늘과 새 땅을 간절히 고대하고 있음을 확신한다. 그 때까지
> 우리는 우리의 삶 전체를 지배하시는 그의 권위에 기꺼이 순종함으로
> 그리스도를 섬기고, 사람에게 봉사하는 일에 우리 자신을 재헌신한
> 다.[5]

이러한 선교관은 보다 전인적인 구원 이해에 근거하고 있다. "구원의 메시지는 모든 소외와 압박과 차별에 대한 심판의 메시지를 포함"하며 따라서 그리스도인은 "개인적 책임과 사회적 책임을 총체적으로 수행" 하여야 한다고 고백하였다.[6] 또한 로잔언약은 전도에 대해서도 주목할 만한 언급을 하였다. "전도의 결과는 그리스도께 대한 순종과 그의 교회 와의 협력, 세상에서의 책임 있는 봉사를 포함한다."[7] 즉 회심이라는 단 번의 행위 자체에 전도의 초점을 두지 않고 온전한 순종과 교회 공동체

의 일원이 되어 성장하며 제자의 삶을 살아가는 제자도를 지향한다고 고백한 것이다. 이는 복음전도가 값싼 은혜를 베푸는 식으로 던져주는 시혜적 선포가 아니라 제자도를 지향하는 온전한 회심사역임을 의미한다.

로잔언약에 이어 일부 복음주의자들에 의해 고백된 시카고성명은 보다 선명하게 복음의 총체성을 고백하며 구원과 전도에 대한 총체적 관점을 보다 적극적으로 제시하고 있다.

> 우리는 복음주의자들이 하나님의 구속사역의 집단적, 물질적, 그리고 현세적 의미를 소홀히 한 채 구원을 단지 개인적이고 영적이며 저 세상에서의 문제인 것으로만 이해하는 경향을 개탄한다. 그러므로 우리는 복음주의자들이 구원에 대한 총체적인 관점을 회복하도록 촉구한다. 성경의 증거는 죄로 인해 우리와 하나님, 자기 자신, 다른 사람들, 그리고 피조물들과의 관계가 파괴되었다고 한다. 십자가상에서의 그리스도의 대속적 사역을 통해 이런 깨어진 관계들은 치유가 가능해졌다. 교회는 그 부르심에 충실했던 곳마다 개인의 구원을 선포해 왔다. 신체적, 감정적 필요가 있는 사람들에게 교회는 하나님의 치료를 베푸는 통로가 되어 왔으며, 억압받고 소외된 사람들을 위해 정의를 추구해 왔고, 또한 교회는 자연세계의 훌륭한 청지기였다. 복음주의자로서 우리는 이런 구원의 총체적인 관점을 반영하는데 빈번하게 실패해 왔음을 인정한다. 그러므로 우리는 교회가 다가오는 새 하늘과 새 땅에서의 구원의 절정을 대망하면서, 기도와 사역을 통해 하나님의 구속사역에 온전히 참여하고 억압받는 사람들을 위한 정의와 해방을 위해 힘써 싸울 것을 요청한다.[8]

시카고성명은 로잔언약에서 진일보하여 '복음의 총체성'에 대한 관점을 전향적으로 수용함으로써 전통적인 복음 이해와 선교론의 신학적 틀을 벗어나고 있음을 알 수 있다. 이 고백에 의하면 복음의 총체성을 주장한다고 해서 에큐메니칼 진영의 사람들처럼 복음전도를 도외시하지 않는다. 아울러 총체적 관점을 가진다고 해서 복음전도 자체의 본질이 달라지는 것도 아니다. 복음전도는 말과 행위를 통하여 선포되어지는 증언행위이다. 사회구조나 정치제도 자체가 복음화의 대상이 아니다. 전도는 인격적인 만남과 반응을 통하여 그리스도와의 새로운 관계 속으로 들어가는 것이므로 전도는 전인격적인 것이어야 한다. 총체적 복음은 온전한 회심을 지향하며 개인적인 죄와 사회악과 결별을 하고, 제자의 길을 따라가는 새로운 인생과 하나님 나라의 공동체적인 삶으로 인도한다. 시카고성명은 로잔운동에 의해 공식적으로 채택된 문서는 아니지만 로잔운동의 흐름 속에서 형성된 복음주의자들의 총체적 선교 개념을 적극적으로 표현한 시도라고 볼 수 있다.

2. 제2차 로잔대회와 마닐라 선언

이어서 1989년 7월 약 170개국에서 3,000여명의 복음주의 대표들이 필리핀 마닐라에서 모인 제2차 로잔대회에서 마닐라 선언을 발표하게 된다. 마닐라 선언은 결론부에서 그리스도의 초림과 재림 사이에서 교회는 그리스도의 지상 명령에 따라 복음화를 위한 긴급한 기독교 선교가 요청된다고 천명하였다.[9] 이 선교는 전통적인 선교 패러다임을 극복하는 개념을 담고 있는 것이었다. 마닐라 선언은 복음과 사회적 책임에 대해서 다음과 같이 언급한다.

> 신빙성 있는 참된 복음은 변화된 성도들의 삶 속에서 현저하게 나타나
> 야 한다. 우리가 하나님의 사랑을 선포할 때 우리는 사랑의 봉사에 참
> 여해야 하며, 우리가 하나님의 나라를 선포할 때 우리는 정의와 평화
> 에 대한 그 나라의 요청에 헌신적으로 응답해야 한다.10)

　　마닐라 선언은 로잔언약에서 한 걸음 더 나아가 하나님 나라의 형상
을 '정의와 평화'라는 개념으로 정치 사회적 범주를 포함하여 보다 실제
적으로 고백하기에 이른다. 마닐라 선언의 핵심 부분인 서두의 21개항
고백의 제 9항은 다음과 같이 고백한다. "9. 우리는 정의와 평화의 하나
님 나라를 선포하므로 개인적인 것이든 구조적인 것이든 모든 불의와 억
압을 고발하면서 이 예언자적 증거에서 물러나지 않을 것을 고백한다."
마닐라 선언은 로잔언약의 정신에 따라 복음전도의 우선 순위에 대해서
여전히 고백하였다. "우리의 주된 관심은 복음에 있으며, 모든 사람이
예수 그리스도를 영접할 기회를 갖도록 하는데 있기 때문에 복음 전도가
우선이다."11) 마닐라 선언은 로잔언약과 함께 복음주의 내에 권위 있는
안내와 영감을 제공하였으며 향후 복음주의 선교신학의 기풍을 형성하
는데 큰 기여를 하였다.12)
　　이러한 일련의 흐름은 로잔대회를 주도한 존 스토트(John R. W.
Stott)의 신학과 선교론에 기반한 것이다. 그는 복음주의자들이 지니는
전통적인 견해와 아울러 샬롬의 건설로서의 에큐메니칼 선교 견해로부
터 교회의 선교를 정의하고 하나님의 백성의 복음적 사회적 책무를 서로

연관 짓는 방법을 찾아야 함을 역설하였다.[13] 그는 마태복음 28장 20절의 예수 그리스도의 지상명령(the Great Commission)을 복음전도의 책임뿐만 아니라 사회적 책임도 포함하는 것으로 이해한다. 존 스토트는 선교를 다음과 같이 정의함으로써 복음주의 선교 패러다임의 핵심개념을 간략하게 요약한다.

'선교'라는 단어는 이제까지 말한 대로 철저하게 함축적인 말로서, 하나님이 그의 백성을 세상에 보내시어 하게 하신 모든 것을 포함한다. 그러므로 그것은 복음 전도와 사회적 책임을 포함하는데, 왜냐하면 둘은 더 궁핍한 인간을 섬기고자 하는 사랑의 분명한 표현이기 때문이다.[14]

3. 제3차 로잔대회의 케이프타운 서약과 '하나님의 백성의 선교'

제3차 로잔대회는 2010년 남아프리카 공화국의 케이프타운에서 4,000명의 교회지도자들이 모인 가운데 열렸으며, 이 대회는 케이프타운 서약(The Capetown Commitment)을 발표하여 로잔언약의 정신과 선교론을 계승하겠다고 천명하였다. 대회는 세계 교회의 성장이 아프리카를 비롯한 아시아와 라틴아메리카 등 비서구 지역에서 폭발적으로 일어났다는 것에 대해 교훈을 얻어야 한다는 것을 비롯해 1차 대회와 2차 대회의 산물인 로잔언약과 마닐라선언에 대한 지속적인 헌신을 다짐했다. 케이프타운 서약은 '서문'에서 세계 복음화의 과제를 위해 소집된 제1차 로잔대회(1974년)는 수많은 미전도 종족들에 대해 새로운 인식을 하고 성경적 복음과 기독교 선교의 통전적 성격에 대한 참신한 발견을 이루었다고 평가하였다. 아울러 필리핀 마닐라에서 열린 제2차 로잔대회(1989년)를 통해 세계 복음화를 위한 전략적 동반자 협력관계가 이루어져 로잔언약에 기반한 실제적인 운동의 흐름이 형성되었다고 진단하고 다음과 같은 선교적 실천 방향을 선언하였다.

> 우리는 로잔운동의 주요 문서인 로잔언약(1974)과 마닐라 선언(1989)에 여전히 헌신한다. 이 문서들은 성경적 복음의 핵심 진리들을 명료하게 표현하고 있으며, 그 진리들을 여전히 적실하고 도전적인 방식으로 우리의 선교사역에 적용하고 있다. 우리는 이 문서들에서 약속했던 내용들을 신실하게 지키지 못했음을 고백한다. 그러나 우리는 이 문서들을 신뢰하고 지지하며, 이 문서들을 통해 우리 세대의 변화하는 세상 속에서 복음의 영원한 진리를 어떻게 표현하고 적용할지를 분별하고자 한다.[15]

케이프타운 선언은 1, 2차 로잔대회에 비해 특별히 새로운 선언을 발표하지 않고 복음화를 '온 교회가 온전한 복음을 온 세상에 전하는' 것으로 정의한 로잔언약의 선교신학을 재차 확증하는데 머물렀다. 그러나 그 서약문 가운데 선교신학적으로 선교패러다임의 변화를 드러내는 의미심장한 표현을 사용하며 다음과 같이 교회의 선교를 언급하였다.

> 교회의 선교는 계속된다. 하나님의 선교는 땅 끝까지 그리고 세상 끝날까지 계속된다. 이 세상 나라들이 우리 하나님과 그리스도의 나라가

되고, 하나님이 새 창조 속에서 구속받은 인류와 함께 거하실 날이 올 것이다. 그 날까지 교회는 하나님의 선교에 계속 참여할 것이며, 우리 세대를 포함한 모든 세대 안에서 새롭고 흥분되는 참여의 기회를 맞이할 것이다.16)

　제3차 로잔대회는 교회의 선교를 '하나님의 선교에 참여' 하는 것으로 표현하였다. 이는 선교론 특히 선교의 주체와 관련하여 의미 있는 변화라고 할 수 있다. 그러나 이 변화는 '하나님의 선교' 개념에 대한 전적인 수용이 아니다. 즉 '교회의 선교' 라는 주어와 '하나님의 선교에 참여' 하는 행위를 개념적으로 따로 표현함으로써 '하나님의 선교' 와 '교회의 선교' 가 동일하지 않음을 드러내고자 하였다. 물론 선교가 '하나님의 선교' 임을 고백하고 인정함으로써 에큐메니칼 진영의 '하나님의 선교' 선교신학의 중심 명제를 부분적으로 수용하는 것으로 보인다. 그러나 이는 교회의 선교를 부정하거나 교회의 선교와 대립되는 개념으로서의 '하나님의 선교' 개념이 아니다. 교회는 하나님의 선교에 참여하는 능동적 주체로서 하나님의 선교의 참여자이자 동역자이다. 즉 로잔운동은 '하나님의 선교' 개념을 언급하면서도 이는 에큐메니칼 운동에서 의미하는 바 'Missio Dei' 와 다르다는 점을 동시에 나타내고 있는 것이다. 즉 선교는 '하나님의 선교' 이므로 교회가 선교의 유일한 주체이거나 목적이 아님을 분명히 하면서도 '교회의 선교' 를 통하여 하나님의 선교가 수행되고 하나님은 교회를 그분의 선교의 도구로 사용하신다는 점을 나타내고자 한 것이다. 또한 이는 에큐메니칼 진영의 '하나님의 선교' 선교론과의 신학적 대화의 여지를 열어두면서 그들의 선교 개념의 변화를 유도하여 보다 가까이 견인하고자 하는 차원도 내포되었다고도 볼 수 있다.

케이프타운 서약은 공식 서약문에 이어 1부 '신앙고백'과 2부 '행동요청'의 두 부분으로 구성되어 있는데, 1부 신앙고백은 이렇게 시작한다.

> 하나님의 선교는 하나님의 사랑에서 흘러나온다. 하나님 백성의 선교는 하나님을 향한, 그리고 하나님이 사랑하시는 모든 이들을 향한 사랑에서 흘러나온다. 세계 복음화는 하나님의 사랑이 우리를 향해, 그리고 우리를 통해 흘러나온 결과이다.[17]

이 고백의 시작을 '하나님의 선교'라는 단어로 시작하는 것은 선교신학적으로 매우 의미가 깊다고 할 수 있다. 또한 '하나님의 백성의 선교'라는 용어를 이어서 사용함으로서 '하나님의 선교'와 '하나님의 백성의 선교'는 제3차 로잔대회를 통해 천명된 복음주의 선교신학의 핵심 단어가 되었다고 할 수 있다. 그리고 세계복음화는 하나님의 선교 즉 하나님의 백성의 선교의 궁극적인 목표임을 천명하며 로잔운동의 초기 세계복음화의 비전을 이어가고 있음을 나타내고 있다. 제3차 로잔대회의 서약 입안자인 크리스토퍼 라이트(Christopher Wright)는 성경신학자로서 성경신학적 관점에서 기술한 두 권의 책을 남겼다. 그 하나는 2006년에 출판된 「하나님의 선교」(IVP, *The Mission of God; Unlocking the Bible's Grand Narrative*)로서 이 책에서 그는 신구약 성경의 네러티브를 '하나님의 선교'라는 대서사로 풀어낸다. 다른 하나의 책은 2010년에 출판한 「하나님의 백성의 선교」(IVP, *The Mission of God's People; A Biblical Theology of the Church's Mission*)인데 역시 하나님의 선교의 관점에서 하나님의 백성의 공동체인 교회의 선교를 설명하였다. 그가 말하는 '하나님의 선교'가 에큐메니칼 진영에서 말하는 Missio Dei와 내용적으로 동일한 실체라고 말할 수는 없지만 일단 Missio Dei 선교노선의 핵심 개념을 수용하여 성경신학적인 작업을 행하였다는 점에서 의미가 있다. 이런 의미에서 제3차 로잔대회는 1차와 2차 대회의 선언을 단순히 반복하는 차원에 머문 것이 아니라 '하나님의 선교'와 '교회의 선교'라는 용어를 동시에 사용함으로써 복음주의 선교신학의 발전을 도모할 뿐 아니라 에큐메니칼 선교신학과의 대화의 길을 열어두었다고 평가할 수 있다.

케이프타운 서약은 교회의 정체성과 교회의 선교적 사명에 대해 다음과 같이 언급한다. "교회는 그리스도께서 땅 위의 모든 나라와 역사와 시대에 걸쳐 구속하신 하나님의 백성이며, 이 시대에는 하나님의 선교에 참여하고, 다가올 시대에는 하나님을 영원히 영화롭게 할 사람들이다."[18] 이 진술에서 교회의 선교를 하나님의 선교에 참여하는 '하나님의 백성의 선교'로 이해하는 신학적 기초가 선명하게 나타나고 있다고 할 수 있다. 그러므로 '복음과 사회적 책임'이라는 제1차 로잔대회의 선교적 내용성을 '하나님의 백성의 선교'라는 용어로 통합해내고 있는 과정 가운데 있다고 평가할 수 있다. 이러한 흐름은 데이비드 보쉬의 언급을 상기시킨다. 보쉬는 현대 선교신학의 흐름을 분석하면서 그동안 가장 큰 의제로 상호 대립되는 개념으로 이해되었던 복음과 사회적 행동을 둘러싼 이분법적 구조가 극복되고 통합되어 가고 있다고 평가하였기 때문이다.

양 진영의 입장이 모아지고 있다. 교회들(가톨릭, 개신교와 동방정교)

은 새롭게 복음과 사회적 행동 사이의 해묵은 이분법을 극복하는 것을 배우고 있다. '영적인 복음'과 '물질적인 복음'은 예수 안에서 한 복음이었다. 복음화와 인간화 간의, 내적인 회심과 조건들의 향상 간의, 또는 신앙의 수직적인 차원과 사랑의 수평적인 차원간의 분리는 유지될 수 없다.[19]

특히 케이프타운 서약 2부는 교회의 복음 증언을 위한 실체적인 행동지침을 제시하고 있는데, 매우 구체적이고 실제적인 행동요청을 천명하여 '하나님의 백성의 선교'의 구체적인 실천론을 제시하고자 하였다. 주목할 것은 제2부 '우리가 섬기는 세상을 위하여: 케이프타운 행동 요청'에는 복음의 증언을 위한 거룩한 삶의 차원과 공적 영역에서 참여를 강조한다는 점이다. 먼저, 2부 '행동 요청'은 서론에 이어 '다원주의적이며 세계화된 세상 속에서 그리스도의 진리를 증언하기'라는 첫 번째 제목으로 다음과 같이 그리스도인의 부르심의 소명을 언급한다.

A. 그리스도의 제자로서 우리는 진리의 사람으로 부름받았다. 1. 우리는 진리를 살아내야 한다. 진리를 살아낸다는 것은 어두운 마음을 지닌 이들을 향해 우리가 복음의 영광을 계시하시는 예수님의 얼굴이 되는 것이다.[20]

다분히 문학적인 표현인 이 진술 속에 담겨 있는 선교론적 함축은 매우 깊다고 할 수 있다. 복음의 진리를 증언하기 이전에 그 진리를 살아내야 한다는 삶의 요소를 강조하고 있는 것이다. 이어서 복음의 선포 방식에 대해 입술로 하는 말의 선포와 행동으로 하는 삶의 선포의 불가분리적 관계를 다음과 같이 언급한다.

> 2. 우리는 진리를 선포해야 한다. 복음의 진리를 말로 선포하는 것은 우리의 선교에서 가장 중요한 부분으로 남아 있다. 이것은 진리를 살아내는 것과 분리될 수 없다. 행위와 말씀은 반드시 함께 가야 한다.[21]

또한 이 서약의 행동강령은 문화적 종교적 다원주의의 상황 속에서 기독교 변증을 위한 과제를 위하여 공적 영역에서 성경적 진리를 변론하고 방어하는 변증적 힘을 키울 뿐 아니라 그리스도인이 속한 문화의 모든 영역에서 참여적 삶을 살아야 할 것을 강조한다. 즉 로잔운동은 교회 지도자들과 목회자들이 회중으로 하여금 "일종의 공적 대화에서 예언자적 적실성을 지닌 진리를 말하고 우리가 속한 문화의 모든 방면에 참여하도록 구비할 것을 촉구한다."[22] 이는 말을 통한 변증과 복음의 전파의 차원에 머무르지 않고 공적 영역에서 그리스도인이 참여적 삶을 사는 것을 의미한다. 케이프타운 서약은 정치, 경제, 문화, 예술, 공공서비스, 사업, 학문 등의 모든 공적 영역에서 그리스도인들이 복음을 변증하고 증언적 삶을 위한 적극적 참여를 하여야 할 것을 촉구한다.

> 우리는 그리스도를 따르는 자들이 사회적 가치를 형성하고 공적 논의에 영향을 미치기 위해 공동 서비스나 개인 사업 영역에서 적극적으로 참여할 것을 권면한다.[23]

특히 서약은 교회의 삶과 회중의 삶이 세상과 구별되어야 함을 강조하며 '겸손과 정직과 단순성'을 회복하여야 함을 중요한 실천 사항으로 요청한다. 이는 거룩하고 구별된 삶이자 철저한 제자도를 실천하는 삶을 말한다.

> 성경적 삶이 없이는 성경적 선교도 없다. 그러므로 우리는 긴박한 마음으로 성경적 삶에 재헌신한다. 우리는 그리스도의 이름을 고백하는 모든 이들에게 세상의 방식들과 급진적으로 구별된 삶을 살도록 도전하며 '하나님을 따라 의와 진리의 거룩하심으로 지으심을 받은 새사람을 입으라'고 권고한다.24)

케이프타운 서약은 '선교의 하나됨을 위해 그리스도의 몸 안에서 동역하기'를 요청함으로서 선교적 연합의 중요성을 언급하였다.25) 서약은 "우리가 하나 되어 살고 동반자적으로 협력할 때, 우리는 십자가의 초자연적이고 대항문화적인 능력을 드러내게 된다"고26) 말하면서, 연합의 실패는 선교의 메시지를 손상시키고 십자가의 능력을 부인하는 행위임을 경고한다. 이 선교적 연합은 대륙이나 특정 신학 노선이나 조직을 초월하는 연합이어야 하며, 특히 남성과 여성의 온전한 동반자적 연합이 요청된다. 아울러 서약은 신학교육이 선교활동과 동반자적 협력관계를 이루는 일의 중요성을 그리스도의 몸의 하나됨을 이루어 하나님의 백성의 온전한 선교를 이루어야 한다고 천명하였다.

이상에서 언급한 바와 같은 케이프타운 서약의 구체적인 행동 지침들에서 선교적 교회론과 직접 관련되는 신학적 개념이나 아이디어가 종종 언급되고 있음을 발견할 수 있다. 이는 뉴비긴의 선교적 교회론이 로잔운동을 중심으로 한 복음주의 선교신학에 수용되거나 부분적으로 영향을 미쳤다고 판단할 수 있는 작은 단서들이라고 할 수 있다. 교회공동체와 회중의 삶의 증언의 중요성에 도전한 뉴비긴의 선교사상이 기독교 선교의 신학과 실천 패러다임에 영향을 미치고 있다고 추론할 수 있다.

제2절 복음전도와 사회정의의 관계

이상에서 살펴본 바와 같이 복음전도와 사회적 책임을 양 축으로 하는 로잔운동을 중심으로 한 현대 복음주의 선교 패러다임은 전통적 선교론의 복음화의 노선에 기반하면서도 에큐메니칼 선교론의 '사회정의'에 대한 선교적 책임을 수용하였다. 로잔대회를 계승하는 복음주의 선교 패러다임의 핵심 개념은 '복음'과 '사회정의'라고 할 수 있으며 그 실천적 노선은 복음전도를 통한 복음화와 사회적 책임을 통한 사회정의의 실현이라고 요약할 수 있다. 그러나 복음전도와 사회적 활동의 관계에 대해서 논쟁이 전개되었다. 어떤 복음주의자들은 구제와 개발 사역과 같은 사회적 활동을 복음전도를 위한 교량으로 이해하였으며, 또 다른 사람은 동반자의 관계로 규정하고, 어떤 이는 양자를 구별하여 수행하여야 할 것을 주장한다.[27] 양자의 중요성은 동일하지만 우선순위에 있어 복음전도가 우선적이라는 입장도 있으며, 또 어떤 이들은 사회적 행동 자체가 복음전도의 효과를 지니므로 전도적 의미를 지니고 있다고 주장하기도 한다. 사회적 활동이 복음 메시지에 대한 수용력을 높여주므로 복음전도에 유익이 된다는 입장도 있다. 그러므로 교회의 디아코니아 활동은 전도와 분리된 별개의 활동이 아니라 그 자체가 전도적 활동일 뿐 아니라 실제적인 복음 선포에도 긍정적인 영향을 미친다는 것이다. 이러한 설명들을 통해 규명하고자 하는 주제는 전혀 새로운 것이 아니다. 이는 근원적으로 선교의 복음적인 차원과 사회적인 차원의 복잡한 상호관련성과 연관되어 있다. 더구나 선교의 복음적인 차원과 사회적인 차원의 관계는 선교의 신학과 실제에 있어서 가장 어려운 영역 중의 하나로 지속적인 논란과 탐구의 주제로 다루어졌다.[28] 이는 마치 하나님의 근본적인 두 성품인 사랑과 정의의 관계와 유사하게 개념적으로는 공존할 수 없는 범주이면서 하나님의 신비에 의해 연합되어 있는 것과 같은 것이라고 할 수 있다. 즉 복음전도와 사회정의를 동시에 수용하는 총체적 선교론은 그 선교적 실천에서 이 양자를 어떻게 통합시켜야 하는가 하는 불가해한 수수께끼와 같은 과제를 내포하고 있는 것이다.

복음과 사회적인 책임 간의 관계라는 난해한 주제를 해결하려는 일반적인 시도는 영적인 명령과 사회적인 명령으로 두 가지 각기 다른 명령(mandate)으로 구별하는 것이다. 전자는 예수 그리스도를 통한 구원의 복음을 전하라는 지상 명령을 말하고, 후자는 그리스도인들에게 인간의 복지와 정의를 위한 사역을 책임성 있게 별도의 이웃사랑의 명령으로 이해하는 것이다.[29] 그러나 이렇게 양자를 동일한 명령으로 이해하여도 복음전도와 사회정의를 위한 양자 활동 사이에서 우선순위의 문제는 여전히 남게 된다. 로널드 사이드는 지상명령(the Great Commission)은 복음 전도를 의미하고 이웃사랑의 계명(the Great Commandment)은 사회적 관심을 의미하는 것으로 구분하는 것은 바람직하지 않다는 입장을 취한다. 그는 그리스도의 지상명령에서 예수께서 자신의 제자들에게 모든 족속을 제자 삼으라고 명령하셨을 때, 예수께서 특별히 이것이 새로운 회심자에게 세례를 주는 일과 함께 또 그들에게 자신이 제자들에게 행하라고 명하였던 모든 것을 지키도록 가르치는 것을 의미하셨다고 보았다.[30]

> 그러므로 실제적으로 복음 전도와 사회 활동은 상호 관련된다. 그것들은 복음 전도가 종종 사회 정의를 증진시키게 하며 역으로 증진된 사회 정의가 복음 전도를 촉진시키며, 또한 성경적 그리스도인들이 예수의 충성된 제자답게 언제나 억눌린 자들을 위한 자유를 추구할 것(눅 4:18)이라는 점에서 불가분리하다. 그러나 복음 전도와 사회 활동이 불가분리하다는 사실이 그것들이 동등하다는 것을 의미하는 것은 아니다. 그것들은 별개이나 교회의 전체 선교에 있어 동등하게 중요한 측면들이다.[31]

로널드 사이더의 위의 진술에 대해 논평하는 입장에 선 존 스토트는 그의 기본적인 전제는 받아들이면서도 보다 실제적인 문제를 제시한다. 그것은 교회의 실제적 선교적인 실천에서 복음전도와 사회정의 중 어느 하나에 우선권을 주어야 한다는 것이다. 존 스토트는 다음과 같이 복음 전도와 사회정의를 둘러싼 우선순위의 문제를 제기한다.

> 양자는 또한 모든 개개 그리스도인의 책임이라는 인식; 모든 그리스도인은 증인이며 따라서 자신에게 주어진 기회가 무엇이든지 간에 감

당해야만 한다. 모든 그리스도인은 또한 종이며 따라서 봉사에의 도전을 단지 복음 전도를 위한 방편으로 간주함이 없이 성실하게 반응해야만 한다. 하지만 실존적 상황은 종종 두 가지 책임 중 어느 하나에 우선권을 할당하도록 할 것이다.[32]

이러한 우선순위의 문제와 관련하여 스토트는 복음전도와 사회활동 간의 양극화를 거부해야하지만 특수화(specialization)를 배제하지 말아야 한다고 주장한다.[33] 스토트의 해법은 그리스도의 몸된 교회의 지체인 그리스도인들이 각각의 은사에 따라 다양한 부름을 받아 수행함으로써 이루어져야 한다고 보았다. "모든 사람이 모든 것을 할 수는 없다. 어떤 사람은 복음전도자가 되도록, 또 다른 사람은 사회사업가가 되도록, 또 다른 사람은 정치 활동가가 되도록 부름 받는다."[34]

로널드 사이더는 복음전도와 사회운동은 교회와 그리스도인이 수행하여야 할 선교적 과제임에도 불구하고 양자는 구별되어야 하며 특히 사회적인 행위로부터 복음전도를 구별해야 한다고 주장한다. 로잔언약은 복음전도와 사회적 행위와의 관계에 대해 세 가지 연관성이 있다고 정리하였다. 먼저, 사회적 행위는 전도의 결과이며, 또한 전도를 위한 가교역할을 하고, 나아가 가교적 기능을 넘어 전도의 파트너 역할을 한다는 것이다.[35] 물론 로잔운동의 근본정신에 따르면 사회적 행위는 복음을 전하기 위한 도구나 그 준비단계가 결코 아니며, 그것이 정당성과 가치를 지니기 위해서 전도적인 목적을 가지고 있어야 하는 것은 아니다. 사회적 책임과 봉사 자체가 하나님이 기뻐하시는 일이며 교회의 본연의 사명이다. 하지만 복음전도가 사회정의를 위한 활동으로부터 구별되어야 하는 이유가 있다. 이는 먼저, 복음전도란 사회 구조에게 전하는 것이 아니라 오직 사람들에게 전하는 것이고, 오직 사람만이 그리스도의 제자가 될 수 있기 때문이다.36) 사회 구조를 변화시키고 사회정의를 촉진하는 일이 직접 사람들을 회심시키는 구체적인 활동이 아니기 때문이다. 또한 복음전도와 사회적 행위는 다른 결과물을 내어 놓는 성과의 차이가 분명하기 때문에 양자는 구별되어야 한다.37) 로널드 사이더는 양자가 지향하는 목적과 의도 역시 구별된다고 한다. 복음전도의 주된 의도는 비기독교인들을 예수 그리스도의 제자로 삼으려는 것인 반면 사회적 행위의 중심적 의도는 이 땅에서 그들이 누리는 삶을 향상시키는 것이다.38) 특히 양자를 구별해야 하는 이유는 사회적 행위 본연의 목적과 형태를 보호하고 아울러 복음 전도 본연의 모습과 실제를 보호하기 위해서이다. 무엇보다도 양자가 동일시되면 복음전도에는 게으르고 태만한 그리스도인들에게 책임을 물을 수 없다.39) 이러한 로널드 사이더의 입장은 양자의 동일한 가치를 언급하면서도 사회정의를 위한 활동과 사명 때문에 복음전도가 훼손되지 않아야 한다는 점에 초점을 두고 있음을 알 수 있다. 로널드 사이더는 다음과 같이 언급함으로써 사회적 활동이 복음전도적 차원을 지닌 활동임을 언급하고 있다.

교회가 하는 모든 것이 복음전도는 아니다. 교회는 몇 가지 선교적인 과제들에 착수할 소명이 있다. 그러나 교회가 존재하고 행하라고 보냄 받은 모든 것은 복음전도적 차원을 가진다. 누구도 교회의 다양한 선교적 과제들과 복음전도를 혼동해서는 안된다. 그럼에도 불구하고 우리는 이 모든 과제들의 복음전도적인 잠재력을 알아야만 한다.40)

교회가 수행하는 복음전도와 사회정의를 위한 활동의 관계에 대한 담론의 흐름 속에서 복음전도론의 영역에서 교회공동체와 사회적 섬김을 강조하는 경향이 두드러지게 발전하기 시작하였다. 로버트 웨버(Robert E. Webber)는 복음전도에 대해 연구한 그의 책에서 그리스도인의 사회적 소명에 대해서 언급한다. 그는 모든 그리스도인들은 그리스도의 몸된 교회를 섬겨야 할 소명만 가지고 있는 것이 아니라 세상을 섬겨야 할 소명 또한 가지고 있다고 하였다.[41] 이 소명은 가난하고 결핍된 자들을 돌보는 일들, 빈곤 문제를 해결하는 일, 교도소 수감자들과 매춘부를 돌보는 일 등을 포함한다고 보았다. 특히 그는 청지기로서 일터에서의 노동 역시 그리스도인의 소명이라고 강조한다.[42] 팀 체스터(Tim Chester)와 스티브 티미스(Stive Timmis) 역시 그리스도인의 일상적 삶 가운데서 수행하는 선교적 삶의 중요성을 강조한다. 즉 신자의 삶에서 어떤 특별한 행위가 아니라 그 사람 자체가 중요하며, 이웃과의 관계 맺음이 소중하다는 것이다. 이들은 그리스도인들이 선한 성품과 열린 관계를 맺음으로 지역의 사람들과 좋은 이웃이 되는 것 자체가 선교라고 말한다.[43] 즉 좋은 이웃이 되고 좋은 직장인이 되고 좋은 가족이 되는 것이 곧 선교인 것이다. 브라이언 맥라렌(Brian D. McLaren)은 포스트모던 사회에서 교회가 복음을 전하고 세상을 위한 증언을 수행함에 있어서 필수적인 네 가지 과제를 제시한다. 그 첫째는 복음전도를 통하여 보다 많은 그리스도인을 만드는 일이며(More Christian), 둘째는 훈련을 통하여 보다 나은 그리스도인으로 세우는 일이고(Better Christian), 셋째는 교회가 온전한 선교적 공동체로 거듭나는 일이며(Authentic missional community), 넷째로 세상의 선함을 위해 힘쓰는 일이다 (For the good of the world).44) 이 네 가지 과제는 하나씩 단계적으로 진행해야 할 일이 아니라 동시적으로 수행해야 할 일들이다. 교회의 복음 증언에 있어서 이러한 총체적인 이해는 전통적인 전도 패러다임의 한계를 극복하는 것일 뿐 아니라 기존의 복음 전도론에 대한 자성적 성찰이자 대안적 노력의 흐름이라고 보아야 할 것이다. 제람 바르(Jerram Barrs) 역시 복음전도의 핵심 요소들을 다룬 그의 연구에서 복음전도와 세상을 향한 증언의 핵심요소 가운데 새로운 공동체의 중요성을 강조하였다. 이는 사랑의 공동체로서 참된 우정과 겸손과 돌봄의 능력이 나타나는 공동체라고 그는 강조한다.45) 이러한 이해들은 복음전도를 입으로 선포하는 어떤 포교적 전도의 행위를 의미하는 협소한 관점을 벗어나 교회 공동체 자체의 생명력과 신자들의 섬김의 삶과 교회가 지역사회와 전체 사회 안에서 하나님의 정의와 평화를 이루기 위한 모든 행동을 포함하는 포괄적인 복음증거를 행해야 한다는 관점으로 나아가고 있는 것이다. 교회가 진정한 공동체가 되어 대안적 사회로서 존재하는 가운데 복음이 증언되고 나누어져야 한다는 것이다. "교회의 역할은 진정한 공동체를 선포하고 그것이 가능하게끔 하는 것이다."46)

제3절 '복음과 사회정의'의 틀로 본 칼빈과 뉴비긴

복음과 사회정의라는 복음주의적 선교론의 틀로 칼빈과 뉴비긴을 살펴볼 때 두 사람은 매우 근접한 유사성과 일치점이 있다는 것을 발견할 수 있다. 칼빈이 사역을 하던 시대에는 '복음과 사회정의'라는 선교 개념적 틀이 제기되지 않았던 역사적 시점이었지만 그의 신학사상과 실천에는 복음전도와 사회적 책임이라는 선교의 두 기둥이 견고히 세워져 있다고 할 수 있다.

뉴비긴 역시 복음전도와 사회정의라는 개념으로 자신의 선교사상이나 교회론을 전개하지는 않았지만 그의 선교적 교회론이 그려내는 선교의 실천은 사실상 그리스도 밖에 있는 사람들을 회심으로 인도하는 복음전도와 사회 속에서 하나님의 통치를 이루는 사회적 활동이라는 두 축을 중심으로 전개되는 구조를 지니고 있다. 뉴비긴은 복음이 지니는 사회적 차원 즉 복음의 공공성에 대해 줄곧 언급하면서도 한결같이 예수 그리스도의 복음을 영접하는 회심에 대해 강조한다. 뉴비긴은 다음과 같이 말한다. "복음을 영접한다는 것은 새로운 출발, 즉 근본적인 회심을 의미한다. 이를 비껴 갈 수 있는 다른 길은 없다."[47] 또한 그는 선교의 핵심은 사람들을 회심케 하여 예수 그리스도를 따르는 교회의 일원이 되라고 초대하는 일이어야 한다고 보았다.[48] 뉴비긴의 선교적 교회론의 전체적인 강조점은 교회가 하나님 나라의 복음을 입으로 선포하는 일에 머무르지 않고 회중 및 교회 공동체의 삶을 통하여 세상 속에서 하나님의 정의를 이루어야 한다는 데 있다. 그럼에도 불구하고 뉴비긴은 이러한 선교적 실천에서 복음 선포와 회심의 중요성이 우선적으로 전제되어야 한다는 입장을 취하고 있다. 이 회심은 개인의 영혼과 삶 가운데 일어나는 하나님의 은혜로 인한 복음의 역사이며 이는 회심으로 초대하는 복음전도를 통하여 이루어진다. 뉴비긴은 "회심에의 초대가 복음 이해의 필수 요건이라는 것을 도저히 의심할 수 없다."[49]고 언급하면서 회심으로 인도하는 복음전도의 중요성을 강조한다.

  뉴비긴은 세상에서 정의와 평화를 위해 활동하는 일이 복음전도라는 핵심과업에 비해 중요하지 않은 부차적인 일이 아님을 거듭 강조한다. 그러나 정의를 위한 실제적인 활동에 있어서 영민한 분별력과 실천적 경계를 지녀야 함을 언급한다. 예컨대 정부가 하나님의 성품과 뜻에 명백하게 어긋나는 정책을 수립할 때 경고의 메시지를 전달하는 일이 필요하다고 보았다.[50] 하지만 그가 의미하는바 경고의 메시지는 정치적 투쟁이나 계급적 저항을 의미하지 않는다. 뉴비긴이 정치적 참여의 수준에 대해서 명료하게 제시하는 바는 없지만, 그는 세속 이데올로기의 영향 가운데 교회의 사회 정의를 위한 활동이 자기 정체성을 상실하는 것을 결코 바라지 않았다. 그러므로 그가 '경고의 메시지'라고 언급하는 점을 보아 이는 예언자적 경고와 비판을 통한 참여를 의미하는 것으로 보인다. 뉴비긴은 교회의 이러한 성명이나 입장 표명에 앞서 선행되어야 할 또 다른 한 가지 중요한 요소에 대해 강조한다. 그것은 그리스도인의 모범적 삶이다. 그는 교회가 정치적 목소리나 메시지를 내면서도 그리스도인들이 그 삶의 현장에서 그에 걸맞는 삶을 살아내지 못한다면 아무런 영향력도 발휘하지 못할 것이라고 강조한다.[51] 그는 교회가 복음에 합당한 삶이 결여되고, 권력과 야합하고 어둠의 권세에 침묵한다면 복음의 문이 닫혀질 것이며 하나님의 심판을 받게 될 것이라고 경고한다.

만일 교회가 복음을 전하면서도 그에 걸맞게 살지 않고 이 시대의 권력과 편하게 동거하면서, 어둠의 권세에 도전하지 못하고 살아 계신 주님의 능력을 삶으로 보여 주지 못한다면, 복음 전파로 열렸던 문을 오히려 닫아 버리는 꼴이 될 것이다. 그렇다고 복음 전파가 헛되다고 할 수는 없다. 하나님의 말씀은 무한한 능력을 갖고 있기 때문이다. 하지만 교회는 하나님의 엄중한 심판을 받게 될 것이다.[52]

뉴비긴은 개인적인 구원 즉 영적 자유와 사회의 정치적, 문화적 해방을 모두 지향하는 '통전적인 복음전도'(holistic evangelism)에 대해 말하기는 쉽지만 그 실제에 있어서 어떻게 이 둘을 모두 붙잡을 것인가 하는 문제는 그리 간단한 문제가 아님을 지적한다.[53] 복음의 통전성 즉 개인구원과 사회적 해방을 추구하는 복음이 그 증언과 실천에 있어서는 편향에 치우치기 쉬운 함정을 지니고 있기 때문에 교회가 추구하여야 할 하나님의 정의는 세속적 의미에서의 정치적 해방을 모두 포함하는 개념은 아니란 점을 분명히 한다.

정의로운 사회는 오로지 그 구성원들이 하나님의 정의를 인정할 때에만 번창할 수 있고, 이 정의는 다름 아니라 십자가에서 밝히 나타나고 실행된 정의다. 만일 내가 실현하려고 싸우는 그 정의를 판단하는 궁극적 정의를 내가 인정하지 않는다면, 나는 정의의 대변인이 아닌 무법한 폭정의 대변인인 셈이다.[54]

뉴비긴은 세상 가운데서 하나님의 정의와 평화를 위해 일하는 활동이 복음전도에 비해 결코 이차적인 일이 아님을 언급하면서도 그는 복음전도가 교회의 핵심 과업임을 강조함으로서 양자 간의 균형을 잃지 않으려 노력하였다. 이러한 점은 복음전도와 사회정의의 관계에 대해 언급하는 로잔운동의 지도자인 존 스토트 및 로널드 사이더의 주장과 거의 동일하다고 할 수 있다. 뉴비긴은 교회가 공적 진리로서의 복음을 증언하고 지역교회의 회중이 사회 속에서 그리스도의 주권을 증언하는 삶을 살아야 한다고 강조하였다. 그러나 뉴비긴이 의미하는 바 '공적 복음'은 사회복음이나 사회구원론과 다른 차원을 지니고 있다. 그가 말하는 공적 진리로서의 복음은 집단으로서의 사회가 구원의 대상이거나 사회정의를 위한 활동이 곧 구원의 활동이라는 의미는 아니다. 그는 개인적 회심을 위해 복음으로 초대하는 전도활동과 회중의 공적 영역에서의 증언을 위한 사회적 행위를 명료하게 구분한다. 앞서 살펴보았지만 공적 영역에서의 증언적 삶은 칼빈이 말하는 바 그리스도인의 청지기적 삶과 거의 동일한 개념의 실천이다. 뉴비긴이 말하는 공적 복음은 복음의 사회적 차원을 포괄하는 신학적 표현이라고 할 수 있다. 뉴비긴은 복음의 사회적 차원을 배제하지 않고 회심을 위한 전도와 사회정의를 위한 참여적 삶이 균형을 이루는 선교적 증언을 강조하고자 하였던 것이다.

뉴비긴이 인도에서의 선교사역을 끝내고 돌아온 이후의 저서에서는 이러한 입장들이 더욱 선명하게 나타났다. 이는 그가 1960년대 이후 에큐메니칼 운동의 극단적 행보를 신학적으로 성찰하고, 서구 문화 속에서 복음을 변증하기 위한 상황화 선교 노선을 정립하는 과정과 궤를 같이한다. 또한 이 시기는 1970년대 이후 시작된 로잔대회를 필두로 한 복음주의 선교 패러다임의 발전과정의 시기와 일치한다. 뉴비긴은 청년시절 전형적인 자유주의자로 출발하였지만 그의 회심 경험과 오랜 선교적 실천과 삶의 여정을 걸어가면서 지속적인 신학적 성찰의 과정을 통하여 자신의 선교론의 패러다임에 보이지 않는 변화를 경험하였다고 할 수 있다. 개인과 교회의 선교적 삶에 있어서 선교적 행위와 선교적 성찰과 선교적 영성 간의 일련의 순환이 있다고 할 수 있다.[55] 선교적 성찰 (missional reflection)은 선교의 행위에 대한 실천적인 반성과 검증을 포함한 신학적 성찰을 통하여 이루어지는 통합적 성찰이라고 할 수 있다. 선교적 행위(missional action)는 그러한 선교적 성찰의 과정을 통하여 그 실천의 양상과 방법론적 노선의 검토와 일정한 변경을 초래하게 된다. 이는 교회와 회중의 선교적 행위의 변화로 이어진다. 선교적 영성 (missional spirituality)은 이러한 선교적 행위를 담보하는 선교의 주체 즉 교회의 회중의 내면과 삶에 내면화된 삶의 방식이다. 이 세 가지가 순환하는 가운데 선교사상과 실천은 변화의 과정을 겪게 되는 것이다. 뉴비긴은 그의 삶의 후기에서 자신의 신학과 선교적 삶 및 에큐메니칼 선교신학에 대한 통합적인 선교적 성찰을 통하여 자신의 선교사상의 조용한 변화를 이루었다고 볼 수 있다. 즉 그는 자신이 초기에 견지하였던 교회론과 선교론적 기초에 기반하여 이론적 일관성을 유지하면서도 종종 급진적 에큐메니칼 선교 패러다임의 신학적 전제와 노선에 대한 비판적 입장을 저서를 통하여 공개적으로 표현함으로써 예수 그리스도의 복음에 철저한 자신의 선교사상을 표현하고자 하였다. 뉴비긴은 총체적 선교 패러다임의 극단적인 형태가 아닌 온건하고 균형잡힌 노선을 취하는 방향으로 자신의 선교사상을 마무리하였다고 평가할 수 있다.

제4절 결론적 요약

이 장에서 분석과 비교의 틀로 사용한 복음주의 총체적 선교 패러다임에 입각하여 칼빈과 뉴비긴의 선교 사상과 교회론, 그리고 실천활동을 살펴보면 두 사람의 공통적 요소가 보다 두드러진다. 두 사람 다 복음전도와 사회적 책임을 동시에 강조한 신학자요 현장 실천가였다. 칼빈은 그 신학 이론에 있어서 주로 말씀의 증언을 통한 복음전도와 참된 교회 건설을 강조하였고 청지기적 삶의 소명과 이웃사랑의 당위적 계명을 강조하였다. 그는 교회의 사회적 책임에 대해서 별도의 선교론적 이론을 제시하지 않았지만 그의 목회적 실천에서 제네바 시가 직면한 다양한 현실에 응답하며 구제와 구호사업에 적극적으로 참여하였으며 제네바 시의 시민적 질서와 복지를 위하여 사회 정치적 활동에 적극적으로 참여하였다. 뉴비긴은 총체적 선교 노선에 입각한 선교론을 제시하였다고 할 수 있다. 뉴비긴의 선교적 교회론의 내용성과 선교사로서의 목회적 실천을 살펴보면 칼빈이 실천한 선교적 사상과 동일한 범주의 활동을 수행하였음을 알 수 있다.

칼빈의 참된 교회의 표상과 뉴비긴의 하나님 나라의 표징으로서의 교회상 사이에는 유사한 공통점이 있다. 뉴비긴이 가장 강조하는 바 지역 교회의 삶의 선교적 차원은 그 교회가 참으로 예배하는 공동체일 때 드러나며 교회가 사람들을 환영하며 그들에게서 따뜻함과 생명력을 느낄 때 이루어진다. 그는 교회의 존재방식이 세상에서 경험할 수 없는 새로운 공동체로서 대안적 모습을 지닐 때 교회는 하나님의 영광을 드러내고 사람들을 하나님께로 인도하는 진정한 교회라고 보았다. 특히 그는 회중들이 교회의 영역을 벗어나서 공적 영역 속에서 하나님의 정의와 평화를 이루기 위한 청지기적인 섬김을 수행하여야 한다고 주장하였다. 이러한 관념은 칼빈에게서도 동일하게 발견할 수 있다. 칼빈은 참된 교회 건설 즉 전적으로 하나님 중심의 교회 건설을 강조하고 있다. 이러한 교회의 건설은 교회수의 증식이 아니라 교회의 교회됨을 바로 세우는 것이다. 칼빈이 추구하였던 바 말씀과 온전한 성례의 친교를 통하여 하나님의 다스리심 가운데 경건의 충만한 생명력을 견지하는 교회상은 뉴비긴이 말하는 충만한 예배공동체의 모습과 일맥상통하다고 할 수 있다. 칼빈이 말하는 교회의 참됨은 하나님 앞에서의 참됨으로서 사람에게 미치는 영향력이나 감화를 통한 선교적 효과보다 하나님 앞에 신실하게 서는 참된 공동체 자체를 강조하는 것이다. 뉴비긴 역시 동일한 입장이다. 그는 교회가 하나님 나라의 특징을 드러내는 천국의 표상과 맛보기가 되어야 한다고 주장하였으며, 이러한 본질에 충실한 자체가 선교가 된다고 보았다. 칼빈의 참된 교회는 생명의 공동체로서 사람들을 진리로 인도하는 교회를 의미하였으며, 종교개혁 시대의 문화적 종교적 상황에서 그러한 참됨과 생명력이 유럽인들의 지성과 심성에 영향을 미쳐 그들을 개신교회로 인도한 것이었다. 칼빈과 뉴비긴 두 사람은 동일하게 참된 교회, 즉 진정한 교회를 추구하였다.

참된 교회는 교회 안에만 머무르지 않고 사회를 변혁시킨다. 칼빈은 종교개혁적 상황 속에서 성경에 기반한 진정한 복음을 회복한 교회를 통해 사람들의 삶과 세상 속에서 하나님 나라의 통치를 이루고자 하였고, 뉴비긴은 서구 기독교의 위기 상황 속에서 선교적 본질을 회복한 선교적 교회를 통하여 하나님의 주권이 사회의 공적 영역에까지 이루어져야 한다고 역설하였다. 칼빈이 말하는 참된 교회는 대안공동체로서의 새로운 사회의 성격이 강하다. 그것은 중세의 로마 가톨릭과 구별될 뿐 아니라 당시의 세속문화로부터 구별되는 공동체이다. 칼빈은 제네바 교회가 제네바 시를 통치하고자 기획한 것이 아니라 오히려 제네바 교회와 신자들이 온전한 그리스도인이 되어 참된 교회를 이루어 도시를 변화시키기 원하였다.56) 즉 거룩하고 건전한 교회를 통하여 지역사회 안에서 성경적 가치와 하나님의 뜻이 이루어지는 인간다운 사회와 인간다운 문화를 이루고자 하였다.57) 종교개혁기의 기독교사회인 유럽에서 대안공동체란 세속화된 로마 가톨릭이라는 지배적 종교문화와 당시 풍미하였던 세속문화에 대해 저항하며 새로운 가치와 법칙에 따라 살아가는 참된 교회공동체를 의미한다. 그러므로 칼빈이 말하는 참된 교회상은 그 존재와 활동을 통하여 복음을 증언하고 세상을 변화시키고자 하는 대안공동체적 성격이 분명하다고 할 수 있다. 그리고 칼빈은 그 누구보다도 하나님의 의와 사랑을 통한 통치가 교회 내부만이 아니라 정치와 문화, 교육을 비롯한 사회의 전 영역에서 구현되어야할 것으로 보았다. 그리고 그 어떤 신학자나 종교개혁가보다 하나님의 통치의 실현을 위한 정치적 활동과 시민적 참여와 사회적 봉사에 적극적이었다. 즉 칼빈과 뉴비긴은 사회의 변혁(Transformation)과 개조에 대해 적극적인 입장을 지니고 있다는 점에서도 공통적이다. 두 사람의 신학사상과 삶의 실천, 그리고 선교론은 사회적 전 영역에서 하나님의 주권적 통치와 하나님 나라의 가치가 실현되는 비전으로 가득차 있다. 칼빈은 무엇이 참된 교회인가? 하는 관점에서 하나님의 거룩한 통치에 참여하는 선교를 강조하였고, 뉴비긴은 선교란 무엇인가? 하는 관점에서 하나님의 선교적 사역에 도구로 쓰임

받는 선교적 교회상을 강조하고 있는 것이다. 이와 같이 칼빈과 뉴비긴이 이해하는 교회의 선교적 삶의 그림은 그 기본적인 패러다임에서 매우 근사한 틀을 지니고 있는 것이다.

선교의 개인적 차원과 사회적 차원을 통합시키는 총체적 선교는 그 실천에 있어서는 복음전도와 하나님의 정의를 위한 활동이라는 확연히 구분되는 두 행동을 통하여 이루어진다. 근본적으로 복음전도 역시 사회적 차원을 내포하고 있고, 사회적 활동이 복음전도를 촉진하고 종종 개인을 회심으로 연결시키는 회심적 효과를 이끌어내기도 하지만 양자는 분명히 구별되는 행위이다. 칼빈은 복음의 선포를 통하여 믿음과 회심으로 변화된 그리스도인들이 하나님의 청지기로서 사회를 변혁하여야 한다는 하나님 나라의 확장에 대한 전망을 가지고 있었다면, 뉴비긴은 말과 행위와 공동체의 삶을 통한 총체적 복음 증언을 통하여 사람들을 회심시키고, 이와 동시에 하나님 나라의 맛보기이자 담지자로서의 교회의 희열에 넘치는 삶과 회중의 공적 영역에서의 사회적 실천을 통해 하나님의 통치가 확장된다는 비전을 가지고 있었다.

복음주의 선교신학과 에큐메니칼 선교신학은 그 신학적 기반과 실천적인 노선에 있어 상당한 차이성을 지니고 있는 것은 분명한 사실이다. 전체적으로 보면 양자가 입장의 차이를 좁히지 못하거나 양자의 실천적인 방향에서 차이점이 가장 명확하게 드러나는 대척점은 다음의 두 가지라고 할 수 있다. 그 첫째는 구원의 개념이다. 하나님의 구원은 개개인의 삶과 영혼만을 구원하시는 것이 아니라 사회 전체를 구원하신다는 것이 에큐메니칼 선교신학에서 전제되어 있다. 즉 사회구원의 개념이 내포되어 있는 것이다. 이러한 입장에 의하면 사회 역시 하나님의 구원 대상이며, 사회적 정의를 이루고 인간의 삶을 개선하는 모든 사회적 행동 자체가 하나님의 구원 행위요 교회의 선교의 본질이라는 입장에 서게 된다. 복음주의는 이러한 입장에 대해 반대하며, 하나님의 구원은 일차적으로 개개인의 사람들을 회심케 하여 구원하신다고 이해한다. 둘째는 복음전도에 대한 태도이다. 실천적으로 에큐메니칼 선교신학은 불가피하게 사회정의를 위한 활동을 우선시하고 이에 주력하는 경향을 지닌다. 물론 회심을 위한 복음전도를 부정하지는 않지만 복음전도 행위는 부차적인 위치를 차지하게 되고 사회적 실천에 우선적인 선교적 초점이 주어지게 된다. 비록 단순한 평가이지만, 복음전도를 긍정하고 적극적으로 수행하면 복음주의적이고 이를 부정 혹은 방치하거나 소홀히 하면 복음주의 범주에 포함시킬 수 없다고 할 수 있다. 이러한 견지에서 보면 칼빈과 뉴비긴의 공통점은 더욱 분명하게 드러난다. 칼빈과 뉴비긴은 하나님의 구원을 이해하는 입장과 회심을 위한 복음전도에 대한 태도에 있어서 동일한 태도를 지니고 있다. 특히 뉴비긴은 에큐메니칼 운동의 지도자로 활동하였음에도 불구하고 그의 신학은 복음주의적이다. 이러한 견지에서 뉴비긴의 선교적 노선을 한마디로 평가하자면 그는 에큐메니칼 복음주의자(ecumenical evangelical)이자 복음주의적 에큐메니스트(evangelical Ecumenist)라고 칭할 수 있을 것이다. 복음과 회심을 강조하는 복음주의적 요소, 이 지점이 바로 칼빈과 뉴비긴이 만나는 중요한 지점이다.

뉴비긴의 선교적 교회론과 칼빈의 선교론에는 이론적 실천적 유사점만이 있는 것이 아니라 컨텍스트(context) 구조의 유사성도 있다. 즉 두 사람의 선교사상의 실천적 관심은 자신들이 살아가던 서구 유럽의 복음화와 교회갱신에 있었던 것이다. 칼빈의 목회와 신학작업 및 제 사역들은 제네바를 기반으로 하여 유럽 지역에서 참된 교회를 세우는데 집중되었다. 뉴비긴의 선교적 교회론 역시 마찬가지이다. 선교적 교회론은 피상적으로 이해하는 바처럼 타문화권 선교나 세계선교를 위한 이론이 아니다. 뉴비긴은 인도의 선교 현장에서 은퇴하고 영국으로 돌아온 후 복음에 대해 우호적이지 않은 유럽 사회에서의 복음증언을 위해 선교적 교회를 주창하였다. 칼빈과 뉴비긴의 컨텍스트는 자신들이 몸담고 있는 서구 사회였으며, 그들이 일으키고자 한 것은 현존하는 가시적 교회였던 것이다. 문화적 측면에서 본다면 칼빈과 뉴비긴은 이교도를 대상으로 사역을 하였다기보다 동일한 기독교문화권에서 살고 있는 사람들을 선교의 대상으로 삼았다. 칼빈은 참된 교회를 통하여 하나님의 나라를 확장하고자 하였고, 뉴비긴은 생명력이 넘치는 교회 공동체의 삶을 통해 하나님 나라를 증언하기를 원하였다.

칼빈과 뉴비긴이 가지는 실천적 강조점이나 방법론의 차이점은 시대적 상황과 복음증거의 대상의 차이에 기인한다. 칼빈은 교회와 시민사회가 구분되지 않는 16세기 서구 유럽에서 교회에 소속은 되어 있지만 복음의 진리에 대해 무지한 회중들을 대상으로 복음을 전파하였다. 반면에 뉴비긴은 교회와 세상 영역에 확연하게 구분된 포스트모던 문화 속에서 복음을 거부하는 세속화된 서구인들을 그리스도에게로 영입하고자 하는 방안을 모색하였다. 사회정치적 영역에서 하나님의 주권을 이루기 위한 활동과 관련한 두 사람의 입장의 차이 역시 두 사람이 살던 시대의 정치구조의 차이에 기인한다. 칼빈은 국가와 종교의 영역이 아직 명확하게 구분되지 않았던 시대에 제네바 시에 속한 교회에서 목회를 하면서 목회자이자 제네바 시의 지도자로서 시정부와 밀접한 관계 속에서 디아코니아 사역을 수행하고 도시의 개혁과 교회의 개혁을 추진하였다. 반면 뉴비긴은 교회와 국가의 경계선이 분명하게 나뉘어져 있고, 제2차 세계대전 이후 제3세계의 독립과 해방을 위한 운동이 전개되면서 정부와 권력의 폭압성이 두드러지는 시대에 그리스도의 통치를 세상 속에서 이루고자 활동하였다. 두 사람이 살았던 각각의 시대에 두 사람에게 주어졌던 자유의 폭과 두 사람의 사역에 대한 제도 권력의 핍박과 공격의 강도, 사회적으로 미친 영향력을 감안한다면 칼빈이 뉴비긴에 비해 훨씬 변혁적이고 전위적인 특징을 지닌다고 할 수 있다. 칼빈의 복음 전파와 개혁 운동은 그 시대의 정황에서는 중세 가톨릭 교회의 지배 체제에 대한 거부이자 체제전복적 의미를 지니고 있는 활동이었기 때문이다. 대조적으로 뉴비긴은 당시 최강의 열강 중의 하나였던 영국의 시민이자 성직자로서 인도의 선교현장과 에큐메니칼 운동의 선두에서 심각한 위협이나 박해가 없이 비교적 안정적으로 활동을 할 수 있었다. 필자가 보기에 뉴비긴이 훨씬 더 온건해 보인다. 뉴비긴의 선교적 교회론의 관점에서 가볍고 치우친 것으로 보일 수도 있는 단순한 '복음의 전파'는 칼빈의 시대에서는 그 자체가 하나님의 정의와 진리를 위한 투쟁의 성격을 지닌 급진적 행위였다. 아니 칼빈과 종교개혁가들이 외친 복음 자체가 중세 교회의 지배와 중세 신학의 세계관을 중심으로 한 당시의 시대정신을 뒤엎는 혁명적 사상이었다. 그러므로 뉴비긴이 말하는 공적 복음이 칼빈이 외친 복음에 비해 보다 포괄적이라거나, 뉴비긴의 선교적 교회론의 체계가 칼빈이 추구한 선교적 체계에 비해 이론적으로나 실천적으로 우월한 것이었다고 쉬 단정할 수 없는 것이다.

분명한 것은 두 사람이 사용한 신학적 언어나 실천의 현장과 양상이 다소 달랐을지라도 복음 전파와 사회의 변혁을 위한 두 사람의 실천과 이론적 탐구는 눈부신 것이었고 전체 교회에 미친 영향력은 강력한 것이었다. 칼빈은 자신에게 주어진 시간과 공간에서 중세의 틀을 벗어난 선교를 수행하였고, 뉴비긴은 자신이 던져진 시간과 공간 안에서 전통적 선교패러다임의 틀을 극복하는 선교를 수행하고자 하였다. 두 사람은 시대의 사조가 변화하는 격변의 시대에 살면서 하나님이 자신에게 부여하신 은사와 사명(Mission)에 따라 선교적 삶을 살았으며 자신들의 신학사상을 통하여 교회와 세상의 총체적 변화를 이끄는 복음의 도구로 쓰임받았다. 그런 의미에서 칼빈의 교회론은 르네상스 시대의 선교적 교회론이었으며, 뉴비긴의 선교적 교회론은 서구 유럽 중심의 교회의 시대가 종언을 고하고 새로운 시대 사조가 광범위하게 형성되기 시작하는 포스트모던 시대의 복음 증언을 위한 선교론적 대안이었다고 할 수 있다.

주해

1) Graig Van Gelder and Dwight J. Zscheiile. *The Missional Church in Perspective* (BakerAcademic, MI: Grand Rapids, 2011), 25.

2) 로날드 J. 사이더, 『복음전도와 사회운동; 총체적 복음을 위한 선행신학』, 이상원, 박현국 역 (서울: CLC, 2013), 339.

3) 로잔언약, 『복음과 상황』, 창간호 (1991년 1월호), 126.

4) Ibid, 126.

5) Ibid, 129.

6) Ibid.

7Ibid.

8) 시카고 성명, 『복음과 상황』, 창간호 부록, 141.

9) 마닐라 성명, 『복음과 상황』, 창간호 부록, 139-140.

10) Ibid., 133.

11) Ibid.

12) J. A. 쉴러., R. H. 블리세. J. W. 니퀴스트, 최성일 역. "복음주의 선교신학과 로잔운동." 한국기독교학회 선교신학회 편. 『복음주의와 에큐메니즘의 대화』 (서울: 다산글방, 1999), 170.

13) 존 스토트, 『현대의 기독교 선교』, 서정운 역 (서울: 대한기독교서회, 1982), 25.

14) Ibid., 48.

15) 로잔운동, 『케이프타운 서약 ; 하나님의 선교를 위한 복음주의 헌장』, 최형근 역 (서울: IVP, 2014), 13-14.

16) Ibid., 16.

17) Ibid., 21.

18) Ibid., 17.

19) David J. Bosch. *Transforming Mission*, 408.

20) 로잔운동, 『케이프타운 서약 ; 하나님의 선교를 위한 복음주의 헌장』, 68.

21) Ibid.

22) Ibid., 70.

23) Ibid., 76.

24) Ibid., 113.

25) Ibid., 121-127.

26) Ibid., 121.

27) 티모시 C. 텐넌트, 『세계선교학 개론(*Invitation to World Missions*)』, 홍용표 외 역

(서울: 서로사랑, 2013), 402.

28) 데이비드 보쉬, 『변화하고 있는 선교』, 592.

29) David J. Bosch, *Transforming Mission*, 403.

30) 로널드 사이더, 『복음전도, 구원, 사회정의』, 39.

31) Ibid.

32) Ibid., 45-46.

33) Ibid., 46.

34) Ibid.

35) 김홍덕, "교회의 사회적 책임; 하나님 나라의 본질." 세계밀알선교회 편, 『기독교의 사회적 책임』 (서울: CLC, 2005), 239.

36) 로날드 J. 사이더, 『복음전도와 사회운동: 총체적 복음을 위한 선행신학』, 256.

37) Ibid., 257.

38) Ibid., 258.

39) Ibid., 259.

40) Ibid., 263.

41) Robert E. Webber, *Ancient-Future Evangelism* (Baker Books, MI: Grand Rapids, 2003), 107.

42) Ibid.

43) Tim Chester and Stive Timmis, *Everyday Church: Gospel Communities on Mission* (Crossway, IL: Weaton, 2012), 100.

44) Brian D. McLaren, *The Church in the Other Side* (Zondervan, MI: Grand Rapids, 1998), 28.

45) Jerram, Barrs, *The Heart of Evangelism* (Crossway Books, IL: Weaton, 2001), 75-80.

46) Julie A. Gorman, *Community That is Christian* (BakerBooks, MI: Grand Rapids, 1993), 82.

47) 레슬리 뉴비긴, 『헬라인에게는 미련한 것이요』, 189.

48) 레슬리 뉴비긴, 『오픈 시크릿』, 215.

49) 레슬리 뉴비긴, 『다원주의 사회에서의 복음』, 438.

50) Ibid., 263.

51) Ibid.

52) Ibid.

53) 레슬리 뉴비긴, 『오픈 시크릿』, 182.

54) Ibid., 197.

55) Kim Hammond and Darren Cronshaw, *Sentness; Six Posture of Missional Church* (Inter Varsity Press, IL; Downers Grove, 2014), 93.

56) 로날드 왈레스, 『칼빈의 사회 개혁 사상』, 박성민 역 (서울: 기독교문서선교회, 1995), 171.

칼빈과 뉴비긴이 주는
교훈

제6장
칼빈과 뉴비긴이 주는 교훈

    칼빈과 뉴비긴, 이 두 사람은 외형적으로 다른 성격의 소유자요 이질적이며 전혀 다른 신학적 관심을 가진 것처럼 보인다. 하지만 두 사람의 전체 면모를 살펴보면 상당히 다른 결론에 이르게 된다. 이 두 신학자의 삶을 깊이 탐구해보면 엄청난 시대적 간격과 삶의 정황의 차이에도 불구하고 주목할 만한 유사점이 적잖게 드러난다. 두 사람은 끊임없이 진리를 향한 열정을 가지고 신앙의 세계를 탐구하고 자신들이 믿는 바를 실천하고자 분투하였다. 또한 두 사람은 분명한 개인적 회심의 체험을 통해 신앙과 삶의 전환을 경험하였다. 두 사람 모두 대학시절 당시의 풍미하였던 새로운 사조의 학문과 신학적 어젠더(agenda)들을 접촉하였다는 공통점이 있다. 두 사람 모두 신학을 공부하고 개신교 성직자의 길을 걷게 되었다. 두 사람은 사역의 현장에서 직접 영혼들에게 복음을 전하고 목회를 한 현장 사역자였다. 특히 두 사람은 사역의 기간 동안 당시 교회운동의 최전선에서 지도자로 활동하였다. 그리고 두 사람은 기독교 신학과 고전에 대한 해박한 지식과 역량을 갖추었으며 저술가로서 엄청난 분량의 저서를 남겼다. 칼빈은 제네바 사역의 후기에 왕성한 신학교수 활동을 통하여 목회자를 양성하였고 뉴비긴 역시 인도선교를 마무리하고 영국으로 귀환한 후 신학교 강단에서 가르쳤다. 두 사람은 시대 사조가 급변하는 대전환기에 살았는데 칼빈은 르네상스라는 시대적 격랑의 흐름 가운데, 뉴비긴은 계몽주의적 시대 사조가 종언을 고하고 포스트모던이라는 새로운 시대의 조류가 엄습하는 급류 가운데서 활동하였다. 칼빈은 종교개혁이라는 새로운 교회운동에, 뉴비긴은 에큐메니칼 운동이라는 새로운 운동에 참여하여 지도자로 활동하였다. 두 사람은 모두 배척당한 뼈아픈 경험을 가지고 있기도 하다. 칼빈은 제네바에서의 1차 목회 중 의회와 시민들로부터 배척을 당하여 스트라스부르그로 떠나가야 했으며, 뉴비긴 역시 급진적 신학자들에 의해 배척을 당하여 1960년대 에큐메니칼 운동의 주류적 흐름에서 소외되었다. 공간적으로 칼빈은 프랑스와 제네바에서 뉴비긴은 영국과 인도에서 주로 사역을 하였으며, 두 사람의 사역 무대와 영향력은 자신들의 고향의 지역성을 넘어서 지구촌 기독교에 영향을 미치는 세계적(global)인 것이었다. 두 사람의 공통적인 기반은 개신교 신앙과 신학이다. 칼빈은 개신교에서 영향력 있는 장로교단의 뿌리가 되었고 뉴비긴은 영국 국교회에서 신학을 공부하고 스코틀랜드 장로교회에서 목사안수를 받고 선교사로 파송되었다. 뉴비긴이 칼빈의 저작을 얼마나 섭렵하고 연구하였는지는 알려진 바가 없으나 그의 저서를 통해 우리는 그가 칼빈의 신학과 종교개혁가들의 신학에 대해 해박한 지식을 가졌음을 알 수가 있다.

그러나 두 사람 사이에는 다양한 차이도 존재한다. 칼빈과 달리 뉴비긴은 자신의 인생의 가장 왕성한 시기에 타문화권인 인도에 파송되어 선교사로 활동하였다. 칼빈은 개혁가로서 신학적인 논쟁과 반론을 통하여 전투적인 삶을 살았고, 뉴비긴은 교회연합운동의 지도자로서 논쟁보다는 연합과 일치에 주력하는 행보를 보였다. 칼빈은 로마 가톨릭으로부터 위협을 당하며 교황 체제의 가톨릭 교회와 결별하였고, 뉴비긴의 교회론은 제2바티칸 공의회로부터 환영을 받으며 에큐메니칼 대화에 참여하였다. 칼빈은 성만찬 논쟁으로 종교개혁으로 세워진 개신교회 내부의 분열을 경험하였으나, 뉴비긴은 성만찬이라는 가시적 표징을 통하여 교회의 연합을 이루어야 한다고 주장하였다. 칼빈은 제네바 시에 고립되어 활동하였으며 그 영역이 유럽지역에 국한되었지만 뉴비긴은 영국시민으로서 국가와 대륙을 넘나들며 폭넓은 행보를 보였다. 칼빈은 제네바로 찾아오는 이들을 훈련시켜 각 나라의 목회자로 파송하였고, 뉴비긴은 선교지와 각 나라로 찾아다니면서 교회 지도자들과 교류하며 사역하였다. 칼빈은 언제나 양 극단 사이에서 중도적 노선을 취한 합리적 중용주의자였다면, 뉴비긴은 다양성을 인정하고 극단조차 포용하려는 대통합적 연합의 연대 노선을 취하였다. 칼빈의 논조는 당시대의 교황주의자들과 이단과 극단주의에 대해 논쟁적 경향이 강하였고, 뉴비긴의 비판은 주로 당시대의 전통적 개신교의 선교 패러다임을 겨냥한 것이었지만 기본적으로 기독교의 모든 종파를 포용하고자 하는 연합의 노선을 견지하였다. 칼빈은 방대한 기독교 신학의 모든 영역을 망라하는 신학적 체계를 남겼지만 뉴비긴은 선교를 중심으로 하여 주로 실천적 의제를 다루었다. 칼빈의 사상은 제네바라는 성공한 종교개혁의 도시를 거점으로 장로교와 청교도를 통하여 역사 가운데 큰 물줄기로 오래 이어졌지만, 뉴비긴은 자신을 중심으로 한 어떤 조직화된 그룹을 남기지 않고 떠나갔으며 그의 체계는 어떤 일파를 형성하기에는 아직은 한 선교학자의 선교사상에 가까우며 이제 막 샘물을 흘려보내고 있는 중이다.

그럼에도 불구하고 두 사람의 차이점보다 유사성과 공통점이 보다 크게 두드러진다. 이는 두 사람이 믿고 헌신한 삼위일체 하나님이 동일하기 때문이며 두 사람의 모태가 된 어머니 교회의 하나됨에 기인할 것이다. 칼빈과 뉴비긴은 한 아버지와 한 어머니의 품 속에서 자라나 각기 다른 환경에서 살아간 형제와 같다. 두 사람의 삶의 내용의 차이나 표면적으로 드러나는 사상과 실천의 상이성보다 두 사람의 유사성이 뚜렷한 것은 둘 다 동질 DNA를 지니고 있기 때문이다. 두 사람 속에 존재하는 하나의 형상 즉 양자의 차이성 속에 존재하는 동일성은 이 두 사람을 빚으시고 각자에게 적합하고 특별한 재능을 주신 하나님 아버지와 이들을 전혀 새로운 삶으로 인도하신 예수 그리스도, 그리고 두 사람에게 능력을 주시고 신선한 통찰력으로 조명하여 교회를 새롭게 하도록 도우신 성령으로부터 기인한 것일 것이다. 해석학적 렌즈를 보다 크게 열어 조명한다면, 칼빈과 뉴비긴은 다른 시대를 살아간 동일한 한 존재로 비유할 수도 있을 것이다. 만일 뉴비긴을 20세기 후반의 상황 속에서 활동한 칼빈으로, 칼빈을 종교개혁시대에 활동한 뉴비긴으로 비유하거나 해석될 여지가 조금이라도 열리게 된다면 이 연구가 의도한 목적은 이미 완료되었다고 할 수 있다.

두 사람의 대화를 완결하기 위해서는 두 사람을 비교하는데서 머물지 않고 나아가 두 사람이 오늘날 우리 시대의 교회에 실제적 교훈을 던져줄 수 있는 실천적 기획을 마무리하여야 한다. 칼빈의 선교사상을 발견하고 이를 실천한다는 것은 칼빈의 신학과 실천적 주장을 문자적으로 반복하거나 기계론적으로 적용하는 것이 아니라 칼빈이 살았던 그 시대의 상황 속에서 칼빈이 하나님의 부르심에 따라 종교개혁시대의 현안과 과제에 반응하며 실천하였던 그의 경건과 삶의 태도와 영성 및 신학적 성찰의 태도를 가지고 우리 시대의 정황 속에 참여하는 것이다. 뉴비긴의 선교적 교회론에 대해서도 마찬가지이다. 뉴비긴의 선교적 교회론에 대한 올바른 해석과 실천은 그의 선교적 교회론이 묘사하고 있는 교회상과 그가 사용한 신학적 용어를 단순하게 주장하는 것이 아니라 20세기의 교회적 상황 속에서 뉴비긴이 가졌던 문제의식과 진정성 있는 삶의 태도를 가지고 21세기 오늘날의 그리스도의 몸된 교회를 진지하게 성찰하고 교회의 '교회됨'과 복음의 증언을 위해 적합한 상황화를 추구하며 섬기는 것이라고 할 수 있다. 이 책을 마무리 하면서 칼빈과 뉴비긴이 우리들에게 던져주는 삶의 메시지와 실천적 교훈을 몇 가지로 요약함으로써 두 사람의 신학적 대화가 우리의 삶 가운데 연합된 힘으로 작동하는 실제적인 만남이 되도록 초대하고자 한다.

1. 현장성

칼빈은 회심으로 하나님의 섭리 안으로 자신의 삶을 헌신한 이래 한 평생 교회 현장을 떠나지 않았다. 그는 교회의 강단을 중심으로 제네바 시민들과 교인들이 살고 있는 삶의 현장에서 줄곧 사역하였다. 그는 경건한 기도의 사람이었고 엄청난 분량의 저술을 남긴 신학자이었지만 그의 기도와 연구는 기도의 골방이나 책상 위에서가 아니라 사역의 현장에서 흘러나온 것이었다. 그는 그가 그토록 혐오하였던 수도원적 영성을 추구하지 않았고, 당시에 유행하였던 저술가나 학자들처럼 대학의 강단이나 연구실의 책상이나 도서관의 책장 속에 묻혀 살지 않았다. 그의 종교개혁의 현장은 신학이론의 전장이었고, 그의 목회 현장은 거짓된 교회의 습속의 지배를 받는 광야였으며, 제네바 시는 종교개혁의 사활을 좌우하는 최전선이었다. 칼빈은 사변적인 이론신학자가 아니라 설교단의 설교자이자 목회하는 목양현장과 강단의 신학자였으며, 그의 거의 모든 저술들은 종교개혁의 과업을 수행하는 가운데 제네바 시와 교회의 당면한 현안과 관련된 모든 일을 성경 말씀에 비추어 해석하고 응답한 것이었다. 그의 펜은 학자의 필기도구가 아니라 투사의 검과도 같았다. 칼빈은 현장을 떠나지 않았고 목회와 교회개혁의 현장에서 분투하다가 자신의 삶을 그 현장에서 마무리 하였다.

　뉴비긴도 칼빈과 마찬가지로 현장의 사람이었다. 뉴비긴은 선교학자이기 이전에 인도의 선교 현장에서 사역한 현장 선교사였다. 그리고 그는 목회를 하였으며 인도교회의 행정지도자로 교회들을 순회하며 직접 교회들을 돌보았다. 그의 저서 중 새신자를 위한 교리를 요약한 교재가 있는데 이는 새신자 훈련을 위한 목회용이었다. 교회론 및 선교론과 관련된 그의 글들은 선교현장과 서구 교회의 현실의 필요에 응답하며 저술한 실제적인 주제를 다루었으며 지혜로운 해법으로 가득한 것들이었다. 뉴비긴의 선교신학과 선교적 교회론의 아이디어들은 학자로서가 아니라 현장 목회자이자 활동가로서의 현장활동을 통하여 체감하고 직면한 문제들을 다룬 것들이었다. 뉴비긴의 사상은 선교현장과 목회현장, 교회연합운동의 무대와 사역의 현장 속에서 형성되어 흘러나온 현장의 목소리였다.

　칼빈과 뉴비긴은 각각 투신하여 깊이 뿌리내리고 있는 현장이 있었으므로 그들의 글은 관념적이지 않았으며 공허한 사변에 머무르지 않았다. 칼빈은 현장에서 싸우면서 글을 썼고 뉴비긴은 뜀박질을 하면서 연구하였다. 두 사람은 자신들의 현장 속에서 영적 순례를 하였으며 마침내 사역의 장거리 경주를 완주하였다. 우리는 두 사람에게서 사역의 현장으로 들어가 끝까지 헌신하는 성육신적 삶을 배울 수 있다. 이것이 칼빈의 신학과 뉴비긴의 선교적 교회론을 이해하고 해석하는 초보라고 할 수 있다.

2. 파토스(Pathos)

칼빈과 뉴비긴의 관심은 오로지 그리스도의 몸된 교회에 있었다. 그들은 어머니 교회의 품 속에서 성장하였고 교회를 진정으로 사랑하였으며, 그들의 모든 활동과 글들은 진정한 교회를 세우고자 하는 동기에서 출발한 것이었다. 그들의 열정은 교회를 향한 사랑에서 흘러나왔으며 그들의 관심은 성경적인 교회, 하나인 진정한 보편적 교회를 이루고자 하는데 집중되었다. 그들 각자의 시대에 존재한 가시적 교회의 실상이 달랐으므로 칼빈은 교회의 순수성에, 뉴비긴은 선교적 연합에 강조점을 두었지만 칼빈의 참된 교회상은 그리스도의 몸의 하나됨을 위한 것이었고 뉴비긴의 연합은 주님의 몸의 온전한 회복을 위한 것이었다. 칼빈과 뉴비긴의 파토스(pathos)는 교회의 머리이신 그리스도와 그리스도의 몸으로서의 가시적 교회의 진정한 회복을 향하여 불타올랐다. 칼빈의 시대는 개혁이 화두였으며, 뉴비긴의 시대는 선교와 연합이 화두였지만 그들의 모든 관심의 중심은 예수 그리스도의 교회이었다. 그러므로 칼빈의 교회론과 뉴비긴의 선교적 교회론은 교회의 형태와 사역과 직분을 위한 이론과 전략이기 이전에 어머니 교회에 대한 사랑의 고백이었다고 할 수 있다. 삼위일체 하나님과 그리스도의 몸인 교회에 대한 뜨거운 정념이 그들의 삶과 영혼을 불태웠다. 우리는 두 사람이 교회를 향해 가진 애정과 열정을 함께 가지고서 두 사람의 삶과 그들의 교회론을 독해할 때 비로소 두 사람이 꿈꾸는 바 참된 교회의 이상을 발견하게 될 것이다.

3. 로고스(Logos)

두 사람은 하나님이 주신 지성으로 언제나 올바르고 적절한 길과 방법론을 찾는 합리성과 균형을 갖춘 인물이었다. 칼빈은 극단주의자가 아니라 합리주의자이었으며 매우 논리정연한 수사학의 전문가였다. 그의 펜은 예리하여 정곡을 찌르며 당시 로마 가톨릭의 신학적 오류와 허구를 들추어내었고, 그의 저서는 논리적 대안적 설득력을 지니고 있어 유럽 전역으로 널리 확산되었다. 그는 파리의 대학에서 공부하였으며 23세 때 출판한 저서를 통하여 저술가로서의 재능을 발휘하여 널리 명성을 얻게 되었다. 하나님이 허락하신 칼빈의 지성의 은사와 저술가적 재능은 그를 인문주의 학자로 만들지 않았고 종교개혁 신학의 발전을 이끌고 개혁주의 신학의 초석을 놓는 동력이 되었다. 그는 언제나 극단주의자들 가운데 중립의 위치에 서서 균형있는 논리를 전개하였으며, 논적들과의 논쟁에서는 고대 교부들의 글들과 광범위한 신학과 고전에 대한 지식을 바탕으로 탁월한 논객이 되어 성경적 진리를 웅변하였다. 칼빈의 지성은 종교개혁 시대의 정치적 종교적 격변 속에서 감정적 충동이나 정치적 이해관계를 초월하여 성경적 근거에 기반한 합리성을 추구하였다.

뉴비긴 역시 로고스(logos)적 차원이 강력한 지성인이었다. 그는 대학 시절에 옥스퍼드(Oxford)에서 공부하였으며 당대의 지성들의 강연과 책들을 섭렵하였고 최신의 신학적 사조를 맛보았다. 그의 초기의 저작들과 교회연합에 대한 글들은 실제적인 현안을 다루며 성경신학적인 관점에서 접근하였지만 그의 후기의 저술들은 사뭇 달랐다. 뉴비긴이 남긴 복음의 변증과 상황화, 선교와 문화, 그리고 종교다원주의 논쟁과 관련된 글들은 탄탄한 철학적 인식론과 신학방법론에 바탕을 두고서 고대로부터 현대에까지 이르는 철학과 신학사상에 대한 폭넓은 지식을 드러내면서 뛰어난 토론과 논쟁의 논법을 발휘하는 것들이었다. 뉴비긴 역시 합리적 균형을 추구하는 이론가였다. 토착화 신학 논쟁의 흐름에서 그는 상황화의 노선이라는 중도의 길을 선택하였으며, 종교 다원주의 논쟁에 있어서도 포용주의의 입장을 취하여 복음의 증언을 위한 종교적 대화라는 길을 제시하였다. 에큐메니칼 진영 내에서도 그는 사회적 해방과 구원을 위한 투쟁을 강조하는 급진적 노선과의 경계선을 분명히 하고 비교적 온건한 노선의 입장으로 균형을 잡고자 하였다. 두 사람의 지성의 은사는 그들의 열정이 극단으로 흐르지 않게 붙잡아 주었으며 사역을 효율적으로 만들었으며 사람들을 설득하는 논리적 도구가 되었다. 두 사람이 신학자이자 사상가이자 뛰어난 저술가가 될 수 있었던 원천적 재능은 하나님께서 그들에게 허락하신 로고스(logos)였다. 두 사람은 열정의 사람이었을 뿐 아니라 언제나 균형을 추구한 지성적 합리주의자였다.

4. 에토스(Ethos)

칼빈과 뉴비긴은 하나님의 정의로 충만한 사람이었다. 두 사람은 진리 추구형의 사람이었다. 그들은 젊은 시절부터 하나님의 정의의 편에 서서 기독교적 활동을 하였으며, 한 평생 하나님의 뜻을 수행하고자 자신들에게 주어진 길을 끝까지 완주하였다. 두 사람의 삶과 헌신의 진정성은 자신의 자리에서 끝까지 사역을 완수하는 소명적 삶에서 드러난다. 칼빈은 제네바에서, 뉴비긴은 인도의 선교현장과 영국에서 자신의 길을 신실하게 걸어갔다. 칼빈은 늘 분주한 사역 일정 가운데 끊임없이 기도하고 연구하면서 자신을 관리하였다. 뉴비긴 역시 언제나 성실함으로 사역했으며 중요한 현안이 발생할 때마다 글과 논문을 발표하여 그 상황 가운데로 뛰어들어가 영향을 미쳤다. 경이로운 분량의 저서를 남긴 두 사람의 책들과 연구의 흔적은 두 사람의 신실성을 단적으로 드러내준다. 그 책들이 지니는 힘은 그들의 글재주와 논증과 설득의 힘보다는 두 사람의 인격적 진정성, 즉 말과 삶이 괴리되지 않는 온전성에서 비롯되었다. 그 것은 학문적 연구 결과가 아니라 그들의 인격과 혼이 투영된 살아있는 사상이었다. 두 사람은 그리스도의 교회 내부만이 아니라 온 세상에 하나님의 사랑과 정의가 이루어지기를 갈구했다. 그리고 자신들의 사역의 영역에서 하나님 나라의 통치가 온전히 이루어지기를 원하였다. 그들이 강조한 복음은 하나님의 사랑과 정의의 복음이었다. 칼빈은 제네바 시 정부와 함께 그 도시 속에서 하나님의 정의를 이루기를 원했고, 뉴비긴은 하나님의 정의를 수행하는 선교의 사회적 차원이 온 교회에 수용되기를 원하였다. 우리들도 두 사람이 가진 삶의 진정성과 인격, 하나님의 정의를 향한 열정을 동일하게 품을 때, 두 사람의 삶의 전체 행보와 그들의 신학사상과 선교론의 통합적 특징을 진정으로 이해할 수 있을 것이다.

5. 포용과 배제

칼빈과 뉴비긴은 예수 그리스도의 복음과 기독교의 정통 교리의 기반 위에 서서 자신들의 신학을 전개하였다. 그들은 가장 중요한 교리의 공통적 기반 위에서는 무한한 포용의 사람이었지만, 그렇지 않은 신학사상과 이론에 대해서는 단호한 입장을 취하였다. 그들은 배제의 세상에서 가능한 한 포용의 노선을 취하였다. 칼빈은 로마 가톨릭과의 신학적 논쟁과 대화를 피하지 않았으며, 개신교회들의 하나됨과 연합을 위해 최선을 다하고, 제네바를 넘어선 지역으로 목회적 선교적 지원을 아끼지 않았다. 칼빈은 냉정한 배제를, 뉴비긴은 폭넓은 포용을 특징으로 하는 것처럼 해석되기도 한다. 그러나 이는 오해이다. 칼빈은 한결같이 그리스도의 몸의 온전함을 위하여 포용을 위하여 힘써 노력하였다. 칼빈은 성경말씀이라는 표준에 따라 포용과 배제의 경계선을 정하였다. 로마 가톨릭의 교황주의와 그릇된 교리와 맞서 싸우고, 이단과 급진적 개혁 노선과도 선을 그었다. 또한 그는 제네바 교회법령을 통하여 철저한 권징을 행하여 도시를 도덕적으로 바로 세우고자 하였다. 이러한 일련의 단호한 조치들은 다양성을 인정하는 오늘날과 같은 상대주의 사회의 시각에서 보면 안된다. 당시는 그 어떤 지도자들에게도 원칙과 철저성이 요구되던 시대였다. 개혁의 승패가 사람들의 목숨과 도시의 운명을 좌우할 정도로 위급하게 전개되었던 종교개혁이라는 특수한 상황을 고려하여 칼빈의 원칙주의를 재해석하여야 마땅하다. 칼빈은 다른 도시 및 교회 지도자들과 연합할 줄 알았으며, 난민들을 적극적으로 수용하고 돌보았으며, 따뜻한 가슴으로 목회를 하였다. 칼빈은 분명 포용과 배제에 대한 분명한 경계선을 지니고 있는 원칙주의자이자 동시에 포용적인 가슴의 사람이었다.

뉴비긴 역시 포용과 배제의 원칙을 분명히 한 신학자였다. 뉴비긴의 교회론은 가톨릭과 오순절운동을 포용하는 교회의 가시적 연합을 주장하는 것이었으며, 그는 인도에서 장로교와 감리교와 침례교 등으로 나뉘어져 있는 교회들을 통합하여 연합교단을 만들었다. 그는 당대의 현대신학의 담론에 대해 수용적이었으며, 젊은 시절부터 다양한 사상들을 섭렵하였다. 그러나 그는 예수 그리스도의 복음에 대해 철저한 사람이었으며, 종교 다원주의와 급진적 신학노선에 대해서는 반대의 입장을 분명히 하였다. 뉴비긴은 무원칙한 포용주의자가 아니었다. 칼빈은 포용이 없는 치우친 편견의 사람이 아니었다. 두 사람의 포용의 폭이나 원칙에는 다소 차이가 있을지라도 그들에게 철저한 자기 원칙에 기반한 포용적 연합의 노선이 없었다면 그 누구도 그들의 목소리에 귀를 기울이지 않았을 것이다.

6. 세상 속에서의 제자도

칼빈과 뉴비긴은 복음이 교회 안에서 머물러 있기를 원하지 않았다. 그들은 경건이 개인의 삶에 국한되지 않는다고 보았으며, 하나님의 주권적 통치는 교회 안의 종교적 삶에 묶을 수 없다고 보았다. 칼빈은 제네바 시를 하나님의 말씀을 통하여 하나님의 다스림 아래 두고자 하였고, 신자들이 삶의 영역에서 하나님의 주권이 이루어지도록 일하는 청지기가 되도록 가르치고 촉구하였다. 그는 하나님께서 사회의 전 영역에서 성도를 통하여 그분의 통치를 이루신다고 보았다. 칼빈은 믿음으로 칭의를 받아 교회생활에 충실한 착실한 신도가 아니라 경건한 삶과 노동으로 청지기적 소명을 다하는 성도를 일으키고자 하였다. 칼빈은 종교인이나 군중으로서의 교회회중이 아니라 사회적 삶의 현장에서 하나님 통치의 도구가 되는 제자를 양성하고자 하였다. 뉴비긴은 복음이 사회의 공적 영역에 영향을 미치는 공적 진리라고 이해하였으며, 사유화되어 개인의 내면의 차원 속에 가두어져서는 안되는 사회적 차원을 지닌 진리로 이해하였다. 그리스도인은 자신들의 삶과 직업적 현장에서 하나님 나라의 가치를 실현하는 일꾼이 되어야 한다고 주장하였고 이것이 곧 복음이 증언되는 또 하나의 방식이라고 보았다. 칼빈은 개인주의적 신앙을 가르치고 뉴비긴은 사회적 차원의 신앙을 설파한 것이 아니라 두 사람이 모두 세상을 향해 일하는 실천적 제자도를 강조하였다. 콘스탄틴 이후 신앙이 개인의 영역으로 추방당한 이래 계몽주의 시대를 거치면서 거의 사적 복음으로 전락해버린 우리 시대에 우리는 칼빈과 뉴비긴을 통하여 복음의 사회적 차원을 재발견하고 온전한 복음의 총체성을 구현해 나가야 할 것이다.

7. Soli Deo Gloria!

칼빈과 뉴비긴은 하나님의 영광을 위하여 자신의 삶을 온전히 드렸다.

칼빈은 인간의 삶의 목적이 하나님의 영광을 찬미하는 것이며 예배와 삶의 모든 행위가 그분에게 영광을 돌리는 것이어야 한다고 보았다. 또한 모든 피조물이 하나님의 영광을 찬미하고 있다고 보았다. 하나님의 백성을 포함한 모든 피조물이 한 목소리로 하나님의 영광을 찬미함이 영광의 목적이다.[1] 또한 하나님의 영광은 교회를 통해 나타난다. 자기 영광을 추구하고 자기의 왕국을 건설하는 세상에서 칼빈은 하나님의 주권이 온전히 이루어지는 교회와 세상을 추구하였다. 그의 개혁운동도, 신학적인 작업도, 수많은 저서들과 제네바 시의 개혁작업도 하나님의 영광이 찬란하게 빛나도록 하기 위한 것이었다. 그는 자신의 전 생애를 통해 하나님의 영광을 추구하였으며 자신의 영광을 구하지 않았다.

뉴비긴 역시 회심을 경험한 이래 신실한 선교사가 되어 인도의 영혼을 위하여 교회 연합을 통하여 그리스도의 몸이 보다 온전하게 세워지기를 추구하였다. 그는 칼빈처럼 교회를 통하여 하나님의 영광이 나타난다고 보았다. 믿음을 통하여 그리스도 안에 거하는 공동체의 삶 가운데 하나님의 성령이 임재함으로써 지극히 풍성한 영광이 신자들에게 주어진다고 보았다.[2] 그는 하나님의 영광이 빛나는 교회가 영혼들을 그리스도에게로 인도할 것이라고 믿었으며 세상을 하나님의 정의와 사랑의 빛으로 채울 것이라고 믿었다. 교회가 하나님의 영광으로 가득한 것은 예배 안에서 기쁨과 찬양이 넘쳐나며 경탄과 웃음이 가득한 생명의 공동체로서 하나님의 영광의 총체로서의 천국의 맛보기가 되는 것을 말한다. 뉴비긴의 선교적 교회론에서 천국의 표상으로 묘사하는 교회의 이상은 다름 아닌 하나님의 영광이 찬란하게 빛나는 사랑과 희열의 공동체이다. 뉴비긴은 다음과 같이 진정한 성공에 대해 이야기한다. "우리의 몫은 그

이야기를 들려주고 그것을 신실하게 살아내는 일이다. 나머지는 하나님의 손에 달려있다. 중요한 문제는 내가 성공하느냐가 아니라, 하나님이 영광 받는 것이다."[3] 이는 자신의 삶과 사역, 그리고 그의 선교적 교회론을 통하여 성취되기를 바라는 영원한 이상일 것이다. 크리스토퍼 라이트는 그리스도의 지상명령이 언급된 복음서의 세 본문(마 28:17, 눅 24:52, 요 20:28)을 보면 지상명령이 '예배'(worship) 가운데 이루어졌다는 사실이 충격적이라고 말하면서 선교의 목적은 다름 아닌 하나님의 영광이라고 결론을 맺는다. "선교적 백성은 예배하는 백성임에 틀림이 없다. 그렇지 않고서 그들의 선교는 무엇인가"[4]

뉴비긴은 1998년 1월에 하나님의 품으로 안기기 전 질병으로 거의 실명한 상태에 처하였다.[5] 그는 죽기 전 아내와 함께 런던시의 노인들을 위한 시설의 소박한 두 칸짜리 방에서 살았다. 그곳은 에큐메니칼 운동의 지도자이자 교회의 주교였던 사람이 머물 곳으로 전혀 어울리지 않는 소박한 시설이었다. 그러나 그는 그곳에서 줄곧 매우 즐거운 얼굴로 살았으며 이웃과 교제하며 생활하였다. 뉴비긴은 기쁨과 품위와 예의를 잃지 않았다. 종종 함께 살고 있는 이웃들을 자기 집으로 초대하여 음식을 대접하기도 하였다. 사람들은 그의 목소리를 들을 수 없었고, 시력이 거의 상실되어 누가 누군지 알아볼 수도 없으며 그들이 자신의 말에 어떻게 반응하는지 감지할 수도 없으면서 그들과 연합하여 작은 공동체를 이루기를 꿈꾸었다. 그 어두워진 눈으로 오로지 하나님의 영광의 빛만을 바라보며!

칼빈은 1564년 5월 27일 토요일 54세의 나이로 하나님의 영광의 품에 안겼다. 1564년 5월 27일자로 기록된 제네바 시 의회록에는 다음과 같이 그의 죽음에 대해 기록하였다. "오늘 저녁 8시 우리의 책임감이 강한 칼빈은 하나님께 감사드리면서 감각과 정신이 온전한 채로 하나님께로 갔습니다."[6] 칼빈의 유언에 따라 그의 시신은 제네바 시 공동묘지의 구석진 곳에 비석을 세우지 않고 무명의 묘지에 묻히게 되었다. 칼빈은 자신이 죽은 후에 추호도 자신의 이름이나 영광이 남지 않기를 바랐다. 사람들이 자신의 무덤으로 찾아오는 것조차도 성인숭배가 될까 우려하여 이름 없는 무덤의 흙으로 남기를 원했던 것이다. 오직 하나님께만 영광을 돌리기 위하여! Soli Deo Gloria!

주해

1) 유해무, 『개혁교의학; 송영으로서의 신학』, 647.

2) 레슬리 뉴비긴, 『헬라인에게는 미련한 것이요』, 190.

3) 레슬리 뉴비긴, 『누가 그 진리를 죽였는가』, 107.

4) Christopher J. H. Wright. *The Mission of God's People; A Biblical Rheology of the Church Mission* (Zondervan, MI: Grand Rapids, 2010), 286.

5) 이하는 뉴비긴의 생애를 다룬 허성식의 논문, "레슬리 뉴비긴의 생애와 선교적 에큐메니칼 운동" 제3장 7항의 '말년의 레슬린 뉴비긴'을 참고하였음. 출처. http://cafe.naver.com/agados1009/70

6) T. H. L 파커, 『존 칼빈』, 341.

참고문헌

1. 1차 자료

Newbigin, Lesslie. *A Word in Season; Perspective on Christian World Mission.* William B. Eerdmans Publishing Company, MI: Grand Rapids, 1994.

Newbigin, Lesslie. *Foolish to the Greeks; The Gospel and Western Culture.* WCC Mission Series No. 6. Wm B. Eerdmans Publishing Company, MI: Grand Rapids, 1986.

Newbigin, Lesslie. *Sign of the Kingdom.* John Paul The Preacher's Press, MI: Grand Rapids. 1980.

Newbigin, Lessilie. *The Gospel in a Pluralist Society.* William B. Eerdmans Publishing Company, MI: Grand Rapids, 1989.

Newbigin, Lesslie. *The Light has Come; An Exposition of the Fourth Gospel.* William B. Eerdmans Publishing Company, MI: Grand Rapids, 1982.

Newbigin, Lesslie. *The Open Secret; An Introduction to the Theology of Mission.* Wm B. Eerdmans Publishing Company, MI: Grand Rapids, 1978.

Newbigin, Lesslie. *Truth and Authority in Modernity; Christian Mission and Modern Culture.* Trinity Press International, Pennsylvania: Valley Forge, 1996.

Newbigin, Lesslie. *Truth to Tell; The Gospel as Public Truth.* William B. Eerdmans Publishing Company, MI: Grand Rapids, 1991.

레슬리 뉴비긴. 『교회란 무엇인가』, 홍병룡 역. 서울: IVP, 2010. Newbigin, Lessilie. *The Household of God: Lectures on the Nature of Church.* London: SCM Press, 1953.

레슬리 뉴비긴. 『기독교의 새로운 출발을 위하여』, 이문장 역. 안양: 대장간, 1994. Newbigin, Lessilie. *The Other Side of 1984: Questions to the Churches*. WCC, 1983.

레슬리 뉴비긴. 『누가 그 진리를 죽였는가』, 홍병룡 역. 서울: IVP, 2005. Newbigin, Lessilie. *Ttuth and Authority in Modernity*. PA: Trinity Press International. 1996.

레슬리 뉴비긴. 『다원주의 사회에서의 복음』, 홍병룡 역. 서울: IVP, 2007. Newbigin, Lessilie. *The Gospel in a Pluralist Society*. William B. Eerdmans Publishing Company, MI: Grand Rapids, 1989.

레슬리 뉴비긴. 『변화하는 세상 변함없는 복음』, 홍병룡 역. 서울: 아바서원, 2014. Newbigin, Lessilie. *Faith in a Changing World*. Singapore: AAP Publishing PTE LTD. 2012.

레슬리 뉴비긴. 『변화하는 세상 가운데 살아 숨쉬는 소망』, 이혜림 역. 서울: 서로사랑, 2006. Newbigin, Lessilie. *Faith in a Changing World*.

레슬리 뉴비긴. 『복음 공공의 진리를 말하다』, 김기현 역. 서울: SFC 출판부, 2008. Newbigin, Lesslie. *Truth to Tell; The Gospel as Public Truth*. William B. Eerdmans Publishing Company, MI: Grand Rapids, 1991.

레슬리 뉴비긴. 『아직 끝나지 않은 길』, 홍병룡 역. 서울: 복있는 사람, 2011. Newbigin, Lessilie. *Unfinished Agenda*. London: SPCK, 1993.

레슬리 뉴비긴. 『오픈 시크릿』, 홍병룡 역. 서울: 복있는 사람, 2012. Newbigin, Lesslie. *The Open Secret; An Introduction to the Theology of Mission*. Wm B. Eerdmans Publishing Company, MI: Grand Rapids, 1978.

레슬리 뉴비긴. 『요한복음 강해』, 홍병룡 역. 서울: IVP, 2011. Newbigin, Lesslie. *The Light has Come; An Exposition of the Fourth Gospel*. Wm B. Eerdmans Publishing Company, MI: Grand Rapids, 1982.

레슬리 뉴비긴. 『죄와 구원 – 평신도를 위한 구원론』, 정원범 역. 서울: 나눔사, 1990. Newbigin, Lesslie. *Sin and Salvation*. SCM Book Club, 1956.

레슬리 뉴비긴. 『포스트 모던 시대의 진리』, 김기현 역. 서울: IVP, 2005.
　　　Newbigin, Lesslie. *Truth and Authority in Modernity; Christian
　　　Mission and Modern Culture*. Trinity Press International,
　　　Pennsylvania: Valley Forge, 1996.

레슬리 뉴비긴. 『헬라인에게는 미련한 것이요; 복음과 서구문화』, 홍병룡 역. 서울:
　　　IVP, 2005. Newbigin, Lesslie. *Foolish to the Greeks; The Gospel
　　　and Western Culture*. WCC Mission Series No. 6. Wm B. Eerdmans
　　　Publishing Company, MI: Grand Rapids, 1986.

레슬리 뉴비긴. 『현대 서구문화와 기독교』, 나동광 역. 서울: 대한기독교서회, 1989.
　　　Newbigin, Lesslie. *Foolish to the Greeks; The Gospel and Western
　　　Culture*. WCC Mission Series No. 6. Wm B. Eerdmans Publishing
　　　Company, MI: Grand Rapids, 1986.

존 칼빈. 『기독교강요[상, 중, 하]』, 김종흡, 신복윤, 이종성, 한철하 공역. 서울: 생명
　　　의 말씀사. 1986.

존 칼빈. 『기독교강요[초판]』, 양낙흥 역. 서울: 크리스찬다이제스트사, 2008.

존 칼빈. 『신약성경주석 전집』, 칼빈 성경주석출판위원회 역. 서울: 신교출판사,
　　　1978.

존 칼빈. 『칼빈의 경건; 그리스도인의 경건한 삶에 관한 글들』, 이형기 역. 서울: 크
　　　리스찬다이제스트사, 1986.

2. 영문도서

Barrs, Jerram. *The Heart of Evangelism*. Crossway Books, IL: Weaton,
　　　2001.

Bevans, Stephen B. *Models of Contextual Theology*. Revised and Expanded
　　　Edition. Orbis Books, NY: Maryknoll, 2002.

Bosch, David. *Transforming Mission: Paradigm Shift in Theology of
　　　Mission*. Orbis Books, NY: Maryknoll, 1991.

Chester, Tim. and Timmis, Stive. *Everyday Church: Gospel Communities
　　　on Mission*. Crossway, IL: Weaton, 2012.

Frost, Michael. *The Road to Missional; Journey the Center of the Church.* BakerBooks, MI: Grand Rapids, 2011.

Gelder, Graig Van. and Zscheiile, Dwight J. *The Missional Church in Perspective.* BakerAcademic, MI: Grand Rapids, 2011.

Gelder, Graig Van. (ed.) *The Missional Church and Denomination; Helping Congregations Develope a Missional Identity.* William B. Eerdmans Publishing Company, MI: Grand Rapids, 2008.

Goheen, Michael W. *A Light to the Nation.* BakerAcademic, MI: Grand Rapids, 2011.

Gorman, Julie A. *Community That is Christian.* BakerBooks, MI: Grand Rapids, 1993.

Guder, Darrell L. *Missional Church; A Vision for the Sending of the Church in North America.* William B. Eerdmans Publishing Company, MI: Grand Rapids, 1998.

Hammond, Kim and Cronshaw, Darren. *Sentness; Six Posture of Missional Church.* Inter Varsity Press, IL: Downers Grove, 2014.

Haykin, Michael A. G. and Robinson Sr., C. Jeffrey. *To the Ends of the Earth; Calvin's Missional Vision and Legacy.* Crossway, IL: Wheaton, 2014.

Hunsberger, George R. *Bearing the Witness of the Spirit; Lesslie Newbigin's Theology of Cultural Plurality.* William B. Eerdmans Publishing Company, MI: Grand Rapids, 1998.

Kalu, Ogbue U. and Vethanayagamony, Peter and Chia, Edmund Kee-Fook. (ed.) *Mission after Christendom.* Westminster John Knox Press, KN: Louisville, 2010.

Laing, Mark T. B. and Weston, Paul. (ed.) *Theology in Missionary Perspective ; Lesslie Newbigin's Legacy.* Pickwick Publication, OR: Eugene, 2012.

McLaren, Brian D. *The Church in the Other Side.* Zondervan, MI: Grand

Rapids, 1998.

McNeal, Reggie. *Missional Community; The Rise of the Post-Congregational Church*. Jossy-Bass, CA: San Francisco, 2011.

McNeal, Reggie. *Missional Renaissance; Changing the Scorecard for the Church*. Jossy-Bass, CA: San Francisco, 2009.

Norris, Kristopger. *Pilgrim Practice; Discipleship for a Missional Church*. Cascade Books, OR: Eugene, 2012.

Ott, Graig. and Strauss, Stephen J. *Encountering Theology of Mission; Biblical Foundations, Historical Developments, and Contemporary Issues*. BakerAcademic, MI: Grand Rapids, 2000.

Paul, Weston. ed. *Lesslie Newbigin; Missionary Theologian*. Eerdmans Publishing Company, MI: Grand Rapids. 2006.

Roxburgh, Alan J. and Boren, M. Scott. *Introducing the Missional Church*. Baker Books, MI: Grand Rapids, 2009.

Sider, Ronald. and Olson, Philip N. and Unruh, Heidi Rolland. *Churches that Makes a Difference; Reaching Community with Good News and Good Works*. BakerBooks, MI: Grand Rapids, 2002.

Sider, Ronald J. *Good News and Good Works: A Theology for the Whole Gospel*. BakerBooks, MI: Grand Rapids, 1993.

Shenk. David W. *God's Call to Mission*. Herald Press, Ontario: Waterloo, 1984.

Shenk, Wilbert R. (ed.) *The Transfiguration Mission*. Herald Press, Ontario: Waterloo, 1993.

Van Til, Henry R. *The Calvinistic Concept of Culture*. Baker Academic, MI: Grand Rapids, 1972.

Wainwright, Geoffrey. *Lesslie Newbigin; A Theological Life*. New York: Oxford Unive Press, 2000.

Webber, Robert E. *Ancient-Future Evangelism*. Baker Books, MI: Grand Rapids, 2003.

Woodward, Jr. *Creating a Missional Culture; Equipping the Church for the Sake of the World.* IVP Books, IL: Downers Grove, 2012.

Wright. Christopher J. H. *The Mission of God's People; A Biblical Theology of the Church Mission.* Zondervan, MI: Grand Rapids, 2010.

Zachman, Randall C. (ed.) *John Calvin and Roman Catholicism.* *BakerAcademic,* MI: Grand Rapids, 2008.

3. 영문논문

Barrett, Peter J. "The Gospel and Western Culture; On the Ideas of Newbigin." *Missionalia,* vol. 27 no 1. April 1999.

Beeke, Joel R. "Calvin's Evangelism." *Mid-America Journal of Theology 15,* 2004.

Kettle, David J. "Unfinished Dialogue? ; The Reception of Lesslie Newbigin's Theology." Laing, Mark T. B. and Weston, Paul. (ed.) *Theology in Missionary Perspective; Lesslie Newbigin's Legacy. Pickwick Publication,* OR: Eugene, 2012.

Gelder, Graig Van. "From Cooperate Church to Missional Church; The Challenge Facing Congregations Today." *Review and Expositor 101.* Summer 2004.

Gordon, Kenneth D. "Newbigin as Preacher and Exegete." Laing, Mark T. B. and Weston, Paul. (ed.) *Theology in Missionary Perspective; Lesslie Newbigin's Legacy.* Pickwick Publication, OR: Eugene, 2012.

Guder, Darrell L. "Missional Church; From Sending to Being Sent." *Missional Church; A Vision for the Sending of the Church in North America.* William B. Eerdmans Publishing Company, MI: Grand Rapids, 1998.

Klooster, Fred H. "Mission – The Heidelberg Catechism and Calvin."

Miller, Larry. "The Church as Messianic Society; Creation and Instrument of Transfiguration Mission." Shenk, Willbert R. (ed.) *The Transfiguration Mission*. Herald Press, Ontario: Waterloo, 1993.

Roxburgh, Alan J. "The Missional Church." *Theology Matters*. Vol. 10, No. 4. 2004.

Rusell, Mark. "Christian Mission is Holistic." *The Journal of the International Society for Frontier Missiology*. vol 25. William Carry International University Press, April-June, 2008.

Shenk, Wilbert R. "Lesslie Newbigin's contribution to the Theology of Mission." *TransMission*, 1998.

Shenk, Wilbert R. "Lesslie Newbigin's Contribution to Mission Theology." *The International Bulletin of Missionary Research*. Vol. 24, No2. April, 2000.

Weston, Paul. "Lesslie Newbigin; A Postmodern Missiologist?" *Mission Studies*. vol. 21 no 2, 2004.

4. 번역도서

데릴 구더. 『선교적 교회』, 정승현 역. 인천: 주안대학원대학교 출판부, 2013.

도널드 헤이. 『현대경제학과 청지기 윤리(*Economics today; A Christian critique*)』, 전강수 외 역. 서울: IVP, 1996.

데이비드 J. 보쉬. 『변화하고 있는 선교』, 장훈태 역. 서울: 기독교문서선교회, 2000.

로날드 J. 사이더. 『복음전도와 사회운동; 총체적 복음을 위한 선행신학』, 이상원, 박현국 역. 서울: CLC, 2013.

로널드 사이더, 『르네 빠디야. 복음전도 구원 사회정의』, 한화룡 역. 서울: IVP, 1987.

로날드 S. 월레스. 『칼빈의 사회 개혁 사상』, 박성민 역. 서울: 기독교문서선교회, 1995.

로잔운동. 『케이프타운 서약; 하나님의 선교를 위한 복음주의 헌장』, 최형근 역. 서울: IVP, 2014.

리랜드 라이큰. 『청교도-이세상의 성자들』, 김성웅 역. 서울: 생명의 말씀사, 1995.

리처드 마우. 『문화와 일반은총』, 권혁민 역. 서울: 새물결 플러스, 2012.

리처드 마우. 『왜곡된 진리』, 오수미 역. 서울: CUP, 1999.

리처드 포스터. 『생수의 강』, 박조앤 역. 서울: 두란노서원, 2000.

빌렘 판 엇 스페이커로. 『칼빈의 생애와 신학』, 박태현 역. 서울: 부흥과 개혁사, 2014.

마이클 고힌. 『열방에 빛을: 온 세상을 향한 하나님의 선교 이야기』, 서울: 복 있는 사람, 2012.

막스 베버. 『프로테스탄티즘의 윤리와 자본주의 정신』, 박성수 역. 서울: 문예출판 사. 2004.

미로슬라브 보프. 『삼위일체와 교회(After Our Likeness; The Church as the Image of the Trinity)』, 황은영 역. 서울: 새물결 플러스, 2012.

베르까우어. 『개혁주의 교회론』, 나용화 이승구 역. 서울: CLC, 2008.

브루스 라이츠먼. 『교회의 의미와 사명』, 김득중 역. 서울: 컨콜디아사, 1981.

삐에르 바뱅. 『종교 커뮤니케이션의 새시대』, 유영난 역. 왜관: 분도출판사, 1993.

앙드레 비엘레. 『칼빈의 사회적 휴머니즘』, 박성원 역. 서울: 대한기독교서회, 2003.

에디 깁스. 『Next Church』, 임신희 역. 서울: 교회성장연구소, 2003.

에디 깁스, 라이언 볼저. 『이머징 교회(Emerging Church)』, 김도훈 역. 서울: 쿰란 출판사, 2009.

에밀 두메르그. 『칼빈사상의 성격과 구조』, 이오갑 역. 서울: 대한기독교서회, 1995.

오토 베버. 『칼빈의 교회관』, 김영재 역. 서울: 합신대학교출판부, 2008.

와따나베 노부오. 『기독교강요란 어떤 책인가?』, 이상규, 임부경 역. 부산: 고신대학 교 출판부, 2000.

윌리엄 스콧. 『개신교신학사상사』, 김쾌상 역. 서울: 대한기독교출판사, 1987.

윌버트 R. 쉥크. 『선교의 새로운 영역』, 장훈태 역. 서울: 기독교문서선교회, 2001.

이문장, 앤드류 월즈. 『기독교의 미래』, 이문장 역. 서울: 청림출판사, 2006.

제임스 M. 필립스 & 로버트 구트 편. 『선교신학의 21세기 동향』, 한국복음주의신학 회 선교분과 편역. 서울: 이레서원, 2000.

조엘 비키. 『칼빈주의; 하나님의 영광을 위하는 삶』, 서울: 지평서원, 2010.

존 H. 리스. 『칼빈의 삶의 신학』, 이용언 역. 서울: 한국장로교출판사, 2002.

칼 뮐러, 테오 순더마이어 편. 『선교학사전』, 서울: 다산글방, 2003.

콜린 윌리암스. 『교회』, 이계준 역. 서울: 대한기독교서회, 1984.

크리스토퍼 라이트. 『하나님의 선교(*The Mission of God; Unlocking the Bible's Grand Narrative*)』, 한화룡 역. 서울: IVP, 2010.

크리스토퍼 라이트. 『하나님의 백성의 선교 (*The Mission of God's People; A Biblical Theology of the Church's Mission*)』, 한화룡 역. 서울: IVP, 2012.

테오 순더마이어. 『선교신학의 유형과 과제』, 채수일 역. 서울: 대한기독교서회, 1999.

토마스 크람. 『선교와 신학; 선교의 근거설정을 위한 신학적 모델들의 분석과 검증』, 박정진 역. 서울: 다산글방, 2009.

토마스 M. 린제이. 『종교개혁사 2』, 이형기 차종순 역. 서울: 한국장로교출판사, 1991.

폴 스티븐슨. 『21세기를 위한 평신도 신학; 성경적 관점에서 본 소명, 일, 사역』, 홍병룡 역. 서울: IVP, 2001.

폴 D. L. 에이비스. 『종교개혁자들의 교회관』, 이기문 역. 서울: 컨콜디아사, 1987.

티모시 C. 텐넌트. 『세계선교학 개론(*Invitation to World Missions*)』, 홍용표 외 역. 서울: 서로사랑, 2013.

하워드 L. 라이스. 『개혁주의 영성』, 황성철 역. 서울: 기독교문서선교회, 1995.

하워드 A. 스나이더. 『교회 DNA』, 최형근 역. 서울: IVP, 2006.

하워드 A. 스나이더. 『하나님의 나라, 교회 그리고 세상』, 박민희 역. 서울: 드림북, 2007.

호르스트 뷔르클레. 『선교신학』, 이정배 역. 서울: 컨콜디아사, 1988.

F. N. 리. 『문화의 성장과정』, 최광석 역. 서울: 개혁주의신행협회, 1980.

H. 헨리 미터. 『칼빈주의 기본 사상』, 박윤선 김진홍 역. 서울: 개혁주의 출판사, 1959.

R. 스토페르. 『남편 아버지 친구 목회자로서의 인간 칼빈』, 박건택 역. 서울: 엠마오, 1989.

R. H. 토니. 『종교와 자본주의의 발흥』, 김종철 역. 서울: 한길사. 1983.

T. H. L. 파아커. 『칼빈과 설교』, 김남준 역. 서울: 도서출판 솔로몬, 1993.

T. H. L 파커. 『존 칼빈』, 김지찬 역. 서울: 생명의 말씀사, 1986.

5. 한국도서

고신대학교개혁주의학술원. 『칼빈과 교회』, 개혁주의 신학과 신앙 총서 1. 부산: 고
　　　신대학교 출판부, 2007.

고신대학교개혁주의학술원. 『칼빈과 사회』, 부산: 고신대학교 출판부, 2009.

김병한. 『사회복지사업 측면에서 본 칼빈 연구』, 서울: 도서출판 목양, 2010.

김선일. 『전도의 유산』, 서울: SFC 출판부, 2014.

김영한. 『21세기 문화변혁과 개혁신앙』, 서울: 예영커뮤니케이션, 2007.

김재성. 『칼빈과 개혁신학의 기초』, 서울: 합동신학대학원 출판부, 1997.

류태선. 『공적 진리로서의 복음-레슬리 뉴비긴의 신학사상』, 서울: 한들출판사,
　　　2011.

목회와 신학 편집부. 『종교개혁과 칼뱅』, 목회와 신학총서 4. 서울: 두란노 아카데
　　　미, 2010.

문병호. 『30주제로 풀어쓴 기독교강요』, 서울: 생명의 말씀사, 2011.

바른교회아카데미. 『교회직제론』, 서울: 예영커뮤니케이션, 2012.

박경수. 『교회의 신학자 칼뱅』, 서울: 대한기독교서회, 2009.

세계밀알선교회 편. 『기독교의 사회적 책임』, 서울: CLC, 2005.

신복윤. 『칼빈의 하나님 중심의 신학』, 서울: 합신대학교출판부, 2005.

안승오. 『현대선교의 핵심주제 8가지』, 서울: CLC, 2006.

요한칼빈탄생500주년기념사업회. 『칼빈의 목회와 윤리, 사회참여』, 서울: SFC 출
　　　판부, 2013.

원종천, 유해무, 최윤배, 유광웅, 박건택, 김재성, 한철하, 이오갑, 황정욱, 이형기,
　　　이양호. 『칼빈신학과 목회』, 한국칼빈학회 엮음. 서울: 대한기독교서회,
　　　1999.

유해무. 『개혁교의학; 송영으로서의 신학』, 서울: 크리스찬다이제스트사, 1997.

이광순, 이용원. 『선교학개론』, 서울: 한국장로교출판사, 1993.

이은선. 『칼빈의 신학적 정치윤리』, 서울: 기독교문서선교회, 1997.

전광식 외. 『가난과 부요의 저편』, 서울: SFC출판부, 2002.

전광식 편. 『칼빈과 21세기』, 서울: 부흥과 개혁사, 2009.

정성욱. 『칼빈과 복음주의 신학』, 김찬영 역. 서울: 부흥과개혁사, 2011.

최윤배. 『깔뱅신학 입문』, 서울: 장로교신학대학교 출판부, 2012.

최윤배 편. 『어거스틴, 루터, 깔뱅, 오늘의 교회개혁』, 서울: 장로회신학대학교 출판부, 2004.

최정만. 『칼빈의 선교사상』, 서울: 기독교문서선교회, 2000.

한국기독교학회 선교신학회 편. 『복음주의와 에큐메니즘의 대화』, 서울: 다산글방, 1999.

한국조직신학회 편. 『교회론』, 서울: 대한기독교서회, 2009.

한국칼빈주의 연구원 편역. 『칼빈의 영성』, 서울: 기독교문화협회, 1986.

한국칼빈학회. 『최근의 칼빈 연구』, 서울: 대한기독교서회, 2001.

6. 논문

김선일. "선교적 교회의 패러다임에서 조명하는 교회학교 사역." 한국복음주의선교신학회 편. 「복음과 선교」. 제 17권. 서울: 올리브나무, 2012. 9-38.

김선일. "종교다원주의 사회에서의 전도." 한국복음주의선교신학회 편. 「복음과 선교」. 제 24권. 서울: 올리브나무, 2013. 9-35.

김성은. "상황화 신학의 현대적 논의로서 선교적 교회론 연구 : Stephen B. Bevans의 Counter-Cultural Model과 Lesslie Newbigin의 교회론의 상관성을 중심으로." 석사학위(M. Div)논문. 서울신학대학교, 2012.

김성현. "깔뱅의 생애에 대한 선교학적 조명." 「선교와 신학」. 24집. 2004. 155-197.

김홍덕. "교회의 사회적 책임: 하나님 나라의 본질." 세계밀알선교회 편. 「기독교의 사회적 책임」. 서울: CLC, 2005. 233-260.

로버트 킹던. 이신열 역. "칼빈의 집사직 이해." 고신대학교개혁주의학술원. 「칼빈과 사회」. 부산: 고신대학교 출판부, 2009. 135-158.

류태선. "레슬리 뉴비긴(Lesslie Newbigin)의 '공적 진리로서의 복음'(the Gospel

as Public Truth)에 관한 연구." 박사학위논문. 장로회신학대학교, 2011.

박경수. "칼뱅의 종교개혁과 선교." 세계선교연구원 편. 「선교와 신학」 제21집. 2008. 97-127.

송인설. "개혁교회 직제의 역사." 바른교회아카데미. 「교회직제론」. 서울: 예영커뮤니케이션, 2012. 175-190.

신원하. "칼빈, 가난의 신학과 윤리." 전광식 외. 「가난과 부요의 저편」. 서울: SFC출판부, 2002. 43-78.

신현수. "칼빈 신학에 있어서 교회의 사회 정치적 책임." 안명준 편. 「칼빈의 목회와 윤리」, 사회참여. 서울: SFC, 2013. 372-394.

유해무. "칼빈의 교회론." 고신대학교개혁주의 학술원, 「칼빈과 교회」. 개혁주의 신학과 신앙 총서 1. 부산: 고신대학교 출판부, 2007. 13-42

이바울. "다문화 사역을 통한 선교적 교회 모델 연구." 박사학위논문. 한세대학교, 2014.

이상규. "성경에 나타난 부요의 양면성." 전광식 외. 「가난과 부요의 저편」. 서울: SFC출판부, 2002. 79-120.

이상규. "칼빈과 교회연합운동." 고신대학교 개혁주의학술원 편. 「칼빈과 교회」. 개혁주의 신학과 신앙 총서 1. 부산: 고신대학교 출판부, 2007. 43-68.

이억희. "칼빈의 선교사상에 관한 연구." 박사학위논문. 칼빈대학교, 2014.

이정숙. "칼뱅의 목회와 선교." 한국선교신학회 편. 「선교와 신학」. 24집, 2004. 89-115.

임성윤. "다문화교회의 선교 공동체성 회복을 위한 연구 : 통전적 성령운동을 중심으로." 석사학위논문. 장로회신학대학교, 2011.

장훈태. "칼빈과 선교." 전광식 편. 「칼빈과 21세기」. 서울: 부흥과 개혁사, 2009. 114-145.

장훈태. "선교신학." 한국칼빈학회. 「최근의 칼빈 연구」. 서울: 대한기독교서회, 2001.

정광덕. "아브라함 카이퍼의 관점에서 본 칼뱅주의, 그리고 현 한국의 기독교와 정치." 목회와 신학 편집부. 「종교개혁과 칼뱅」. 목회와 신학총서 4. 서울: 두란노 아카데미, 2010.

조영태. "한국의 선교적 교회론 확립을 위한 레슬리 뉴비긴의 교회론 연구." 박사학
　　위논문. 아세아연합신학대학교, 2006.

조해룡. "선교적 교회론 연구 : 레슬리 뉴비긴, 위르겐 몰트만, 대럴 구더를 중심으
　　로." 박사학위논문. 장로회신학대학교, 2011.

최윤배. "존 칼빈의 교회론." 한국조직신학회 편. 「교회론」. 서울: 대한기독교서회,
　　2009.

최형근. "레슬리 뉴비긴의 선교적 교회론." 레슬리 뉴비긴. 「교회란 무엇인가」. 홍병
　　룡 역. 서울: IVP, 2010. 187-199.

최형근. "레슬리 뉴비긴의 선교적 교회론". 아세아연합신학대학교. 「신학과선교」 제
　　31집, 2005. 369-389.

최형근. "선교적 교회론의 실천에 관한 연구." 한국선교신학회 편. 「선교와 신학」 제
　　26집. 2011. 241-271.

허성식. "레슬리 뉴비긴의 생애와 선교적 에큐메니칼 운동"
　　http://cafe.naver.com/agados1009/70

황대우. "깔뱅의 교회론과 선교." 한국선교신학회 편. 「선교와 신학」 24집. 2008.
　　43-77.

황정욱. "깔뱅과 오늘의 교회 개혁-교회론을 중심으로." 최윤배 편. 「어거스틴, 루
　　터, 깔뱅, 오늘의 교회개혁」. 서울: 장로회신학대학교 출판부, 2004. 121-
　　148.

7. 잡지

한국복음주의선교신학회 편. 「복음과 선교」. 제17권. 서울: 올리브나무, 2012.

한국복음주의선교신학회 편. 「복음과 선교」. 제24권. 서울: 올리브나무, 2013.

장로회신학대학교 세계선교연구원 편. 「선교와신학」. 제21집. 장로회신학대출판부,
　　2008.

한국선교신학회 편. 「선교와신학」. 24집. 2004.

한국선교신학회 편. 「선교신학」. 제26집. 서울: 올리브나무, 2011.

복음과 상황. 「복음과 상황」. 창간호. 1991년 1-2월호.